浅田秀子——著

現代感動詞
用法辞典

東京堂出版

はしがき

　本書は感動詞・呼びかけ・掛け声など、人間の口から発せられる言葉をその音調とともに精密に記述した、日本で初めての専門辞典である。
　今からちょうど30年前の1986年、筆者は中国河北省保定市にある河北大学外文系（現・河北大学外語学院）日語科で、中国人大学生に日本語を教えていた。筆者は国から正式に招聘された「専家」ではあったが、当時、中国ではまだ改革開放路線が始まったばかりで、社会主義の悪平等がはびこり、一方、文化大革命の後遺症で教員の地位が低く、大学の教師というのは必ずしも好ましい職業ではなかった。そこでの日本語教師体験と休暇中に訪れた中国各地への旅行体験とが、筆者のその後の人生を変えた。
　中国滞在中に常に感じていたことがある。日本と中国は一衣帯水の隣国として数千年に及ぶ交流の歴史をもち、文字を始めとするさまざまな文物を共有しているにもかかわらず、互いの文化について実は何もわかっていなかったのである。日本人はそれまで、他国の文化を吸収するばかりで、みずからの文化を積極的に発信しようとしてこなかった。なぜなら、日本人自身がみずからの文化について、外国人にきちんと説明できるような認識をもっていなかったからである。
　訪中する前の筆者は、大学で専攻した国語学（言語学）の基礎知識を生かして、編集者として専門書・教育書・辞書・索引などの編集を行っていた。中国から帰国後、編集中だった『近世文学総索引』シリーズ（教育社）を完成させ刊行を見届けたのち、独立して会社を作った。それが、日本人のものの考え方（広い意味の文化）を発信するための活動をする編集プロダクション「日本語コスモス」である。
　筆者は日本語研究者としての認識から、主語や述語を説明する修飾語の中に、日本人の文化が内蔵されているという確信を抱き、修飾語の意味・用法・ニュアンスを客観的かつ精密に記述することができれば、それは日本人自身がみずからの文化を認識するよすがになり、そこを突破

はしがき

口にして外国人に日本文化を理解してもらう手掛かりができると考えた。そして修飾語の意味は「桃の実」のような2層構造で、中心部分の「意味の核」と外層の「意味の肉」に分かれており、日本人特有の文化が内蔵されているのは「意味の肉」のほうであるという仮説を立て、これらを弁別できるような解説をすることができれば、単なる言い換えや解釈では外国人に理解しがたい日本文化そのものを客観的に記述できると考えたのである。

修飾語になる言葉とは品詞で言えば形容詞と副詞である。そこでまず日本語の形容詞（形容詞・形容動詞・一部の名詞）に目をつけ、多数の用例から帰納的に意味記述した『現代形容詞用法辞典』（飛田良文氏と共著）を執筆・編集して世に問うた（1991年、東京堂出版──以下すべて同社刊）。これは日本で初めての形容詞だけの専門辞典であった。

次にまったく同じやり方で副詞の辞典を作ろうとしたのだが、副詞は「品詞のはきだめ」の別名のごとく、種々雑多な言葉の寄せ集めで、数も無数にあり、とうてい1冊の辞典に収めることは不可能であった。そこで、まず程度副詞と陳述副詞を中心として1冊を編むこととし、『現代副詞用法辞典』として刊行した（1994年）。

さらに、『副詞辞典』で除外した状態副詞はその多くが擬音語・擬態語であったので、その中から人間の口から発せられる声や呼びかけ・応答などを除外した、物音と擬態語を中心とする語を対象として『現代擬音語擬態語用法辞典』を刊行した（2002年）。

最後に残ったのが、人間の口から発せられる擬音語、感動詞、呼びかけ、掛け声などの辞典で、それが本書『現代感動詞用法辞典』である。つまり、本書は中国での異文化体験に触れた筆者が、30年にわたり掲げてきた目標「日本人の文化を海外へ発信すること」の集大成であり、一心に作り続けてきた美しい真珠の首飾りの最後の1粒なのである。

この間、日本語と中国語の漢字の扱いの違いから、日本語の基本語の意味を、漢字とは独立して多数の用例から帰納的に意味記述した『例解同訓異字用法辞典』も刊行し（2003年）、結果的にこれは基本動詞を精密に記述した初めての辞典にもなった。

『現代形容詞用法辞典』に始まる4つの修飾語の辞典は、すべてまったく同じ記述法によっている。したがってこれらをすべて参照すれば、日本語の名詞・動詞・助詞・助動詞以外のほとんどの副用語を網羅して記述しえたことになる。

はしがき

　本書も基本的に前出の用法辞典と同じ記述法をとっているが、感動詞という特性から、筆者の考案した三線譜という画期的な方法で音調を表示しているのが大きな特長である。音調が変われば、まったく同じ文字表記でも意味が変わってしまうから、音調表示に何か工夫をしないかぎり、日本語の感動詞の意味を正確に記述することはできない。

　筆者は2歳で生田流箏曲を、10歳でピアノを、15歳で声楽を習い始め、現在もアマチュア歌手として年に数回ステージに立ち、特にドイツ・リートを中心としてソロ・リサイタルをすでに16回開催している音楽家でもある。日本語がしばしば歌のようなメロディーをもって発音される音楽的な美しい言語であることは、あまたの言語の中から特に日本語を選んで専攻した留学生が異口同音に言うことである。

　そこで、筆者は音楽家としての素養をこの新しい辞典に加え、西洋音楽の五線譜を日本語の音調向きの三線譜に改良し、感動詞の音調を正確に記述してしかも再現できるようにした。日本語研究者と音楽家という筆者の2面が本書で合体した形である。

　と同時に、日本語の遠隔表現が感動詞において最も典型的に発現しているので、ここに筆者の博士学位論文である『敬語の原理及び発展の研究』（2014年）の成果を取り入れることもできた。

　つまり、本書は日本文化を海外へ発信するための「修飾語辞典」の集大成であると同時に、幼いときから音楽・動物・日本語と3方向に拡散していた筆者の興味・関心が収斂し、60年以上にわたる人生の総仕上げになるべき書物となったのである。

　本書の三線譜は、作曲家アベタカヒロ氏の献身的な協力なしにはまったく実現しえなかった。さらに編集を担当された東京堂出版の菅原洋一氏には、筆者が同社に初めて企画を持ち込んだ『現代形容詞用法辞典』以来、30年の長きにわたり苦楽を共にさせていただいた。氏は本書の刊行をもって満期退職される由。そのささやかな餞別を込めて、深甚なる感謝の意を表する。

　　　2016年11月7日立冬

　　　　　　　　　　　　　　　　　　　　　　　浅　田　秀　子

現代感動詞用法辞典＊目　次

はしがき
凡例
叫び声は言葉か……………………………………………… vi
本書の特色と使い方………………………………………… xii

現代感動詞用法辞典………………………………………… 3

付録
　「あいうえお」の発音と感動詞………………………… 287
　「こそあど言葉」と感動詞……………………………… 292
　肯定・否定と問い直しの表現…………………………… 295
　遠隔表現とは何か………………………………………… 302

索引…………………………………………………………… 313

凡　例

1. 現代日本語の感動詞・呼びかけ・掛け声など、実際に人間の口から発せられる言葉、人間の口から発せられる音声の表現としてマンガの背景などに用いられる文字表記、一般に人間の音声の擬音語として認定されているものなどを中心に、420語（句）を選定した。
2. 見出しの配列は50音順である。音引きは前の母音と同じ音として扱った。
3. 各見出し語については、見出し、用例、三線譜、解説、参照項目の順に記述したが、様子を表す言葉（擬態語など）や音調を特定できない場合は、三線譜が添付されていないものもある。
   (1) 見出しは、原則として平仮名で掲げた。ただし、外国語起源の語は片仮名で表記した。小説などで漢字表記される可能性がある場合は、平仮名の次に掲げたが、常用漢字とは限らない。
   　　長音は仮名表記した場合と音引き表記した場合がある。当該語が意味によって仮名表記と音引き表記の2種類が可能な場合、また音引き表記しかない場合は、見出しを音引き表記とした。一方、当該語が仮名表記だけの場合は、見出しも仮名表記とした。その結果、お段の長音の一部が、「う」を使って仮名表記した場合と音引き表記をした場合で、見出しの場所が離れてしまったので注意が必要である。
   (2) 用例は、状況が明示され当該語の意味・ニュアンスが明らかになるものを、さまざまな用法にわたって集め、意義素（意味）別に分類した。
   　　当該語は、その用例における最も適切な表記を用いて太字で示した。
   (3) 用例のうち、音調を表記できるものは三線譜によって示した。これにより、音高・リズムが具体的なメロディーとして再現可能となった。
   (4) 【解説】での意味・用法は、用例の分類にしたがって記述した。特に各用例の状況は明確に分析し、話者が特定できるものは示し、その語に暗示されている心理やニュアンスは、7段階のプラス・マイナスのイメージ、キーワードの組み合わせ、類義語との比較により示した。
   (5) 参照項目（⇨）は、類義語・派生語など、本書に掲載されている関連語を、本文中で触れているものを優先してすべて掲げた。
4. 付録は、本書の記述に対して補足的に説明が必要と思われる4つの事項を概説した。
5. 巻末には、マークによって「感動詞」の意味を立体的に分析できる索引を付した。

叫び声は言葉か

■現実の物音や声と言葉の関係

　筆者はかつて『現代擬音語擬態語用法辞典』を上梓した際、現実世界の具体的な物音や人間の音声が、抽象的な言語（言葉）として扱われるまでに5つの段階があることを明らかにし詳説した。つまり、言葉とは何か、言葉は人間だけのものか、文字と言葉の関係は何かなど、言語学者が最初に前提として乗り越えなければならないハードルを問題提起したのである。それから14年もの月日が流れたので、いまいちど確認しておきたいと思う。

　まずここでは、言葉とは一定の形と意味をもち、一定のグループの人々の間で抽象的・普遍的に通用するものと定義する。擬音語・擬態語とは、外界の物音、人間や動物の声、物事の様子や心情を、直接感覚的に表現する言葉である。

　擬音・擬態以外の表現（名詞・動詞・形容詞など）は、日本語の文芸作品や会話では一定の形（文字や発音）をもち、またその形に結びついた意味を使わないかぎり読者や聞き手に理解されないので、その文字列や音声連続どうしが文脈上アブノーマルな結びつきをすることはあっても、文字列や音声連続自体の形と意味をアブノーマルにすることは普通はない。たとえば、ある作家が自分の作品の中で新しい状態を表す言葉「あかさたい」を作り使ったとしても、その意味・ニュアンスを読者に正確に理解してもらうことは困難である。それがわかっているので、擬音・擬態以外の表現はいかに「新感覚派」であろうと、くだけた会話であろうと、一般に流通している語彙を使う以外にないのである。

　しかし、擬音・擬態表現においては、作家が自分だけの感性によって、通常ではない文字列を用いて独特の意味・ニュアンスをもたせたり、話し手が感情にまかせて音を自由に創作したりして表現することは十分にありうることである。

　また、欧米語には擬音語・擬態語がないか、あっても少ないという説がしばしば展開されるけれども、欧米では文字をさまざまな形にデザインし分けたり、外国語（特に企業名など）をもじったりして、音や様子を表現することは、マンガを中心に非常に盛んである。

　しかしこれらは、頭の中で音や様子のイメージを再生することのみを目的としているので、その当然の帰結から、現実に発音したり活字化したりすること

はむずかしい。つまりこれらの擬音・擬態表現は、擬音語・擬態語という言葉とはとうてい言いがたいということになるのである。

■**擬音語・擬態語に至る5つの段階**

外界の物音や人間・動物の声を、そのもの自体によらずに表現する方法はいろいろあるが、具象的な現実から抽象的な言葉に至るまでには、次のような段階を踏んでいると考えられる。

(1) 類似の音・声・様子で対象の音・声・様子を模倣する。

対象となる音声や様子は、厳密にいえば1回だけのその場かぎりのものである。戸を叩く音にしても、叩き方や叩く場所によって毎回まったく同一の音が出るわけではない。(1)は、対象の音声や様子が生じたときと類似の行為を行うことによって、当該の音声や様子を模倣するものを指す。落語家が戸を叩いた音を表現するのに、戸を叩く手の動きに合わせて扇子の元で高座を叩いて音を聞かせたり、鳥を餌づけしたり捕らえたりするために、鳴き声そっくりに作った笛を吹いたりするのがこれにあたる。様子の例としては、迷子の様子を表現するのに、情けない顔をして泣きまねをしたりするのがこれにあたる。

(2) 音・声による対象の音・声・様子の表現

対象となる音声や様子を、まったく違う音や声で表現するものを指す。波の音を表現するのに豆の入ったザルを振り動かして音を出したり、動物の鳴き声を人間が舌や唇の操作によって表現するものである。実は、実際には音の出ていない様子も音や声で表すということが現実にはしばしば行われている。たとえば、芝居で幽霊が不気味に<u>音もなく</u>出現する様子の描写として、太鼓を低く連打したり、ドラマなどで登場人物が虚を衝かれた様子を表現するのに、金属的な打撃音を鳴らしたりするもので、これらはいわゆる擬音（効果音）と呼ばれるものである。

(3) 「映像」による対象の音・声・様子の表現

この「映像」とはスクリーンに映し出された動くものばかりではなく、マンガのコマの中に書かれた動かない「文字」表記をも含む。作者がその場だけのものとして手書きで、書く位置や大きさ、線の太さ、強さ、色などに工夫を凝らして表現する。これは絶対にその書き方でなければ作者の意図を表現できないので、その場面から切り離したり活字にしたりすることは不可能である。

日本語では仮名（音節文字）を用いることが多いが、欧米語のようにアルファベット（音素文字）を使うところでは、アルファベットを適当に並べたり、他言語の文字を混ぜたりすることもある。また、音が次第に大きくなる表現として「文字」も次第に大きく書き並べたり、音が間断なく続く表現としてコマの両端に長大な「文字」列を分断したりする。様子の表現としては、驚きや気

づきを再現するのに、人間の頭の上に半円形の放射状の線を影のように書き加えたりする。このように、1回かぎりの「映像」ならではの表現が多用される。

これらの表現はたとえ音節文字を使ってあったとしても、実際に模倣して発音することはむずかしく、また最初から発音されることは想定していない。コミック業界では、これらの表現を「背景」と呼び、フキダシの中に太字の活字で印刷される「セリフ」と区別している。

(4)　文字による対象の音・声・様子の表現

これは、詩歌・小説など文字言語に現れた擬音・擬態表現と呼ぶことができる。(3)が活字で組まれれば(4)になる。また手書き原稿であっても、文字や書体に特別の意味がなければ(3)ではなく(4)になる。これには発音できないものとできるものとがある。

発音できないものの例としては、活字アルファベットを恣意的に並べたもの、小字の仮名（ゃ・ゅ・ょ・っ）を単独で用いたものなどがある。

発音できるものの例としては、詩人や作家が創作した擬音・擬態表現があげられる。これらは個別性・一回性が強く、前後の説明がないとまったく意味不明であったり、別の箇所で用いれば異なった意味に受け取られたりする。後者は作家の「個人言語」の一種である。

(5)　擬音語・擬態語

これは、活字化できる音声連続および発音できる文字表記によって対象の音・声・様子を表現したもので、一定の形と意味をもち、一定グループの人々（多くは同国人）の間で抽象的・普遍的に通用する。文芸作品の中で用いられたものでも、抽象的・普遍的に通用すれば(5)に含めることができる。つまり、いつどんな場面でも、その形で表された表現は同じ意味をもつという抽象性・普遍性があり、かつ表された表現を見て、その前提となる状況を再現できる互換性があるということである。

具象的な音・声・様子から擬音語・擬態語に至るこの5つの段階を、以下に表化しておく。

【擬音語・擬態語に至る5つの段階】

具象	現実の音・声	現実の様子
↑	（熟睡している寝息）	（不気味に現れる幽霊）
	(1)類似の音・声で模倣する	(1)類似の様子で模倣する
	（寝息の模倣）	（幽霊の身振り）
	(2)音・声による表現	(2)音・声による表現
	（楽器による寝息の模倣）	（太鼓の連打）
	(3)「映像」による表現	(3)「映像」による表現

	（マンガの背景）	（マンガの背景）
↓	(4)文字による表現	(4)文字による表現
抽象	（ｚｚｚｚｚ）	（　？　）
	(5)擬音語	(5)擬態語
	（<u>グーグー</u>寝てる）	（幽霊が<u>すーっ</u>と現れた）

■叫び声は言葉か

　さて、先に上梓した『現代擬音語擬態語用法辞典』においては、前述したように擬音語・擬態語を厳密に定義し、(5)に属するもののみを対象として辞典を編んだ。その際紙幅の関係もあり、人間の口から発せられる擬音語は意図的に除いておいた。本書はその除かれた擬音語を吟味するところからまずスタートしたわけである。そして擬音語だけでなく、人間の口から出る感動詞・呼びかけ・挨拶・応答・掛け声などをまとめて「感動詞」の名のもとに扱うことにした。これが本書でいう「感動詞」の意味である。

　実際に用例を収集していくと、たとえば「ああ」「あーーーー」などさまざまな表記をされたもの（つまり前述の(4)(5)）が雑多に集まってくるのであるが、これらを分析すると、音声の特徴に基づいて一定の意味・ニュアンスをもっていることがわかった。それは表記に関係なく、音そのものがもっている意味・ニュアンスであり、どのようなメロディーで発音されるかという音調のもっている意味・ニュアンスである。

　つまり、「あーーーー」という叫び声にせよ、「ああ」という感動詞（言葉）にせよ、人間の口から発せられたものであるならば、音そのものがもっている意味・ニュアンスを記述することができるのである。実際、現実の日常生活やドラマ・映画での音声表現を観察していると、どこまでが叫び声でどこからが感動詞かなどわかるものではなく、またその区別をすること自体それほど重要な意味をもっていないことが感得されるだろう。

　大事なのは音調と拍数である。しかし、文芸作品に書かれた文字表記を見ても、それがどんな音調なのかの特定はきわめて困難であるし、書いた作家自身もよくわかっていないことが多いのではなかろうか。また、芸術作品というものは、発表された時点で作者の手を離れて、読者の自由な鑑賞を許容するものでもある。そこで、筆者は入力情報である状況をはっきり設定した上で、その状況に戻れる理解用例を作り、その音調を特定し、そこに含まれる心理に迫ることにした。

　音調を記述するには、文字だけでは困難である。どうしても楽譜のような音調表記法が必要になる。そこで、筆者は西洋音楽における五線譜を改良した三線譜を考案し、これで日本語の感動詞や呼びかけ・掛け声など、文字表記を目

で見ただけでは判別のできない音調を正確に記述し、かつその記述を見て元の音調を再現できるようにした(三線譜の具体的な見方については「本書の特色と使い方」参照)。

楽譜のすぐれている点は、出ている音の高低と長さを表示できるだけでなく、音量も記号で表すことができること、さらに空白も時間としてカウントして表現できる点である。いわゆる間(ま)の表現である。感動詞や呼びかけは人間の口から出る表現であるがゆえに、特にこの音と間の記述が大切で、五線譜を改良した三線記譜法なしには「感動詞」の記述は不可能ではないかとさえ思う。

■本書の意味記述のしかた

本書は「はしがき」でも述べたとおり、『現代形容詞用法辞典』に始まる筆者の「修飾語」研究の掉尾(ちょうび)を飾るもので、基本的な考え方も記述法も一貫して同じである。筆者はすでに、日本文化が修飾語の中に内蔵されているしかたとして、その意味構造について「桃の実構造」説を立てた。これは修飾語の意味は、知的・客観的に記述することが可能な「意味の核」と、ニュアンス・心理など情緒的な色彩の濃い「意味の肉」の2層構造を成しているというものである(詳細は『現代形容詞用法辞典』参照)。

「意味の核」の外層に「意味の肉」がとりまいているが、ここには日本人が抱くイメージ、こめるニュアンス、暗示する心理など、きわめて情緒的な色彩の濃い、日本人共通の文化が内蔵されている。感動詞を含む擬音語は修飾語の一半をなすものであり、他の語も記述の整合性から、意味構造も「桃の実構造」説を適用し、先行の3つの辞典と同様の記述方法を採用した。

	意味の核	意味の肉
修飾語の意味	知的概念 意味のジャンル 文体上の特色 文法上の用法 使用者・対象の制限	プラスマイナスのイメージ ニュアンス 暗示されている心理 (日本人共通の文化)

■ネイティブ・スピーカーとしての特権と責任

同時代の言葉の音調、精密な意味や細かいニュアンス、暗示されている心理などを記述できるのは、ネイティブ・スピーカーの特権である。従来の辞典は言葉の意味を記述するものでありながら、客観的であろうとしすぎて、ネイティブであることの利点がほとんどといっていいほど生かされていなかった。つまり外国人でも到達可能なレベルでしか記述できていないのである。

しかし、われわれはその言葉を現に使って人生を送っているネイティブ・スピーカーである。ネイティブにしかわからない音調や心理・ニュアンスなどを、客観的でないという理由だけで切って捨てるのは、外国人や後世の日本人に対して無責任な態度ではなかろうか。
　むろんたった1つの用例がある意味・ニュアンスだからといって、この語の意味・ニュアンスはこうだと断ずるのは独善であろう。われわれネイティブ・スピーカーにできるのは、少しでも意味・ニュアンスが異なると思われる用例を、さまざまな用法について、1例でも多く集めることである。しかしその用例は、作家がその場限りの表現意図で用いた「表現用例」であってはならない。その用例を見て元の状況が再現できる「理解用例」でなければならないのである（「表現用例」「理解用例」の詳細については、拙論「用例論と帰納的意味記述法」または『現代擬音語擬態語用法辞典』参照）。
　本書では紙幅の許すかぎり数多くの理解用例を集め、まずその用例の示す状況と当該表現の音調・意味、話し手の心理を1例1例について分析する。その分析の集積を虚心坦懐に眺めて、当該表現の「意味の核」や「意味の肉」を抽出・記述するのが、帰納的意味記述法である。
　帰納的意味記述法において、用例は意味記述をする前提となるものであって、記述した意味のサンプルではない。この記述法は、用例の数が十分であるときには、現代語の意味や用法の広がりをダイナミックにとらえることができるだけでなく、心理・ニュアンスといった従来のしかたでは記述がむずかしかった微妙な「意味の肉」をも明快に分析することが可能になる。
　そしてこの「意味の肉」を分析することによって、そこに内蔵されている日本人のものの考え方や文化を探ることができる。そればかりか、将来向かうべき日本人の姿、残すべき価値なども見えてくるような気がする。
　実は、本書には現在ではほとんど聞かれなくなった、昔の路線バスの車掌のアナウンスや子供の遊びへの誘いの呼びかけと応答、遊戯を始める前の掛け声なども収録されている。これらは、文字記述だけでは忘却され消滅してしまう古きよき時代の日本の姿の具体的象徴である。ネイティブの責任として、後世の日本人にぜひとも遺しておきたい宝であり、外国人にもぜひ発信したい日本の財産だと考える。読者の理解と賛同をいただければまことに幸いである。

本書の特色と使い方

　本書は、現代日本語の感動詞（人間の口から出る擬音語を含む）・呼びかけ・応答・掛け声などを420語（句）選定して50音順に配列し、そのそれぞれについて、豊富な用例を掲げ、その音調、意味、用法、イメージ、ニュアンス、類義語との相違、参照語について個々に詳しく記述したものである。
　各項目の記述法は、先に上梓した『現代形容詞用法辞典』『現代副詞用法辞典』『現代擬音語擬態語用法辞典』と基本的に同じである。

1. 見出しの選定について
　先に『現代擬音語擬態語用法辞典』で除外しておいた、人間の口から出る擬音語に加えて、感動詞・叫び声・笑い声・泣き声・呼びかけ・応答・掛け声・合図など、人間の口から発せられる表現全般のうち、原則として単語または語句として認定できるもの（本書では便宜上これらを「感動詞」と呼ぶことにする）を取り上げた。また、明らかに語源の異なる語であっても、類似の音で発音されるものであれば、同一見出しのもとに掲げ、(1)(2)などの意味区分で分類した。
　一方、まじないの文句、山車を引く掛け声などは方言形が多々あり、ネイティブでない筆者には記述ができないので割愛した。また、「がーん」や「がくっ」などの擬音語・擬態語や一部の副詞には、現代語用法で感動詞として用いられるものが少なくない。本書はそれらをできるだけ多く採録したが、紙幅の都合で割愛したものもあるので、本書にない場合は、先行の『現代擬音語擬態語用法辞典』『現代副詞用法辞典』の索引で、「感動詞」を検索し、当該ページを参照していただきたい。

2. 見出しの表記について
　見出しは、日本語起源のものは平仮名で示した。外国語起源のものは片仮名で示した。長音は音引きで表記したものと仮名表記したものがある。すなわち、音引き表記のみの用例と音引き表記・仮名表記の用例の両方がある場合の見出しは音引きとし、仮名表記のみの用例しかない場合の見出しは仮名表記とした。これは、長音の表記自体が音調と深くかかわっていて、音引き表記を用いた場合には同じ音高を保ち、仮名表記した場合には音調が変化するという傾向が見

てとれたため、一律にどちらかに統一することは学問的でないと判断したからである。その結果、特にお段の長音は「そう」と表記したものと「そー」と表記したものとで見出しの場所が離れる結果となり、検索しにくくなってしまったので、読者の便宜を考え、必要な場合には空見出しを立てて対応した。

3．漢字表記について
　見出しの次に、文芸作品などで目にする機会がある場合、その漢字表記を掲げた。必ずしも「常用漢字表」の音訓にはよっていない。

4．用例について
　意味・用法の広がりの実態をできるだけ忠実に再現できるよう、紙幅の許すかぎり数多くの理解用例を集めた。「感動詞」の出現する状況にはかなり制限があり、日常生活場面に頻出する。特に子供や幼児に話しかけるときに好んで用いられる。適切な理解用例を作成する際、このような特徴を勘案したことは言うまでもない。文芸作品からの引用もあるが、できるだけ状況がわかるものに限った。一方、標語・ＣＭ・民謡からは積極的に採用した。これは、不特定多数の日本人によって共有された状況のもとで理解・使用され、日本人共通の文化を最も典型的に内蔵しているからである。
　用例の⑴⑵などの区分は、別語源である場合、同語であっても意義素が異なる場合などがある。次々項の【解説】中の⑴⑵などと対応している。
　用例中の当該部分は太字で示し、当該用例の現状に応じた仮名表記をした。長音も当該用例の現状に応じて、音引きと仮名表記の両方がある。

5．三線譜について
　各用例が音調を記述できる場合には、三線譜を用いてその音調を記述した（記述できない場合は示していない）。三線譜は筆者の考案した「感動詞」の音調記譜法で、その特徴は、西洋音楽の五線譜にならいつつ、現代日本語の音調に合致するよう、音高を表す線を３本としたことである。しかも、この音高は五線譜が○○ヘルツという絶対音高を表すのに対して、話し手の音域における高音（H）・中音（M）・低音（L）という相対音高を表す。
　本書で言う「拍」は、言語学で言う「拍」（モーラ）とは異なる。モーラとは子音と母音の単位結合を指すが、日本語にこの考えをそのまま適用するのは適切ではないと考える。なぜなら、日本語は母音に長短の区別がないため、話者は恣意的に音を延ばしたり縮めたりすることができ、しかも延音することが遠隔表現になって、特別の意味（婉曲・敬意）をもちうる言語だからである。にもかかわらず、その音長のリズムには一定の法則（共通理解）があって、特

定のリズムは一定の意味と結びついているのである。そこで、音高と音長のリズムを、メロディーとして再現可能な形で記述する必要があるわけである。

　本書で言う「拍」は、その話者の平均的な会話スピードでの1音節を単位（拍）とし、それを基準に延音する場合や短く言う場合は、音符の長短で表現することにした。これなら、早口の人でもゆっくり話す人でも、同じリズムが同じ意味を表すという日本人の共通理解を示すことが可能になる。

　最も一般的な ♩（4分音符）を1拍とし、あとは五線譜にならって ♩（2分音符）は2拍、♩.（付点4分音符）は1.5拍、♪（8分音符）は0.5拍を表す。空白（声門閉鎖）を表す休符も五線譜と同じで、𝄽（4分休符）は1拍、𝄾（8分休符）は0.5拍、𝄿（16分休符）は0.25拍（4分の1拍）ということになる。音符の旗や棒の位置は、音符がHの場合には下向きに、Lの場合には上向きにつけることとし、Mの場合には前後の音符に準ずる。

　この音符と休符を使って、当該の「感動詞」がどのような音調で表現されているかを三線譜の上に表示した。用例が異なる場合は、‖で区切って示した。同じ表現でも複数の音調が考えられる場合には、¦で区切って「または」として示し、同一例文に複数の用例がある場合には、｜で区切って用例番号（○つき数字）に「'」「"」をつけて示した。

【三線譜】

H ──→話し手の音域での高い声
M ──→話し手の音域での中ぐらいの声
L ──→話し手の音域での低い声

拍の長さ	音　　符	空白（休符）
2拍	♩	𝄼
1.5拍（3／2拍）	♩.	𝄽𝄾
1拍	♩	𝄽
0.5拍（1／2拍）	♪	𝄾
0.25拍（1／4拍）	♬	𝄿

　ちょっとした引っかけや前置きは♪（短前打音）の形で表し、スラー（なめらかに音をつなぐ記号）・フェルマータ（2～3倍に延音する記号）・アクセント（強調する記号）・スタッカート（短く切る記号）などの発想記号の使い方や、音量を表す *p* や *f* などの記号も五線譜に準ずる。また声帯の振動が確定できない拍は♮で表すこととした。

【発想記号】

記　　号	読　み　方	意　　味
♪	短前打音	ちょっとした引っかけ、前置き
⌒	スラー	音と音をなめらかにつなぐ
⌒・	フェルマータ	音や空白を任意（2〜3倍）に延ばす
＞（∨）	アクセント	その音を強く（きつく）発音する
・	スタッカート	その音を短く切って発音する
−	テヌート	その音を十分に保って発音する
‖: :‖	反復記号（リピート）	挟んだ部分を何度も繰り返す
↓*		声帯の振動が確定できない拍

【音量記号】

記　　号	読　み　方	意　　味
pp	ピアニッシモ	最も弱く（かすかな声で）
p	ピアノ	弱く（小さい声で）
f	フォルテ	強く（大きい声で）
ff	フォルティッシモ	最も強く（いちばん大きな声で）
＜	クレッシェンド	しだいに強く発音する
＞	デクレッシェンド	しだいに弱く発音する

　五線譜で歌詞にあたる発音は、仮名で表記すれば一見わかりやすそうなのであるが、当該表現が実際に仮名の発音で発音されているとは限らず、日本人には同じ音韻だと思われても外国人の耳には異なった発音で聞こえることもあるので、厳密を期すため国際音声字母を用いて表記した（次ページ参照）。

　これは「言語音」を表すための記号であり、言語音とは言えない笑い声などは音調を示せる場合のみ三線譜で示し、音高のない吸着音などは文中に解説するにとどめた。実際の音声の中には音声記号では書き表せないあいまいな発音も少なくないが、ここでの音声表示はあくまで1つの目安として読み取っていただきたい。

国 際 音 声 字 母 (1993年改訂・1996年修正)

子音（肺臓気流）

	両唇音	唇歯音	歯音	歯茎音	後部歯茎音	そり舌音	硬口蓋音	軟口蓋音	口蓋垂音	咽頭音	声門音
破裂音	p b			t d		ʈ ɖ	c ɟ	k ɡ	q ɢ		ʔ
鼻音	m	ɱ		n		ɳ	ɲ	ŋ	ɴ		
ふるえ音	ʙ			r					ʀ		
はじき音				ɾ		ɽ					
摩擦音	ɸ β	f v	θ ð	s z	ʃ ʒ	ʂ ʐ	ç ʝ	x ɣ	χ ʁ	ħ ʕ	h ɦ
側面摩擦音				ɬ ɮ							
接近音		ʋ		ɹ		ɻ	j	ɰ			
側面接近音				l		ɭ	ʎ	ʟ			

記号が2つ並んでいるものは、右が有声音、左が無声音　　網かけは調音が不可能と考えられる部分

子音（肺臓気流以外）

吸着音		有声入破音		放出音	例：
ʘ	両唇	ɓ	両唇	ʼ	
ǀ	歯	ɗ	歯 (茎)	pʼ	両唇
ǃ	(後部) 歯茎	ʄ	硬口蓋	tʼ	歯 (茎)
ǂ	硬口蓋歯茎	ɠ	軟口蓋	kʼ	軟口蓋
ǁ	歯茎側面	ʛ	口蓋垂	sʼ	歯茎摩擦

母音

```
        前舌      中舌      後舌
狭    i•y ─────ɨ•ʉ─────ɯ•u
         ɪ ʏ              ʊ
半狭    e•ø ─────ɘ•ɵ─────ɤ•o
                    ə
半広    ɛ•œ ─────ɜ•ɞ─────ʌ•ɔ
                         ɐ
広      a•ɶ ───────────ɑ•ɒ
```

記号が2つ並んでいるものは、右が円唇、左が非円唇

6.【解説】について

「感動詞」の意味を、「意味の核」と「意味の肉」に区別して記述する姿勢を貫いた。これらの方法は先行する3つの辞典と同様である。

まず語源や意義素で分類し、(1)・(2)などで示した。これらは前々項の用例の(1)(2)などの区分と対応する。個々の用例の意味のうち、「意味の核」にあたる部分は【解説】の最初に、知的意味、文法上の用法、文体上の特色、使用者・対象の制限などについて記述した。文法は感動詞（独立語用法）や助詞（付加語用法）は示したが、それ以外については、後ろにつく語句を示して述語・修飾語などの文の成分を示すにとどめ、特定の文法学説にはよっていない。

音調は原則としてその次に示したが、次に説明する「意味の肉」の心理やニュアンスと音調が結びついている場合には、「意味の肉」の後に解説した。

最後に最もあいまいで説明しにくい「意味の肉」であるが、その記述にあたっては、次の3つの方法を用いた。

① イメージ表記

意義素（(1)(2)のレベル）ごとに、その場の状況に関係なく日本人ならだれしも同じような評価をもつもの（日本人共通の評価）を修飾語のもつ「イメージ」と名づけ、便宜的に次の7段階に区分して示した。これは先行する3つの辞典とも共通する。

本文中の記述	程　度
プラスイメージの語	＋＋＋
ややプラスイメージの語	＋＋
ややプラスよりのイメージの語	＋
プラスマイナスのイメージはない	0
ややマイナスよりのイメージの語	－
ややマイナスイメージの語	－－
マイナスイメージの語	－－－

具体的には、当該の「意味の肉」に歓喜・好意など好ましい心理を多く含むものを「プラスイメージの語」、侮蔑・怒りなど好ましくない心理を多く含むものを「マイナスイメージの語」とし、評価に対して中立なものや、好ましい心理と好ましくない心理を同時に含むものを「プラスマイナスのイメージはない」として、その間にそれぞれ2段階をもうけた。

② 類義語との比較

意義素ごとに「意味の核」が同じ語や、ニュアンスの似ている語をそのつど紹介し、比較していく方法をとった。

　　○……使える用例

×……使えない用例
　？……ふつう使わないだろうと思われる用例
　(a)　当該語が使えない例文を類義語の使える例文と比較する。
　(b)　類義語が使えない例文を当該語の使える例文（用例）と比較する。
　(c)　当該語も類義語も両方使えるまったく同じ例文で、双方の意味・ニュアンスの違いを注記する。

　従来の類義語研究では(a)か(b)の手法が一般的で、一方のみが使える例文を比較して意味の違いを記述していたのであるが、これではほんとうに両者が意味・ニュアンスの違いのみによって使えたり使えなかったりするのかという検証ができない。たとえば文体・状況・使用者などの違いによって一方が使えないという場合も含まれてしまうからである。

　そこで、本シリーズでは一貫して(c)の方法を優先して採用した。これは科学の実験における対照群（コントロール）と同じ手法である。ある薬がガンに効果があることを証明するためには、1人のガン患者にその薬を飲ませてガンが治ったというだけでは証明にならない。まったく同一の条件にある相当数の患者を3つのグループに分け、当該の薬を飲ませる、薬に似せた無害な物質（偽薬）を飲ませる、何もしない、という対照群を比較検討し、統計的に有意な差が現れた場合のみ、この薬のガンに対する有効性が証明できるのである。

　この科学実験の手法はもっともっと人文系の学問にも活用されてしかるべきであろう。本シリーズでは(c)の手法がうまく機能しない場合のみ、(a)または(b)の比較方法を用いている。

　③　ニュアンスや心理を表すキーワード

　解説や類義語との比較の説明の中に、「□□の暗示をもつ（伴う）」という表現があるが、この□□にあたる部分が日本人の心理を表すキーワードである。心理以外にも、日本文化関連の用語や、状況を示す特徴的な表現もキーワードとして採用した。キーワードは日本文化を海外へ発信するために最重要になるものであるから、漠然として意味のあいまいな和語を極力避け、意味を細かく分析的に示す2字漢語（外国語に最も翻訳可能な日本語であると考える）をできるだけ採用した。主なキーワードは次のとおり。

　(ア)　日本人の心理を表す単語
　　　緊張・恐怖・困惑・慨嘆・侮蔑・歓喜・賞賛・丁寧・感嘆・怒り・あきれ・驚き・嫌悪・弛緩・リラックスなど
　(イ)　日本文化に関連する用語
　　　外見・内面・第三者・恥・照れ・甘え・心遣い・建前・本音・義理など
　(ウ)　「入力情報」としての状況を示す特徴的な表現
　　　重大事・過去・現在・未来・笑顔など

7．参照項目について

　各語の最後には、⇨に続いて、当該語で比較検討された類義語や語根となる語、派生語、関連語など（すべて本書に掲載されたもの）を掲げた。掲載順は、本文中で解説してあるものを優先している。

8．付録について

　辞典本文に続いて、本書を利用するにあたって必要な基礎知識と、「感動詞」の背景にある日本語の特徴や発音の原則、考え方を4つのテーマに分けて概説した。本辞典中の記述で耳慣れない用語や国語辞典に載っていない術語に遭遇したとき、まずは付録で基礎知識の概略を理解することを勧める。

9．索引について

　本書に掲載されているすべての見出し語、参照語、キーワードを50音順に配列して索引とした。見出し語と参照語などの「感動詞」と、キーワードなどの事項との区別をつけるため、「感動詞」以外の項目のそれぞれに、文体、使用主体や対象、意味ジャンル、キーワードのマークを頭に付し、「感動詞」をさまざまな角度から俯瞰することによって日本文化を立体的にとらえられるようにした（詳細は索引の凡例参照）。

【参考文献】

　刊行されている国語辞典・和英辞典・百科事典のほか、次の文献を参考にした。

上野善道「アクセント記述の方法」『現代日本語講座第3巻　発音』明治書院、2002年

郡史郎「第6章　イントネーション」『朝倉日本語講座3　音声・音韻』朝倉書店、2003年

浅田秀子「帰納的意味記述法の実践的展開——現代語『はかる』の意味記述をめぐって」『日本語教育学の視点』東京堂出版、2004年

浅田秀子「感動詞の音調記譜法について——三線記譜法のすすめ〈「ああ」を例として〉」佐藤喜代治博士追悼論集『日本語学の蓄積と展望』明治書院、2005年

浅田秀子「『擬音語・擬態語』の音韻とイメージの関係について」『日本近代語研究　4』ひつじ書房、2005年

浅田秀子「敬語の力と社会——階級遵守語・礼儀語・自己品位語」『日本語の現在　ＧＹＲＯＳ』勉誠出版、2006年

　　　　　　　　　　＊　　　＊　　　＊

斎藤純男『日本語音声学入門』三省堂、1997年

苧阪直行編著『感性のことばを研究する──擬音語・擬態語に読む心のありか』新曜社、1999年

定延利之『「うん」と「そう」の言語学』ひつじ書房、2002年

鞍掛昭二・小桜秀爾・廣中宏雄・山田輝子・若林延昌『音楽の基礎──音楽理解はじめの一歩』音楽之友社、1997年

下田和男『楽典（理論と実践）　上下』共同音楽出版社、1997年

　　　　　　　　　　＊　　　＊　　　＊

飛田良文・浅田秀子『現代形容詞用法辞典』東京堂出版、1991年

飛田良文・浅田秀子『現代副詞用法辞典』東京堂出版、1994年

飛田良文・浅田秀子『現代擬音語擬態語用法辞典』東京堂出版、2002年

浅田秀子『例解同訓異字用法辞典』東京堂出版、2003年

浅田秀子『敬語の原理及び発展の研究』東京堂出版、2014年

現代感動詞用法辞典

あ　行

あ（っ）

(1)① 朝食をぼそぼそ食べていた夫が「**あ**」と声をあげた。
　② （冬の夜空）**あ**、流れ星だ。
　③ （推理ドラマ）**あ**、わかった。あいつが犯人だ。
　④ （混んだパーティ）「ドレスの裾(すそ)、踏まないでよ」「**あ**、ごめん」
　⑤ （トランプ）「今度はお前の番だよ」「**あ**、そうだね」
　⑥ （パソコン操作）「真っ暗で何も出てこないんだけど」「電源入ってないんじゃないか」「**あ**、そうか」
　⑦ （昭和天皇の園遊会）「柔道は骨が折れるの？」「はっ、３年前に骨折しました」「**あ**、そう」
　⑧ **あ**、ちょっとそこの君、窓を閉めてくれないか。
　⑨ （民謡）「富士の白雪ゃノーエ」「**ア**、そーれ」
　⑩ **あっ**、火事だ！
　⑪ **あっ**、やばい。財布忘れた。
(2)① いつかは世間を**あっ**と言わせてみせる。
　② 名人の次の一手は、プロでも**あっ**と驚く奇想天外なものだった。
　③ 彼は人が１日かかる仕事を**あっ**と言う間にやりとげた。

【解説】　(1) 口を開けて自然に出した（出た）短い声を表す。プラスマイナスのイメージはない。「あっ」は「あ」を発音した後、緊張や恐怖など何らかの理由で声門が閉鎖されている様子を表す。

　①は行為の最中に何かに気づいたときに出た声で、実際の音声を描写する用法で用いられ、比較的低い声になる。②～④も同様だが、新たな思いつき（発見）の驚きが大きいほど声は高くなる。⑤⑥は「そうだね」「そうか」を引き出すための掛け声として軽く添えられる。⑦は昭和天皇が国民と対話する際によく用いた応答で、ほとんど常に「あ、そう」の形になり、敬語を使わずに理

●あー（っ）

解と共感を柔らかく表す。⑧は呼びかけに先立つ掛け声で、表現を柔らかく（婉曲に）する暗示がある。⑨は民謡の合の手に先立つ掛け声である。

　①〜⑨は単に口を開いて出た声という意味しかないので、音韻ははっきりした「ア（a）」ではないことが多く、三線譜では仮にəとしておいた。⑩⑪は感動詞として用いられ、驚きを伴った気づきを表し、比較的高い声になる。口も①〜⑨の場合より大きく開いているので、音韻もはっきりしたaになる。

　「あ（っ）」は最も自然に口から発音される音声であるため、突発的に起こり、話し手が無意識であることが暗示される。深い感動や長時間にわたる感慨については用いられず、その場合には「ああ」を用いる。

　　×　あっ、おいしかった。ごちそうさま。
　　→ああ、おいしかった。ごちそうさま。

「あっ」は「わっ」に似ているが、「わっ」はまず唇がつぼまってから突発的に音声が始まるニュアンスがあり、意外性や意図が強調される。

　　×　友人を後ろからあっとおどかした。
　　→友人を後ろからわっとおどかした。

（2）　慣用句を作る用法。プラスマイナスのイメージはない。①は「あっと言わせる」で非常に驚かせるという意味。衝撃の暗示があるが、悪いことについてはあまり用いない。②は「あっと驚く」で非常に衝撃的であるという意味。誇張の暗示がある。③は「あっと言う間」で非常に短い間という意味。手間のかからなさ・意外性の暗示がある。⇨『現代副詞用法辞典』「あっというま」参照。

　⇨「あー（っ）」「わ（っ）」「え（っ）」「お（っ）」「う（っ）」「そー（っ）」

あー（っ）〔嗚呼・噫〕

(1)①　男は崖から突き落とされ、「**あーっ**」と声をあげて落ちていった。
　②　（耳鼻科の医者が患者に）「舌を出して『**あー**』と言ってください」
　　　「**あーー**」
　③　（電話で）**あー**、私、田中と言いますがね……。
　④　（人に道をきく）**あー**、ちょっとすいません。
　⑤　（演説）**あー**この未曽有の財政危機に際して、**あー**わたくしはこのー、まったく新しい発想でー、**あー**この難局にあたるべく……。
　⑥　（バレーボールの実況中継）**あー**、選手たちがコートに座り込んで涙です。
　⑦　（眼下に広がるお花畑）**あーー**、きれいねえ。
(2)①　（温泉）**ああ**、いい湯だね。
　②　（豪華な食事）**ああ**、おいしかった。

③ （うそをついた子供に母親が）ママにうそをつくなんて、**ああ**、ママ悲しいわ。
④ （青少年の凶悪犯罪多発）**ああ**、やだやだ、長生きなんてするもんじゃない。
⑤ （宝くじが１番違いだった）**ああ**、惜しかったなあ、ほんとに。
⑥ （友人が結婚するというニュースはデマだった）**ああ**、驚いた。
⑦ **ああ**、おれにもっと金があればなあ。
⑧ （長時間労働）毎日毎日、朝早くっから夜中まで……。**ああ**、もう限界だ。
⑨ （成人式のドカ雪）**ああああ**、せっかくの晴れ着が台無しだね。
⑩ （ブログ炎上）**あーあーあーあー**、ハデにやっちゃってるわ、この人たちったら何ムキになってんのよ。
(3)① （パソコン操作）「ほら、こうやるんだよ。簡単だろ」「**ああ、そうか**」
② （教室での質問）「『できる』の尊敬語は？」「……」「『おできになる』でしょう？」「**あああ、なんだ**」
③ 「僕の財布見なかった？」「**ああ**、これ、あなたのだったの」
④ （雑誌編集）「原稿が遅れたせいで発行日ずらしたんだってさ」「**ああ、やっぱり……**」
⑤ （推理ドラマ）「犯行当日、何か変わったことはありませんでしたか」「**ああ**、そう言えばその日は２時間早く店を閉めたんです、店長の指示で」
⑥ 「あなた、ビール買ってきてくれない？」「**ああ、いいよ**」
⑦ 「そろそろ引き上げようか」「**ああ、そうしよう**」
(4)① （耳の遠い老人に）「おじいちゃん！」「……」「おじいちゃんてば！」「……**ああ？** なんか言ったか？」
② 「兄貴、宅急便来たら受け取っといてよ。代金引き換えだから、ついでに立て替えといて」「**ああ？** なんでおれが立て替えなきゃなんないの？」
(5)① （子育て奮闘中）**あーあ**、今日も１日ドタバタだったなあ。
② （春の午後）**あーあ**、つまんない。なんかいいことないかなあ……。
③ （受験勉強）**あーああ**、やんなっちゃった。ゲームしよかな。
(6)① 両腕を突き上げ、背伸びをして「**あーあ**」と大あくびした。

【解説】　ここでは、「あー」「ああ」「あーあ」などさまざまな表記をされ、「あ」を2拍以上延音したものをまとめて扱う。

(1)　口を開けて自然に出した（出た）長い声を表す。プラスマイナスのイメージはない。「あー」と音引きを用いて表記することが多い。「あーっ」は「あー」を発音した後、声門が閉鎖されている様子を表す。

　①②は実際の音声を描写する用法で用いられる。①は話者が非常な緊張状態(きんちょう)で発する叫び声であり、高いHで息が続くだけ延音され、その後自然に下降し、後ろに声門閉鎖を伴う。この緊張状態が声帯周辺の筋肉を収縮させるため、声が高くなる。話者が失神するか死亡するかして声を出さなくなるまで続く。マンガの背景などの手書き文字では、しばしば「あ」に濁点をつけて、咽頭摩擦音(いんとうまさつ)(ʕ)(おん)を表現する。音韻は大きく口を開けた ɑ になる。②の前は医者が患者に発声の指示をしている場合で、無用な緊張をさせない必要から、ごく普通の音高Mでリラックスして発音する。患者がこの指示にしたがって発声する②の後の例では、医者の指示から「リラックスして口を大きく開き、自然に声を出せ」という意図を受け取るので、さらにリラックスしたLになる可能性が高い。

　③④は感動詞として用いられ、後ろに主文がくる前置きの呼びかけである。2拍分の音長をもち、その2拍が同じ音高で発音されるのが原則で、比較的低い声になる。唐突に主文を聞かせると、聞き手が驚いたり聞き取れなかったりすることがあるので、まず聞き手の注意を喚起(かんき)するために行う。ためらいの暗示がある。中年以上の男性の話者が対等以下の聞き手に対して用いる。

　この場合「あの」もよく用いられるが、「あの」は後ろに名詞（実質伝達内

容）がくることを暗示するため、緊張感があり、話者のコミュニケーションの意思が強く表示されるので、結果として聞き手の注目度が高くなる。「あー」が「あの」に比べてぞんざいな印象を与えるのは、「あー」という発音が話者の精神・肉体のリラックスを暗示するためである。

⑤は会話中で間投詞として用いられた場合で、次の語句を導き出す前置き、ないし掛け声、フィラーとしての役割をもつ。2拍分の音長をもち、その2拍が同じ音高で発音されるのが原則で、話者が緊張して次の語句を話そうとすると、必然的にその前の「あー」も音高が上がり、逆に、次の語句にあまり力点がないと音高が下がる。ためらい、思考の停滞などを暗示する。

⑥はテレビなどでのスポーツの実況中継でよく用いられる感動詞（間投詞）で、選手たちの涙（感動）への共感を表す。語末に音調が上昇ぎみになるのは、話者が自分の共感をLの「あー」で抑制し、最後にやや力が抜けて自然なMに近づくためと思われる。⑦は話者の感動などのために思わず出た声で、ほとんどため息に近く、音高も音長も一定しない。三線譜では一例を挙げておいた。

「あー」は発音する際、唇・舌や口蓋・口蓋垂などの器官のどこにも邪魔されずに発音できるので、最も自然かつ無意識に出る発音である。①は無意識に出た声であるし、②は舌などに力を入れずに自然に発声せよという意味である。掛け声・感動詞や間投詞の場合も、話者の発話への意識・関心は高くない。

同じような状況で「えー（っ）」も用いられるが、「えー（っ）」は、発音に際して唇を左右へ引き、舌の位置を上げるという意識的な力を必要とするので、話者の発話への意識の高さを暗示し、無意識の場合には用いない。

　×　男は崖から突き落とされ、「えーっ」と声をあげて落ちていった。
　　　あー、ちょっとすいません。（聞きたいんですが）
　　　えー、ちょっとすいません。（お願いです）

⑵　感動や願望などの気持ちを表す。プラスマイナスのイメージはない。感動詞として用いられる。「ああ」と平仮名書きすることが多いが、漢字書きすることもある。この音調は2拍分の音長をもつが、2拍めが1拍めより下がって発音される。この下げ幅は⑶の例に比べてそれほど大きくなく、むしろ1拍めの力が抜けた結果として音高が下がるものである。したがって、音長としては2拍めにまるまる1拍分の音価があるかどうかはわからない。

1拍めがHの①②⑥は、話者の感動や驚きが大きい。③④のようにわざと慨嘆を演出したり、⑤のように落胆を表したり、⑦のように願望を思わず吐露したりする場合には、声帯の緊張はそれほど大きくないので、音高も中ぐらいのMになる。⑧は意識的に発音された場合で、無意識に口をついて出た声ならば⑴⑦と同じ扱いになるが、両者の厳密な区別はできない。

⑨は「あ」が4文字で表記されているが、これで1語とは認定できず、実際

には「ああ」という感動詞が2回繰り返され増幅されたもので、③や⑥の重複版である。これはＭＬ・ＨＭという音高で、2度めは1度めより音高が高くなる特徴があり、慨嘆の感情がよりオーバーに強調される。⑩のように「ああ」が4回繰り返される例もあり、これも1回分ずつ音高が高くなる。三線譜では線間を使って示した。

⑶　応答や肯定の返事を表す。プラスマイナスのイメージはない。感動詞として用いられる。「ああ」と平仮名書きすることが多い。この音調は⑵と同様に2拍分の音長をもつが、2拍めが1拍めより顕著に下がって発音される。1拍めのＨは気づきの緊張を表し、2拍めのＬは納得を暗示する。②は3文字で書かれているが、3拍分あるというより2拍の最初の引っかけを表したものと見られる。①〜⑤は話者が真相や新事実に気づき、納得した文の文頭に用いられる。②は納得が大きいため、返事の開始に引っかかりが加わったものである。④は悪い予感が的中した納得なので、音高は相対的に低い。⑥⑦も心理としては似ているが、疑問・提案・命令などに答える応答として用いたものである。いずれも話者が（まったく緊張せずに）納得していることを表し、しばしばぞんざいな応答になる。男性が対等以下の相手に対して用いる。

⑷　問いかけ・依頼などに対する疑問を表す。ややマイナスよりのイメージの語。感動詞として用いる。平仮名書きし、後ろに「？」をつけて語尾の上昇を明示することが多い。音調は2拍分の音長で、2拍めが1拍めより顕著に高く発音される。これは、上昇する音調が疑問や問い直しを表すもので、⑶⑥⑦の疑問形ということができる。①は上昇の幅の少ない軽い疑問で、口をあまり開かずにあいまいに発音するもので、話者の意識が明晰に働いていない暗示がある。②は上昇の幅が大きい大規模な疑問で、はっきりした発音で相手にぞんざいに問いかける様子を表し、しばしば抗議の心理を暗示する。1拍めを延音すれば、抗議の暗示がさらに強調される。

⑸　感情の大規模な変化の吐露を表す。ややマイナスよりのイメージの語。感動詞として用いる。「あーあ」「あーああ」などさまざまな表記で、3文字以上（3拍以上）になることが少なくないが、1語扱いになる。①の音調は、全体として3拍分の音長で、非常に特徴的なリズムと音高をもつ。すなわちＨ（1.5拍）－Ｌ（0.5拍）－Ｍ（0.5拍）で、最後に0.5拍分の空白が存在する。最初の長いＨは感情の大規模な発露を表すが、次に急激に最低まで落ち込むのは落胆や慨嘆などのマイナス心理に気分が一転したことを表す。語末でまた少し上昇するのは、話者が落胆しっぱなしで落ち込んだままになっているのではなく、対象への感情と心理的な距離や開き直りがあるために、少し立ち直ったことを暗示する。しばしば語末を押しつけて言い切る。②③の音調としては、2通り考えられる。1つは①と同じ音調である。もう1つは、全体として4拍分の音

長で、M（1拍）-L（1拍）-H（2拍）でなめらかに発音する場合である。最後のHはしばしば延音される。この場合は、落胆や慨嘆の程度が高く、話者が音をあげ（ギブアップし）ている心理を暗示する。

(6) 口を大きく開けてするあくびの音を表す。ややマイナスよりのイメージの語。「あー」の文字を用いるが、咽頭摩擦音（h）のみで、声帯は鳴っていないことが多い。さまざまな表記をされ、退屈・怠惰の暗示をもつ。

⇨「あの」「えー（っ）」「あ（っ）」「わー（っ）」「あーん」「うん」「はい（っ）」「はーい」「はいー」「おー（っ）」「うー（っ）」「そー（っ）」

あーら

(1)① （40年ぶりの同窓会）**ああら**、これはこれは、おなつかしい。
　② 「あの夫婦、仲よさそうに見えて、家庭内別居だってさ」「**ああら**、そうなの。人は見かけによらないわね」
　③ （手品）帽子を3回ステッキで叩くと、**あーら**不思議、リボンは消えてウサギちゃん。
(2)① （一仕事終えてソファに腰を下ろす）**あーら**、どっこいしょ。
　② （オムレツを引っ繰り返す）**あーら**、よっと。

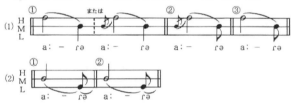

【解説】 (1) 感動や驚きの声を表す。プラスマイナスのイメージはない。感動詞として、男女を問わず用いられる。音調はHMまたはMの引っかけのついたHMの3拍で、あまり強くない声で発音される。①は相手を認識した感動の声、②は意外性の驚きの声である。③は「あーら不思議」の定型で用いられ、手品師が客の驚きを代弁した演出の声である。この場合の音調はHMの3拍がふつうである。「あら」を延音した語ではあるが、対象とはかえって心理的な距離があく。

　　ああら、これは、おなつかしい。（お互い元気で何よりですね）
　　あらっ、これは、おなつかしい。（今気づいたよ）

(2) 掛け声に先立つ勢いづけの声を表す。プラスマイナスのイメージはない。音調はMLの3拍で軽く発音される。「あーら」と音引きを使うことが多い。後ろに続く掛け声の「どっこいしょ」「よっ」を導き出すための勢いづけの声で、ない場合に比べて気軽さ、滑稽の暗示がある。

●あーん

　この「あーら」は「あら」の(3)を延音した語であるが、「あら」より対象と心理的な距離があり、滑稽の暗示も含む。

　　　あーら、どっこいしょ。（こんなに働いたのに気づいてくれたかな）
　　　あら、どっこいしょ。　（さて一休みするか）
⇨「あら（っ）」「あらー（っ）」

あーん

(1)① （子供に）お口、**あーん**してごらん。
　② 口を**あーん**と開けて待っていたら、棚からぼたもちが落っこってきたというわけさ。
(2)① 迷子は母親の顔を見たとたん**あーん**と泣きだした。
　② うちの子はちょっとつらいとすぐ**あーん**だ。
　③ 救護所に保護された息子は**あーんあーん**と泣いていた。
(3)① （昔の教師）**あーん**、そこの学生、静かにしなさい。
　② （店子の引っ越し）**あーん**、何か手伝いはいらんかな。

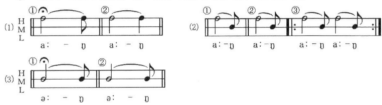

【解説】　(1)　口を大きく開け放しておく様子を表す。プラスマイナスのイメージはない。①は「する」がついて述語になる。②は「と」がついて述語にかかる修飾語になる。音調としては、同じ高さ（H）で発音することが多い。ただし、口を開けるに際して、実際に主体が「あーん」という音声を必ず発するとは限らない点で、「あー（っ）」の(1)とは異なる。「あー」で口を大きく開け、一定以上の時間そのまま開けておき、最後には閉じる（ん）様子を表す。親が幼児の歯などを見るため口を大きく開けさせるとき、「口を大きく開けなさい」などと抽象的に命令するより、自分も「あーん」と言いながら口を開け、幼児が真似をするやり方のほうが効率的かつ効果的である。口を閉じる「ん」がついていることで、口を開けた次の行動まで予測させる表現である。

　(2)　口を大きく開け、声をあげて泣く声や様子を表す。ややマイナスよりのイメージの語。①は「と」がついて述語にかかる修飾語になる。②は「だ」がついて述語になる。③は何度も繰り返し泣いている声や様子を表し、必ずしも２回ではない。音調はHまたはMで適宜延音され、一息ごとに力が抜けて下がる。泣き声であるから音声は純粋な母音とは限らない。三線譜では仮にａとし

ておいた。主体は、(世間体を考えずに)口を大きく開け声をあげて泣くところから子供が最も多く、大人の場合でも子供っぽいことが暗示される。また、泣き始めにあまり力が入っておらず、しばしば主体の意気地なさや話者の慨嘆を暗示する。

この「あーん」は「わーん」に似ているが、「わーん」は唇の緊張から突発的に泣き始めるニュアンスがあり、しばしば主体の意志(きかん気)や話し手の驚きを暗示する。

　？　うちの子はちょっとつらいとすぐわーんだ。
　　子供があーんと泣きだした。(泣き虫だな)
　　子供がわーんと泣きだした。(何かあったな)

(3)　相手に呼びかける声を表す。プラスマイナスのイメージはない。感動詞として、主に男性が目下の相手に用いる。音調としては2拍以上で、1拍めはしばしば延音される。相手の注意を喚起する必要から、Mを保って発音されることが多い。音韻はあいまいで、三線譜では仮にəとしておいた。最後の「ん」は声の末尾が鼻に抜けていることを表す。古風な表現で、昔の教師(①)や老人(②)が用いることが多い。尊大なもったいぶったニュアンスがあるが、遠慮の暗示もある。

この「あーん」は「あー」の(1)や「おい」の(1)に似ているが、「あー」にはぞんざいさ(気楽さ)の暗示はあるが、尊大の暗示はない。「おい」は近くの相手に乱暴に呼びかけるときに用い、遠慮の暗示はない。

　　あーん、そこの学生、静かにしなさい。(私は教師だぞ)
　　あー、そこの学生、静かにしなさい。　(うるさいじゃないか)
　×　あーん、いい加減に起きろよ。→おい、いい加減に起きろよ。
　⇨　「あー(っ)」「わーん」「おい(っ)」「うわーん」「あんぐり」「えーん」

あいよ

(1)①　(時代劇)「来た！　来た！　噂をすればなんとやら……。ほら、前の宿の飯盛、なんてったっけな」「あっ、お寅」「**あいよ！**」
(2)①　(落語)「おう、お亀、ちょっと出てくるぞ」「**あいよ**、おまえさん」
　②　「ちょっとそこのうちわ取って」「**あいよ**」(手渡す)

【解説】　(1)　応答を表す。プラスマイナスのイメージはない。名前などを呼ばれて返事するときに感動詞として用いられるが、音調としては2つ考えられる。1つめはHMHの3拍で、主体が上機嫌で威勢よく答える場合。2つめは2拍

●あかんべー

のMでやわらかく「あい」を言い、Hで軽く「よ」を添えて発音する場合で、主体が愛情をこめて返事する。古風な表現で、時代劇や落語、老人の会話などで用いられる。

(2) (1)から進んで、承諾の返事を表す。プラスマイナスのイメージはない。これも古風な表現である。音調は2拍分のMでやわらかく「あい」を言い、Hで軽く「よ」を添えて発音する。ゆっくり発音するほど承諾の程度が高く、その分愛情も深くなる傾向がある。

⇨「はい（っ）」

あかんべー〔赤目〕

① （いたずらをした子供が逃げる際に振り返って）「**あっかんべー**」
② あの野郎、おれの方を見て**あかんべー**しやがった。
③ お前なんか、**あかんべー**だ。
④ （飲み屋で酔って同僚に）業績の悪い子会社に転属だなんて冗談じゃない。**あっかんべー**だ。

【解説】 人差し指で（両方の）下まぶたを下に引いて赤い結膜を相手に見せ、侮蔑・拒否などを示しながら言う言葉。マイナスイメージの語。舌を出す動作を伴うこともある。「あっかんべー」は強調形。①は感動詞の用法で、子供が動作とともに言い、ゆっくり発音するほど侮蔑の暗示が強くなる。②は動作を描写する場合、③④は動作を伴わない場合である。②は「する」がついて、③④は「だ」がついて述語になる。音調は、①は特徴的なＨＬＨの6拍で、「あっかん」は短く区切って発音し、「べー」は適宜延音することが多い。②はＭＨＭの音調、③④は①と同様のＨＬＨの音調で発音する。②は話者が主体の侮蔑を感じたという意だが、やや冷静な表現である。③は話者が相手を侮蔑するという意、④は対象（転属）について侮蔑的に拒否するという意である。もともと子供が動作とともに使う感動詞なので、大人はくだけた場面でのみ用いる。

⇨「べー（っ）」

あぐっ

① 犬の鼻先に肉を差し出すと**あぐっ**と食いついた。
② 彼はあくびを**あぐっ**と噛み殺した。

【解説】 大きく開いた口をすぐに勢いよく閉じる様子を表す。プラスマイナスのイメージはない。「と」がついて述語にかかる修飾語になる。音声を伴わな

いことが多い（①）が、口を閉じるときに少し声を伴うこともある（②）。客観的な表現で、特定の感情を暗示しない。

「あぐっ」は「あんぐり」に似ているが、「あんぐり」は口を開いてから閉じるまでに時間があるので、開けるほうに視点が移り、開けた結果の空間の広さを暗示する。また、「あんぐり」は口を開けるときに声を出さないことが多い。

×　あまりのひどさにあきれて思わず口をあぐっと開けた。
　→あまりのひどさにあきれて思わず口を<u>あんぐり</u>と開けた。
　大好物の豆大福にあぐっと食いついた。　（一瞬で食べた）
　大好物の豆大福にあんぐりと食いついた。（ゆっくり口に入れた）
⇨「あんぐり」

あっぱれ〔天晴れ〕

① 　（昭和39年の東京オリンピック）今まで一度も勝ったことのないソ連に勝つなんて、**あっぱれ、あっぱれ**。
② 　日本選手のまことに**あっぱれ**な活躍ぶりであります。
③ 　敵ながら**あっぱれ**だ。

【解説】　賞賛する声や賞賛に値する様子を表す。プラスイメージの語。①は感動詞の用法で、２度繰り返されている。②は「な」がついて名詞にかかる修飾語になる。③は「だ」がついて述語になる。音調はＬ＊ＨＭの４拍で、２拍め（＊）は声門閉鎖で声はない。やや古風な表現で、昔のアナウンサーがスポーツの実況中継の中などでの公式発言として、対象の行動が賞賛すべきであると称揚するニュアンスがある。

あっはん

① 　（ＣＭ）「**あっはん**、スリスリ、お好きどすか」「うっふん。今夜は帰しまへんえ」「たまらんなあ」

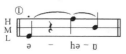

【解説】　ため息を鼻に抜く音を表す。プラスマイナスのイメージはない。実際の音声を描写する用法で用いられる。音調はゆっくりしたＬ＊ＨＭの特徴的な音型で、低い１拍めの後に声門閉鎖があり、２拍めはあいまいな発音で語尾を鼻に抜き、後は自然に下がる。主に女性が男性に性的に迫るとき、あるいは性

●あっぷあっぷ

的に興奮したときなどに、口を開けて出したため息をいったん吐いてから途中で止め、その息を鼻に抜いて出す音を表し、色気の暗示を伴う。

「あっはん」は「うっふん」に似ているが、「うっふん」は口を開けずに出した息を鼻に抜く音を表し、色気の暗示はいっそう強くなる。

⇨「うっふん」

あっぷあっぷ

(1)① 子供が溺れて**あっぷあっぷ**している。
　② スタンレーは底なし沼で**あっぷあっぷ**とやっているところを、原住民に助けられた。
(2)① 毎月資金繰りに**あっぷあっぷ**している。
　② その大関は**あっぷあっぷ**の状態で、千秋楽にようやく勝ち越した。
　③ 卒論の締切りが迫っていて**あっぷあっぷ**だよ。

【解説】　(1)　水面で口を苦しそうに開閉している様子を表す。マイナスイメージの語。「(と) して (やって) いる」がついて、述語にかかる修飾語になる。「あ」で息を吸い (水を飲み)、「っ」で止め、「ぷ」で水 (息) を吐き出す様子を具体的に描写した語で、水が気管に入るなどして呼吸が妨げられている様子を表し、いまにも溺れそうな危惧が暗示される。⇨『現代擬音語擬態語用法辞典』「あっぷあっぷ」参照。

(2)　(1)の比喩的な用法で、非常に困難な状況に直面している様子を表す。マイナスイメージの語。①は「している」が、③は「だ」がついて、述語になる。②は「の」がついて、名詞にかかる修飾語になる。主体がもう少しで破滅しそうな境界にあって苦しんでいる様子を表すが、深刻さの暗示はない。⇨『現代擬音語擬態語用法辞典』「あっぷあっぷ」参照。

あとで〔後で〕

① （昔の子供の遊びの誘い）「ひーでーこーちゃん、あーそーびーまーしょ」
「あーーーとーーーで」

【解説】　子供が近所の遊び友だちに誘いかけた呼び声に対する拒否の返事を表す（⇔はーい）。マイナスイメージの語。感動詞として応答に用いる。音調は特徴的なＨＭＨ（長２度）の９拍で、誘いかけの言葉の音節の２倍の長さの音節で発音する。拒否の意志が強ければ強いほど、より延音する。怒りの暗示がある場合には、最後の音節にアクセントがつき、声門閉鎖を伴うこともある。

近年子供が携帯電話を持つようになって、遊びの誘いかけも直接言葉で呼びかけをすることが稀になり、この表現も使われなくなっている。
　⇨「はーい」

あの

(1)① （歌詞）**あの**丘はいつか見た丘。ああ、そうだよ。
　② （子供に父親の死を伝える）パパはね、**あの**遠い雲の向こうへ行ったのよ。
(2)① （刑事ドラマ）**あの**男はなぜわざわざ嵐の日に山へ行ったんだ。
　② 「戦時中は食べ物がなくてねえ」「**あの**頃はどこの家も苦しかったですね」
　③ あなたの**あの**笑顔がもう一度だけ見たかったんです。
　④ （妻が）**あの**人、最近うちへ帰らないことが多いんです。
　⑤ **あの**野郎、今度あったらただじゃおかないからな。
(3)① （上司に誘われた）**あの**、別に嫌だって言ってるんじゃないんですけど、今日はちょっとその……。
　② （道をきく）**あの**、ちょっとすいません。丸の内警察署はこの道でいいんでしょうか。
　③ （職務質問）私は**あの**、別に**あの**、悪いことはしてません。

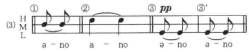

【解説】　(1)　話者から遠い物事を指す。プラスマイナスのイメージはない。名詞にかかる修飾語になる。①は具体物を指す場合、②は天国の婉曲表現である。客観的な表現で、特定の感情を暗示しない。

　(2)　話者と聞き手の双方がよく知っている第三者や物事を指す。プラスマイナスのイメージはない。名詞にかかる修飾語になる。対象がその場にいないことが前提であるが、③のように、本人に向かって今は失ってしまったもの（笑顔）について言うこともある。④は「あの人」の形で「夫」の婉曲表現になる。⑤は「あの野郎」の形で非常に近しい知人を、親しみ・怒り・侮蔑などをこめて呼ぶ。

　(3)　ためらいの気持ちを表す。プラスマイナスのイメージはない。男女・年齢を問わず用いられる。①②は感動詞として用いられ、後ろに主文がくる前置きの呼びかけである。唐突に主文を聞かせると、聞き手に受け入れてもらえないかもしれないという遠慮の暗示がある。①は前置きなのでMMの音調で弱く短く発音され、②は呼びかけなので高めのMMの音調（「ちょっと」の「ちょ」

●あのー

よりは低い）で比較的はっきり発音されることが多い。③は会話の途中に適宜はさむ間投詞の用法。本文とは顕著に異なる弱音で、聞こえないくらいあいまいに発音されることも少なくない。話者には率直に答えられない理由があって、ためらいながら話すニュアンスで、恐れの暗示もある。

ただし、「あの」の後ろには実質伝達内容がくることを暗示するため、緊張感があり、話者のコミュニケーションの意思が強く表示されるので、結果として聞き手の注目度は高くなる。

この「あの」は「あー」に似ているが、「あー」は精神・肉体のリラックスを暗示するので、聞き手にぞんざいな印象を与え、話者は主に中年以上の男性である。

⇨「あー（っ）」「あのー」「あのね・あのねえ」「あのねのね」「その」

あのー

① **あのう**、お忙しいところまことに申し訳ないんですが、ちょっと教えていただけますか。
② （先輩に誘われた）**あのう**、今日はちょっと家で早く帰れと言われているので……。
③ （娘の不登校が発覚した）毎日普通に家を出ているのに学校へ行ってないって……。**あのう**、それはどういうことでしょうか。
④ （事情聴取）「12月24日の午後は何をしてたの？」「**あのう**、その日は学校の帰りにケーキ屋さんに寄ってえ、それから**あのう**、友だちのうちへ行ってえ、あ、あの別に変な関係とかじゃなくて、**あのう**……」
⑤ （老人に傘を間違えて持って行かれる）すいません、**あのー**、その傘、もしかして私のと間違えられてません？

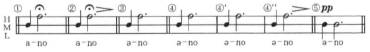

【解説】　ためらいの気持ちを表す。プラスマイナスのイメージはない。男女・年齢を問わず用いられる。「あの」の(3)の延音形。①〜③は感動詞として用いられ、後ろに主文がくる前置きの呼びかけである。「あの」よりもさらに遠慮の暗示が強くなり、しばしば目上に向かって何か頼んだり断ったりする主文の前置きとして用いられる。音調は短いMの「あ」と長いHの「のう」で構成され、しばしば「のう」は延音される。④⑤は会話の途中に適宜はさむ間投詞の用法。話者が聞き手の反応をいちいち確かめながら恐る恐る話している暗示がある。次に実質内容をすぐに続けられないとき（④の3つめの例）、「のう」の末尾が次第に力が抜けて聞こえなくなることがある。⑤は年上の聞き手に対し

て話者が非常に遠慮している心理を暗示し、「あのー」自体顕著な音程（音高の違い）をもたず、しばしば聞き取れないくらい小さい声になる。
　⇨「あの」「あのね・あのねえ」「もしもし」

あのね・あのねえ

① （子供が母親に）**あのね**、ママ、あしたおばあちゃんの所にお泊まりしてもいい？
② （大人が子供に）**あのね**、世の中には自分が絶対正しいと思っても、なかなかわかってもらえないことも多いんだよね。
③ おばあちゃん、**あのね**、ママの内緒の話、教えてあげる。
④ （遅刻した後輩に）**あのねえ**、遅れるんなら連絡するのが常識でしょ。ホーレンソー（報告・連絡・相談）って知らないの？
⑤ 「ちょっとお前の車借りるぞ。ガソリン満タンにして返すから、ほら鍵、鍵」「**あのねえ**……」

【解説】　遠慮がちに説得する気持ちを表す。ややプラスよりのイメージの語。感動詞として用いられ、後ろに主文がくる前置きの呼びかけである。音調は「あの」を1拍のMまたはLで自然に発音し、注意喚起するための「ね」はHで高く発音する。①〜③は子供が話者または聞き手になる。④⑤は大人どうしの間で用いられる。「あのねえ」は「あのね」の強調形。非常に親しい相手または親しみをこめて、相手を説得するときに用いられ、話者に確信があることが多い。この音調はＬＬＨＭという特徴的な4拍になり、「ね」にアクセントがつく。④は言わなくてもよいことをあえて忠告する前置きとして用いられ、実際には遠慮していないことが多い。ゆっくり発音するほど説得のニュアンスが増す。⑤は抗議文の前置きとして用いられるが、しばしば実質内容（述語）は省略され、話者が不承不承である心理を暗示する。

　「あのね」は「あのう」に似ているが、「あのう」のほうがためらい・遠慮の暗示が強く、話者の確信は少ない。

　　あのう、あしたおばあちゃんの所にお泊まりしてもいい？
　　（ママはダメって言うかな）
　　あのね、あしたおばあちゃんの所にお泊まりしてもいい？
　　（あたしはどうしてもお泊まりしたいんだもの）
　⇨「あのー」「あの」「あのねのね」「ね（っ）」「ねー（っ）」

あのねのね

① （子供が）**あのねのね**、こないだママがいないとき、パパったら、ママの服着てお化粧してたの、あたし見ちゃった！
② （飲み屋で友人に）「でさ、彼女と会ってどうなったの」「そりゃあ、まあスナックで一杯飲んで、その後は、**あのねのね**だよ」

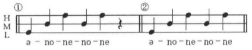

【解説】　秘密を打ち明ける様子を表す。プラスマイナスのイメージはない。音調はＬＭＨＭＨというジグザグの音高の５拍である。①は感動詞の用法で、子供が大人に秘密を打ち明ける前置きとして用いる。秘密を遠慮がちに、しかも確信をもって打ち明けるときの前置きである。②は大人どうしの間で用いられ、「だ」がついて述語になる。この場合には秘密そのものを表すが、親密さの暗示もある。

⇨ 「あのね・あのねえ」「あの」

あはははは

① **あはは**、ああ、おかしい。
② （孫に）**あはははは**、そうか、東大に受かったか。
③ 外国の女性は人前でも大きな口を開けて**あっはっはっ**と笑う。

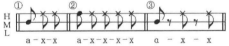

【解説】　口を大きく開けて、声をあげ、明るく笑う声や様子を表す。ややプラスよりのイメージの語。①②は実際の音声を描写する用法、③は「と」がついて述語にかかる修飾語になる。「あっはっはっ」は笑っている途中で声門閉鎖を何度も伴う場合で、笑いの程度が高まる。音調は比較的高い声で、持続的に発音される。拍数は決まっていない。笑い出しの「あ」では声が出ているが、その後の「はははは（はっはっはっ）」は、横隔膜（おうかくまく）の痙攣（けいれん）に伴う呼気の断片的な連なりだけで、声が出ているとは限らない。また横隔膜の痙攣は何度も起こるので、正確に回数を描写することは困難である。滑稽（こっけい）な物事に触れたり（①）、喜ばしいことがあったり（②）したときに、実際に口を大きく開けて屈託なく笑う声を表す。③はこれから進んで、そういう笑い方そのものを揶揄（やゆ）するニュアンスがある。

　笑い声を表す語としては、他に「いひひひ」「うふふふ」「えへへへ」「おほ

ほほ」「わははは」などがあるが、「いひひひ」は口を縦に開かずに漏らした笑い声を表し、しばしば狡猾・不気味の暗示がある。「うふふふ」は唇を小さくすぼめた笑い声を表し、喜びを外に表すまいとする意図（羞恥・隠蔽など）を暗示する。「えへへへ」は照れ笑いを表し、内心の恥や照れなどを暗示する。「おほほほ」は女性が縦に開けた口を意図的にすぼめた笑い声を表し、上品さを演出する気取りを暗示する。「わははは」は主に男性が大きな声で笑った声を表し、豪放磊落・豪快の暗示がある。

　⇨「いひひひ」「うふふふ」「えへへへ」「おほほほ」「わははは」「がははは」「はははは」「ぎゃははは」

あばよ

① （仲間に）じゃ、おれは行くぜ。**あばよ**。
② （強盗団の仲間割れ）この金はそっくりいただいてくぞ。じゃな。**あばよ**。

【解説】　別れの挨拶を表す。ややマイナスよりのイメージの語。感動詞として用いる。主に男性が、乱暴な言い方で相手に別れを告げるとき、すべての文の最後に用いることが多い。①は通常の別れの挨拶。客観的な表現で、特定の感情を暗示しない。音調はＨＭＨで、最後に１拍分の空白（緊張）があり、これ以上会話がないことを暗示する。②は金を奪って逃げる（とんづらする）場合の捨てぜりふで、最初のＨの「あ」はやや延音し、最後の「よ」を高くＨで言い切る。侮蔑の暗示がある。

　くだけた別れの挨拶としては「じゃ」もあるが、「じゃ」は「では」のくだけた表現で、男女を問わず簡便な別れの挨拶として広く用いられる。

　⇨「じゃ」

あへあへ

① 「こんなん、どう？」（愛撫する）「**あへあへ**」
② 隣の部屋では昼間から**あへあへ**やっている。

【解説】　性的な快楽で出る声や息を表す。プラスマイナスのイメージはない。人間の口から出る声や息の描写ではあるが、ほとんどマンガなどの背景として表現されることが多く、実際の音声や擬音語として表現されることは稀で、音調やアクセントを表記することは困難である。「あ」は口を自然に開いて出た声、「へ」は唇がやや左右に引かれ（恍惚として）笑った状態で出る吐息の描

写と思われる。主体は女性が多い。①は最も一般的なマンガの背景としての表現、②はこれから進んで「性交」の直観的表現である。

あむあむ

① 「**あむあむあむあむ**」「ユウキ君、おなかちゅいたの？」
② うちの犬は口を**あむあむ**して甘える。

【解説】 唇を繰り返し閉じたり開いたりして出した（出た）声を表す。プラスマイナスのイメージはない。①は実際の音声を描写する用法、②は「する」がついて述語になる。「あ」で口を開けて声を出し、そのまま唇を閉じると音が鼻に抜けるため、「む」の音韻にははっきりした母音はないことが多い。音高は最も楽に出せる中ぐらいのMで発音され、①のようにしばしば何度も（素早く）繰り返される。主体は主に乳児で、言葉を話す以前の音声による自己表現（喃語）として用いられる。ただし、乳児自身に表現意図があるかどうかはわからない。②は乳児以外の主体に用いた例で、対象を擬人化していると見られる。

「あむあむ」は「ばぶばぶ」に似ているが、「ばぶばぶ」のほうが唇の力が強く主体の表現意図が感じられるので、より発育の進んだ乳児が言うことが多い。

　　（赤ん坊が）あむあむあむ……　（おっぱい飲みたいのかな）
　　（赤ん坊が）ばぶばぶばぶ……　（お話したいのかな）
　⇨「ばぶ・ばぶばぶ」「うまうま」

あら（っ）

(1)① （にわか雨）**あら**、大変。洗濯物を干したまま出てきちゃったわ。
　② （娘の妊娠）こないだまで子供だったのにねえ、もう子供ができたなんて。**あら**、嫌だ。あたし、おばあちゃんじゃないの。
　③ （玄関前の捨て猫）**あら**まあ、こんなところに猫の赤ちゃんが……。
(2)① **あらっ**、誰？　こんなところに機密書類出しっぱなししてるのは。
　② （刑事ドラマ）**あらっ**、そういえば奴は事件当日、早退したよな。
(3)① （一仕事終えてソファに腰を下ろす）**あら**、どっこいしょ。
　② （重い物を動かす）**あら**、よっと。

【解説】 (1) 問題に気づき驚く声を表す。ややマイナスよりのイメージの語。感動詞として、主に中年以上の女性が用いる。後ろに、実質的な問題を述語として示すことが多い。音調はHMの2拍で、最初の「あ」にはしばしばアクセントがつく。③は副詞「まあ」に続く例で、「まあ」の高音が高いのでMLの音調になり、驚きとあきれの暗示がある。

(2) 意外な真実に気づき、問題視する声を表す。ややマイナスイメージの語。「あらっ」の形で、後ろに声門閉鎖を伴い、感動詞として男女を問わず文頭に用いる。後ろに実質的な問題を述語として示す。音調はLHの2拍で、比較的強い声で発音され、抗議や非難（①）・疑念（②）などの暗示がある。

この「あらっ」は「あれっ」や「ありゃっ」に似ているが、「あれっ」は既に問題となっていることを思い出す（気づく）ニュアンスで、抗議や非難の暗示はない。「ありゃっ」は意外性は強いが、問題をそれほど重要視していない気軽さの暗示がある。

　×　あれっ、誰？　こんなところに機密書類出しっぱなししてるのは。
　×　ありゃっ、誰？　こんなところに機密書類出しっぱなししてるのは。
　　　あらっ、そういえば奴は事件当日、早退したよな。（奴は犯人なのか）
　　　あれっ、そういえば奴は事件当日、早退したよな。（なぜだろう）

(3) 掛け声に先立つ勢いづけの声を表す。プラスマイナスのイメージはない。音調は前打音のようにMまたはLで軽く発音される。後ろに続く「どっこいしょ」「よっ」を導き出すための勢いづけの声で、何もつけない場合に比べて、気軽さの暗示が出る。

⇨「あらあら」「あれ（っ）」「ありゃ（っ）」「あーら」「あらー（っ）」

あらー（っ）

(1)① （おくりびと）「旅のお手伝いをする仕事って何ですか」「**あらあ**、あなた何も知らないで応募してきたの？」

② （痴呆の始まり）**あらあ**、なんで冷蔵庫に大根が3本もあるのかな。

(2)① （ブログ炎上）**あらーっ**、反響ありすぎー。

② （留守中に大地震があった）**あっらーっ**、部屋がぐちゃぐちゃだ。

【解説】 (1) 問題に気づいて疑問を感じている声を表す。ややマイナスよりの

- ●あらあら

イメージの語。「あらあ」と平仮名書きすることが多い。感動詞として、疑問文に先立って用いられる。主に中年以上の女性が用いることが多い。音調はLで始まり、「ら」を延音している間にゆっくり上昇する。話者が不思議（不可思議・疑問・不審など）に感じている暗示がある。

この「あらあ」は「あれえ」に似ているが、「あれえ」は問題自体が主体から遠く、重大視していないニュアンスになる。

　　　あらあ、なんで冷蔵庫に大根が 3 本もあるのかな。
　　　（あたし、買ってきたの忘れちゃったのかしら）
　　　あれえ、なんで冷蔵庫に大根が 3 本もあるのかな。
　　　（夫が買ってきたのかしら）

(2)　非常に驚いたときに出る声を表す。ややマイナスよりのイメージの語。「あらー」と音引きで表記することが多い。しばしば後ろに声門閉鎖を伴う。「あっらーっ」は「あらーっ」の強調形で、「あ」の後ろにも声門閉鎖がある。男女を問わず感動詞として用いる。音調はHを保ったまま、適宜延音される。話者が想定外の出来事に非常に驚いている声を表すが、心理としてはやや冷静で、困惑（こんわく）などは暗示されない。

この「あらーっ」は「ありゃーっ」に似ているが、「ありゃーっ」は話者の困惑を暗示する。

　　　あらーっ、反響ありすぎー。
　　　（ここまでブームになるとは思わなかったなあ）
　　　ありゃーっ、反響ありすぎー。
　　　（ブログ作り直さなきゃ。大変だなあ、これからが）

⇨「あら（っ）」「あれー（っ）・あーれー」「ありゃー（っ）」「あーら」

あらあら

① 　（孫の昼寝）**あらあら**、おへそ出して寝てるわ。
② 　（夫が手料理を作った後の台所を見て）**あらあら**、だから男に料理作ってもらいたくないのよ。後片付けっていう考えが全然ないんだから。

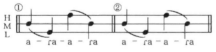

【解説】　問題に気づき驚く声を表す。ややマイナスよりのイメージの語。感動詞として、主に中年以上の女性が用いる。後ろに、実質的な問題を述語として示すことが多い。「あら」の(1)を反復した語であるが音調はＭＬＨＭの 4 拍で、「あら」の(1)よりゆっくり発音され、あまり力が入っていないことが多い。「あら」の(1)より冷静で、愛情（①）やあきれ（②）の暗示が入ることがある。

あらあら、おへそ出して寝てるわ。（私が毛布かけてあげなくちゃ）
あら、おへそ出して寝てるわ。　　（風邪ひいたら大変）
⇨「あら（っ）」

ありゃ（っ）

① （組み立て家具）**ありゃっ**、クギ打つところ１個ズレちゃった。
② （盆栽いじり）**ありゃ**、花芽を切っちゃったかな。

【解説】　問題に気づき驚く声を表す。ややマイナスよりのイメージの語。感動詞として、男女問わず用いられる。後ろに実質的な問題を述語として示すことが多い。音調は２種類考えられる。１つはＨＭの２拍で、しばしば「ありゃっ」と後ろに声門閉鎖が見られる。驚きとともに意外性と困惑の暗示がある。もう１つはＬＨの２拍で問題への疑問の暗示があるが、それほど深刻ではなく気軽さの暗示もある。

「ありゃ」は「あら」に似ているが、「あら」は意外な真実に気づき、問題視する声を表し、抗議や非難・疑念などの暗示がある。

ありゃ、クギ打つところ１個ズレてる。（いつ間違えたのかなあ）
あら、クギ打つところ１個ズレてる。　（やり直すの大変だなあ）
⇨「あら（っ）」「ありゃー（っ）」「ありゃりゃ」「あれ（っ）」

ありゃー（っ）

① （オーブンの焼き時間を間違えた）**ありゃー**、真っ黒こげだわ。
② （留守中に室内犬がいたずらした）**あっりゃーっ**、何じゃこりゃ。どこもかしこもティッシュだらけだ。

【解説】　非常に驚いたときに出る声を表す。ややマイナスよりのイメージの語。しばしば後ろに声門閉鎖を伴う。「ありゃ」の強調形であるが、驚きの程度が非常に大きい。「あっりゃーっ」は「ありゃーっ」の強調形で、「あ」の後ろにも声門閉鎖がある。男女を問わず感動詞として用いる。音調はＨを保ったまま、適宜延音される。話者が想定外の出来事に非常に驚いている声を表し、どうしたらよいかわからない困惑の暗示がある。

「ありゃーっ」は「あらーっ」に似ているが、「あらーっ」は「ありゃーっ」

●ありゃりゃ

より冷静で、困惑の暗示はない。
　　　ありゃー、真っ黒こげだわ。(誕生日のケーキが台なしでどうしよう)
　　　あらー、真っ黒こげだわ。　(ケーキなしでいくしかないわね)
　⇨「ありゃ(っ)」「あらー(っ)」

ありゃりゃ

　①　(旅行中持ち金が残り少ないことに気づいた)**ありゃりゃ**、無駄遣いしすぎたかなあ。
　②　(原稿の締め切りが翌日であることに気づいた)**ありゃりゃりゃりゃ**。しまった、こっちを先にやるんだった。

【解説】　問題に気づき驚く声を表す。ややマイナスよりのイメージの語。感動詞として男女問わず用いられる。後ろに実質的な問題を述語として示すことが多い。しばしば「ありゃりゃりゃりゃ」と続ける(②)。音調はあまり高くなく、ＬＭＭの3拍で、「りゃ」が続くときはそのままの高さで次第に弱くなる。「ありゃ」よりも衝撃の暗示が少なく、あまりはっきりしない音韻で独り言のように発音され、反省の暗示がある。
　⇨「ありゃ(っ)」「れれれ・れれれれ」

あれ(っ)

(1)①　(外国人が車窓の雪山を指して)「**あれ**は富士山ですか」「いいえ、岩手山です」
　②　(生徒の絵を指して)これは1年生の絵です。2年生のは**あれ**です。
　③　「ほら、**あれ**」「え、何？」「あの山の上」「あっ、虹ね！」
　④　あそこで彼と親しそうに話している人、**あれ**、誰？
　⑤　「先生、奥様のお加減いかがですか」「今まで**あれ**には苦労ばかりかけたから、今度は私が世話してやる番かなと思ってるんだよ」
　⑥　(部署の新設)「部長、課長は誰にしますか」「そうだな、去年引き抜いた**あれ**にやらせてみるか」
(2)①　銀杏割る**アレ**、どこだっけ？
　②　確かにあの仕事は大変だったけど、**あれ**くらいで音をあげるようじゃ、一人前の編集者とは言えない。
　③　きのうの**あれ**はどうなった？
　④　(女の遺体だと思って清めていたら男だった)「ついてるんですけど」

あれ(っ)

「何が？」「アレです」「アレって？」「だからアレです」
⑤ こんなところで**あれ**なんですけど、これ今回のお礼です。
⑥ 漢字なんかしょっちゅう間違えてる。**あれ**でよく先生が務まるね。
⑦ 浅田君は万事無頓着だけれど、**あれ**でなかなかグルメなんだ。
⑧ **あれ**から５年、地震と津波の傷痕はまだ消えない。
⑨ **あれ**以来、妻からは何の連絡もない。
⑩ **あれ**はいつのことだったか、田舎の甥がひょっこり訪ねてきたんだ。
(3)① **あれっ**、僕の靴がない。誰か間違えて履いてったらしい。
② **あれっ**、おかしいな。ゆうべ確認しといたはずなのに。
③ 「A様式は１段め、B様式は２段めって言ったよ」「**あれ**、そうだっけ」
(4)① （童謡）**あれ**マツムシが鳴いている。チンチロチンチロチンチロリン。
② （息子の下宿に来た田舎の母が）**あれ**まあ、ずいぶん散らかってるねえ。

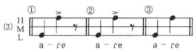

【解説】（1） 話者と聞き手の双方から遠い物事を表す。プラスマイナスのイメージはない。名詞として用いられる。初出の場合には対象を直接指す（①②）か、「あの○○」と具体的に名詞を示し、２度め以降に代名詞として用いることが多い。③は指示があいまいであるが、話者と聞き手が親しいため用いた例で、ややくだけた表現になる。客観的な表現で、特定の感情を暗示しない。④〜⑥は人について用いた例で、⑤は「話者の妻」、⑥は「子飼いの部下」の意。対象を物扱いし、自分より下位の者を扱うニュアンスになる。

（2） 話者と聞き手の双方がよく知っている物事を表す。プラスマイナスのイメージはない。名詞として用いられる。とっさに名前が出てこなかったり（①）、漠然と程度を述べたり（②）、婉曲に言ったり（③④）する場合に用いる。④は男性どうしが男性器を婉曲に指す場合によく用いられる。客観的な表現で、特定の感情を暗示しない。⑤は「（なん）ですけど（が）」がついて節を作り、「失礼（悪い）」の婉曲表現になり、遠慮の暗示がある。⑥⑦は「あれで」の形で用いられ、対象を低く（⑥）または高く（⑦）評価するニュアンスがある。⑧〜⑩は時について用いた例で、過去のある時点を表す。客観的な表現で、特定の感情を暗示しない。

（3） 問題に気づき驚く声を表す。ややマイナスよりのイメージの語。感動詞として男女を問わず用いられる。後ろに、実質的な問題を述語として示すことが多い。音調はＬＨの２拍で、しばしば後ろに声門閉鎖を伴う。既に問題となっていることに改めて気づいたり思い出したりするニュアンスで、抗議や非難のニュアンスはないことが多い。

●あれー(っ)・あーれー

　この「あれっ」は「あらっ」や「ありゃっ」に似ているが、「あらっ」は比較的強い音調で発音され、抗議や非難・疑念などの暗示がある。「ありゃっ」は意外性は強いが、問題をそれほど重要視していない気軽さの暗示がある。

　　　あれっ、おかしいな。財布がない。　（なぜないのかな）
　　　あらっ、おかしいな。財布がない。　（誰かに盗まれたかな）
　　　ありゃっ、おかしいな。財布がない。（羽でも生えて飛んでったかな）

(4)　物事に気づき驚く声を表す。プラスマイナスのイメージはない。感動詞として男女を問わず用いられる。音調はＭＬの２拍で軽く発音される。単独で用いる場合（①）はやや古風な感動詞で、現在ではあまり用いられない。②は副詞「まあ」が続く例で、ＭＬの音調になる。「まあ」の予告の役割で、軽い驚きとあきれの暗示がある。

　この「あれ」は「あら」に似ているが、「あら」のほうが驚きもあきれも強いニュアンスになる。

　　　あれまあ、ずいぶん散らかってるね。
　　　（男の一人暮らしなんてこんなものかね）
　　　あらまあ、ずいぶん散らかってるね。
　　　（片づけるのに時間がかかりそうだね）
　⇨「あら（っ）」「ありゃ（っ）」「あれー（っ）・あーれー」「あれよあれよ」「れれれ・れれれれ」

あれー（っ）・あーれー

(1)①　（パスポートの期限切れ間近）**あれえ**、出発までに間に合うかな。
　②　（仕事のミスを同僚に指摘された）「おい、ここ違ってるよ」「**あれえ**、変だなあ」「**あれえ**じゃないだろ。まじめにやれよ」
(2)①　（不意に突き飛ばされた）**あれーっ**。
　②　（離れた所で）「**あーれーーー**」「おい、いま女の悲鳴が聞こえなかったか？」

【解説】　(1)　問題に気づき驚く声を表す。ややマイナスよりのイメージの語。感動詞として用いられる。「あれ」の(3)の強調形。「あれえ」と平仮名書きすることが多い。音調はＬＭＨの３拍で、２拍め以降が緩やかに上昇し次第に弱くなる。既に問題となっていることに改めて気づいたり思い出したりするニュアンスだが、心理的な距離が遠く、しばしば無責任（②）の暗示を伴うことがある。「あれ」のほうが心理的な距離が近い。

「ここ違ってるよ」「あれえ、変だなあ」（僕は知らないよ）
「ここ違ってるよ」「あれ、変だなあ」　（ちゃんとやったはずだよ）

(2)　救いを求める叫び声を表す。ややマイナスよりのイメージの語。主に女性が遠くにいる人に救いを求めるためにあげる悲鳴で、実際の音声を描写する用法で用いられる。「あれー」と音引きを使って表記することが多い。しばしば後ろに声門閉鎖を伴う。音調は緊張したHの3拍以上の持続で、2拍めは声の続く限り延音される。ただし、実際に「あれ」という音韻で発音しているとは限らず、女の（いかにも女性らしい）悲鳴を演出するために表現されることがある。逆に、実際そのように発音している場合には、本人が意図的に「（か弱い）女性が（頼もしい）男性に救いを求めている」という演技をしている可能性もある。

⇨「あれ（っ）」「あらー（っ）」

あれよあれよ

① その村は、開発計画が決まるや、**あれよあれよ**という間に近代都市に生まれ変わった。
② 犯人グループは、人々が**あれよあれよ**と見る間に、現金を車に積むと風のように逃走してしまった。

【解説】「あれよあれよという〔見る〕間に」などの形で、速やかに行動・変化する様子を表す。ややマイナスよりのイメージの語句。述語にかかる修飾語になる。「あれ」の(4)が繰り返されてできた語で、主体の行動や変化のスピードが予想外に早いことを第三者が見て、意外性とあきれの暗示を伴って表現する。したがって、好ましいことについてはあまり用いられない。

⇨「あれ（っ）」

あわわ

(1)① （幼児に）かいぐりかいぐり、**あわわ**。おつむてんてん。
② （西部劇）アパッチが「**アワワワ**」と鬨の声をあげて殺到してきた。
(2)① 「何時の新幹線なの？」「10時。**あわわ**、もうこんな時間だ」
② （浮気がバレた）「ゆうべはどこに泊まったの？」「鈴木んとこ」「あら、鈴木さん、ゆうべ電話くれたわよ」「**あわわ**、田中んとこだった」

【解説】　(1)　口を比較的大きく開けて声を出しながら、手で唇を叩いて変化する声を表す。プラスマイナスのイメージはない。動作を伴い、実際の音声を描

●あんぐり

写する用法で用いられ、幼児をあやすとき（①）やアメリカ先住民の鬨の声などを描写するとき（②）などに用いる。音調は、比較的高い音高を保って自然に発音する。②の場合には「ワワワ」を適宜繰り返して表現する。言語音ではないので、音韻を特定するのは困難である。客観的な表現で、特定の感情を暗示しない。

(2) 失敗しそうになった事態に驚いて出る声を表す。ややマイナスイメージの語。感動詞として用いる。音高は自然なMで、主体がうろたえて顎（あご）を何度も動かすために、口の開きが大小と変わることによって起こる音を表す。驚きと狼狽（ろうばい）・危惧（きぐ）の暗示がある。

あんぐり

① あまりのひどさにあきれて、思わず**あんぐり**と口を開けた。
② 滝の裏側に洞窟（どうくつ）が**あんぐり**口を開けていた。
③ そのスターの鉄面皮（てつめんぴ）ぶりに一同**あんぐり**。
④ 大好物の豆大福を**あんぐり**と食べた。

【解説】 口を大きく開ける様子を表す。プラスマイナスのイメージはない。単独でまたは「と」が付いて、述語にかかる修飾語になることが多いが、③のように述語になることもある。①③は驚きあきれて放心したために、口を開いたままにしてあるという意味、②は空間が大きく開いていることを比喩的に表す。④は口を大きく開いて物を食べる場合である。口を開いてから閉じるまでに時間があるので、口を開けた結果できる空間の広さを第三者から見た状態として表す。

「あんぐり」は「あーん」や「あぐっ」に似ているが、「あーん」は口を開け始めることに視点がある。「あぐっ」は口を開いてすぐ勢いよく閉じる様子を客観的に表す。

× （子供に）お口、あんぐりとしてごらん。
→お口、<u>あーん</u>してごらん。
⇨「あーん」「あぐっ」

いー（っ）

① （子供の喧嘩（けんか））チエコちゃんなんかだいっきらい。**イーー**。
② 「パパ、ゲームしよ」「今お仕事してるからあとでね」「**いーー**っだ」

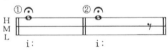

【解説】 鼻の頭にしわを寄せ、両手の指で口を左右に引いて歯（牙（きば））を相手に

見せながら出す声を表す。マイナスイメージの語。①は実際の音声を描写する用法、②は「だ」がついて述語になる。後ろにしばしば声門閉鎖を伴う。音調は高いHを保ったまま適宜延音される。主体はほとんど子供で、大人はふつう用いない。①は子供が動作とともに出す声で、嫌悪・怒りの心理を態度で示す。述語になる②は動作を伴わないこともあるが、顔は同じで、拒否を嫌悪とともに表す。牙(きば)を見せて声を出すことが嫌悪や怒りを表すのは、おそらく霊長類共通のきわめて原始的な怒りの表現だからで、子供は本能的にこの表現方法を用いるが、大人にとっては直接的すぎて非礼に(子供っぽく)なるため用いないと思われる。

いいえ

(1)① (間違い電話)「もしもし、吉田さんのお宅ですか」「**いいえ**、違いますけど。何番におかけですか」
② 「タバコはおのみになりますか」「**いいえ**。若いころは吸ってましたが」
③ 「ゆうべのパーティー、いらっしゃらなかったんですね」「**いいえ**、伺いましたが、途中で失礼しました」
④ (上司と対決)「君、車の運転くらいできないのか」「**いいえ**、できますよ。でも給料が安くて維持できないから、乗らないだけです」
⑤ 「23区内にこんなに広い土地をお持ちだなんて、資産家でいらっしゃるんですね」「**いいええ**、とんでもない。地元の人間なんです」

(2)① 「先日はたいへん御馳走になりました」「**いいえ**、どういたしまして」
② (保護者会)「浅田さんですか、まあタケシがいつもお世話になっております」「**いいええ**、こちらこそ」

(3)① (子供の難病)あの子は絶対助かります。**いいえ**、私の力で助けてみせますとも。
② 「期日までに間に合うんだろうね」「間に合います。**いいえ**、絶対に間に合わせます」
③ 「お客、いっぱい来てた？」「そうねえ、300人、**いいえ**、500人以上いたかも」

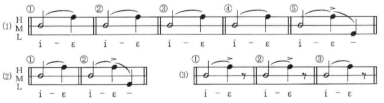

【解説】 この語はすべての場合で「いいえ」と平仮名書きするため、音引きの

●いいえ

見出しは立てない。
　(1)　打ち消しの返事を表す（⇔はい）。プラスマイナスのイメージはない。感動詞として用いる。「いいええ」は「いいえ」の強調形。相手の質問を打ち消す内容を答えるときに用いる。すなわち、肯定の質問に対して否定の答え（①②⑤）を、否定の質問に対しては肯定の答え（③④）を述べる。音調はＭＭＨの３拍で、３拍めの「え」はやわらかく発音する。面談の場合にはしばしば笑顔を作って、質問を打ち消された相手の怒りをなだめる。⑤は相手の質問を強く打ち消すため、ＭＭＨＬの４拍になり、「え」の頭に強いアクセントがつく。かなり丁寧なニュアンスがあるが、日本文化においては目上の相手の質問内容を打ち消すこと自体が失礼にあたると考えるので、原則として相手とは対等な意識になる。しばしば話者の確固たる意志（①）や釈明（②③⑤）の暗示を伴う。④は上司とはっきり敵対する感情を表に出した答えで、あまり対決したくなければ「いいえ」を省略する。

　打ち消し・否定の返事としては「いや」「ううん」などがあるが、「いいえ」が最も丁寧で公式の場面でよく用いられる。「いや」は主に男性がくだけた場面で用い、「ううん」は主に子供が用いる。

　(2)　(1)から進んだ用法で、相手の気遣いが無用であるという配慮を表明する返事を表す。プラスイメージの語。「いいええ」は「いいえ」の強調形。音調はＭＭＨの３拍で、３拍めの「え」はやわらかく発音する。「いいええ」はＭＭＨＬの４拍で、「え」の頭に強いアクセントがつく。礼儀語（れいぎご）として人間関係の潤滑油の役割を果たす挨拶（あいさつ）に伴う感動詞であるので、基本的に笑顔で発話されることが多い。相手の気遣いに対する応答であるから、肯定の返事（「はい」）は常識的にはありえず、もし肯定で答えた場合、話者は相手を下位者として扱ったと受け取られる可能性が大きい。

　(3)　(1)から進んだ用法で、自分の前言を強く打ち消す様子を表す。プラスマイナスのイメージはない。間投詞として、主に女性が比較的公的な場面で用いる。前言を打ち消してより程度の高い決意を述べるときに用いる。音調はＭＭＨの３拍だが、はっきりした声で発音され、「え」にはアクセントがついて後ろに声門閉鎖（空白）を伴うことが多い。話者の強い意志が暗示される。男性は「いや」を用いることが多い。前言と反対の内容を述べる場合や、程度が下がる場合には用いない。

　　×　あの子はもう助からないのね。いいえ、私の力で助けてみせますとも。
　　×　「お客、いっぱい来てた？」「そうねえ、500人、いいえ、300人くらいだったかも」
　　⇨　「はい（っ）」「いや」「うーん」「いえ」「うんにゃ」

いーや・いんや

(1)① （傷の治療）ああ、今日はだいぶ**いいや**。
② 就職できるんなら、大学なんて別に行かなくたって**いいや**。
③ （編集会議）「デスク、原稿１ページマイナスです」「**いいや**。こないだのコラム入れて」
(2)① 「主任、明日の歓迎会いらっしゃいますか」「**いいや**、おれは何も聞いてない」
② 「顔色がよくないわね。具合でも悪いの？」「**いーや**、別に」
③ 「おじいちゃん、腰が痛いの？」「**いんや**。大したことないよ」

【解説】　(1)　望ましい様子を表す。ややプラスイメージの語。①②は述語の用法、③は感動詞として応答に用いられる。形容詞「いい」に終助詞「や」のついたもの。①は改善したという意、②③は許容するという意。音調はＨＭＬまたはＨＬの３拍である。話者は男性中心で、くだけた会話で用いられ、自分自身に言い聞かせる納得(なっとく)の暗示がある。「いい」の一般用法については、『現代形容詞用法辞典』「いい」参照。

　(2)　打ち消しの返事を表す。ややマイナスよりのイメージの語。「いや(否・嫌)」の延音形。主に質問に答える応答として、感動詞で用いる。「いんや」は「いいや」の２拍めが鼻に抜けた場合の表記だが、実際の音声としては両者の区別は厳密にはできない。主に男性が用いる。音調はＬＨまたはＭＨの３拍で、あまり力を入れずに発音される。不審・不満（①）・軽視（②③）などの暗示がある。「いや」の延音形ではあるが、「いや」よりも打ち消しの意味が弱くなる傾向がある。

　⇨「いや」

いえ

(1)① （落とし物）「これ、そちらのじゃ……」「**いえ**、違います」
② 「君は暗に会社を批判してるんじゃないか」「**いえ**、決してそういう意味で言ったんじゃありません」
③ （手料理）「お口に合わなかったら何か他のものを……」「**いえ**、おいし

●いえてる

いです」
(2)① 「コーヒーもう一杯いかが？」「**いえ**、もう十分いただきました」
　② （車内で老人に席を譲る）「まあ、すみませんねえ」「**いえ**」
(3)① 「お宅、玄関のドア、いつも開けっ放しなの？」「**いえね**、子供がいつ帰ってくるかわからないから」
　② 「きのうお出かけだったの。何度かお訪ねしたんだけど」「**いえね**、ちょっと歯医者さんに行ってたのよ」

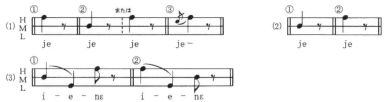

【解説】　(1)　打ち消しの返事を表す。プラスマイナスのイメージはない。感動詞として用いる。「いいえ」の(1)を簡略化した表現で、話者が相手の質問を急いで打ち消す場合によく用いられる。しばしば釈明の暗示を伴う（②③）。音調は全体がほとんど１拍でMまたはHで短く発音される。打ち消しの意志が強いほど音高が高くなる傾向がある。

　(2)　(1)から進んだ用法で、相手の気遣いが無用であるという配慮を表明する返事を表す。ややプラスイメージの語。感動詞として用いる。「いいえ」の(2)を簡略化した表現で、相手の配慮を軽く受け流す。音調は全体がほとんど１拍で、自然な音高のMで短く発音される。礼儀語として人間関係の潤滑油の役割を果たす挨拶に伴う感動詞であるので、基本的に笑顔で発話されることが多い。

　(3)　理由を述べる様子を表す。プラスマイナスのイメージはない。感動詞として、理由を述べる文の前に置いてマクラ（前置き）として用いる。ふつう「いえね」の形になり、主に中年以上の女性が親しい他人に対して用いる。音調はＭＬＨまたはＨＬＭの３拍になる。釈明の暗示がある。最初の音高が高いほど、釈明の暗示が強くなる。

　⇨「いいえ」「いや」

いえてる〔言えてる〕

① 「最近女より男のほうが料理やると思わない？」「**いえてる**」
② 「大人はさあ、将来のためとかいうけど、結局自分たちが得したいだけなんじゃないかな」「**いえてる**」

【解説】　同意の返事を表す。ややプラスイメージの語。感動詞として用いる。30年ほど前、若者の間で流行した肯定の返事で、相手の言うことは正しい、自分も同意見だという意味で用いられたが、最近はあまり聞かれないようである。音調はＬＭＭＭの４拍で、あまり力を入れずに発音される。全面的な同意ではなく、他の意見の余地を残した表現で、話者の逃げ道が用意されている暗示がある。

いちにのさん〔一二の三〕

① （大岩を動かす）みんな手伝って。いいかい、**いちにのさん**！
② （引っ越し）そっちの端持って。運ぶよ。**いちにーのーさん**！

【解説】　大勢の人間に同時に力を出させるための掛け声を表す。プラスマイナスのイメージはない。音調はＭＬＭＬＨの５拍で、「いちにの」は力をタメる準備時間、「さん」は１拍の高音で発音され、その直後（同時）に力を出すという暗黙の了解がある。「いちにーのーさん」は対象を動かすために非常に大きな力が必要なため、準備時間を長くした表現である。音調はＭＭＭＬＭＬＨの７拍で、やはりＨの「さん」の直後または同時に力を出せという意味である。客観的な表現で、特定の感情を暗示しない。

　似たような掛け声に「いっせーのせっ」があるが、最近はこちらのほうが一般的なようである。

　⇨「いっせーのせっ」「せーの」「えんやこら」「ひーふーみっ」

いっせーのせっ

① （大岩を動かす）みんな手伝って。いいかい、**いっせーのーせっ**！
② （災害救助）この家具が邪魔だな。これ、持ち上げておばあちゃん、引っ張りだすよ。**いっせーのーせっ**！

【解説】　大勢の人間に同時に力を出させるための掛け声を表す。プラスマイナスのイメージはない。音調はＭ（１拍）-＊（１拍）-Ｌ（２＋２拍）-Ｈ（１拍）の計

●いひひひ

7拍で、7拍めの「せっ」は高音でアクセントをつけて発音され、それと同時に力を出すという暗黙の了解がある。対象を動かすために非常に大きな力が必要なため、準備時間が長く、拍が延音されるほど対象の重量が大きくなる傾向がある。もと西日本方言的な語句であったが、標準的であった「いちにのさん」では肝心の力を出す時点が鼻音になって、タイミングを合わせにくいため、全国的に広く用いられるようになったと考えられる。客観的な表現で、特定の感情を暗示しない。

　大勢の人に同時に力を出させるための掛け声としては「せーの」や「えんやこら」があるが、「せーの」は準備時間が比較的短いので、出させる力も相対的に小さい暗示がある。「えんやこら」は力を出す人全員が唱和する。

　　　この家具動かすよ。いっせーのーせっ！
　　　（5、6人で横倒しになった古い洋服ダンスを）
　　　この家具動かすよ。せーの！
　　　（2、3人でテーブルを）
× 　（地引き網）お母ちゃんのためならいっせーのせっ。もひとつおまけにいっせーのせっ。
　　→お母ちゃんのためなら<u>えんやこら</u>。もひとつおまけに<u>えんやこら</u>。
⇨「いちにのさん」「せーの」「えんやこら」「ひーふーみっ」

いひひひ

① 　いひひひ、被害者が犯人だとは誰も思うまい。
② 　「宝くじ、当たったんだって？」「**いひひひ**、女房に内緒でゴルフ会員権買っちゃった」
③ 　（おとぎ話）魔女はまんまと少女をだまして**いっひっひっ**と笑い声を漏らした。

【解説】　口を縦に開かずに漏らす笑い声を表す。ややマイナスイメージの語。①②は実際の音声を描写する用法、③は「と」がついて述語にかかる修飾語になる。「いっひっひっ」は笑っている途中で声門閉鎖を何度も伴う。音調はあまり聞こえない低音を続ける場合、普通の音高、高音と3通り考えられるが、いずれの場合もあまり大きな声は出さない。あまり公にできないような（悪事による）内心の喜びを抑えきれずに笑う忍び笑いのニュアンスで、しばしば狡猾・不気味の暗示を伴う。

　「いひひひ」は「ひひひひ」に似ているが、「ひひひひ」のほうが声が高く、

狡猾さがより強調されるが、狡猾さを演出する効果もある。
　　いひひひ、女房に内緒でゴルフ会員権買っちゃった。
　　（絶対女房なんかに言うもんか）
　　ひひひひ、女房に内緒でゴルフ会員権買っちゃった。
　　（女房が知ったら怒るだろうなあ。ざまあみろ）
⇨「ひひひひ」「あははは」「えへへへ」「おほほほ」

いや〔嫌・厭・否〕

(1)① じきに彼女は仕事が**いや**になった。
　② あんな女の顔を見るのも**いや**だ。
　③ 男は露骨に**いや**な顔をした。
　④ その建物に入ったとき妙に**いや**な予感がした。
　⑤ **いや**な奴だなあ。
　⑥ 「あした現場行くんですか」「**いや**なら別に行かなくていい」
　⑦ 駅前のどでかい看板は、改札を出ると**いや**でも目に入る。
　⑧ ふとよろけて、膝を椅子の角に**いや**というほどぶつけた。
(2)① うっふん、**いやん**、ばかん。
　② 「ケイちゃんの部屋、見たいなあ」「変なことしちゃ**いや**よ」
(3)① 「これ、そちらの傘じゃありません？」「**いや**、私のじゃないです」
　② （スマホに釘付けの相手に）「食べないの？」「**いや**、食べるよ」
　③ 「深刻な顔してどうしたの？」「**いや**別に、なんでもない」
　④ その水族館なら10回、**いや**20回ぐらい行ってるな。
(4)① （旧友の結婚式）**いや**、驚いたね。あのブスがこんな美人になるとはね。
　② （教え子の展覧会）素晴らしい、**いや**、実に素晴らしい。

【解説】　(1)　物事や人を不快に感ずる様子を表す。原則としてマイナスイメージの語。①は「に」がついて述語にかかる修飾語になる。②は「だ」がついて述語になる。③〜⑤は「な」がついて名詞にかかる修飾語になる。⑥は「なら」がついて条件になる。⑦は「いやでも」の形で、「望むか望まないかにかかわらず」という意を表す。⑧は「いやというほど」の形で、「したたかに」「非常に強く」の意を表す。

●いやー(っ)

　この「いや」は主観的な嫌悪を表し、はっきりした客観的な理由はないことが多い。不快・嫌悪（①②）・不愉快（③）・悪事（④）・拒否（⑥）などのニュアンスがある。⑤は非常に微妙な表現で、使われる場面によっては褒め言葉になる可能性もあり、必ずしも「不快」で「嫌い」とは言い切れない。ただ、単純に「いい奴だなあ」と言ってしまっては物足りないアクのようなものがあるとき、よく用いられる表現である。⇨『現代形容詞用法辞典』「いや」参照。

　(2)　やわらかい拒否の返事を表す。ややマイナスイメージの語。①は感動詞の用法、②は述語になる。「いやん」は「いや」を言った後、声が鼻に抜けている。音調はMH（M）と2拍で、甘くやわらかく発音される。話者は女性で、すねたり甘えたりしている暗示があり、本心から拒否しているとは限らない。⇨『現代形容詞用法辞典』「いや」参照。

　この「いや」は「だめ」に似ているが、「だめ」が客観的な理由の存在を暗示するのに対して、「いや」は確たる理由もなく主観的に否定する点が異なる。

　　　「君の部屋へ行ってもいい？」「いや」
　　　（今日はなんとなく気分が悪いから）
　　　（ほんとうは来てほしいが、素直にそう言えない）
　　　「君の部屋へ行ってもいい？」「だめ」
　　　（他の友だちが訪ねてくるから）
　　　（掃除していなくて部屋が汚いから）

　(3)　打ち消しの返事を表す。プラスマイナスのイメージはない。①〜③は質問に答える応答として用いる感動詞の用法、④は自分の前言を打ち消す間投詞の用法。主に男性が用いる。①〜③の音調は2通り考えられる。1つはHMの2拍、もう1つはMHの2拍である。1拍めが高い場合は、否定の意志が強く表現される。あまりはっきりしない音韻で発音される。④はMHの2拍で、比較的はっきり発音される。自分の前言を打ち消して程度が高くなる場合に用いる。「いいえ」のくだけた表現だが、ぞんざいな表現で失礼になるため、礼儀語としては用いない。⇨『現代形容詞用法辞典』「いや」参照。

　(4)　実感を思わず吐露した声を表す。プラスマイナスのイメージはない。感動詞として、主に男性が用いる。ほとんど無意識に発音され、自然な音高のMで短く発音される。驚き（①）・感嘆（②）などさまざまな心理を暗示する。⇨『現代形容詞用法辞典』「いや」参照。

　　⇨「だめ」「いいえ」「いーや・いんや」「いえ」「いやー（っ）」「いやいや」「いやだ」「いやはや」「や（っ）」「やだ」「うんにゃ」「やっだー」

いやー（っ）〔嫌・厭・否〕

(1)①　あの男に会ったとたん、何だか**いや**な予感がした。

② (蓄膿症）鼻の奥からいつも**いやあ**な臭いがするんです。
③ （酔いつぶれた夫に）**いやあねえ**、こんなところで寝ちゃって。
(2)① （拉致される）**いやーっ**、放して！
② 「意外と好きなんだろ」（愛撫する）「**いやーっ**、やめて！」
(3)① （同窓会）「おっ、久しぶりだねえ」「**いやあ**、どうもどうも」
② **いやあ**、変わってないねえ、君は。
(4)① **いやあ**、今日は妙に暑いね。
② **いやあ**、参った参った。こんなにこき使われるとは。
③ **いやあ**、それにしても花嫁さん、実にきれいだね。
④ 「食事まだでしょ、お茶漬けでもいかが？」「**いやあ**、すいません」
⑤ 「今回の試合の収穫は何ですか」「**いやあ**、何ですかね。集中力を持続できるようになったことですかね」
(5)① 「将棋、強いんだってね」「**いやあ**、それほどでもないよ」
② 「アパート経営ってもうかるの？」「**いやあ**、なかなかたいへんよ」
(6)① （謡曲の鼓の合の手）**イヤーッ**。

【解説】（1）非常に不愉快な様子を表す。マイナスイメージの語。①②は「な」がついて名詞にかかる修飾語になる。③は「ねえ」がついて感動詞になる。音調はＭＨＨの３拍（①②）、またはＭＨＭ（Ｌ）の３拍（③）である。「いやあ」と平仮名を使って表記することが多い。「いや」の(1)の強調形だが、不快感や嫌悪感自体はむしろ「いや」のほうが大きい。

　　いやあな予感がした。（借金を申し込まれるんじゃないか）
　　いやな予感がした。　（犯罪に巻き込まれるんじゃないか）

　(2) 拒否の意志を強く表す叫び声を表す。マイナスイメージの語。感動詞として、主に女性が用いる。「いやー」と音引きで表記することが多く、しばしば後ろに声門閉鎖を伴う。音調は高音のＨが数拍続き、拒否の意志が強いほど延音される傾向がある。この拒否には客観的な理由は示されず、理由の如何によらず絶対に拒否するというニュアンスになる。

●いやいや

　(3)　旧知の人に会ったときの挨拶を表す。プラスマイナスのイメージはない。感動詞として、主に男性が用いる。「いやあ」と平仮名を使って表記する。音調はHからMへなだらかに下る２、３拍の長さで、「い」にあたる部分はHへの引っかけとしてごく軽く発音され、これが省略されると「やあ」になる。くだけた表現で、明るく親しみの暗示がある。

　(4)　実感を思わず吐露した声を表す。プラスマイナスのイメージはない。感動詞として、主に男性が用いる。「いやあ」と平仮名を使って表記する。音調は２通り考えられる。１つめはHが２、３拍持続するもので、感嘆が続いている様子を暗示する。２つめは、Ｌで独白的に吐露されるもので、感嘆は短くてすぐ我に帰っていることを暗示する。挨拶のマクラとして用いられた場合(④)の音調は、HからＬへとなだらかに下降する。実感(①②⑤)・感嘆(③)・感謝(④)などさまざまな心理を暗示する。

　(5)　相手の発言をやわらかく打ち消す返事を表す。プラスマイナスのイメージはない。感動詞として男女ともに用いる。後ろに実感を表す文が続く。音調は２種類考えられる。１つめはＬＨＬの３拍で、大規模な実感を伴ったやわらかい打ち消しを表す。２つめはＬＬＭの３拍で、抑制された感情が３拍めで少し緩む。照れ(①)・謙遜(②)などの心理を暗示する。

　(6)　謡曲の鼓の合の手として発する声を表す。プラスマイナスのイメージはない。実際の音声を描写する用法で用いられる。音調はごく高いHで、音曲の必要とされる拍数分だけ延音される。客観的な表現で、特定の感情を暗示しない。

　⇨　「いや」「やー(っ)」「や(っ)」「いよー(っ)」

いやいや〔嫌々・厭々・否々〕

(1)①　水薬を口もとに近づけると、赤ん坊は**いやいや**をした。
　②　彼女は**いやいや**子宮ガンの検診を受けに行った。
　③　**いやいや**でも食べないと体がもたないよ。
　④　何度も頼まれたので、**いやいや**ながらも承知した。
(2)①　「これ、お宅のかばんですか」「**いやいや**、私のではありません」
　②　「英語がお上手ですね」「**いやいや**、まだまだですよ」
　③　彼は自分では駆け出しだと謙遜しているが、**いやいや**どうしてたいへんな実力の持ち主だ。

【解説】　(1)　いかにも不快に感じている様子を表す。マイナスイメージの語。

①は名詞の用法、②〜④は単独で、または「でも」「ながらも」がついて、述語にかかる修飾語になる。名詞にかかる修飾語にはならない。①は不快だという素振りをするという意味で、具体的には顔をしかめて首を左右に振るなどの動作を表す。「いやいや」が動作にかかる修飾語になる場合には、不快に感じながら行動するという意味になるので、不快のほかに嫌悪・不本意・不承知などの暗示を伴う。

　(2)　軽い打ち消しの返事を表す。プラスマイナスのイメージはない。①②は質問に答える応答としての感動詞の用法、③は「いやいやどうして」の形で述語にかかる修飾語になる。主に男性が用いる。音調は２通り考えられる。１つはＨＭＭＭの４拍、もう１つはＭＨＭＭの４拍である。１拍めが高い場合は打ち消しの意志が強く表現される。「いや」を繰り返した語ではあるが、「いや」よりもやわらかく、程度はかえって低くなる。強く打ち消したいときには「いや」を用いる。

　　　いやいや、私のではありません。（気にしないでください）
　　　いや、私のではありません。　　（勘違いしないでください）
　⇨「いや」

いやだ〔嫌だ〕

(1)①　あんな女の顔を見るのも**いやだ**。
　②　親の監視つきなんて冗談じゃない。絶対**いやだ**。
　③　ああ**いやだいやだ**、息子に家を追い出されるなんて。
(2)①　**いやだ**、肝心の物買うの忘れちゃったわ。
　②　（慣れない道）あら**いやだ**、曲がる角、間違えたかしら。

【解説】　(1)　非常に強い拒否を表す。マイナスイメージの語。「いや」に「だ」がついて述語になったもの。「いやだいやだ」は反復した表現で、感動詞的に用いられる。述語になった「いやだ」の音調はＭＨＬの３拍であるが、「いやだいやだ」はＭＬＨＭの４拍になり、「いや」で１拍を分割し、繰り返すときに段階的に音高が上がる。単独の「いやだ」は強固な意志の暗示が、「いやだいやだ」には慨嘆（の演出）の暗示がある。

　(2)　失態に気づいて驚いた声を表す。ややマイナスイメージの語。感動詞または間投詞として用いられる。音調はＭＬまたはＬＬの２拍で弱く、「い」は引っかけとして発音され、１拍分はない。主に女性が自分の行為の失態に気づいて驚いた声を表し、反省の暗示がある。

●いやはや

「いやだ」は日常的にはくだけた表現として「やだ」が用いられるが、「やだ」はしばしば「やっだー」と強調形になり、若い女性によく用いられ、甘えの暗示も伴う。

　　いやだ。肝心の物買うの忘れちゃったわ。
　　（あたし、ボケたのかしら）
　　やっだー。肝心の物買うの忘れちゃったわ。
　　（メモ書いといてくれたら忘れなかったのに）
　⇨「いや」「やだ」「やっだー」

いやはや

① あの程度の頭で東大に受かるとは、**いやはや**、何とも意外だね。
② 一流銀行がこんなずさんな経営では、**いやはや**、あきれるよ。
③ 「**いやはや**困ったなあ」「どうしたんですか」「入金予定が遅れそうなんだ」

【解説】　実感を揶揄的に吐露する声を表す。ややマイナスよりのイメージの語。間投詞として文中にはさんだり（①②）、感動詞として文頭に用いる（③）。音調はＭＬＬＬの４拍で、自問自答のように弱く発音される。話者は中年以上の男性が多い。驚き（①）・あきれ（②）・困惑（③）などの感情をそのまま吐露するのではなく、自制（揶揄）して表現するニュアンスがある。
　⇨「いや」

いよー（っ）

(1)① （旧友と遭遇）「おや、めずらしい。こんなところで」「**いよう**、久しぶりだねえ、元気？」
② （帰省）「おじいちゃん、ただいまっ！」「**いよう**、トモ君、来たか来たか」
(2)① （謡曲の鼓の合の手）**イヨーッ**、オウ、オウ。

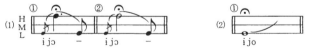

【解説】　(1)　旧知の人に会ったときの挨拶を表す。プラスマイナスのイメージはない。感動詞として、主に男性が用いる。「いよう」と平仮名を使って表記する。音調はＬからなだらかに上昇し、また下降する2、3拍の長さで、「い」

にあたる部分は引っかけとしてごく軽く発音され、これが省略されると「よう」になる。くだけた表現で驚きと気楽さの暗示がある。「よう」は下品なニュアンスが強くなる。

　この「いよう」は「いやあ」に似ているが、「いやあ」のほうが明るく親しみの暗示が強い。

　　　いよう、しばらくだね。（いま気づいたよ）
　　　いやあ、しばらくだね。（元気だった？）

(2)　謡曲の鼓の合の手として発する声を表す。プラスマイナスのイメージはない。実際の音声を描写する用法で用いられる。音調は低めのLで、音曲の必要とされる拍数分だけ延音され、語尾がやや上昇する。客観的な表現で、特定の感情を暗示しない。

　⇨「よー（っ）」「いやー（っ）」「いよっ」

いよっ

(1)①　（戦友会のゴルフ・コンペ）「優勝は藤岡泰三さんです」「**いよっ、大統領！**」

　②　（待ち合わせ）「あ、いたいた。水野！」「**いよっ。こないだはどうも**」

(2)①　（テーブルを持ち上げる）**いよっ！**　重いなあ。

　②　（高い所の物を取る）**いよっと**。なんでこんな所に置いたのよ。

【解説】　(1)　威勢のよい掛け声を表す。ややプラスよりのイメージの語。感動詞として用いられる。主に男性が、親しい相手に対する掛け声（①）や呼びかけ（②）として用いる。音調は自然なMの短い1拍で、後ろに声門閉鎖を伴う。「よ」に拍の中心があり、「い」は引っかけとしてついているだけなので、厳密には「よっ」との区別はむずかしい。威勢のよさ（①）、気楽さ（②）の暗示がある。②の場合には、顔の前においた手刀を上に振る動作を伴うことが多い。

　この「いよっ」は「いよう」に似ているが、「いよっ」は気楽さの暗示が強く、「いよう」のほうが感動や驚きも深い。

　　　いよっ。こないだはどうも。（また一杯やろう）
　　　いよう。こないだはどうも。（楽しかったねえ）

(2)　意図的に体を使うときに自然に出る声を表す。プラスマイナスのイメージはない。重い物を動かしたり、高い所に手を伸ばしたりするときに自然に出る声を表し、男女を問わず、実際の音声を描写する用法で用いられる。他者への伝達を目的としていないので、音高としてはLまたはH、ほとんど聞こえな

●う（っ）

いような音量で不明瞭に発音されることも少なくない。声門閉鎖の部分で力を出す。客観的な表現で、特定の感情を暗示しない。厳密には「よっ」との区別はむずかしいが、「よっ」では持ち上げる動作のときに限られるようである。

　この「いよっ」は「やっこらさ」に似ているが、「やっこらさ」のほうが出す力が大きく動作も大きい。

　⇨「よ（っ）」「いよー（っ）」「やっこらさ・やっこらせ」

う（っ）

(1)① （餅_{もち}がのどにつかえた）「**ウッ**」「おじいちゃん！　大丈夫？」
　②　男は腹を殴られて「**ウッ**」と言ったきり、ばったり倒れた。
　③　あまりの臭さに**うっ**と息が詰まった。
　④　（将棋）「王手！」「**ウッ**、ちょっと待った、待った」
(2)①　「旦那様、お夕飯の支度ができました」「**う**、そうか」
　②　（婚約発表記者会見）「お子さんは何人ぐらい？」「3人くらいほしいと思います」「横綱は？」「**う**、やっぱ3人くらい」

【解説】（1）　口をほとんど（まったく）開けずに出た短い声を表す。プラスマイナスのイメージはない。「うっ」は「う」の声を出した後、息がストップしている様子を表す。「う」「ウ」などと仮名書きするが、口は開いておらず、息が突発的に出て声帯が（偶然）鳴ったために音が出たもので、主体が意識的に出しているわけではない。①②は実際の音声を描写する用法、③は「と」がついて述語にかかる修飾語になる。④は感動詞の用法。①嚥下_{えんげ}がうまくいかずに息が詰まったために出た声、②は衝撃で思わず出た声、③は呼吸が一瞬止まった場合で、声が出ているとは限らない。④は出そうになった声を飲み込んだ場合である。音調は自然な高さのMで、短く発音される。音韻としては口を開いていないため明確に特定できないが、ここでは仮にm（ə）としておいた。

　この「うっ」は「むっ」に似ているが、「むっ」は唇を強く結んで力を入れたときに出る声や様子を表すので、意志の暗示がある。

　×　「うっ」と踏ん張_はって倒壊した家の梁を持ち上げた。
　→「むっ」と踏ん張って倒壊した家の梁を持ち上げた。

（2）　(1)から進んで、短い応答を表す。ややマイナスよりのイメージの語。口も開けないぞんざいな返事である。感動詞として応答に用いられる。音調は自然な高さのMで、短く発音される。音韻としては口を開いていないため明確に特定できないが、ここでは仮にmとしておいた。主体は主に中年以上の男性で、

質問者より圧倒的上位にあることが暗示される。主体は発話に際して無意識であることが多い。②は会話の途中で用いられる間投詞の用法で、何と答えてよいか迷っているために、声がスムーズに出てこない困惑の暗示がある。

　この「う」は「あ」に似ているが、「あ」は口を開けて自然に出た短い声を表し、「う」より意識が覚醒(かくせい)しているので、気づきにも用いられる。

　　×　う、虹が出てる！　→あ、虹が出てる！
　⇨「む（っ）」「あ（っ）」「うー（っ）」「うむ」「うん」

うー（っ）

(1)① 父は突然「**うーっ**」と言って倒れた。
　② **うう**、寒い。耳がちぎれそうだ。
　③ （息子が遭難した）ヒロシは、ヒロシは、**うううう**……
　④ その犬は低い声で「**ウーッ**」と唸(うな)った。
　⑤ 夜になると蘆原(あしわら)でウシガエルが「**ウーウー**」と鳴く。
　⑥ 昔の消防自動車は**ウーーー**とサイレンを鳴らして走った。
　⑦ （演説）あー、わたくしは日本経済の、おー、さらなる発展を、**うー**、関係各国との協力のもとに、えー……

(2)① 子供たちは寒さに**うーうー**震えながら塾へ行った。

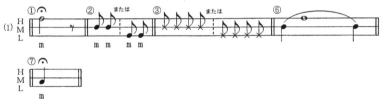

【解説】　(1)　口をほとんど開けずに長く出した声を表す。プラスマイナスのイメージはない。実際の音声を描写する用法で用いられる。「うーっ」は「うー」を発音した後、声門が閉鎖されている表現。音引きを使った場合には延音、「ううう」などと仮名を重ねた場合には、息が途切れながら声が出ている暗示がある。口は原則として開いておらず、息が突発的に出て声帯が（偶然）鳴ったために音が出たもので、主体が意識的に出しているわけではない。音韻としては口を開いていないため明確に特定できないが、ここでは仮にｍとしておいた。

　①は比較的高い唸り声、②は自然なＭまたはＬの音高で、顔全体がこわばって声がスムーズに出てこない暗示がある。③はＭまたはＬの音高で、口を開けずに泣き声（嗚咽(おえつ)）をこらえる音声である。④⑤は動物が出す低くくぐもった（開放的でない）声である。⑥は緊急自動車のサイレンを模写したもので、実

●うーい

際の音高をまねて発音される。⑦は演説中で用いられる間投詞の用法。「あー」に比べて音高は相対的に低い。ためらい、思考の停滞などを暗示し、話題をつなぐ目的もある。

この「うー」は、発音するに際して口をほとんど開けていない点にポイントがあり、そういう状況で発音された音声は、ほとんどすべて「うー」と表記される可能性がある。したがって、発音される状況によってさまざまの意味・ニュアンスをもちうる。口をはっきり開けている場合には、ふつう「あー」を用いる。

(2) 明確な音韻と認識できない音や声を出している様子を表す。プラスマイナスのイメージはない。(1)を抽象化したもので、単独で述語にかかる修飾語になる。音声そのものを描写するときには、「うー」を適宜延音することが多い。

 ？ うーうー、寒い、耳がちぎれそうだ。
 →うう、寒い、耳がちぎれそうだ。
⇨ 「あー（っ）」「う（っ）」「うぉー（っ）」「うーん」

うーい

① （酔っぱらい）**ウーイ**、ヒック。もう飲めません。
② （飽食）ああ、よく食った食った。**ウーイ**。

【解説】　空気が胃から食道へ上がって口または鼻に抜けるときの音（おくび）を表す。ややマイナスよりのイメージの語。実際の音声を描写する用法で用いられる。音調は自然なMまたはLで、最後にやや上がる。口はほとんど開いておらず、音韻を特定するのは困難であるが、「うーい」と表記することによって低→高という音高の変化を表したものと推定される。相当量の食事や飲酒によって胃が膨満し、空気が食道へ上がって口または鼻に抜ける音を表し、しばしば下品の暗示がある。

おくびの音としては「げっぷ」もあるが、「げっぷ」は空気の量がもっと多いため口の外にまで吐き出され、いったん唇を閉じた後もなお空気が漏れている様子を表す。

 × （胃の透視）検査がすむまでウーイは我慢してください。
 →検査がすむまでげっぷは我慢してください。
⇨ 「げっぷ」

うーん

(1)① 彼は突然「**うーん**」と言って引っ繰り返った。
  ② （幼児に大便をさせる）「**うーん**」って言ってごらん。
  ③ 病人は一晩中「**うーんうーん**」とうめいていた。
(2)① **うーん**、君の言うことにも一理あるなあ。
  ② （家庭教師）「わかった？」「**うーん**、わかんない」
(3)① 「ぼく、にんじん好き？」「**ううん**、大っ嫌い」
  ② 「今日、学校行かなかったの？」「**ううん**、行ったけど途中で帰ってきちゃった」

【解説】 (1) 口をほとんど開かずに一呼吸分出す声を表す。プラスマイナスのイメージはない。実際の音声を描写する用法で用いられる。①は無意識に吐いた息が自然に声帯を鳴らした場合、②は意図的に力む場合、③は①が反復されている場合である。音調は自然なMまたはLだが、息が均一に出てくるとは限らないので、しばしば末尾が下がる傾向にある。客観的な表現で、特定の感情を暗示しない。

(2) 思考が停滞(ていたい)しているときに出た声を表す。ややマイナスよりのイメージの語。感動詞として用いる。音調はMまたはLの2拍で末尾がやや下がる。具体的には、思考に伴って一呼吸分長く息を吐いたときに出る音声を表す。ここでは仮にmとしておいた。感動・納得(なっとく)・困惑などの暗示を伴う。

(3) 打ち消しの返事を表す（⇔うん）。プラスマイナスのイメージはない。感動詞として用いる。「ううん」と音引きを使わずに仮名書きすることが多い。質問が肯定の内容のときは否定の答え（①）を、否定の内容のときには肯定の答え（②）を述べる。音調は2通りある。1つは特徴的なMHMで、最初のMは省略されることがある。2つめはＨＬＨの3拍である。最初の音高が高い後者のほうが、話者の幼さが印象づけられる。主に子供が首を左右に振る動作を伴って、口を開かずにハミングだけで一呼吸分声を出して用い、あまり大人は用いない。大人が用いると、子供っぽさ、ぞんざいさ（親しさ）を暗示する。

「うーん」は「うん」に似ているが、「うん」は呼気が短いことを意味するので、呼吸が急に途絶えてしまったか、意図して短く発音したかであり、後者の

●うぇーん

場合には話者の納得が暗示され、結果的に肯定の返事になる。

  うーん、君の言うことにも一理あるなあ。（よくよく考えるとそうだ）
  うん、君の言うことにも一理あるなあ。 （納得したよ）
  「ぼく、にんじん好き？」「ううん」（嫌い）
  「ぼく、にんじん好き？」「うん」 （好き）
? 2人がかりでうーんうーんと押してみたが、その岩はびくともしない。
 →2人がかりでうんうん押してみたが、その岩はびくともしない。
× うちの人ったら、うーんうーん言うだけで、ちっともまじめに聞いてくれないのよ。
 →うちの人ったら、うんうん言うだけで、ちっともまじめに聞いてくれないのよ。
⇨「うん」「うんうん」「うー（っ）」「えーと・えーっと・えっと」「うんにゃ」「ふーむ」「ふーん」「いいえ」

うぇーん

① その子はヒックヒックとしゃくりあげていたが、やがて**うぇーん**と泣きだした。

【解説】 口をへの字に開き弱々しく泣き始める声を表す。ややマイナスよりのイメージの語。実際の音声を描写する用法で用いられる。泣き始めは唇に力が入っておらず、その後も顔面全体に力が入っていない声を表す。音調は低めのMで一呼吸分声が続く。音韻を表記することは困難である。主体は子供や弱者であることが多く、泣き始めるまでにしばらく時間がかかる。あげた声は弱々しいため精神的な弱さ（意気地なさ）が暗示され、話者の慨嘆の暗示もある。

「うぇーん」は「うわーん」や「えーん」に似ているが、「うわーん」は主体が大きな声を放って泣き始める様子を表し、主体の元気のよさ（乱暴さ）を暗示する。「えーん」は泣き始めの暗示がないので、主体が意図的に情けなく泣く場合（うそ泣き）もありうる。

  迷子がうぇーんと泣きだした。（やれやれ、泣き虫だな）
  迷子がうわーんと泣きだした。（ずいぶん大きな声だな）
? 「またあたしを置いてくのね。うぇーん」「うそ泣きしたってダメだよ」
 →「またあたしを置いてくのね。えーん」「うそ泣きしたってダメだよ」
⇨「うわーん」「えーん」

うぇっ

① （離乳食）赤ん坊はむにゅむにゅ口を動かし、すぐ**ウェッ**と口から出した。
② （ピンク色の創作料理）「どう？　きれいでおいしそうでしょ」「すごい色だね。ちょっと味見……。**ウェッ**」

【解説】　口の中の物を反射的に口から外に出す音や様子を表す。ややマイナスよりのイメージの語。①は実際の音声を描写する用法、②は感動詞の用法。音高は自然なMで短く聞こえる。主体が意図的に吐き出すわけではなく、まずさや違和感から反射的に口の外に出してしまうことが暗示され、嫌悪や悪意の暗示は少ない。

「うぇっ」は「おえっ」に似ているが、「おえっ」は喉の奥（または胃）にある物を意図的に吐き戻す音や様子を表し、しばしば嫌悪の暗示がある。

×　「あのおじいちゃん、80過ぎてるのに、25歳の奥さんもらったんだって」「うぇっ」
　→「あのおじいちゃん、80過ぎてるのに、25歳の奥さんもらったんだって」「おえっ」
⇨「おえっ」

うぉー（っ）

① （明日は決勝戦）「いいか、みんな。ここまで来たら絶対優勝するぞーっ」「**ウォーッ**」
② 柳田が打った瞬間、ライトスタンドから**うぉーっ**というどよめきがあがった。
③ ライオンが恐ろしい声で**ウォーッ**と吠えた。

【解説】　体の奥底から大きな声を長く出した音や様子を表す。プラスマイナスのイメージはない。①は実際の音声を描写する用法。②は「という」がついて名詞にかかる修飾語になる。③は「と」がついて述語にかかる修飾語になる。音高は比較的低いLかMだが、音量が大きく、複雑に濁った音声を表し、発音を表記することは困難である。しばしば大勢の男性の雄叫び（①）やどよめき

●うぉーん

(②)、猛獣の咆哮(ほうこう)(③)の描写として用いられる。人間の場合には意志と力強さの暗示がある。

「うぉーっ」は「うわーっ」や「おーっ」に似ているが、「うわーっ」は口が自然に開いているので、しばしば主体が無意識に大声を出している様子を表す。「おーっ」は声の出始めがそろっていて、組織化された集団が発している暗示がある。

　　×　(蜂の群れ)うぉーっ、助けて、助けて！
　　→(蜂の群れ)うわーっ、助けて、助けて！
　　「絶対勝つぞー！」「ウォーッ」(デモ参加者の大声)
　　「絶対勝つぞー！」「オーッ」　(チーム全員の鬨(とき)の声)
　⇨「うわー(っ)」「おー(っ)」「うー(っ)」

うぉーん

①　オオカミが月に向かって**ウォーン**と遠吠えした。
②　救急車が通ると、あちこちの犬が**ウォーンウォーン**と甲高い声で鳴く。

【解説】　犬などが比較的高い声を引っ張って長く出した声を表す。プラスマイナスのイメージはない。ふつう片仮名書きする。実際の音声を描写する用法で用いられる。発音を表記することは困難である。「うぉーんうぉーん」は反復したり、複数の犬が鳴き交わしたりする表現。音高はふだん使っている声とは異なる裏声で、高く長く延音される。出した声があたりに響いている残響(ざんきょう)の暗示があり、遠隔表現の原型といえるため、人間の声ではないがあえて載せた。客観的な表現で、特定の感情を暗示しない。

　⇨「うわーん」

うそ(っ)・うっそー〔嘘〕

(1)①　証人は一審で**うそ**の証言をしたことを二審で認めた。
②　夫には、余命3カ月だなどととても言えなかったので、手術すれば治るとうそを言いました。
③　あの女の幸せな結婚生活は**うそ**で固めた作り話さ。
④　そんな見え透いた**うそ**をつくもんじゃないよ。
⑤　彼が税理士だなんて真っ赤な**うそ**だ。
⑥　その男は**うそ**八百を並べたてて、まんまと老女から大金をせしめた。
(2)①　「今年こそ大晦日(おおみそか)は一緒にカウント・ダウンしよう」「ほんと？」「ああ」「**うそ**つかないでね」
②　子供はしばしば**うそ**をつくが、いつのまにか自分でもそう信じ込むことが少なくない。

③　(ことわざ) **うそ**から出たまこと。
④　(ことわざ) **うそ**も方便。
⑤　「ムジナって漢字書けるか？」「えっと、こうかな」「**うそ**字じゃないか」
⑥　「またあたしを置いてくのね。えーん」「**うそ**泣きしたってダメだよ」
(3)①　映画通だって言うんなら、この映画を見なけりゃ**うそ**だ。
②　(祭りの後) けさはきのうの騒ぎが**うそ**のように静まりかえっている。
(4)①　(宝くじ)「100万円当たったぞ」「**うそっ**、ほんと？」
②　(審査結果)「第一位は浅田秀子さんです」「**ウッソー**、私が？」

【解説】　(1)　事実や真実と明らかに異なる事柄を表す(⇔ほんとう)。ややマイナスイメージの語。名詞として用いる。①②は基本的な用法で、事実や真実と異なる事柄の意で、悪意があるとは限らない。③は「うそで固める」、④は「見え透いたうそ」、⑤は「真っ赤なうそ」、⑥は「うそ八百」で慣用句を作る。慣用句の場合には、しばしば悪意の暗示がある。さらに意図的な悪意を強調したければ「いつわり」を用いる。

　(2)　事実や真実の確認をせずに適当に言った事柄を表す(⇔ほんとう)。ややマイナスよりのイメージの語。名詞として用いる。①②は「うそ(を)つく」の形で、「適当に出任せを言う」の意である。③④はことわざで、③は適当に口から出任せを言ったらその通りに実現してしまった、または、初めは本気ではなかったのに、最後には本気になってしまったという意。④は真実でないことでも結果として適切になることがありうるという意である。⑤⑥はこれから進んだ複合名詞を作る用法で、⑤の「うそ字」は適当に思いつきで書いた正しくない字の意、⑥の「うそ泣き」は泣いているふりの意である。

　(3)　事態や発言内容などが信じられない様子を表す(⇔ほんと)。プラスマイナスのイメージはない。①は「だ」がついて述語になる。②は「うそのように」の形で、述語にかかる修飾語になる。①は「見るべきだ」という意、②は信じられないほど静かであるという意である。客観的な表現で、特定の感情を暗示しない。

　(4)　(3)から進んで、信じられない気持ちを表す(⇔ほんと)。プラスマイナスのイメージはない。感動詞として用いる。「うそっ」は反射的に言ったために、後ろに声門閉鎖を伴う場合、「うっそー」は強調形。音調はHMの2拍(①)が多く、H＊Lの4拍になるとき(②)は感動が大きい。L＊HMの5拍になるときは、話者が相手の発言を頭から信用していないニュアンスになる。比較的若い人が言い、驚き・感動などの暗示がある。

●うっふん

⇨「ほんとう・ほんと」

うっふん

① (ＣＭ)「あっはん、スリスリ、お好きどすか」「**うっふん**、今夜は帰しまへんえ」「たまらんなあ」

【解説】 口をほとんど開かずにため息を鼻に抜く音を表す。プラスマイナスのイメージはない。実際の音声を描写する用法で用いられる。音調は特徴的なＭ＊ＨＬの４拍で、口を開いていないため音韻を特定することは困難であるが、ここでは仮にｍとしておいた。主に女性が男性に性的に迫るとき、あるいは性的に興奮していたときなどに、口を開かずにため息をつき、その息を鼻に抜いて出す音（俗に「鼻を鳴らす」という）を表し、色気の暗示を伴う。

「うっふん」は「あっはん」に似ているが、「あっはん」はいったん口を開けてついたため息を鼻に抜く音を表し、色気は相対的に少ない。

⇨「あっはん」

うはー（っ）

① 広州の自由市場には、思わず「**うはーっ**」と言いたくなるような生々しい生きた食材が売られている。
② （ハロウィーン）あいつの恰好(かっこう)ったら、もう**うはー**っていう感じで、完全にあっちへ行っちゃってたな。

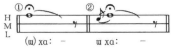

【解説】 一度出した声が消えて吐息だけが続く音声を表す。ややマイナスイメージの語。実際の音声を描写する用法でも、「と」がついて述語にかかる修飾語でも用いる。音調はＨを適当に延音し、語尾は自然に下がって消える。くだけた（下品な）表現で、若い人中心に用いられる。非常に大きな驚きやショック、あきれなどの主体の感想が長く続いている暗示がある。ふつう好ましくない状態について用い、好ましい状態については用いない。

はなはだしい驚きを表す声としては「ぎょ（っ）」などがあるが、「ぎょ（っ）」は対象に接した主体の一瞬の驚きを表し、感想として継続しているニュアンスはない。

× 血まみれの男の顔を見て、一瞬うはーっとなった。

→血まみれの男の顔を見て、一瞬<u>ぎょっ</u>となった。

⇨「ぎょっ」

うはうは

① 予期せぬ大もうけに業者は**ウハウハ**喜んだ。
② 去年は、叔父(おじ)の遺産は転がり込むわ、美人の女房はものにできるわで、まさに**ウハウハ**だったね。
③ あいつ、株で当てて**うはうは**してるところさ。

【解説】 非常に喜んでいる様子を表す。プラスイメージの語。①は単独で述語にかかる修飾語、②は「だ」がついて、③は「して（い）る」がついて述語になる。片仮名書きすることも多い。呼吸が弾んで笑いが止まらないほど大騒ぎして喜ぶ様子を表す。軽率・下品の暗示がある。あまり高尚な喜びについては用いられず、金もうけや女遊びなどで喜ぶ場合に用いることが多い。

うふっ

① あまりの滑稽(こっけい)さに思わず**うふっ**と笑った。
② 英語の小話を読んで**ウフッ**と笑うようなら、日常の英語力はＯＫだということになる。

【解説】 意図せずに突発的にもれる小さな笑い声を表す。プラスマイナスのイメージはない。実際の音声を描写する用法で用いられる。音調は高めのHで短く発音される。口はほとんど開けていないことが多いので、音韻を特定することは困難である。主体が滑稽なこと、得心したこと、うれしいことなどに接して、思わず小さく笑う瞬間をとらえた表現で、聞き手を意識しない独り言的な表現である。客観的な表現で、特定の感情を暗示しない。

⇨「うふふふ」

うふふふ

① 課長が「君は字が上手だねえ」と褒めると、そのＯＬは**うふふ**と笑った。
② 「ああ、ゆうべはよかったな。**ウフフフ**」「思い出し笑いなんて、嫌らしいやつだな」
③ 「あら、素敵なスカーフね。誰にもらったの？」「**うっふっふ**、ひ、み、つ」

【解説】 口をすぼめ大きな声を立てないように笑う声や様子を表す。プラスマイナスのイメージはない。実際の音声を描写する用法で用いられる。音調はMからH、またはLからHへ自然に上昇する。笑い始めに少し声帯は鳴るが、あとは息が断続的に鳴る鼻声で、音韻を特定することは困難である。片仮名書きすることも多い。小さい声で笑う音で、息が断続的に出る回数で「ふ」を何回表記するかが決まるが、ふつう「うふふ」か「うふふふ」かで、それ以上表記することは稀である。「うっふっふ」は意図してゆっくり笑う（ほくそえむ）声。主体が喜びや滑稽なことを思って笑う声や様子を表すが、あまり大げさにしないように抑制するニュアンスがある。そのため、しばしば主体の照れ（①）や隠蔽しようとする意図（②）、秘密・愉悦（③）の暗示を伴う。

「うふふふ」は「ふふふふ」に似ているが、「ふふふふ」は口を開けずに笑う含み笑いを表し、隠蔽の意図がさらに強いので、しばしば得意・不気味などの暗示を伴う。

　　× 　ウフフフ、実は犯人はおれなのさ。
　　→フフフフ、実は犯人はおれなのさ。
　⇨「ふふふふ」「あははは」「うふっ」「えへへへ」「おほほほ」

うまうま〔旨々〕

(1)① 　「**うまうまうまうま**」「カイト君、おっぱい飲みたいの？」
　② 　（幼児に）さあ、**うまうま**の時間ですよ。
　③ 　（猛禽のヒナ）このヒナは、人間だったら**うまうま**も言えないうちから、もう身を守るために戦うことを知っている。
(2)① 　どうやら奴に**うまうま**と一杯食わされたようだ。
　② 　ライバル社に**うまうま**と仕事を持っていかれた。
　③ 　捕虜たちは縄を使って**うまうま**と逃げ延びた。

【解説】 (1) 幼児が唇を繰り返し閉じたり開いたりして乳や食事をねだる声から進んで、食事または食事をねだる声を表す。プラスマイナスのイメージはない。①は実際の音声を描写する用法。②③はこれから進んで名詞として用いられる。主体は幼児か、大人が幼児語として用いる。言葉を話す以前の音声による自己表現（喃語）として、ハミングのまま唇を繰り返し開け閉めしたときに

出たものが元となっている。①の音高は高めのMで、しばしば何度も繰り返される。名詞のときはＨＭＬＬの４拍で、「う」の音韻はmである。⇨『現代擬音語擬態語用法辞典』「うまうま」参照。

「うまうま」は「あむあむ」に似ているが、「あむあむ」は「あ」で口を開けて発音し、そのまま唇を閉じると音が鼻に抜ける音を描写した表現で、「うまうま」よりも呼気が強く、声を出す意欲が強い。また、実際の音声を描写する用法で用いることが多い。

　　×　（幼児に）さあ、あむあむの時間ですよ。
　　　　（赤ん坊が）うまうまうま……（おっぱいあげてみようかな）
　　　　（赤ん坊が）あむあむあむ……（おっぱい飲みたいのね）

(2)　要領よく事を運ぶ様子を表す（「旨々」と書くことがある）。ややマイナスイメージの語。「と」がついて述語にかかる修飾語になる。(1)とは異なり、「う」はハミングではなくw（u）と発音されることが多い。①②は受け手の側の表現、③は主体の側の表現であるが、いずれも行為主体の狡猾、要領のよさと話者の反省の暗示がある。⇨『現代擬音語擬態語用法辞典』「うまうま」参照。

この「うまうま」は「まんま」に似ているが、「まんま」は主体の狡猾・怜悧、要領のよさと話者の感嘆・反省の暗示、被害者の慨嘆の暗示が相対的に強い。

　　　　あいつにうまうまと一杯食わされた。（うまくやりやがったな）
　　　　あいつにまんまと一杯食わされた。　（悔しいったらありゃしない）
　⇨「あむあむ」

うむ

①　（時代劇）「殿、なにとぞ御裁可いただきますよう」「**うむ**、あいわかった」
②　「旦那様、お風呂を先になさいますか」「**うむ**、そうだな」

【解説】　口を開けずに短く出した声を表す。プラスマイナスのイメージはない。感動詞として応答に用いる。音高は低いＬだが、語尾がさらに下がる。古風でくだけた表現で、主体は中年以上の男性であることが多い。実際には「うん」と同じ発音・意味だが、音高が低く、主体の威厳の暗示がある。

　　　　「お風呂を先にしますか」「うむ、そうだな」（戦前の大学教授宅）
　　　　「お風呂を先にしますか」「うん、そうだな」（亭主関白の家）

●うわ(っ)

⇨「うん」「ふむ」「ふん」「う(っ)」「む(っ)」「ん」

うわ(っ)

① 暗闇(くらやみ)から急に真っ黒な大型犬が飛び出してきたので、思わず「**うわっ**」と言って後ずさった。
② キッチンの明かりをつけたらゴキブリを発見、**うわっ**！

【解説】 突発的に出た大きな声を表す。プラスマイナスのイメージはない。実際の音声を描写する用法で用いられる。音高はMまたはHで、しばしばアクセントがつく。リラックスしていた主体が突然の出来事に非常に驚いたり、ショックを受けたりしたときに思わず出る大きな声を表し、不意打ちの暗示がある。

「うわっ」は「わっ」に似ているが、「わっ」は「うわっ」よりも音声の出始めがさらに突発的なニュアンスがあり、意外性・意図の暗示が強くなる。

　　× 友人を後ろからうわっとおどかした。
　　→友人を後ろから<u>わっ</u>とおどかした。

⇨「わ(っ)」

うわー(っ)

① (空き巣に入られた)**うわーっ**、部屋がぐちゃぐちゃだ。
② (山頂からの絶景)**うわあ**、きれい！
③ (超絶技巧ピアニスト)**うわあ**、すっごいテクニック……。

【解説】 突発的に出た声が続く音を表す。プラスマイナスのイメージはない。感動詞として用いる。音引きすることも平仮名書きすることもある。音高はHの場合(①)、Mの場合(②)、ほとんど声にならない場合(③)など、さまざまである。主体が非常に驚いたり感動したりして思わず大きく口を開けて出した声が続いていることを表し、声が出るまでにやや時間がかかる。主体の無意識が暗示され、驚きのほかに困惑(①)・感動(②)・驚嘆(③)などさまざまなニュアンスをもつ。

「うわあ」は「わあ」に似ているが、「わあ」は音声の出始めが突発的で、驚きや感動が突然起こる暗示がある。

? <u>わあ</u>、すっごいテクニック……。
うわあ、きれい！（山頂に登り錦秋の絶景を見て）
わあ、きれい！　（披露宴会場に登場した花嫁を見て）
⇨「わー（っ）」「うぉー（っ）」

うわーん

(1)① その子は痛いのを我慢していたが、ついに**うわーん**と声を放って泣きだした。
② 応援団の声援がスタンドに**うわーん**とこだまする。
③ 迷子がさっきから**うわーんうわーん**と泣いている。
④ 洞窟の奥に向かっていくら叫んでみても、**うわーんうわーん**と反響するばかりだった。
(2)① 蜂の巣にちょっと触ったら、大群が**うわーん**と飛び出してきた。

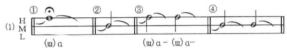

【解説】（1）大きな音声が一度に響く音や様子を表す。プラスマイナスのイメージはない。実際の音声を描写する用法でも、「と」がついて述語にかかる修飾語でも用いられる。「うわーんうわーん」は「うわーん」が反復または継続して響く表現で、実際の音声を描写する用法で用いられることが多い。音高はHまたはMで語尾の力が抜けて下がる。かなり大きな音声が突発的でなく起こり、それがひとしきりあたりに反響する音や様子を描写的に表す。客観的な表現で、特定の感情を暗示しない。子供の泣き声の描写の場合（①③）には、主体の元気のよさ（乱暴さ）を暗示する。

「うわーん」は「わーん」に似ているが、「わーん」のほうが音声の起こり方が突発的で、話者の驚きや慨嘆の暗示を伴う。

　　子供がうわーんと泣きだした。（ついに我慢しきれなくなった）
　　子供がわーんと泣きだした。　（急に泣きだした）

（2）蜂などの大群がいっせいに飛び出す羽音や様子を表す。ややマイナスイメージの語。「と」がついて述語にかかる修飾語になる。話者の驚き・困惑・慨嘆などの暗示がある。

⇨「わーん」「うぇーん」「あーん」「うぉーん」

うん

(1)① （模様替え）机が重くて**うん**と踏ん張って持ち上げた。
② （発声練習）高い声を出すときには、横隔膜を**うん**と下に押し下げて出

●うん

　　　しなさい。
(2)① 　**うん**、君の言うことにも一理あるなあ。
　② 　あした、彼女の実家へ行くぞ。**うん**、絶対そうしよう。
　③ 　あたしってさ、**うん**、自分で言うのもなんだけど、**うん**、意外と女らしいっていうかさ、**うん**、かわいいって言われるタイプなのよ、**うん**。
(3)① 　「お弁当、持った？」「**うん**、持った」
　② 　「例のＤＶＤ貸せよ」「**うん**、いいよ」
　③ 　父に入院を勧めたが、なかなか**うん**と言ってくれない。
　④ 　何度も手紙やメールを出したのに、彼からは**うん**ともすんとも言ってこなかった。
(4)① 　（子供に）ご飯もお肉も**うん**と食べないと、大きくなれないよ。
　② 　医者になるには**うん**と金がかかるんだ。
　③ 　（子供に）あとでパパに**うん**と叱ってもらうからね。
　④ 　ぼく、**うん**とおっきな犬がほしいな。
(5)① 　「このネックレスいくらした？」「高かったわよ。**うん**十万円」

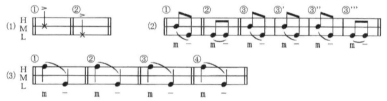

【解説】 (1) 口をほとんど開かずに力む声や様子を表す。プラスマイナスのイメージはない。「と」がついて述語にかかる修飾語になる。音声の描写というよりは、呼吸を一瞬止めて力む様子を表す語で、音声を伴う場合もある。その場合の音高はＭまたはＬで、音韻は表せない。客観的な表現で、特定の感情を暗示しない。

　(2) 納得(なっとく)した気持ちを表す。プラスマイナスのイメージはない。感動詞（①②）、または間投詞（③）として用いられるが、ハミングのような短い声を出すことが多い。音高はＭまたはＬの１拍で、後ろが下がる。主体が考えた末納得した心理そのものを表す。②は自分で決めた結論を自分の中で反芻(はんすう)・確認する場合である。③は若い人が好んで用いる用法で、話者が自分の話す内容をいちいち確認し、納得しながら話す様子を表す。

　この「うん」は呼気を意図して短く発音する様子を表すが、この場合に「うーん」を用いると、呼気が一息分続いていることになり、思考が停滞(逡巡(しゅんじゅん))しているニュアンスになる。

　(3) (2)から進んで、肯定の返事を表す（⇔ううん）。プラスマイナスのイ

メージはない。感動詞として応答に用いる場合（①②）にはくだけた表現になり、子供または目下かごく親しい相手に向かって言うことが多く、首を縦に振る動作を伴って用いる。音調はＨＬの２拍で、口は開いていないハミングであることが多い。ここでは仮にｍとしておいた。肯定の返事としては、口を開いていない分、「はい」や「ああ」に比べて子供っぽくぞんざいなニュアンスになる。③の「うんと言う」、④の「うんともすんとも」は慣用句で、それぞれ「承知する」「まったく応答がない」という意味を表し、慨嘆(がいたん)の暗示を伴う。対象を自分の中に取り込んでいるニュアンスである。

　この「うん」は「うむ」と表記することもあるが、「うむ」と表記した場合、主体の威厳(いげん)が強調され、音高も相対的に低くなることが多い。

　⑷　「うんと」の形で、程度や量がはなはだしい様子を表す。プラスマイナスのイメージはない。くだけた表現で、日常会話中心に用いられる。述語にかかる修飾語になる。①②は量が多いことを、③は程度が大きいことを誇張的に表す。⇨『現代副詞用法辞典』「うんと」参照。

　⑸　漠然とした大きな数字を表す。プラスマイナスのイメージはない。単位となる金額などの上について、相当程度の数字を表す。小額の場合には用いない。はっきり金額を明示しない隠蔽(いんぺい)と照れの暗示がある。

　この場合「ん」の表記もよく使われるが、発音や意味としてはほとんど同じである。
　⇨「うーん」「うむ」「ん」「うんうん」「う（っ）」「ふむ」「ふん」「む（っ）」「あー（っ）」「うんとこさ・うんとこしょ」「えー（っ）」「そー（っ）」

うんうん

⑴①　２人がかりで**うんうん**押してみたが、その岩はびくともしない。
　②　２年ぶりに訪ねてみたら、弟は高熱で**うんうん**唸っていた。
⑵①　社長は課長の意見に**うんうん**とうなずいた。
　②　うちの人ったら**うんうん**言うばかりで、ちっともまじめに聞いていないのよ。

【解説】　⑴　口をほとんど開かずに継続して出す声や様子を表す。ややマイナスイメージの語。実際の音声を描写する用法でも、単独でまたは「と」がついて述語にかかる修飾語でも用いられる。音高はＭＬの２拍で、それぞれの拍の末尾が下がる。「うん」の⑴の反復形だが、話者の慨嘆の暗示が加わる。①は呼吸を止めて力む様子、②は苦痛・熱のために呼吸が苦しくて唸っている声や

●うんさらうんさら

様子である。
　この「うんうん」は「うーんうーん」に似ているが、「うーんうーん」は実際に出た音声を描写するので、具体性が強くなる。
　　　うんうんと唸っている。　　　（苦しそうだ）
　　　うーんうーんと唸っている。（実際に声が出ている）
　(2)　納得・肯定の気持ちを表す。プラスマイナスのイメージはない。単独または「と」がついて述語にかかる修飾語になる。首を何度も縦に振る動作だけで声が出ていない場合もある（①）が、出ているときの音高はＭＬの２拍で、それぞれの拍の末尾が下がる。「うん」の(2)(3)の反復形だが、主体が納得・同意して肯定したり、承知したりする様子を抽象的に状態として表す。
　⇨「うん」「うーん」「ふむふむ」「ふんふん」

うんさらうんさら

　①　大型のスーツケースを２人がかりで**うんさらうんさら**運んだ。
　②　ポチは毛布を玄関まで**うんさらうんさら**引きずっていって、タイルの上に広げ、その上で昼寝をした。
【解説】　大きくて重い物を苦労して運ぶ様子を表す。ややマイナスよりのイメージの語。単独で述語にかかる修飾語になる。大きくて重い荷物などを主体が苦労して運ぶ様子を表し、労力・厄介(やっかい)の暗示と見る者の困惑の暗示がある。ただし、不快や慨嘆の暗示はない。
　「うんさらうんさら」は「えっさえっさ」に似ているが、「えっさえっさ」は相対的に運ぶ物の重量が軽くて小さく、苦労の暗示が少ない。
　　　重い荷物をうんさらうんさら運ぶ。
　　　（引きずっては休み引きずっては休みして）
　　　重い荷物をえっさえっさと運ぶ。
　　　（一歩ごとに声を出しながら）
　⇨「えっさえっさ・えっさっさ」

うんとこさ・うんとこしょ

(1)①　（荷物運び）**うんとこさ**、どっこいしょ。
　②　（高級家具の設置）引きずらないで。**うんとこしょ**。
(2)①　今度おごれよ。先物取引で**うんとこさ**もうけたんだろ。

【解説】　(1)　力を入れて重い物を持ち上げたり下ろしたりするときの掛け声を

表す。プラスマイナスのイメージはない。「うんとこさ」で荷物を持ち上げ、「うんとこしょ」で下ろすことが多い。感動詞として掛け声に用いる。音調は特徴的なH（2拍）-L-L-M（L）の5拍で、最初の「うん」は呼吸を止めて（力んで）力を入れ、最後の「さ」「しょ」の後、静かに力を抜く。

この「うんとこさ」は「やっこらさ」に似ているが、「やっこらさ」は最初の踏ん張りがないので、相対的に力が少なくてすむ重量物を持ち上げるときに用いる。

　　うんとこさ。どっこいしょ。（やれやれ、何て重いんだ）
　　やっこらさ。どっこいしょ。（どうにか運べるぞ）

(2)　多量にある様子を表す。プラスマイナスのイメージはない。単独で述語にかかる修飾語になる。やや古風なくだけた表現で、日常会話中心に用いられる。「うんと」の(4)の強調形。話者は男性が多い。

　⇨「うん」「やっこらさ・やっこらせ」「どっこいしょ・どっこらしょ・どっこらせ」

うんにゃ

①　「田の草取りはみんなすましたな？」「**うんにゃ**、まだだ」

【解説】　打ち消しの返事を表す。プラスマイナスのイメージはない。感動詞として応答に用いる。音調はMHの2拍で、1拍めは鼻音で2拍めに口を開く。「いや」の(3)を口をあまり開かずに発音した表現で、ぞんざいなニュアンスがあり、ごく親しい相手へのくだけた表現として、主に中年以上の男性が用いる。ただし、最近はあまり用いられず、同じような発音でも「いや」と表記することが多い。

　⇨「いや」「いいえ」「うーん」

え（っ）

(1)①　（懇親会）「今日はお一人ですか」「**え**、そうです」
　②　「歌がご趣味だとか」「**え**、まあ、素人芸ですけど」
(2)①　（田舎の老母が）「どうしたんだ**え**、急に電話なんかかけてきて」
　②　（民謡）「富士の白雪ゃノー**エ**」「ア、そーれ」
(3)①　「札幌支店には、そうだな、吉田君に行ってもらおうか」「**えっ**、私ですか？」
　②　（誘拐事件）「子供を預かった。明日までに1億円用意してもらおう」

● えい(っ)

「えっ、なんですって？ うちの子が……」
③ 「今度の結婚記念日はハワイへ行こうか」「えっ、ほんと？ うれしいっ」
④ 「この話は浅田に知られるとまずいんだ」「えっ、今なんか言った？」

【解説】 (1) 口を上下左右に開き、舌の位置を上げて出た短い声を表す。プラスマイナスのイメージはない。疑問文に対する応答に先立って、実際の音声を描写する用法で用いられる。音調はやや高めのMで、ごく短く発音される。話者の発話への意識の高さがあり、笑顔または緊張の暗示がある。

同じ状況で「あ」を用いると、話者の無意識が暗示されるので、結果的にぞんざいな応答になる。

「今日はお一人ですか」「え、そうです」（ご一緒してもいいわ）
「今日はお一人ですか」「あ、そうです」（なんか、用？）

(2) 念を押す様子を表す。プラスマイナスのイメージはない。文末について終助詞のように用いられる。音調は顕著なHで、話者の懸念（①）や傾注の暗示がある。ただし、日常会話としては古風な表現で、現在ではほとんど用いられない。②は民謡の合の手の文末に用いられた例で、客観的な表現で、特定の感情を暗示しない。

(3) (1)から進んで、非常に驚いたときに出る短い声を表す。プラスマイナスのイメージはない。「えっ」と後ろに声門閉鎖を伴い、Hの1拍であるが前打音がつき、基本的に疑問文になる。(1)の「え」より強くて鋭く、しばしばアクセントがつく。話者の驚き（①）・衝撃（②）・喜び（③）・気づき（④）の暗示がある。驚きがさらに大きければ「ええっ」を用いる。

⇨「あ（っ）」「えー（っ）」「のー」

えい（っ）

(1)① 剣道場から「えい」「やあ」という威勢のよい掛け声が聞こえて来る。
② 彼女は暴漢を合気道でえいっと投げ飛ばした。
③ 周作はえいとばかりに打ちかかった。
④ （勝鬨の声）えい、えい、おう！
(2)① えい、こん畜生め、さっさとしねえか。
② そんなに家を出たいんなら、えい、勝手にしろ。

③ なんて奴だ。**えい**、いまいましい。

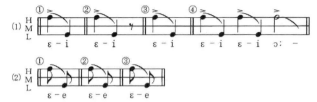

【解説】 (1) 瞬間的に力を入れるときに出す声を表す。プラスマイナスのイメージはない。「えいっ」は「えい」に勢いを加味した表現。音調はＨＬの2拍で、1拍めに強いアクセントがつく。①は実際の音声を描写する用法、②③は「と」がついて述語にかかる修飾語になる。④の「えい、えい、おう」は慣用句で、勝鬨として用いられる。主体が強い意志で瞬間的に力を入れるときに出る声で、その場合の行動は大きな力を必要とする意志的行動に限られる。

(2) 怒り・慨嘆・悔しさなどの気持ちを表す。マイナスイメージの語。感動詞（①③）または間投詞（②）として、乱暴なくだけた日常会話で用いられる。話者は男性である。音調はＨＬだが短くて、(1)ほど力は入っていない。音韻「い」は(1)ほどはっきりしたｉにはならず、口を狭める程度である。話者が怒り・慨嘆・悔しさなどを感じ、それを相手に向かって投げつけるときのマクラとして用いられることが多い。

この「えい」は「ええ」に似ているが、「ええ」は怒りや慨嘆が持続している暗示があり、相手に向かって投げつけるというよりは、自分の中から自然にあふれ出たニュアンスが強くなる。

　　そんなに家を出たいんなら、えい、勝手にしろ。
　　（もうこの問題については決着がついたからな）
　　そんなに家を出たいんなら、ええ、勝手にしろ。
　　（おれはもう関知しないからな）

⇨「えー（っ）」「えーい」「えいや（っ）」「たー（っ）」「とう（っ）」「やー（っ）」

えいや（っ）

① 酒呑童子は大岩を「**エイヤッ**」と投げ飛ばした。
② （専門書の編集）疑問点は編集部でできるだけ解決しますが、最終的な判断は著者の先生に**えいや**とやってもらうほかないでしょうね。

【解説】 力を入れて大仕事をする掛け声や様子を表す。プラスマイナスのイ

●えー(っ)

メージはない。「えいやっ」は「えいや」に勢いを加味した表現。「えい（っ）」と「や（っ）」の(1)を繋げた表現である。①は実際の音声を描写する基本的な用法。音調はＨＬＨの特徴的な２拍で、最初の１拍の「えい」で瞬間的に力を出し、「やっ」で第２段階の力を出して大仕事をする様子を表す。②は「と」がついて述語にかかる修飾語になる比喩的な用法。音調はＨＭＬで一息に発音され、最初にアクセントがつく。主体が決断していずれかに判断するという意味で、しばしば蛮勇(ばんゆう)を振るって強引(ごういん)に事を行う暗示がある。

⇨「えい（っ）」「や（っ）」

えー（っ）

(1)① （耳鼻科で）「『**えー**』と言ってください」「**えーーー**」
② （道を聞く）**えー**、ちょっとお尋ねしたいんですが。
③ （挨拶(あいさつ)）**えー**、本日はお忙しいところ、かくも盛大にお集まりいただき、まことにありがとうございます。
④ 「例の話、いいだろ？」「**えー**、何だっけ？」
⑤ こっちから謝るのも悔しいし、向こうは意地っ張りだし、**えー**、どうしたらいいかな。

(2)① **ええ**、いまいましいったらありゃしない。
② **ええ**、ままよ。どうともなれだ。
③ 「また、午前様？」「**ええ**、うるさい。男には付き合いってものがあるんだ。ぐちゃぐちゃ言うな」

(3)① 「ユーフォーって何だい？」「**ええっ**、お前、ＵＦＯも知らないの」
② 「ゆうべ、隣が火事になったんだよ」「**ええっ**、ほんとですか」
③ （教室で）「これからテストをします」「**えーーーーっ**」
④ リーダーが突然視察旅行中止を発表したので、楽しみにしていたメンバーはみな**えーっ**となった。

(4)① 「いま、ちょっといい？」「**ええ**、どうぞ」
② 「君、金沢出身だってね」「**ええ**、そうです」
③ その娘は何を聞いても「**ええ**」と言って笑っているだけだった。

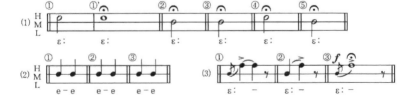

(4)

【解説】 (1) 口を上下左右に開き、舌の位置を上げて出した声を表す。プラスマイナスのイメージはない。「えー」と音引きを用いて表記することが多い。音調はやや高めのMで、適当に延音される。①は実際の音声を描写する用法、②〜④は感動詞、⑤は間投詞の用法である。発音する際、唇を左右に引き、舌の位置を上げるなど意識的な力を必要とし、そういう調音器官の位置はしばしば笑顔（ほほえ）によって得られるので、話者が微笑みながら声を出しているときに発音されやすい。また、話者の発話への意識の高さを暗示し、話者が無意識のときには用いない。思考やためらいなどの暗示も伴うが、問いかけとして用いた場合には「あー」よりも丁寧なニュアンスになる。

　この「えー」は「えーと」に似ているが、「えーと」はくだけた表現で、話者が会話に詰まっている（しどろもどろになっている）様子を表し、改まった挨拶には用いられない。

　×　<u>えーと</u>、本日はお忙しいところ、かくも盛大にお集まりいただき、まことにありがとうございます。

(2) 焦燥・怒り・自暴自棄（じぼうじき）などの気持ちを表す。ややマイナスイメージの語。感動詞として用いる。「ええ」と平仮名書きすることが多い。話者（男性が多い）が鼻の頭にしわを寄せたしかめ面（つら）で出した声で、音調は中間のMだが、しばしば呼気が断続するので連音のように聞こえる。また、音韻はあいまいである。ここでは仮にeとしておいた。焦燥や怒りなどあまり好ましくない感情が主体の中にあふれ、それが自然に外へ出た様子を表す。

　この「ええ」は「えい」に似ているが、「えい」は意図の暗示が強く、感情を相手に向かって投げつけるニュアンスになる。

(3) 驚いて疑問を呈する様子を表す。ややマイナスよりのイメージの語。感動詞として用いる。「ええっ」と平仮名書きで、後ろに声門閉鎖を伴って表記される。「えーーー」は誇張形。音調はMの前打音のついたH 2拍で、誇張する場合には適宜延音する。相手の発言に対して、驚きをもって疑問を呈するときに用いる。③は驚きと疑問の声をもってそのまま抗議の意味で用いた例である。④は「えーっとなる」の形で慣用句を作り、驚き・疑問の声でリーダーに抗議する雰囲気になるという意である。

　この「ええっ」は「えっ」に似ているが、「えっ」は驚きの暗示が相対的に少ないので抗議などには用いられず、単なる問い直しの場合にも用いられる。

　×　「これからテストをします」「<u>えっ</u>」
　　　ええっ、ほんとですか。（信じられませんね）

●えーい

えっ、ほんとですか。　（それは大変でしたねえ）

(4)　肯定の返事を表す。プラスマイナスのイメージはない。感動詞として応答に用いる。「ええ」と平仮名書きする。音調はＨＬ（Ｍ）の２拍である。質問に対して話者が笑顔でうなずいてする返事を表す。意識はかなり働いているが、笑顔がリラックス・親しみを暗示し、緊張の暗示がないので、改まった応答には向かず、目上の人へのくだけた返事にも用いられる。「ああ」「うん」より丁寧で、「はあ」「はい」よりもくだけた表現。

⇨「あー（っ）」「えーと・えーっと・えっと」「えい（っ）」「え（っ）」「うん」「はー（っ）」「はい（っ）」

えーい

(1)①　剣士は「**えーい**」という裂帛（れっぱく）の気合で打ち込んだ。
(2)①　日本を離れたいだって？　**ええい**、勝手にしやがれ。

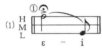

【解説】　(1)　瞬間的に力を入れるときに出す声を表す。プラスマイナスのイメージはない。実際の音声を描写する用法で用いる。音調はＨＬの３拍だが１拍めのＨが適宜延音され、強いアクセントがつく。「えい（っ）」の(1)の強調形。「えい」よりもさらに強い意志で大きな力を必要とする意志的行動をする際の掛け声として用いる。客観的な表現で特定の感情を暗示しない。

(2)　怒り・慨嘆（がいたん）・悔しさなどの気持ちを表す。マイナスイメージの語。感動詞としてくだけた日常会話で用いられる。話者は男性である。音調は特徴的なＭＨＬの２拍で、１拍めにアクセントがつくが、最初の「え」は音韻がない（息だけの）ことも少なくない。語尾は抜けている。「えい」の(2)の強調形であるが、「えい」よりも自暴自棄（捨て鉢）の暗示が強くなる。

ええい、勝手にしやがれ。（どうなろうとおれの知ったことか）
えい、勝手にしやがれ。　（自分の責任だからな）

⇨「えい（っ）」

えーと・えーっと・えっと

①　**えーと**、ちょっと教えてもらいたいんですが。
②　「例の話、いいだろ？」「**えーと**、何だっけ？」
③　（食堂で）「何にする？」「**えーっと**、おれはカツ丼」「**えっとねえ**、ぼくねえ、ナポリタン」

【解説】 口を適当に開いてあいまいな声を長く出し、質問・提案内容を思考中である様子を表す。プラスマイナスのイメージはない。感動詞として、くだけた日常会話で発話に先立つマクラとして用いる。音調は中ぐらいのMを適宜延音する。音韻を特定することは困難であるが、ここでは仮にeとしておいた。延音時間が長いぶん、思考が長引いているニュアンスで、話者が会話に詰まり（しどろもどろになっている）様子を表す。「えーっと」は声が中断している時間が存在する場合、「えっと」は長く延ばさない場合で、子供っぽいニュアンスがある。

　「えーと」は「えー」に似ているが、「えー」は主体の意識の高さが暗示され、丁寧なニュアンスがあり、知らない人に対してはためらいの表現にもなる。

　　えーと、ちょっと教えてもらいたいんですが。（図書館で司書に聞く）
　　えー、ちょっと教えてもらいたいんですが。　（交番で巡査に聞く）

「えーと」は「うーん」にも似ているが、「うーん」は思考自体が停滞している様子を表し、次に話すべき内容を思考中であるという意味にはならない。

　　えーと、何だっけ？（借金の話はどうなってたんだっけ）
　　うーん、何だっけ？（思い出せないな）

⇨「えー（っ）」「うーん」

えーん

① 道夫君たらすぐ**えーん**って泣いちゃうの。
② （子供に）ちょっとぐらい転んだからって、**えーんえーん**って泣かないのよ。
③ 「またあたしを置いてくのね。**えーん**」「うそ泣きしたってダメだよ」

【解説】 口をへの字に開き弱々しく泣く声を表す。ややマイナスよりのイメージの語。①②は実際の音声を描写する用法、③は泣き声を真似た用法。音調としてはやや高めのMで、少し長く続く。①②の場合は音韻を特定することは困難であるが、仮にeとしておいた。「えーんえーん」は何度も繰り返す様子を表す。主体は子供や弱者であることが多く、精神的な弱さ、意気地のなさが暗示される。相手に弱者であることをアピールするうそ泣きとして用いる場合（③）もある。

●えっさえっさ・えっさっさ

「えーん」は「うぇーん」に似ているが、「うぇーん」のほうが泣き始めに時間がかかり、意気地のない泣き声の象徴としては用いない。
　？　その迷子はヒックヒックとしゃくりあげていたが、やがてえーんと泣きだした。
　→その迷子はヒックヒックとしゃくりあげていたが、やがて<u>うぇーん</u>と泣きだした。
⇨「うぇーん」「あーん」「えんえん」

えっさえっさ・えっさっさ

① 当時は引っ越し屋を頼む金もなかったので、柳行李(やなぎごうり)なんかは仲間うちで**えっさえっさ**と運んだものだ。
② （童謡）**えーっさえーっさ**、えっさほいさっさ。お猿の駕籠屋(かご)だ、ほいさっさ。
③ 男は手提げ金庫を抱えて**えっさっさ**と逃げてしまった。

【解説】　かなり重い物を持ったり担いだりして運ぶときの掛け声や様子を表す。プラスマイナスのイメージはない。「えっさっさ」は「えっさえっさ」がより抽象化され、軽々と運ぶ様子を表す。音調は「え」のときに力を入れるためHで、その後は実際には音声がない場合もある。やや古風な表現で、現代ではあまり用いられない。

「えっさえっさ」は「うんさらうんさら」に似ているが、「うんさらうんさら」はより具体的に重い物を一歩ごとに苦労して運ぶ様子を表す。
　？　重いタンスをえっさえっさ運んで大汗をかいた。
　→重いタンスを<u>うんさらうんさら</u>運んで大汗をかいた。
⇨「うんさらうんさら」「わっせわっせ」「ほい（っ）」

えへへへ

① 「おれの靴隠したの、お前だろう？」「**えへへへ**、バレたか」
② 「一級建築士の試験、受かったんだって？」「**えっへっへ**、まあね」

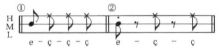

【解説】　口をあまり大きく開かず声を鼻に抜いて笑う声を表す。ややマイナスよりのイメージの語。実際の音声を描写する用法で用いられる。「えっへっへ」

は呼気が断続的に出た場合。音調は自然なMからHに上昇する。音韻を特定することは困難であるが、ここでは仮にeとしておいた。隠していた悪事がバレたり（①）、照れたり（②）した場合に用いられ、内心の恥や照れなどを暗示する。

「えへへへ」は「へへへへ」に似ているが、「へへへへ」のほうが軽薄なニュアンスが強く、侮蔑の暗示もある。

　　えへへへ、バレたか。（バレたんならしょうがない）
　　へへへへ、バレたか。（お前ならだませると思ったんだけどな）
⇨ 「へへへへ」「あははは」「いひひひ」「うふふふ」「おほほほ」「えへらえへら」

えへらえへら

①　彼は何度注意されても**えへらえへら**笑っているばかりだった。
②　くだらないことで**えへらえへら**笑うな。

【解説】　不適切なときに笑い続ける様子を表す。マイナスイメージの語。「笑う」などの述語にかかる修飾語になる。笑い声は出ている場合も出ていない場合もある。主体が本来笑うべきでないときに無責任に笑い続ける様子を、話者が侮蔑と慨嘆の暗示を伴って評する語で、客観的な表現ではない。

「えへらえへら」は「へらへら」に似ているが、「へらへら」は主体が事の深刻さ・重大さを理解せず軽薄に笑う様子を表し、能天気と侮蔑の暗示がある。

　　えへらえへら笑っている。（無責任だ）
　　へらへら笑っている。　　（バカだ）
⇨ 「へらへら」「えへへへ」

えへん

①　しばらく客間で待っていると、やがてドアの外で**えへん**という咳払いの声が聞こえた。
②　（演説）**えへん**、ただいまご紹介にあずかりました、会長の富田でございます。
③　（演説）**えへんえへん**、わたくしは、アー現在のこの閉塞状況を、**えへん**、心から憂えておりまして、可及的速やかなる経済政策が……。

【解説】　相手の注意を喚起するために、口を開いて軽く出す咳払いのような音を表す。ややマイナスよりのイメージの語。実際の音声を描写する用法で用いられるが、状況が限定される。「えへんえへん」は2度繰り返した表現。文字表記されるが言語音とはいえず、音調や音韻を表記することは困難である。ほんとうに喉や気管に異常を感じて咳払いをするのではなく、相手の注意を喚起するために、言葉でない音声を聞かせることを目的とし、尊大なニュアンスが

●えんえん

ある。女性はあまり用いない傾向がある。ほんとうの咳を描写するときには、「こんこん」「ごほん」「げほ（っ）」などを用いる。

「えへん」は「おほん」に似ているが、「おほん」には気取りの暗示がある。
　　えへん、わたくしが会長の松沢です。（偉ぶってるな）
　　おほん、わたくしが会長の松沢です。（気取ってるな）
⇨「こんこん」「ごほん」「げほ（っ）」「おほん」

えんえん

①　あんまりいじめると**えんえん**泣いちゃうから。

【解説】　弱々しい声をあげて継続して泣く様子を表す。ややマイナスよりのイメージの語。述語にかかる修飾語になる。主体の弱さ、子供っぽさの暗示がある。実際に泣く音声を描写する場合には、「えーんえーん」などを用いることが多い。

⇨「えーん」

えんやこら

①　（地曳き網）お母ちゃんのためなら**えーんやこら**、もひとつおまけに**えーんやこら**。
②　「ご苦労だけどひとつ頑張ってくれよ」「はい、わかりました。会社のためなら**えんやこら**ですよ」

【解説】　力仕事をするときの掛け声を表す。プラスマイナスのイメージはない。「えーんやこら」では「えー」の部分でより力が加わる。①の音調は特徴的なリズムのＨＨＬＭの４拍になる。建築現場や網曳き作業場などで、大勢の人が呼吸を合わせて１つの力仕事をするときの基本的な掛け声の用法で、「えー」で力を入れ、「やこら」で緩めて呼吸を整える。威勢のよさの暗示がある。②は「です（だ）」がついて述語になる比喩的な用法。力を振り絞って仕事をするというニュアンスであるが、不快の暗示はない。

「えんやこら」は「えんやらや」に似ているが、「えんやらや」は大勢が呼吸を合わせて力仕事を楽しむ様子を表すニュアンスがある。
　　分捕り物をえんやこら。（重くてたいへんだなあ）
　　分捕り物をえんやらや。（たくさんあってうれしいなあ）
⇨「えんやらや」「いっせーのせっ」「いちにのさん」「せーの」

えんやらや

① 観光客たちは地曳き網を**えんやらや**と曳いた。
② （桃太郎）残らず鬼を攻め伏せて、分捕り物を**えんやらや**。

【解説】　力仕事をするときの掛け声を表す。プラスマイナスのイメージはない。音調は特徴的なリズムのＨＬＬＬの５拍で、最初の「えん」のときに力を入れる。ただし、現在ではあまり具体的な掛け声の用法としては用いられず、大勢の人で力を合わせて仕事をすることを楽しむ様子を表すことが多い。

　「えんやらや」は「えんやこら」に似ているが、「えんやこら」は仕事現場で具体的に力を振り絞る場合に用いられることが多い。

　？　お母ちゃんのためなら<u>えんやらや</u>。
　⇨「えんやこら」

お（っ）

① （ブラインド・チェス）「ルークを３ａへ」「**お**、そうきたか」
② 「お早うございます」「**お**、今日は早いな」
③ （我が家）**おっ**、すき焼きかあ。よしっ。
④ （同窓会）「先生、お元気そうですね」「**おっ**、君はえーと、吉村君か」

【解説】　口を縦に少し開けて出た短い声を表す。プラスマイナスのイメージはない。「おっ」は突然声が出たために、後ろに声門閉鎖を伴う。音調はＨからＬまでさまざまであるが、音高が高いほど感情が高揚している。声としてはさほど大きくなく、比較的近い対象に向かって何らかの意図をこめて言う傾向がある。気づき・驚き・喜び・衝撃・意外性などの暗示がある。声が大きいときには「あ（っ）」を用いることが多い。

　「お（っ）」は「あ（っ）」に似ているが、「あ（っ）」は主体が無意識で発する声全般を表し、音量も小から大までさまざまである。また主体が無意識であるため、本音が吐露されることがあり、非常に大きな衝撃や驚きのときにも用いられる。

　おっ、すき焼きかあ。（うれしいなあ）
　あっ、すき焼きかあ。（昼も食べたんだけどなあ）

●おい(っ)

? 「お早うございます」「あ、今日は早いな」
× おっ、火事だ！　→あっ、火事だ！
⇨「あ（っ）」「おー（っ）」「おっと・おっとう」「おや（っ）」

おい（っ）

(1)① （飲み屋で酔いつぶれた友人に）おいっ、帰るぞ。起きろ。
　② （家人に）おい、出かけるぞ。
　③ （昔の警官）おいこら、若い男女が何をいちゃいちゃしとるか。
　④ 100万なんておいそれと出せる金額じゃない。
(2)① 「おれ、医者になる」「おい、お前、その成績でマジかよ」
　② 「このスーツ、どう？　たった15万よ」「おい」

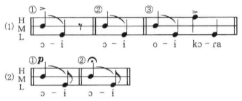

【解説】　(1)　近くの相手に呼びかける声を表す。プラスマイナスのイメージはない。感動詞としてくだけた日常会話で用いる。「おいっ」は後ろに声門閉鎖を伴う。音調はＭＬの２拍である。乱暴なニュアンスがあり、主に男性が親しい相手や目下に対して用い、女性は用いない傾向にある。①②は基本的な用法、③の「おいこら」は昔の警官が不審尋問をするときによく用いた。④は「おいそれと」の形で述語にかかる修飾語になり、「おい」という呼びかけに対して即座に「それ」と答えるという意味で、後ろに打ち消しまたは否定を伴い、全体としてそう簡単には行動を起こせないという意を表す。

　「おい」は比較的近い所にいる相手に対して、相手が気づいていないときの第一声として呼びかけるときに用い、物理的心理的に遠い場合には「おーい」などを用いる。

　　　おい、起きろ。　（いつまで寝てるつもりだ）
　　　おーい、起きろ。（聞こえてるか）
　(2)　驚き・意外さ・慨嘆などの気持ちを表す。ややマイナスイメージの語。感動詞としてくだけた日常会話で用いる。音調はＭＬだが、最初の「お」が少し長く後ろの「い」は短めに発音される。乱暴なニュアンスがあり、主に男性が親しい相手や目下に対して用い、女性は用いない傾向にある。相手の言動が主体にとって驚き（①）・意外・慨嘆（②）などの感情を喚起したとき、発音の前後に付け加える形で用いるが、単独（②）でも慨嘆の気持ちを表明できる。

しばしばため息まじりに発音される。
　⇨「おーい」「おー（っ）」「おいおい」「あーん」「おっと・おっとう」

おいおい

(1)① 「**おいおい**、そこの君。君だよ」「えっ、僕ですか」
(2)① 「この子猫、うちの玄関前に捨てられてたのよ」「**おいおい**、まさか飼うって言うんじゃないだろうな」
(3)① 　失業中の父親は、息子からの仕送りを受け取って**おいおい**と泣きだした。
　② 　50年ぶりに再会した兄弟は、声を放って**おいおい**泣いた。

【解説】　(1)　相手に呼びかける声を表す。プラスマイナスのイメージはない。感動詞として日常会話で用いる。「おい」の(1)の反復形だが、相手への働きかけが強くなり、音調はＨＬＨＬの４拍となる。

　(2)　驚き・意外さ・慨嘆などの気持ちを表す。ややマイナスイメージの語。感動詞として日常会話で用いる。音調はＭＬＨＭの４拍で、２度めは１度めより音高が高くなる特徴があり、慨嘆の感情がよりオーバーに強調される。「おい」の(2)の誇張形。

　(3)　声を抑えられずに泣く声や様子を表す。ややマイナスよりのイメージの語。単独でまたは「と」がついて述語にかかる修飾語になる。主に大人が声を抑えられずに泣く様子を表すが、主体が慨嘆を感じている場合（①）、喜びにむせんでいる場合（②）などがある。慨嘆・情けなさと、主体の気弱さの暗示がある。

　この「おいおい」は「おんおん」に似ているが、「おんおん」は声を放って泣いている様子をやや客観的に表し、慨嘆などの暗示は少ない。

　　　兄弟は抱き合っておいおいと泣いた。（お互い辛いことがあったなあ）
　　　兄弟は抱き合っておんおんと泣いた。（うれしいなあ）
　⇨「おい（っ）」「おんおん」「よよ」

おえっ

① 「顔色悪いわね」「二日酔いだよ」**オエッ**
② （つわり）突然トイレに駆け込んで**おえっ**とやった。
③ （高校の古典の授業）「この時、光源氏は40歳、女三の宮は13歳でした」「**オエーッ**」
④ いくらお金が欲しいからって、デブオヤジとラブホなんて**おえーっ**だよ

●おー(っ)

ね。

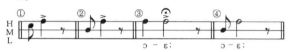

【解説】 吐き気をもよおしている様子を表す。マイナスイメージの語。①②は実際の音声を描写する用法、③④は感動詞として用いる。「おえーっ」は「おえっ」の誇張形。音調は高めのHで、「お」で喉(のど)の奥が開き、「え」で舌が上がって、食道から食べ物が逆流してくる様子を表す。①②は実際に吐きたい気持ちになって(吐いて)いる様子、③④は事態が吐き気をもよおすほど嫌だという意味で、生理的な不快感と嫌悪(けんお)の暗示を伴う。

「おえっ」は「うぇっ」や「げー(っ)」に似ているが、「うぇっ」は口の中の物を反射的に口の外に出す音や様子を表し、嫌悪や悪意の暗示は少ない。「げー(っ)」は胃の中の空気や物を吐き出す音や様子、さらに吐き気も表すが、侮蔑(ぶべつ)の暗示があり、不快・嫌悪の暗示は相対的に少ない。

？ (離乳食)赤ん坊はむにゅむにゅ口を動かし、すぐオエッと口から出した。
→赤ん坊はむにゅむにゅ口を動かし、すぐウェッと口から出した。
デブオヤジとラブホなんてオエーッだね。(絶対気持ち悪くて嫌よ)
デブオヤジとラブホなんてゲーッだね。 (そんなのサイテーよ)
⇨「うぇっ」「げー(っ)」「げっ」「げろげろ」

おー(っ)〔応〕

(1)① 大胆なドレスをまとったモデルが現れるや、ギャラリーから「**おーっ**」というどよめきが起こった。
② (アイドルの映画初出演)「今度の映画には水着シーンもあります」「**おおーっ**」
③ (演説)あー、わたくしは日本経済の、**おー**、さらなる発展を……、
(2)① (木枯らし1号)**おお**、寒い。
② 「腰椎(ようつい)麻酔(ますい)っていうの、背骨にぶっとい針刺してね」「**おお、嫌だ嫌だ**」
(3)① 「娘の良子です」「**おお**、こりゃまたお美しいお嬢さんですなあ」
② **おお**、そうだ。部長に用を頼まれてたんだっけ。
③ (雨宿り)**おうおう**、だいぶ濡(ぬ)れなさったね。
④ (孫の花嫁衣装)**おうおう**、立派にできたねえ。
⑤ (幼児に)**おおおお**、泣かない泣かない。
(4)① (ヤクザの出入り)「野郎ども、行くぞ」「**おう**」
② 「鈴木、いるか?」「**おう、いるぞ**」

おー(っ)●

③ (勝鬨(かちどき)の声)えい、えい、**おう**。

④ 受注価格は、親会社にいやも**おう**もなく押し切られた。

(5)① 「田中じゃないか」「**おう**、木村。元気でやってるか」

② 「やあ」「**おう**、今夜一杯どうだ」

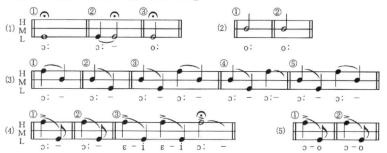

【解説】 ここでは「おー」「おお」「おう」などさまざまな表記をされ、「お」を2拍以上延音したものをまとめて扱う。

(1) 口をすぼめて出した声を表す。プラスマイナスのイメージはない。①②は実際の音声を描写する用法、③は間投詞として用いられる。「おー」と音引きを使って表記することが多い。「おーっ」は「おー」という音声を出した後、声門が閉鎖されていることを表す。「おおーっ」は呼気にむらがあることを表す。音調は低く太いLが適宜延音され、こもった響きがある。口を意図的にすぼめているため、大勢の声の場合にはしばしば出始めがそろっている。感嘆(かんたん)(①②)・抑制(③)などの暗示を伴う。

この「おー(っ)」は「あー(っ)」に似ているが、「あー(っ)」は開放的な音声で、主体が無意識であることが強調され、感嘆は表さない。

× 大胆なドレスをまとったモデルが現れるや、ギャラリーから「<u>あーっ</u>」というどよめきが起こった。

(2) 感情を抑制しながら吐露(とろ)した声を表す。ややマイナスよりのイメージの語。感動詞として用いる。「おお」と平仮名書きすることが多い。音調は自然なMで適宜延音する。感情をそのまま吐露するのではなく、抑制していたものが思わず漏(も)れ出てしまったというニュアンスで、好ましくない感情のことが多い。感情を自然に吐露するときには「ああ」を用いる。

　　おお、寒い。(急に冷たい風が吹いてきた)

　　ああ、寒い。(やっぱりもう1枚着てくればよかったかなあ)

(3) 気づいて感動したときに出た声を表す。プラスマイナスのイメージはない。感動詞として用いる。「おお」と平仮名書きすることが多い。音調はHMまたはMLの2拍である。③〜⑤はこれが2回繰り返され増幅したもので、こ

●おーい

の場合は「おうおう」「おおおお」両方の表記がありうる。これはＭＬＨＭという音高で、2度めは1度めよりも音高が高くなる傾向があり、感動が強調される。かなり古風な表現で、話者の年齢の高さ（④⑤）や大げさな感情表現（①⑤）などでよく用いられる。対象の状態に共感・同情した話者が、その共感を吐露する様子を表す。

この「おお」も「ああ」に似ているが、「ああ」は自然な感情の発露で慨嘆なども表せる。

(4) 応答や肯定の返事を表す。プラスマイナスのイメージはない。感動詞として用いる。「おう」と平仮名書きすることが多い。音調はＨＬの2拍で、しばしば1拍めにアクセントがつく。くだけた乱暴な表現で、男性が親しい男性どうしの会話で用い、威勢よく返事する様子を表す。声の出始めがそろっているので、組織化された集団が発している暗示がある。③は「えい、えい、おう」の形で慣用句となり、大勢であげる勝鬨の声を表す。この場合、リーダーが「えい、えい」と号令をかけ、全員で「おう」と呼応するのが原則である。④は「否も応もなく」の形で慣用句となり、承知・不承知を言わせずに、強引に事を行う様子を表す。

(5) 呼びかけを表す。プラスマイナスのイメージはない。感動詞としてくだけた日常会話で用いる。「おう」と平仮名書きする。音調はＨＬの2拍で、しばしば1拍めにアクセントがつき、2拍めはやや口が狭まる。くだけた乱暴な表現で、男性が親しい男性どうしの会話で威勢よく呼びかける声を表す。

この「おう」は「おい」に似ているが、「おい」は相手の注意を喚起するニュアンスがあり、相手が気づいていないときの第一声として用いることが多いのに対して、「おう」は応答のニュアンスが強いので、相手を認識した後の第二声として用いられる。

　　　おう、しばらくだな。（相手の呼びかけが先）
　　　おい、しばらくだな。（こちらが先）
⇨「お（っ）」「あー（っ）」「おい（っ）」「よー（っ）」「うぉー（っ）」「おっと・おっとう」

おーい

(1)① （渡し場）**おーい**、舟がでるぞーい。
② 向こうの山並みに向かって「**おーい**」と呼びかけた。
③ （旅行の相談）「じゃ、4人で申し込むからね」「**おーい**、オレを忘れないでくれよー」
(2)① 「あしたスーパーのリニューアル・オープンなんだけど、買い物付き合ってね」「**おーい**、勘弁してよ」

② 「ちょっとまた金貸して、２万でいいから」「**おーい**」

【解説】　(1)　遠くの相手に呼びかける声を表す。プラスマイナスのイメージはない。感動詞として呼びかけに用いる。音調はHで適宜延音し、語尾が自然に下がる。実際に遠くにいる相手に向かって呼びかける場合（①）、相手がいなくても遠くへ声をかける場合（②）、相手が近くにいても婉曲(えんきょく)に注意を喚起する意味で呼びかける場合（③）などがある。やや乱暴なニュアンスがあり、主に男性が親しい相手や目下に対して用いるが、山頂で呼びかける場合（②）には男女を問わず用いる。「おい」の(1)の遠隔表現。

(2)　慨嘆(がいたん)などの気持ちを表す。ややマイナスイメージの語。感動詞として日常会話で用いる。音調はMで適宜延音し、語尾が自然に下がる。相手の言動が主体にとって慨嘆などの感情を喚起したとき、会話の前後に付け加える形で用いるが、単独（②）でも用いられる。「おい」の(2)よりも婉曲で、慨嘆の程度が下がる。

⇨「おい（っ）」

オーエス

①　（運動会の綱引き）それっ、**オーエス、オーエス**！

【解説】　綱引き競技で、実際に綱を引くときの掛け声を表す。プラスマイナスのイメージはない。もとフランス語 oh hisse（「それ引け」の意）。実際に綱を引いている者ではなく、側で応援する者や号令する者が掛ける掛け声である。音調は特徴的なMHの３拍で、後ろに１拍分の空白を伴い、Mの２拍は自然に語尾が下がり（力をため）、Hの部分で引き手は力をぐっと入れる。２回を１単位にして反復する。客観的な表現で、特定の感情を暗示しない。綱引き競技の衰退に伴って、最近あまり聞かれなくなっている。

オーケー・オッケー

①　「おれ、先行ってるからさ」「**オーケー**。遅れないように行くよ」
②　（残業がようやく終わった）**オッケー**。やっと帰れるわ。
③　「部長、これでよろしいでしょうか」「ああ、**オーケー**だ」
④　１カ月かけてようやく先方の**オーケー**を取った。

【解説】 承諾を表す。ややプラスよりのイメージの語。もと英語 OK（all correct の発音つづりの頭文字。「よろしい」の意）。「オッケー」は 1 拍めの直後に声門閉鎖がある。①②は感動詞の用法、③は「だ」がついて述語になる。④は名詞の用法。音調はＨＭの４拍で、前の「オー」２拍は自然に音高が下がってなめらかに「ケー」につながる。①③が基本的な用法で、相手からの申し出を承諾する意。くだけた表現で、親しい相手か目下の相手に対して用いる。②は自分自身に対して用いた場合で、納得の暗示がある。

「オーケー」は「オーライ」に似ているが、「オーライ」のほうが古風な表現で支障がない意を表す。

　　? 　（残業がようやく終わった）オーライ。やっと帰れるわ。
　　× 　人生は多少山あり谷ありでも、結果オーケーさ。
　　　→人生は多少山あり谷ありでも、結果オーライさ。
　⇨「オーライ」

オーライ

① （昔の路線バスの車掌が）発車します。発車**オーライ**。
② （ 〃 ）左へ曲がります。左**オーライ**、**オーライ**。
③ （ 〃 ）次は「通り町３丁目」です。お降りの方、ございませんか。……次、**オーライ**。
④ （駐車の誘導）はい、バック、バック。**オーライ**、**オーライ**。
⑤ 人生は多少山あり谷ありでも、結果**オーライ**さ。

【解説】 支障がない意を表す。ややプラスイメージの語。もと英語 all right（「よろしい」の意）。①～③は単独で述語になる。④は感動詞の用法、⑤は「結果オーライ」の形で慣用句になる。古風な表現で、使用される場面が限られる。①～③は昔の路線バスの車掌（20～30代の女性が多い）が運転手への合図として用いた例。①は最初の「発車します」が乗客への注意喚起、次の「発車オーライ」が運転手に発車しても差し支えないという合図である。②も同様

で、バスが左折する際、車掌はドアを開けて後方を確認しながら「左オーライ」と運転手に合図を送る。③は停留所の案内で、乗客に降車の確認をした後、運転手に通過しても差し支えないという意で「オーライ」と言う。降車客があって止まらせたい場合には「次、願います」と言う。これらの車掌の運転手への合図はＭＨＨＨという４拍の特徴的なメロディーで発音され、客への案内とは区別された。④は車の誘導に用いられる例で、そのまま進んで差し支えない意を表す。音調はＭＭＭと同じ音高で言う場合、ＨＬと語尾が下がる場合、ＭＭＨＬと後ろが高くなる場合などさまざまであるが、言い慣れた人ほど後ろを高くする傾向がある。⑤は「結果オーライ」の形で、問題ない意を表す。

　「オーライ」は現代の「オーケー」に似ているが、「オーケー」は基本的に申し出に承諾する意で、納得の暗示がある。
　⇨「オーケー・オッケー」

おぎゃあおぎゃあ

① 　赤ん坊は**おぎゃあおぎゃあ**と元気な産声をあげた。
② 　うちの犬は赤ん坊の**おぎゃあおぎゃあ**という泣き声を聞くと、耳をはっと立てて様子を見に行く。

【解説】　ごく幼い赤ん坊の泣き声を表す。プラスマイナスのイメージはない。実際の音声を描写する用法で用いられる。①は基本的な用法で、新生児の産声を表す。②はごく幼い赤ん坊の泣き声を一般的に表す。赤ん坊の泣き声は呼吸の始まりや母親を呼ぶための声なので、音韻を特定することは困難である。音高は１点イ音を中心とするという。客観的な表現で、特定の感情を暗示しない。

おす・おっす

① 　（級友に）**おす**、久しぶりだな。
② 　（大学の講義に出席）「**おす**」「**おっす**。就職決まった？」

【解説】　親しい顔見知りに対して言う挨拶を表す。プラスマイナスのイメージはない。感動詞として呼びかけに用いる。音調はＭまたはＬで、語末の「す」は息の音のみである。「おっす」では途中に声門閉鎖がある。あまりはっきりしない挨拶では「うっす」と聞こえることもある。若い男性が親しい顔見知りに対して日常的に挨拶として呼びかけに用い、手を挙げるなどの動作を伴うことがある。親しみ・乱暴の暗示がある。

　若い男性の挨拶としては「よう」などもあるが、「よう」は知らない相手に

●おっと・おっとう

乱暴（下品）に呼びかけるときにも用いられる。
　×　（ナンパ）おす、そこのカノジョ、一人？
　　→よう、そこのカノジョ、一人？
　　　おす、久しぶりだな。（元気かい？）
　　　よう、久しぶりだな。（今夜一杯行かないか？）
⇨「よー（っ）」

おっと・おっとう

(1)① **おっと**。もう少しで忘れるところだった。
　②　**おっと**、危ない。花瓶を引っ繰り返すところだった。
　③　（自転車とぶつかりそうになった）**おっとう**。
(2)①　「ぬかるなよ」「**おっと**、合点承知之助」
　②　「じゃ、おれは行くぜ」「**おっと**、待った」
　③　**おっと**どっこい、そうは問屋が卸さないぜ。

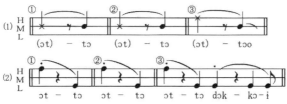

【解説】　(1)　危うく難を逃れたときに出る小さい声を表す。ややプラスよりのイメージの語。「おっとう」は「おっと」の誇張形。「おっ」で突然息がストップし、「と」で安堵する様子を表す。感動詞として用いる。音調は最初の「おっ」の部分でははっきりと声が出ておらず、安堵の「と」で初めてＭになる。「おっとう」の場合には音高が高くより延音される。くだけた表現で、主に男性が親しい相手との日常会話や独り言で用いる。もう少しで危険な状況になってしまうことに対する軽い危惧とそれを逃れた安堵の暗示がある。

　この「おっと」は「おお」や「おっ」に似ているが、「おお」には危惧の暗示がない。「おっ」は単に気づいたり驚いたりしただけの場合にも用いる。

　　　おっと、もう少しで忘れるところだった。（危ないところだった）
　　　おお、もう少しで忘れるところだった。　（気がついてよかった）
　　　おっ、もう少しで忘れるところだった。　（今気がついた）

　(2)　即座に応答する様子を表す。プラスマイナスのイメージはない。感動詞として応答に用いる。音調はＨ＊Ｌの３拍で、途中に声門閉鎖がある。①は肯定の返事、②③は保留の返事である。「おっとどっこい」は慣用句で、保留の意味を強調する。古風なくだけた表現で、若い人は用いない。返事をするに際

して、打てば響くような反応のよさにポイントがあるが、内容的には必ずしも全面肯定とは限らず、自分で納得してから反応するニュアンスがある。

この「おっと」は「おう」に似ているが、「おう」は特に内容について考えずに威勢よく返事するニュアンスになる。

「じゃあ、行くぜ」「おっと、待った」（行けばまずいことになるぜ）

「じゃあ、行くぜ」「おう、待った」　（行かせないぜ）

⇨「おー（っ）」「お（っ）」「おい（っ）」「おっとっと」

おっとっと

① （酒を注ぐ）**おっとっと**、こぼれる、こぼれる。
② （飲んべえ2人）「そんなへり歩いて、川へ落っこちんなよ」「でえじょぶだよ。**おっとっと**。押すなよ、危ねえな」
③ （電線音頭）よいよいよいよい、**おっとっとっと**。

【解説】　危うく難を逃れたときに思わず出る声を表す。ややプラスよりのイメージの語。感動詞として用いられる。音調は原則としてHMMとなるが、「と」は何回でも繰り返される。くだけた古風な表現で、一定年齢以上の男性が親しい相手に用いる。「おっと」の(1)の強調形だが、実際の危難は相対的に大きくないことが多い。「おっとっとっと」は反復形で、安堵が強調される。

⇨「おっと・おっとう」

おほほほ

① 宅では毎朝キャビアをいただきますの。**おほほほ**。
② あら川村さん、花粉症ですの。大変ですわねえ。**オホホ**。
③ 「あなた、お肌、きれいねえ。何使ってるの」「別になんにも。**おっほっほっ**」

【解説】　縦に開けた口を意図的にすぼめて笑う声を表す。プラスマイナスのイメージはない。実際の音声を描写する用法で用いられる。そろえた指で口元を隠す動作を伴うことがある。「おっほっほ」は途中で閉門閉鎖を伴う。音調は比較的高い声で、持続的に発音される。拍数は決まっていない。笑い出しの「お」では声が出ているが、その後の「ほほほ（ほっほっほ）」は、横隔膜の痙

●おほん

攣(れん)に伴う呼気の断片的な連なりだけで、声が出ているとは限らない。主体は女性が多く、意図的に口をすぼめた上品さの暗示、または上品さを演出する気取りの暗示がある。

「おほほほ」は「ほほほほ」に似ているが、「ほほほほ」は「おほほほ」よりもさらに高い声で、(気取って)笑う様子を表す。

> 毎朝キャビアをいただきますの。おほほほ。
> (うちはけっこう贅沢(ぜいたく)してますのよ)
> 毎朝キャビアをいただきますの。ほほほほ。
> (うちはお宅とは違って資産家ですから)

⇨ 「ほほほほ」「あははは」「いひひひ」「うふふふ」「えへへへ」

おほん

① (式辞) **おほん**、では僭越(せんえつ)ながら、一言申し述べさせていただきます。
② 玄関の前で「**おっほん**」と咳払(せきばら)いが聞こえたので、「どなた」とドアを開けた。

【解説】 あらたまった会話を始める前に軽く一回出す咳払いのような音を表す。プラスマイナスのイメージはない。実際の音声を描写する用法で用いられる。「おっほん」は「おほん」よりゆっくりした音を表す。音高はやや高めのHで、比較的はっきり音韻を言うことが多い。ほんとうに喉(のど)や気管に異常を感じて咳払いをするのではなく、改まった会話を始める前に、声の調子を整えたり、相手の注意を喚起するために出す声で、気取りの暗示がある。主体は中年以上の男性が多く、女性はあまり用いない傾向にある。

「おほん」は「えへん」に似ているが、「えへん」には尊大の暗示がある。

> おほん、私が会長の松本です。(気取っているな)
> えへん、私が会長の松本です。(偉ぶっているな)

⇨ 「えへん」

おや(っ)

① (飲み屋で) **おや**、こんなところで。おめずらしい。
② **おや**、もうこんな時間だ。帰らなくちゃ。
③ **おや**、どうやら道を間違えたようだぞ。
④ 「きのう、何かあったのか」「**おやっ**、ご存じなかったんですか」
⑤ (幼児の泣き寝入り) **おや**まあ、涙がいっぱい。

⑥ （事情聴取）表で騒ぎが起こったときに、あなたは**おや**と思わなかったんですか。
⑦ 閣僚の顔ぶれは大方の予想どおりだが、なかには**おやっ**と思うような人も入っている。

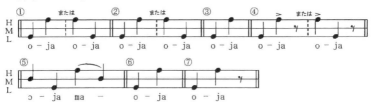

【解説】 意外な事実に気づいた声を表す。ややマイナスよりのイメージの語。感動詞として用いる。「おやっ」は「おや」を強調した表現。音調はＬＨの上昇調になるか、ＨＬの下降調になるかの２通りあり、上昇調の場合には疑問・疑惑・不審の暗示、下降調の場合には気づき・驚き・意外性の暗示がある。⑤は「おやまあ」の形で用いられ、驚きとあきれの暗示がある。⑥⑦は「おやと思う」の形で用いられ、不審に思うという意である。

「おや」は「おっ」に似ているが、「おっ」は意外性が強調され、驚きの程度も相対的に高い。

　　おや、こんなところでめずらしいね。
　　（いつもは高級クラブに行くのにおかしいよ）
　　おっ、こんなところでめずらしいね。
　　（あまりにも意外なんでびっくりしたよ）
⇨「お（っ）」「おやー」「おやおや」「やや（っ）」

おやー

① （子供に）**おやー**、またいたずらしてるな。
② （警察の家宅捜索）「**おやあ**、これは何ですか。裏帳簿みたいですねえ」
「あっ、それはその……」

【解説】 好ましくない事実に気づいて、相手を婉曲に注意する声を表す。ややマイナスよりのイメージの語。感動詞として用いる。音調はＬからＨへ至る上昇調で、高音を適宜延音する。話者が相手の好ましくない事実を発見し、それを相手に婉曲に注意するときに用いるが、気づき・不審の表現をもって婉曲に注意したもので、非難の暗示は少ない。

●おやおや

「おやあ」は「おや」の延音形であるが、「おや」は意外な事実に気づいた驚きを表し、疑問・疑惑・不審などの暗示がある。

　　　おやあ、これは何ですか。裏帳簿みたいですねえ。
　　（警察は証拠を見逃しませんよ）
　　　おや、これは何ですか。裏帳簿みたいですねえ。
　　（証拠を隠したって無駄ですよ）
⇨「おや（っ）」

おやおや

(1)① （幼児に）**おやおや**、おへそが見えてるぞ。
　②　**おやおや**、もうこんな時間だ。帰らなくちゃ。
　③　（生徒が不正解を板書した）**おやおや**、それでいいのかな。
(2)①　（雨宿り）**おやおや**、びしょ濡れですね。
　②　「今年は子供3人が全部受験なんです」「**おやおや**、それは大変ですね」
　③　「隣の息子さん10校受けて全部落ちたんですって」「**おやおや**」

【解説】　(1)　軽い驚きや不審な気持ちを表す。ややマイナスよりのイメージの語。感動詞として用いる。音調はＬからＨへ自然に上昇する調子と、ＨＬＬＬと最初だけ高い下降調がある。上昇調は不審の暗示があり、下降調は気づきや軽い驚きの暗示がある。「おや」の反復形であるが、意外性の暗示は相対的に少なく、話者が自分の感情を確認して表現するニュアンスがあり、しばしば軽い驚きや不審を（意図的に）強調するニュアンスになる（①③）。

　　　おやおや、おへそが見えてるぞ。（おかしいぞ、早くしまいなさい）
　　　おや、おへそが見えてるぞ。　　（おへそ、見つけたぞ）

(2)　慨嘆や同情の気持ちを表す。ややマイナスよりのイメージの語。感動詞として用いる。音調はＭＬＨＭの上昇調とＨＬＬＬの下降調がある。上昇調の場合には、慨嘆や同情をわが事のように切実に感じているニュアンスがある。下降調の場合には、対象との間に心理的な距離があり、あまり切実感はない。

この「おやおや」は「やれやれ」に似ているが、「やれやれ」は自分自身の終わった物事について、安堵感・解放感・達成感や、惨状を発見したあきれや慨嘆などの暗示がある。

「隣の息子さん、10校受けて全部落ちたんですって」「おやおや」
（それは残念だったね）
「隣の息子さん、10校受けて全部落ちたんですって」「やれやれ」
（受験生を持つ親の気持ちは察するに余りあるなあ）
⇨「おや（っ）」「やれやれ」

おんおん

① 再会した兄弟は抱き合って**おんおん**と泣いた。
② その孤児は**おんおん**泣くばかりで、何も事情を言わない。

【解説】 声を放って泣く様子を表す。ややマイナスよりのイメージの語。単独でまたは「と」がついて、「泣く」などの述語にかかる修飾語になる。主体は大人も子供もありうるが、声を放って泣く様子に子供っぽいニュアンスがある。ただし、出ている声はそれほど大きくない。泣く理由もいろいろあるが、泣き方については客観的な表現で、特定の感情を暗示しない。

「おんおん」は「おいおい」に似ているが、「おいおい」は声を抑えられずに泣く様子を表し、主体が慨嘆や喜びなどの感慨をもっている暗示がある。感情を爆発させ大声をあげて泣くときには「わーわー」などを用いる。

⇨「おいおい」「わーわー」

か　行

かー（っ）

(1)① 裏の松林でカラスが一声**カア**と鳴いた。
　② カラスが**カアカア**鳴きながらねぐらへ帰る。
　③ （幼児が）あっ、**かーかー**が飛んでる。
(2)① アオマツムシが木立の中で**カーカーカー**と鳴く。
(3)① 母はせっかちで、やかんがまだ**カーッ**といってるうちにもう火を止めてしまう。
　② 酔っぱらいは**かあっ**、ぷうと痰を吐いた。

【解説】　(1)　カラスの鳴き声を表す。プラスマイナスのイメージはない。「カアカア」は反復形または一般表現。「カア」と音引きを使わずに、片仮名書きすることが多い。①②は実際の音声を描写する用法、③はこれから進んでカラスそのものを表す名詞の用法。客観的な表現で、特定の感情を暗示しない。

(2)　虫などが静かに持続して鳴く音や様子を表す。プラスマイナスのイメージはない。ふつう「かーかー」と何度も反復して継続を表す。実際の音声を描写する用法で用いる。音としては比較的低く静かで、あまり耳立たない。客観的な表現で、特定の感情を暗示しない。

(3)　やや濁って響く音を表す。プラスマイナスのイメージはない。実際の音声を描写する用法で用いる。片仮名書きすることもある。①はやかんの湯が完全に沸騰する前に持続的に出す、比較的静かな濁った音の描写である。②は喉の奥から痰を口の中に吐き出す音の描写である。客観的な表現で、特定の感情を暗示しない。

かつ〔喝〕

① （禅僧が）背筋が曲がっとる。**かつ**！
② （初練習に遅刻者続出）なんだ、ゆうべ歓迎会で飲みすぎただって？たるんでる。**カーツ**！

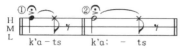

【解説】　相手に気合を入れるために発する声を表す。ややプラスよりのイメージの語。感動詞として用いる。音調は高いHで強いアクセントがつき、「かー

つ」と適宜延音して、無音で「ツ」を言う。①は基本的な用法で、禅宗の僧が修行の際に相手を叱り、奮い立たせるために出す大声。②はこれの一般用法で、話者は相手より心理的に上位に立っている。威厳の暗示がある。

がはははは

① 弟は自分で下品な冗談を言っては、大口を開いて**ガハハハ**と笑う。
② 大学入試に落ちてがっくりしていたら、祖父に「大学に落ちたくらいで何だ。オレなんか1度も受けなかった。**ガハハハ**」と笑い飛ばされた。

【解説】 大きな口を開いて大声で下品に笑う声や様子を表す。ややマイナスよりのイメージの語。実際の音声を描写する用法でも、「と」がついて「笑う」などの述語にかかる修飾語にもなる。音調は自然なMで、笑いだしの声は濁っているが、音韻を特定するのは困難である。粗野・乱暴・豪快の暗示がある。
　「がはははは」は「わはははは」や「あはははは」に似ているが、「わはははは」には豪放磊落・豪快の暗示はあるが、粗野・乱暴の暗示はない。「あはははは」は屈託なく明るく笑う様子を表す。さらに無遠慮になると「ぎゃはははは」を用いる。

　　大口を開いてガハハハと笑う。　（下品な奴だ）
　　大口を開いてアハハハと笑う。　（裏のない奴だ）
　　大口を開いてワハハハと笑う。　（豪快な奴だ）
　　大口を開いてギャハハハと笑う。（ちょっとは抑えろよ）
⇨「わはははは」「あはははは」「ぎゃはははは」「はははははは」

がやがや（っ）

① 教室が**がやがや**（と）騒がしい。
② 指揮者が指揮台に立つと、**がやがや**していた会場がしんと静まった。
③ 宴会場ではすでにわいわい**がやがや**やっていた。

【解説】 大勢の人が声を出して騒ぐ様子を表す。ややマイナスイメージの語。①は単独でまたは「と」がついて述語にかかる修飾語になる。②は「し（てい）た」がついて名詞にかかる修飾語になる。③は「やる（する）」がついて述語になる。大勢の人が出す声全体を音声としてとらえた表現で、個々の話の調子や内容は問題にしない。煩雑・不快の暗示を伴う。⇨『現代擬音語擬態語用法辞典』「がやがや（っ）」参照。
　「がやがや」は「わいわい」に似ているが、「わいわい」は個々の音声の高低の調子に視点があり、騒音・歓楽の暗示がある。

●からから・かんらかんら

× みんなでがやがや騒ぐのが好きなの。
→みんなでわいわい騒ぐのが好きなの。
⇨「わいわい」

からから・かんらかんら

① （江戸城開城）西郷吉之助（さいごう）は天を見上げ、**からから**と笑った。
② 翌朝、彼女は「はい、できたわよ」と書類を机にぽんと置くと、豪快に**かんらかんら**と笑って、颯爽（さっそう）と部屋を出て行った。

【解説】 大声で屈託なく笑う様子を表す。ややプラスイメージの語。「と」がついて「笑う」などの述語にかかる修飾語になる。「かんらかんら」は「からから」の誇張形。やや古風な表現で、現代ではあまり用いない傾向にある。男性や豪傑（ごうけつ）（女傑）が屈託なく明るく笑う様子を表す。

きー（っ）

① 餌（えさ）のイモを投げると、サルが**キーッ**と鳴きながら群がってきた。
② （夫婦喧嘩（げんか））「ええ、悔しい！　**キーッ**」「おい、落ち着け、落ち着け。おれが悪かった」

【解説】 歯を食いしばって出す高い声を表す。ややマイナスイメージの語。実際の音声を描写する用法で用いる。音調は非常に高いHで、金属的な耳障（みみざわ）りな響きをもち、適宜延音する。「きーっ」は後ろに声門閉鎖を伴う。破壊・ヒステリー・不快などの暗示があるため、人間の声の場合には主体は女性が多い。「きーっ」は「きぇーっ」にも似ているが、「きぇーっ」は口が縦にやや開いており、気合（きあい）の場合にも用いられる。

？ （空手）キーッと気合を入れて、後ろ蹴りを入れた。
→キェーッと気合を入れて、後ろ蹴りを入れた。
⇨「きぇーっ」「きーきー」

きーきー

① サル山では毎日**キーキー**と喧嘩が絶えない。
② （夫婦喧嘩）そんなに**キーキー**わめくな。頭ががんがんする。

【解説】 歯を食いしばって繰り返し出す高い声を表す。ややマイナスイメージの語。「と」がついてまたは単独で、述語にかかる修飾語になる。音調はＨＭＬＬの４拍で、単独の「きーっ」よりも音高が低い。金属的な耳障りな響きをもち、破壊・ヒステリー・不快などの暗示がある。ただし、単独の「きーっ」よりは冷静で、主体は男女ともに用いられる。

⇨「きー（っ）」

きぇーっ

① （空手）**キェーッ**と気合を入れて、後ろ蹴りを入れた。

【解説】 唇を横に引き、口を縦に少し開いた状態で、一気に出した高い声を表す。プラスマイナスのイメージはない。実際の音声を描写する用法で用いられる。音調は高いＨで（「きー」よりは低い）、声の出し始めに力が入り、その力のまま持続する。音韻はほとんどなく、一息分延音される。主体が力を入れて何か勢いよく動作するときに伴って用いられる。客観的な表現で、特定の感情を暗示しない。

⇨「きー（っ）」

きゃー（っ）

① 真っ暗な住宅街で突然「**キャーッ**」という悲鳴が聞こえ、ぎょっとした。
② 刃物を持った男が歩き出すと、園児たちは「**キャーッ**」と叫んで蜘蛛の子を散らすように逃げ出した。
③ アイドルが客席に向かってウインクすると、「**キャーッ**」という黄色い歓声(かんせい)があがった。
④ （ウェディングドレスの試着）「これなんか、どう？」「**キャー、ステキ！**」

【解説】 突然起こった軽くて甲高い声を表す。ややマイナスよりのイメージの語。「きゃーっ」は後ろに声門閉鎖を伴う。ふつう片仮名書きする。①〜③は実際の音声を描写する用法。④はこれから進んで、感動詞として用いられる。音調は高いＨで濁っているが、比較的軽い。驚き・恐怖の悲鳴の場合（①②）には、音高は主体の最高音になる。歓喜(かんき)の声の場合（③④）には、主体は子供

●ぎゃー(っ)

や女性であることが多く、感動と可愛らしさ（の演出）の暗示がある。
　「きゃー」は「きゃっ」の延音形であるが、「きゃっ」のほうが突発的な驚きの暗示が強く、声を出させる対象が遠い場合には用いられない。
　　×　アイドルが客席に向かってウインクすると、「<u>キャッ</u>」という黄色い歓
　　　声があがった。
　　　「これなんか、どう？」「キャー、ステキ」（ほんとに感動したわ）
　　　「これなんか、どう？」「キャッ、ステキ」（びっくりしたわ）
　⇨「きゃっ」「きゃーきゃー」「ぎゃー（っ）」

ぎゃー（っ）

① 　夢中でゴミをあさっていたカラスに石を投げつけたら、「**ギャーッ**」と鳴いて飛び去った。
② 　（猫の春）こちらのオスがフーッと毛を逆立てると、反対のオスも負けじと「**ギャーッ**」と鳴いた。
③ 　男は突然ナイフを突きたてられ、「**ギャーッ**」と叫んで倒れた。
④ 　（お化け屋敷）あちこちで「**ギャー**」という不気味な声が聞こえる。
⑤ 　（原稿調整）**ギャー**、30行もオーバーしてるじゃない。どこ削るのよ。

【解説】　突然起こった太くて濁った声を表す。ややマイナスイメージの語。「ぎゃーっ」は後ろに声門閉鎖を伴う。ふつう片仮名書きする。①〜④は実際の音声を描写する用法。⑤はこれから進んで、感動詞として用いられる。音調は比較的高いMからHで、太くて濁っている。鳥（①）・動物（②）のほか、人間なら男女ともに用いられる。驚き・威嚇（②）・恐怖（④）・苦痛（③）・衝撃（⑤）などの暗示がある。
　「ぎゃー」は「ぎゃっ」の延音形であるが、「ぎゃっ」のほうが突発的な衝撃の暗示が強く、声はすぐに消えている。
　　「ギャーッ」と叫んで倒れた。（苦痛を味わった）
　　「ギャッ」と叫んで倒れた。　（一瞬で意識を失った）
　「ぎゃー」はまた「きゃー」にも似ているが、「きゃー」は声が甲高くて軽いので主体は女性や子供のことが多く、また歓喜の場合にも用いられる。
　　×　アイドルが客席に向かってウインクすると、「ギャーッ」という黄色い
　　　歓声があがった。
　　　→アイドルが客席に向かってウインクすると、「<u>キャーッ</u>」という黄色い
　　　歓声があがった。

⇨「ぎゃっ」「ぎゃーぎゃー」「きゃー（っ）」

きゃーきゃー

① 嵐の5人が楽屋口から姿を表すと、出待ちしていた女の子たちが**キャーキャー**言いながら走ってきた。
② 息子は怪獣のフィギュアをもらって**キャーキャー**喜んだ。
③ 君、学生時代はさぞ女の子たちに**キャーキャー**騒がれただろう。

【解説】　甲高い声を盛んにあげる声や様子を表す。ややプラスよりのイメージの語。実際の音声を描写する用法でも、述語にかかる修飾語でも用いられる。ふつう片仮名書きする。音調はＨＭＬＬの4拍であるが、③以外は音韻を特定するのは困難である。主体は若い女性・子供などで、軽くて甲高い声を盛んにあげる様子を表し、興奮・歓喜の暗示がある。③の「キャーキャー騒がれる」は「熱狂的に歓迎される（モテる）」の描写表現である。

「きゃーきゃー」は「きゃー」の反復形であるが、「きゃー」は描写用法中心で、突発的な驚きや悲鳴の場合にも用いられる。

　　女の子たちがキャーキャー言っている。（ずいぶん喜んでいるなあ）
　　女の子たちがキャーッと言っている。　（驚かせたかな）
⇨「きゃー（っ）」

ぎゃーぎゃー

① 夢の島ではカラスどもが**ギャアギャア**餌を奪い合っている。
② 隣の赤ん坊の夜泣きが**ギャーギャー**うるさくてたまらない。
③ その県議は**ギャーギャー**泣きながら、「私は決して賄賂など受け取っていません」とカメラに向かって訴えた。
④ あんまり遅くなるとおふくろが**ぎゃあぎゃあ**言うから、今日はこのへんで帰るわ。

【解説】　太くて濁った大声を盛んにあげる声や様子を表す。ややマイナスイメージの語。実際の音声を描写する用法でも、述語にかかる修飾語でも用いられる。平仮名でも片仮名でも書かれ、音引きでも仮名書きでも用いられる。音調は低めのＨＭＬＬの4拍であるが、④以外は音韻を特定するのは困難である。

●きゃいんきゃいん

主体は動物（①）・赤ん坊（②）のほか、人間なら男女ともに用いられ、濁って耳障りな声を盛んにあげる様子を表す。④は「ぎゃあぎゃあ言う」で、「何かと文句を言う」の描写表現である。主体の必死さの暗示はあるが、聞き手はかなり冷静で、被害者意識などの暗示はない。

「ぎゃーぎゃー」は「ぎゃー」の反復形であるが、「ぎゃー」は描写用法中心で、驚き・威嚇・恐怖・苦痛・衝撃などの暗示がある。

×　男は突然ナイフを突きたてられ、「ギャーギャー」と叫んで倒れた。
→男は突然ナイフを突きたてられ、<u>ギャーッ</u>と叫んで倒れた。

⇨「ぎゃー（っ）」「ぎゃんぎゃん」

きゃいんきゃいん

① その犬はしたたか蹴飛ばされると、「**キャインキャイン**」と鳴きながら逃げて行った。
② 「おっ、だいぶ金持ってるな。そうだ、こないだの借金返してもらおう」「**キャインキャイン**」

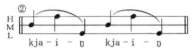

【解説】　弱い犬が甲高い悲鳴を続けてあげる声を表す。ややマイナスよりのイメージの語。ふつう片仮名書きする。①は実際の犬の声を描写する用法。②はこれから進んで、人間が感動詞として用いた例。音調は特徴的なＭＨＬＭＨＬの６拍である。負け犬のように情けなくあげる悲鳴を表し、相当のダメージ（被害）を受けていることを演出する暗示がある。

「きゃいんきゃいん」は「きゃんきゃん」に似ているが、「きゃんきゃん」は小型犬のような従順さ・可愛らしさ・歓喜（の演出）の暗示がある。

×　「おっ、だいぶ金持ってるな。そうだ、こないだの借金返してもらおう」「<u>キャンキャン</u>」

⇨「きゃんきゃん」

きゃっ

① 彼女はゴキブリを見つけて「**キャッ**」と叫んだ。
② （痴漢）**キャッ**、何するのよ！
③ （ペットショップ）「ね、あの茶色い子見て見て」「**きゃっ**、かわいい！」

【解説】 突然小さくあげた甲高い声を表す。プラスマイナスのイメージはない。①②は実際の音声を描写する用法、③は感動詞の用法。音調は高いHで突発的に発せられるが、音量は小さい。主体は若い女性であることが多い。①②は基本的な用法で、驚きと衝撃の暗示がある。③は驚きと可愛らしさ（の演出）の暗示がある。

⇨「きゃっきゃ（っ）」「きゃー（っ）」

ぎゃっ

① うっかり草むらでヘビを踏んでしまい、「**ギャッ**」と叫んで飛びのいた。
② 「おい、ここ違ってるぞ」「**ギャッ**、まずいなあ。今からで間に合うか」

【解説】 突然起こった太くて濁った声を表す。ややマイナスよりのイメージの語。ふつう片仮名書きする。①は実際の音声を描写する用法、②はこれから進んで感動詞として用いられる。音調は短く低いLかMで、ほとんど声にならない場合もある。男女ともに用いられ、驚き・衝撃・ダメージなどの暗示がある。

同じような場面で「げっ」や「ぎょっ」も用いられるが、「げっ」は忌避感の暗示が強い。「ぎょっ」は予想外の好ましくない物事に接して非常に驚く様子を表し、しばしばその後の行動が停止している暗示がある。

　　ギャッ、まずいなあ。（驚いたなあ）
　　ゲッ、まずいなあ。　（冗談じゃないぞ）
　　ギョッ、まずいなあ。（知らなかったぞ）

⇨「げっ」「ぎょっ」「ぎゃー（っ）」

きゃっきゃ（っ）

① 女の子たちはパーティで**キャッキャッ**と大騒ぎした。
② 赤ん坊は「高い高い」をされて**キャッキャ**と喜んだ。

【解説】 甲高い声をあげて喜ぶ声や様子を表す。ややプラスイメージの語。実際の音声を描写する用法でも、「と」がついて述語にかかる修飾語にもなる。音調はH＊M＊の3〜4拍で、途中に声門閉鎖（＊）が入る。「きゃっきゃっ」のほうが実際の音声描写に近い。主体は赤ん坊・子供や若い女性が多く、喜悦・歓喜の暗示がある。「きゃっきゃっ」は「きゃっ」の反復形であるが、驚

●ぎゃははは

きや衝撃の暗示はない。

 × 彼女はゴキブリを見つけて「キャッキャッ」と叫んだ。
 →彼女はゴキブリを見つけて「<u>キャッ</u>」と叫んだ。
⇨「きゃっ」

ぎゃははは

① 近頃の女子会をのぞくと、飲み屋でチューハイ片手に「**ぎゃははは**」とのけぞって笑う豪傑(ごうけつ)がいる。

【解説】 大きな口を開いて大声で無遠慮(ぶえんりょ)に笑う声や様子を表す。ややマイナスイメージの語。実際の音声を描写する用法でも、「と」がついて述語にかかる修飾語にもなる。音調は自然なMで、笑いだしの声は濁っているが、音韻を特定するのは困難である。主体は男女ともにありうるが、乱暴・豪快・無遠慮の暗示がある。

「ぎゃははは」は「がははは」に近く、音声的に両者の区別は困難であるが、聞き手が無遠慮さを強調したければ「ぎゃははは」と表記し、豪快さを強調したければ「がははは」と表記する傾向がある。

⇨「がははは」「あははは」「わははは」

ぎゃふん

① 何とか言い逃れしようと思ったが、動かぬ証拠をつきつけられて**ぎゃふん**となった。
② 飼い犬が言うことを聞かないときは**ぎゃふん**と言わせてやればいい。

【解説】 降参(こうさん)する様子を表す。ややマイナスよりのイメージの語。もともと擬音語であるが、現在では「ぎゃふんとなる」「ぎゃふんと言わせる」の形で、述語にかかる修飾語になる。主体が完全に負けを認める様子を表すが、深刻さの暗示はない。

きゃん

① 散歩中うっかり犬の足を踏んでしまい、「**キャン**」と一声抗議された。

【解説】 比較的小さい犬が甲高くあげた悲鳴を表す。ややマイナスよりのイメージの語。実際の音声を描写する用法で用いられる。人間が感動詞として用いることは稀で、その場合には「きゃんきゃん」という反復形を用いる。

⇨「きゃんきゃん」

きゃんきゃん

① 昔のスピッツは**キャンキャン**うるさかったので嫌われて廃れたが、最近改良されてあまり吠えなくなったそうだ。

② (ボーイソプラノ) そういえば、うちの息子も小学校に上がったころは、女の子より高い声で**きゃんきゃん**言ってたわね。

③ (デート)「はい、ごほうびのスイーツね」「**キャンキャン**」

【解説】 小さい主体が甲高い声で持続的に鳴く声を表す。ややマイナスよりのイメージの語。①②は単独で述語にかかる修飾語になる。③はこれから進んで、感動詞として用いられる。音調は①②はHMの４拍、③はHHの４拍で、それぞれの拍の末尾が自然に下がり、耳障りな金属的な響きがある。①は小型犬の甲高い鳴き声を表す基本的な用法。②は変声期前の子供に用いた例。③は大人が感動詞として用いた例で、尻尾を振って喜ぶ小型犬のような従順さ・可愛らしさ・歓喜（の演出）の暗示がある。

この「きゃんきゃん」は「きゃいんきゃいん」に似ているが、「きゃいんきゃいん」は被害（負け犬）の暗示が強く、喜んでいる場合には用いない。

？ 「はい、ごほうびのスイーツね」「キャインキャイン」
「たまには中華でも行かない？」「キャンキャン」
（最高にうれしい、ボク、中華、大好きだから）
「たまには中華でも行かない？」「キャインキャイン」
（今月は出費がかさんでるから、高い晩飯は勘弁してよ）

⇨「きゃいんきゃいん」「きゃん」「ぎゃんぎゃん」

ぎゃんぎゃん

① 夜中に犬が**ギャンギャン**鳴いて騒ぐので、何事かと思ったら、ハクビシンが池の金魚を捕っていた。

② 「女房の奴、ケータイに女から着信があったって**ぎゃんぎゃん**わめきやがるの」「まだいいよ。おれんとこなんか、フンって相手にもしないぜ」

【解説】 濁った大声で持続的に騒ぐ声や様子を表す。ややマイナスイメージの語。実際の音声を描写する用法でも、単独でまたは「と」がついて述語にかか

●ぎょい

る修飾語にもなる。音調はＭＬの４拍で、「きゃんきゃん」よりは低いが、耳障りで濁っている。主体は動物（①）のほか、人間なら男女ともに用いられる。主体の必死さと、聞き手がお手上げ状態（降参）になっている暗示がある。

「ぎゃんぎゃん」は「ぎゃーぎゃー」に似ているが、「ぎゃーぎゃー」は聞き手がかなり冷静で、被害者意識などの暗示はない。

　　　女房がぎゃんぎゃんわめいている。（うるせえなあ）
　　　女房がぎゃーぎゃーわめいている。（いつものことだ）
　⇨「きゃんきゃん」「ぎゃーぎゃー」

ぎょい〔御意〕

(1)①　ぜひ御社の社長の**ぎょい**を得たいと存じます。
　②　（清洲会議）「では、そちは余がじきじきに出向いたほうがよいと申すのじゃな」「**ぎょい**」
(2)①　（病院長からの命令）「執刀医は海老名君に任せよう」「**ぎょい**」
　②　「特別室の患者様にはくれぐれも失礼のないように」「**ぎょいー**。もちろんわかっておりますとも」

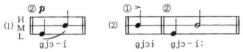

【解説】　(1)　貴人の意向を敬って言う語。プラスマイナスのイメージはない。①は基本的な名詞の用法。②は感動詞として貴人の質問に答える応答に用いた例で、「御意（仰せ）のとおりです」の意。音調はＬＭの２拍で、静かに発音する。古風な表現で、時代劇やフォーマルな会話にのみ用いられる。客観的な表現で、特定の感情を暗示しない。

(2)　肯定の返事を表す。プラスイメージの語。テレビドラマから広まった現代語用法で、感動詞として、相手の指示・命令に対して無条件に肯定する返事を表す。音調はＭの１拍が基本だが、しばしば「ぎょいー」と後ろを延ばして発音する。敬意（追従）と無条件の服従の暗示がある。

ぎょぎょっ

①　隣の店で大きな物音がしたので、**ぎょぎょっ**としてのぞいてみたら、泥棒が逃げ出していくところだった。
②　「おれ、サトと結婚するよ」「**ギョギョッ**」

【解説】　驚いて思考が停止している様子を表す。ややマイナスよりのイメージの語。①は基本的な用法で、「とする（なる）」がついて述語になる。②はこれから進んだ感動詞の用法。音調はＬＭの２拍で、後ろに閉門閉鎖を伴う。予想外の（好ましくない）物事に接して驚く様子を表す。「ぎょっ」の誇張形で意外性の暗示はあるが、驚きの程度はかえって低くなり、主体はやや冷静である。
　「ぎょっ」のほうが驚きの程度が高く、しばしばその後の行動が停止している暗示がある。

　　「おれ、サトと結婚するよ」「ギョギョッ」（知らなかったなあ）
　　「おれ、サトと結婚するよ」「ギョッ」　　（返す言葉がないなあ）
　⇨「ぎょっ」

ぎょっ

① 彼は動かぬ証拠をつきつけられて**ぎょっ**となって青ざめた。
② ひき逃げを目撃したときは思わず**ぎょっ**として、立ちすくんでしまった。
③ 最近の女の子の恰好(かっこう)には**ぎょっ**とさせられる。
④ 「パーティーの司会はカイトね」「**ギョッ**」「やってよね」「無理無理、絶対無理」

【解説】　一瞬非常に驚く様子を表す。ややマイナスイメージの語。「と〜する（なる）」がついて述語になることが多い。④は感動詞の用法で、若い人がくだけた日常会話で用いる。音調は短いＭで、後ろに声門閉鎖を伴う。予想外の好ましくない物事に接して非常に驚く様子を表し、しばしばその後の行動が停止している暗示がある。⇨『現代擬音語擬態語用法辞典』「ぎょっ」参照。
　⇨「ぎょぎょっ」「うはー（っ）」「ぎゃっ」「げっ」

くー（っ）

(1)① ベランダに留まったハトが餌(えさ)をねだって「**クー**」と鳴いた。
　② （捨て犬）ぶるぶる震えているのを抱き上げると、犬は私の顔をじっと見て「**クウ**」と鼻を鳴らした。
(2)① （真夏のビヤガーデン）**クーーーーッ**！　夏はこれに限るね。
　② （綱引き）必死で歯を食いしばって**クーーッ**って引っ張ったね。

●くーくー

【解説】　(1)　動物などが高く小さい声で鳴く音を表す。プラスマイナスのイメージはない。実際の音声を描写する用法で用いられる。音調が高音で続くときは「クー」、高低と下がるときには「クウ」と表記する傾向がある。①はハトの声、②は犬が鼻を鳴らす音である。音はごく小さく、可憐・悲惨などの暗示を伴うことがある。

(2)　歯を食いしばり力を入れて絞り出す声や様子を表す。プラスマイナスのイメージはない。①は実際の音声を描写する用法、②は「って（と）」がついて述語にかかる修飾語になる。音調は高いＨで適宜延音し、後ろに声門閉鎖を伴うことが多い。音韻を特定することは困難である。爽快（①）・必死（②）などの暗示がある。

⇨「くーくー」

くーくー

①　お寺の屋根でハトが**クークー**鳴いている。
②　息子は遊び疲れて**くうくう**寝ている。

【解説】　高く小さい声や音が持続する様子を表す。プラスマイナスのイメージはない。実際の音声を描写する用法でも、単独でまたは「と」がついて述語にかかる修飾語でも用いられる。音引きを使う場合も平仮名書きする場合もある。①は鳥や動物の鳴き声、②は寝息の描写である。客観的な表現で、特定の感情を暗示しない。「くー」の(1)の反復形。

⇨「くー（っ）」「くっくっ」

くしゃん・くしょん ⇨ はくしょん

くすくす

①　（妊娠がわかった）彼女は**くすくす**笑っているだけで、なかなか話してくれなかった。
②　（いじめ）クラスメートがいつも陰で**くすくす**笑っていた。

【解説】　口をほとんど開けず鼻先で小さく笑う声や様子を表す。プラスマイナスのイメージはない。主体は女性や子供が多い。「笑う」などの述語にかかる修飾語になる。笑いを隠蔽する声や様子を表し、その意図によって、照れ（①）・悪意（②）などの暗示を伴う。

⇨「くすっ・くすり」

くすっ・くすり

①　英語の小話を聞いて**くすっ**と笑えるようになったら、英語力が十分身に

ついたということだ。
　② （悲恋映画）彼女は隣で**くすり**と鼻を鳴らし、ハンカチを取り出した。
【解説】　鼻の先で小さく息を吐く音を表す。プラスマイナスのイメージはない。「くすっ」は息が突然ストップする様子、「くすり」は一息分出る様子を表す。「と」がついて述語にかかる修飾語になる。笑う場合（①）・泣く場合（②）などがある。あまり大きな音にならないように隠蔽する暗示がある。笑っていることをはっきりさせる場合には「くすくす」を、泣いていることをはっきりさせる場合には「くすん」を用いることが多い。
　⇨「くすくす」「くすん」

くすん

　①　煙を吸い込んでしまい、思わず**くすん**と鼻を鳴らした。
　②　（迷子）その子は**くすんくすん**と今にも泣きだしそうだった。
【解説】　鼻の中で小さく息を吐く音を表す。ややマイナスよりのイメージの語。「と」がついて述語にかかる修飾語になる。「くすんくすん」は反復形。くしゃみが出そうになる場合（①）、泣き始める場合（②）などがある。口は開いておらず、鼻の中だけで息が響いている音を表し、隠蔽の暗示がある。
　「くすん」は「くすっ」に似ているが、「くすっ」は口が開いている場合もあり、忍び笑いの場合にも用いられる。
　？　英語の小話を聞いてくすんと笑えるようになったら、英語力が十分身についたということだ。
　　→英語の小話を聞いて<u>くすっ</u>と笑えるようになったら、英語力が十分身についたということだ。
　⇨「くすっ・くすり」

くつくつ

　①　（「吾輩は猫である」）細君が怺へ切れなかったと見えて**クツクツ**笑ふ声が聞こえる。
【解説】　抑えきれない笑いを漏らす声を表す。ややプラスよりのイメージの語。単独で述語にかかる修飾語になる。古風な語で、現在ではより現実の音に近い「くっくっ」を用いる傾向がある。屈託のなさの暗示がある。
　⇨「くっくっ」

くっくっ

　①　キジバトの夫婦が**クックッ**と鳴き交わしている。
　②　原宿の駅前で少女に道を聞いたら、その子は突然肩をすくめて**くっくっ**

● くんくん

と笑いだした。

【解説】 高く小さい声や音が断続する様子を表す。プラスマイナスのイメージはない。実際の音声を描写する用法で用いられる。①は鳥や動物の鳴き声、②は笑い声の描写である。客観的な表現で、特定の感情を暗示しない。声や音が持続する場合には「くーくー」を用いる。

× 息子は遊び疲れてくっくっと寝ている。
→息子は遊び疲れて<u>くうくう</u>寝ている。

⇨「くーくー」「くつくつ」

くんくん

① 警察犬は遺留品(いりゅう)に鼻をつけて**くんくん**嗅(か)いだ。
② 彼は下着を脱ぐと**くんくん**臭いを嗅ぐ癖(くせ)がある。
③ 子犬はもらわれてきた夜、一晩中**くんくん**鳴いていた。

【解説】 （犬が）鼻を鳴らして出す声や様子を表す。プラスマイナスのイメージはない。単独でまたは「と」がついて、述語にかかる修飾語になる。①②は臭いを嗅ぐ場合で、音がする場合もしない場合もある。③は少し高い声で、訴えるような響きになる。人間について用いた場合（②）には、臭いを嗅ぐ場合に限られる。客観的な表現で、特定の感情を暗示しない。

「くんくん」は「ふんふん」に似ているが、「ふんふん」は鼻の先から息が出ているため、臭いを嗅ぐ場合には用いられず、相槌(あいづち)などにも用いられる。

× 警察犬は遺留品に鼻をつけてふんふん嗅いだ。
× 「A案ですと原価率25％、B案ですと28％になりますが、B案のほうが顧客に好まれるかと……」「くんくん、そうか。ま、君に任せるよ」
→「A案ですと原価率25％、B案ですと28％になりますが、B案のほうが顧客に好まれるかと……」「<u>ふんふん</u>、そうか。ま、君に任せるよ」

⇨「ふんふん」

げー（っ）

(1)① 柿の実を食べていたオナガが**ゲーッ**と鳴いた。
(2)① （胃の透視）発泡剤(はっぽうざい)が**ゲーッ**と上がってきそうになった。
② （つわり）トイレに駆け込んで**ゲーッ**と吐いた。
(3)① 「ゆうべ、お前のところに泊まったことにしてよ」「あれ、ゆうべ奥さんから電話あったぞ、お前が来てないかって」「**ゲーッ**、バレてるじゃん」

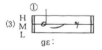

【解説】 (1) 鳥や動物などの濁って耳障(みみざわ)りな声を表す。ややマイナスよりのイメージの語。実際の音声を描写する用法で用いられる。客観的な表現で、特定の感情を暗示しない。

(2) 喉(のど)を長く鳴らして吐く音や様子を表す。マイナスイメージの語。実際の音声を描写する用法でも、「と」がついて述語にかかる修飾語でも用いられる。胃や食道などから空気や物を吐くとき、喉を比較的長く鳴らす音を具体的に表す。「おえっ」に比べると不快・嫌悪(けんお)の暗示は相対的に少ない。「げっ」の(2)の誇張形・延音形。

(3) (2)から進んで、非常に驚いた様子を表す。マイナスイメージの語。感動詞として、若い人のくだけた日常会話で用いられる。音調は自然なMで適宜延音し、しばしば末尾が少し上昇する。主体にとって意外で不愉快な物事を見聞したときに用い、驚き・意外性・不快・衝撃などを暗示する。「げっ」の(3)の誇張形だが、「げっ」よりも心理的には冷静である。

⇨「げっ」「げーげー」「おえっ」

げーげー

① 内視鏡室から**げーげー**言う声が聞こえて不愉快だった。
② 酔っぱらいが道路で**ゲーゲー**吐いている。
③ 女房は妊娠3カ月で毎朝**げーげー**やっている。

【解説】 胃から空気や物を連続して吐き戻す音や様子を表す。マイナスイメージの語。①は実際の音声を描写する用法、②は単独でまたは「と」がついて述語にかかる修飾語になる。③は「やる」がついて述語になる。胃から物を吐き出すときに喉を鳴らす音を抽象的に表し、空気だけで何も吐かない場合（①）もある。即物的で不快と嫌悪の暗示がある。「げー（っ）」の(2)の連続形。

「げーげー」は「げろげろ」に似ているが、「げろげろ」は胃の内容物を実際に吐き戻す音や様子を表す。

× 内視鏡室からげろげろ言う声が聞こえて不愉快だった。

⇨「げー（っ）」「げろげろ」

けけけけ

① 悪魔は翼を広げ「**けけけけ**」と不気味な笑い声を立てた。
② （ゲーム）「ちっきしょう、負けた！」「**ケッケッケッケッ**、ざまあみろ」

【解説】 甲高い声で連続して笑う声を表す。ややマイナスよりのイメージの語。

●げそっ

実際の音声を描写する用法で用いる。音調は高いHで、声が断続する。舌を上げて口を開けた音韻であることが多い。「けっけっけっけっ」は間に声門閉鎖が入る。主体が対象を侮蔑しているため笑顔で笑う声を表し、下品・侮蔑・気軽さなどの暗示がある。

「けけけけ」は「へへへへ」に似ているが、「へへへへ」は喉に力が入っておらず、顔だけが笑っている場合で、軽薄の暗示はあるが、侮蔑の暗示は少ない。

けけけけ、ざまあみろ。（いい気味だ）

へへへへ、ざまあみろ。（たまにはいい思いしたいからな）

⇨ 「へへへへ」「けたけた」「けっ」

げそっ

① （共働き）「あした、あたし友だちと映画見る約束してるから、掃除と洗濯しといてね」「**ゲソッ**、またかよ」

【解説】 不快な気分を表す。マイナスイメージの語。感動詞として、若い人の日常会話に応答に用いられる。音調はＬＭで後ろに声門閉鎖を伴う。イエス・ノーという返事ではなく、食欲をなくすほど不快な気分であるという表明に用いられるが、それほど深刻さはない。

同じ場面で「げっ」も応答に用いられるが、「げっ」の場合には驚きの暗示が強くなる。

ゲソッ、またかよ。（ああ、嫌だなあ）

ゲッ、またかよ。　（もう二度とやらないつもりだったのに）

⇨ 「げっ」

けたけた

① おかめは赤い顔にえくぼをこしらえて**けたけた**笑っている。
② お前のその**けたけた**笑いはほんとに腹が立つよ。

【解説】 甲高い声で軽薄に笑う声や様子を表す。ややマイナスイメージの語。①は単独でまたは「と」がついて述語にかかる修飾語になる。②は「けたけた笑い」の形で名詞を作る。古風な語で現在はほとんど用いられない。軽薄・気軽さ・能天気の暗示がある。現在はより実際の音声に近い「けけけけ」「けらけら」などを用いる。

⇨ 「けけけけ」「けらけら」「げたげた」

げたげた

① テレビのお笑い番組見て**げたげた**笑ってる奴の気が知れない。

【解説】 大声で軽薄に笑う声や様子を表す。ややマイナスイメージの語。単独でまたは「と」がついて述語にかかる修飾語になる。古風な語で現在はほとんど用いられない。主体がやや濁った大声で下品に笑う声を表し、軽薄・下品・気軽さの暗示がある。現在はより実際の音声に近い「げらげら」などを用いる。
⇨「げらげら」「けたけた」

けっ

① 「冬休みにスキー行かないか」「**ケッ**、何がスキーだ。こちとら晩飯(ばんめし)の金にも困ってるのに」
② 「今年、留年かなあ」「**ケッ**、今ごろ後悔したって遅いね。さんざ遊んでたんだから」
③ こてこてメイクにアクセサリーじゃらじゃらさせてる女を見たら、**けっ**とバカにしてやればいいのよ。

【解説】 侮蔑的に軽く笑う声を表す。ややマイナスイメージの語。①②は感動詞として応答に用いた例。③は「と」がついて述語にかかる修飾語になる。音調はHで短く吐き出すように発音する。対象や相手の話などを気軽に侮蔑している様子を表すが、深刻さの暗示はなく、会話の場合には相手と対等で親しい関係にある。
⇨「けけけけ」「げっ」

げっ

(1)① ヒキガエルのオスは脇腹を押すと**ゲッゲッ**と鳴く。
(2)① 食事中思わずゲップが**げっ**と出てしまった。
② 男は腹を殴られて**ゲッ**と血塊(けっかい)を吐いた。
③ (結核)節子は激しく咳(せ)き込み**げっ**と喀血(かっけつ)した。
(3)① 「純子、演習落としたみたい」「**ゲッ**、ほんと？ ヤバッ」
② (浮気がバレた)「ゆうべどこに泊まったの？」「鈴木んとこ」「あら、鈴木さんから電話あったわよ」「**ゲッ**、バレてるじゃん」
③ (雑誌の編集)下版の3日前になって図版が1つないのに気づいたときは、**ゲッ**てなっちゃった。

(3)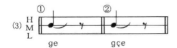

【解説】 (1) ヒキガエルの鳴き声を表す。プラスマイナスのイメージはない。実際の音声を描写する用法で用いられる。「げっげっ」は「げっ」の反復・連続形。客観的な表現で、特定の感情を暗示しない。

(2) 喉(のど)を1回短く鳴らして吐く音や様子を表す。マイナスイメージの語。実際の音声を描写する用法でも、「と」がついて述語にかかる修飾語でも用いられる。胃や気管などから空気や物・血などを吐くとき、喉を1回短く鳴らす音を表す。不快・嫌悪(けんお)の暗示を伴う。

この「げっ」は「おえっ」に似ているが、「おえっ」は食道・胃から食べ物が逆流してくる不快感・嫌悪感を表す。

「顔色悪いね」「二日酔いだよ」ゲッ。（おくびが出た）
「顔色悪いね」「二日酔いだよ」オエッ。（吐き戻しそうになった）

(3) (2)から進んで、非常に驚いた声を表す。マイナスイメージの語。感動詞として、若い人のくだけた日常会話で用いられる。音調は自然なMで上昇ぎみの1拍で発音される。片仮名書きすることが多い。主体にとって意外で不愉快な物事を見聞したときに用い、驚き・意外性・不快・衝撃などを忌避感(きひかん)を伴って暗示する。ただし、本人がそれほどダメージ（被害）を受けているとは限らない。③は「ゲッとなる」の形で慣用句を作り、不快や忌避感を伴った驚きに見舞われたという意である。

この「げっ」は「ぎょっ」に似ているが、「ぎょっ」は強い驚き一般を表し、しばしばその後の行動が停止している暗示があり、衝撃を受けている暗示はない。

「おれ、サトと結婚するよ」「げっ」
（おれもサトが好きだったのに、それはないぜ）
「おれ、サトと結婚するよ」「ぎょっ」
（お前は女嫌いだと思ってたのに意外だ）

⇨ 「おえっ」「ぎょっ」「げー（っ）」「げそっ」「けっ」「げっぷ」

げっぷ

① 「はい、ごちそうさん」ウーイ、**ゲップ**。
② コーラを飲むと**げっぷ**が出る。
③ （胃の透視）検査が終わるまで**げっぷ**は我慢してください。
④ 食事中に**げっぷ**をするなんてお行儀悪いわね。

【解説】 胃から空気のかたまりを吐き出す音や様子を表す。ややマイナスイ

メージの語。①は実際の音声を描写する用法。②〜④は名詞の用法。「げっ」は喉を1回短く鳴らす音、「ぷ」は空気を吐き出す際に唇が鳴る音である。客観的にはおくびそのものを表す（②〜④）が、不作法の暗示をもつことがある（①④）。

⇨「げっ」「ぷ（っ）」「うーい」

げほ（っ）

① 　男は煙を吸い込んで**げほっ**と咳き込んだ。
② 　（初めてのタバコ）ウェッ、**げほげほ**。
③ 　（冬の通勤電車）座ってる頭の上で**げほげほ**やられたんじゃ、すぐ移されちまう。

【解説】 気管から異物を吐き出そうとして反射的に咳をする音や様子を表す。ややマイナスイメージの語。実際の音声を描写する用法で用いられる。「げほっ」は1回咳き込む音、「げほげほ」は連続して咳をする音を表す。体の奥から激しく息を吐き出すように咳き込む様子を表し、しばしば呼吸困難に陥っている危惧と苦痛・忌避感の暗示がある。また、痰がからんでいるような湿った咳を表すときに用い、乾いた咳（空咳）のときには「こんこん」などを用いる傾向にある。

「げほっ」は「ごほん」に似ているが、「ごほん」は主体が口を縦に開いてから咳をする様子を表し、十分な準備の時間があり、呼吸困難や危惧の暗示はない。

　　げほっと咳き込んだ。（思わず出てしまった）
　　ごほんと咳き込んだ。（ちゃんと手でおおってから咳をした）

⇨「こんこん」「ごほん」「ごほごほ」「えへん」

けらけら

① 　（笑い上戸）彼女は僕のだじゃれに**けらけら**といつまでも笑いころげた。
② 　いいなあ、お前は。**ケラケラ**笑ってるだけで、後始末は全部人にやらせるんだから。

【解説】 やや高い声で軽く笑う声が連続する様子を表す。プラスマイナスのイメージはない。単独でまたは「と」がついて、「笑う」などの述語にかかる修飾語になる。主体が他愛ないことについて、いつまでも笑い続ける様子を表し、軽薄・能天気・無邪気などの暗示を伴う。

「けらけら」は「げらげら」に似ているが、「げらげら」のほうが声が大きく、無分別や下品の暗示がある。

× 　いいお嬢さんがそんな大口開けてけらけら笑うもんじゃありません。

●げらげら

　　→いいお嬢さんがそんな大口開けて<u>げらげら</u>笑うもんじゃありません。
　⇨「げらげら」「けたけた」

げらげら

① （ハロウィンの仮装）仲間は僕の恰好(かっこう)を一目見るや**げらげら**笑いだした。
② いいお嬢さんがそんな大口開けて**げらげら**笑うもんじゃありません。
③ なんて失礼な奴だ。人を指さして**ゲラゲラ**笑うとは。

【解説】　口を大きく開け体を反(そ)らせるようにして、大声で笑い続ける様子を表す。ややマイナスイメージの語。単独で「笑う」などの述語にかかる修飾語になる。主体が全身を使って無遠慮に大声で笑い続ける様子を表し、場所柄や状況をわきまえない無分別や下品の暗示がある。

　⇨「けらけら」「げたげた」

げろげろ

① （食中毒）食べたとき、なんか変だとは思ったんだけど、食後15分もたたないうちに急に気持ち悪くなって、全部**げろげろ**吐いちゃった。
② 甲板(かんぱん)で船客が**げろげろ**やっている。

【解説】　胃の内容物を吐き戻す音や様子を表す。マイナスイメージの語。単独でまたは「と」がついて述語にかかる修飾語になる。非常に直接的に吐く音や様子を表し、不快・嫌悪の暗示が強い。
　「げろげろ」は「げーげー」に似ているが、「げーげー」は吐こうとして食道や喉などを鳴らす音や様子を表し、吐瀉物(としゃぶつ)が実際にあるかどうかには言及しない。したがって、空気だけの場合もある。

　⇨「げーげー」「おえっ」

ごにょごにょ（っ）

① 何を**ごにょごにょ**繰り言を言ってるんだ。
② 巫女(みこ)は御告(おつ)げらしきものを口の中で**ごにょごにょっ**と言うと、たちまち酩酊(めいてい)状態になった。
③ （お悔やみ）ええ、このたびはまことにとんだことで、**ごにょごにょ**……。

【解説】　口の中で不明瞭(ふめいりょう)に発話する様子を表す。ややマイナスイメージの語。①②は単独でまたは「と」がついて述語にかかる修飾語になる。③は実際の音声を描写する用法。「ごにょごにょっ」は勢いを加味した表現。口の中で不明瞭・あいまいに発話する様子を表し、主体の発話の意志と内容が不可解である暗示はあるが、焦燥・怒りなどの暗示はない。

「ごにょごにょ」は「むにゃむにゃ」に似ているが、「むにゃむにゃ」は音声を発しながら口を開閉する様子を表し、必ずしも意識のある発話とは限らない。

　　　何かごにょごにょ言っている。（言いにくいのかな）
　　　何かむにゃむにゃ言っている。（寝言かな）
⇨「むにゃむにゃ（っ）」「れろれろ」

この〔此の〕

(1)① **この**犬は東日本大震災で飼い主をなくしたんです。
　② （店で）すみません。**この**バッグください。
　③ （国会答弁）**この**問題につきましては鋭意調査中でございます。
　④ （混んだ電車内で）**この**人、痴漢です！
　⑤ （ことわざ）**この**親にして**この**子あり。
(2)① （証言）竹内さんなら**この**3日に会ったばかりですよ。
　② 両親が亡くなってから**この**10年、つつましく暮らしていました。
　③ 去年も猛暑だったが、**この**夏もまた暑い、という予報だ。
(3)① （喧嘩）**この**野郎、なに馬鹿なこと言いやがる。
　② **この**大馬鹿者！　とっとと出て行け！
　③ （相手の頬をつねりながら叱る）よくもおれの顔に泥を塗ってくれたな。
　　このう。

【解説】　(1)　話者と物理的心理的に近い物事を指す。プラスマイナスのイメージはない。名詞にかかる修飾語になる。①～④は特定の物事を指して言う。⑤はことわざで、何か特筆すべき特徴のある親からは、やはり特徴のある子供が育つという意味である。客観的な表現で、特定の感情を暗示しない。

　(2)　話者が心理的に近い時間を表す。プラスマイナスのイメージはない。名詞にかかる修飾語になる。①②は現在に至る近い過去、③は現在から近い未来を表す。客観的な表現で、特定の感情を暗示しない。

　(3)　叱責する相手を強く指し示す様子を表す。ややマイナスイメージの語。①②は名詞にかかる修飾語になる。③の「このう」は強調形で、後ろの名詞が省略された感動詞の用法。①②の音調はMMで、後ろの名詞に強いアクセントがつく。単独で用いられた「このう」は特徴的なMHLで、真ん中のHにアクセントがつく。相手を叱責するに際して、自分の支配下に置くことを端的に表し、しばしば頬をつねったり、頭を拳でこづいたりするなどの、実力行使を伴う。強い怒り・憤慨の暗示を伴う。

●ごほごほ

この「この」は「こら」や「これ」にも似ているが、「こら」は対象の注意を喚起し、行動を制止する場合に用いる。「これ」には怒りの暗示がなく、自分の支配下に置いて行動をコントロールする場合に用いる。

　　　何やってんだ。このう。（馬鹿野郎、どうしてわからないんだ）
　　　何やってんだ。こら。　　（やめなさい）
　　　何やってんだ。これ。　　（言うことを聞きなさい）
⇨「こら（っ）」「これ（っ）」

ごほごほ

① 待合室で老人が**ごほごほ**と咳をしている。
② （冬の通勤電車）座ってる頭の上で**ごほごほ**やられたんじゃ、すぐ移されちまう。

【解説】　体の奥から咳が連続して出る音や様子を表す。ややマイナスイメージの語。実際の音声を描写する用法でも、単独でまたは「と」がついて述語にかかる修飾語にもなる。痰がからんでいるような湿った咳が連続するときに用いるが、口は縦に開いており、主体はある程度咳を予期（準備）している暗示がある。

「ごほごほ」は「げほげほ」に似ているが、「げほげほ」は体の奥から激しく反射的に息を吐き出すように咳き込む様子を表し、主体は咳に対する準備ができずに、しばしば呼吸困難に陥っている危惧と苦痛・忌避感の暗示がある。

⇨「げほ（っ）」「ごほん」「こんこん」

ごほん

① あの歌手は歌の合間にいちいち**ごほん**と咳をする。
② （CM）**ごほん**といえば龍角散。

【解説】　体の奥から咳を1回出す音や様子を表す。ややマイナスよりのイメージの語。実際の音声を描写する用法でも、「と」がついて述語にかかる修飾語にもなる。口を縦に開け、しばしば拳や手のひらを口に押し当てたりする動作を伴って、1回意図的に咳をする様子を表す。咳は痰や息がからんでいるような、やや湿った咳のことが多い。主体が十分に咳を予期し、準備している暗示がある。

⇨「ごほごほ」「げほ（っ）」「えへん」「こんこん」

こら（っ）

① （昔の柿泥棒）**こらっ**、待て！
② （体育館の裏でいじめを発見）**こら**、お前ら、何やってんだ！

③ (女子会)「タケシはM?」「うーん、Sじゃない?」「じゃ、タクローは?」「L」「ちょっと何の話?」「あれのサ・イ・ズ」「**こら**」

【解説】 相手を叱責する呼びかけを表す。ややマイナスイメージの語。感動詞として用いる。「こらっ」は後ろに声門閉鎖を伴う。音調はHMの2拍である。やや古風な表現で、現代では使われる場面に制限がある。特に、上位者が下位者に向かって注意を喚起して叱責し、相手の行動を制止する場合に用いることが多い。③は対等の相手に対して用いた例だが、話題が下品なのを(上から)たしなめる呼びかけである。ただし、現在では怒りの暗示は少ない。

「こら」は「これ」に似ているが、「これ」は相手を自分の支配下に置いてコントロールしようとする場合に用いる。

× <u>これ</u>、お前ら、何やってんだ!
⇨「これ(っ)」「こらー(っ)」「こらこら」「この」

こらー(っ)

① (泥棒猫)**こらーっ**、待てーっ!
② (馬鹿息子)「予算5兆円って……。チョウ」「兆」「チョウ……」「兆」「チョウ……」「**こらあ**」「チョウって億の上ですか……」

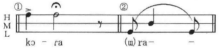

【解説】 相手を叱責する呼びかけを表す。ややマイナスイメージの語。感動詞(①)または間投詞(②)として用いる。①は遠くの相手を叱責する呼びかけで、「こら(っ)」の遠隔表現である。音調はHHを適宜延音する。②は会話の途中で、相手のものわかりの悪さに業を煮やした話者が低い声で叱責する場合で、音調は特徴的なLMLの2拍になる。あまり口を開けずに濁った低いつぶやきになることが多い。音韻はしばしば「うらあ」と聞こえ、巻き舌(振音)のrを用いることもある。恫喝の暗示を伴う。直接的に目の前の相手の行動を制止する場合には、「こら」か「これ」を用いることが多い。

⇨「こら(っ)」「これ(っ)」

こらこら

① (孫の喧嘩)**こらこら**、2人ともやめなさい。
② **こらこら**、こんなところで遊んじゃいかん。

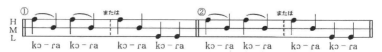

【解説】 相手の行動を注意する呼びかけを表す。ややマイナスよりのイメージの語。感動詞として呼びかけに用いる。音調はＨＭＨＭまたはＨＭＬＬの４拍である。古風な表現で、話者は年配であることが多い。上位者が下位者の相手に呼びかけて行動を制止する意味があるが、叱責の暗示は「こら」よりも軽い。相手の行動をより強く制止したい場合には「こら」を用いる。

「こらこら」は「これこれ」に似ているが、「これこれ」は注意を喚起するだけで、行動を制止する意味はない。

　　こらこら、２人ともやめなさい。(喧嘩なんかするんじゃない)

　　これこれ、２人ともやめなさい。(おじいちゃんが見ているぞ)

　⇨「こら（っ）」「これこれ」

こりゃ

(1)① **こりゃ**不思議だ。不倫がバレたのに平気の平左だなんて。

　② （不審物）なんだ、**こりゃ**。

(2)① （民謡）エンヤー、会津磐梯山は〜、宝の**コリャ**山よ〜。

　② （温泉旅館での宴会）「よっ、いい声だね」「あー**こりゃこりゃ**」

　③ あの人は太っ腹でね、どんなに会社でもめたって、最後に「あー**こりゃこりゃ**」でまとめる人だよ。

【解説】 (1) 話者と心理的に近い物事を指す。プラスマイナスのイメージはない。「これは」の転だが、くだけた日常会話で間投詞的に述語の前に置くことが多い。音調は自然なＭまたはＬで、短く発音される。軽い驚きと気軽さの暗示がある。

　(2) (1)から進んで、民謡などの合の手を表す。プラスマイナスのイメージはない。①は基本的な合の手の用法。音調はＨで、軽く短く発音する。②は「あーこりゃこりゃ」の形で、会話の途中で適当に挟む。音調はＭＨＬＨＬの４拍が基本である。浮かれた雰囲気を演出するニュアンスがある。③はこれから進んで慣用句的に用いた例で、物事を楽天的に気軽にまとめる様子を表す。

　⇨「これ（っ）」

これ（っ）〔此れ・是〕

(1)① （サイン会）（帽子を出して）**これ**にお願いします。
② （忘れ物）「**これ**は私の財布だ」「オレのだよ」「いや、私のだ」
③ **これ**さえうまく行けば、あとは大丈夫だ。
④ （ゴミ屋敷）**これ**はひどいなあ。
⑤ **これ**からそちらへうかがってもよろしいですか。
⑥ **これ**までどれだけ私が苦労して支えてきたことか。
⑦ （妻を指して）まだ売れなかったとき、**これ**にはずいぶん苦労させました。
⑧ 同期入社に田中という男がいたんだが、**これ**がとんでもない発想をする天才だったんだ。
⑨ （集合写真を見て）**これ**、だれ？
⑩ **これ**も地球温暖化の影響なのか、洪水がひんぴんと起きるようになった。
⑪ 彼女とは結婚しない。でも生涯そばで支え続ける。**これ**が私の出した結論です。

(2)① （時代劇）「殿、使いの者が参りました」「**これ**へ通せ」

(3)① **これ**、何してる。早くこっちへ来なさい。
② （犬の散歩）そんなところに鼻つっこまないの！　**これっ**！

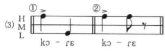

【解説】（1）　話者と物理的心理的に近い物事を指す。プラスマイナスのイメージはない。名詞として用いる。①〜③は基本的な具体物を指す用法。④は目の前の状況を指す。慨嘆（がいたん）などの感情が強く入れば「こりゃあ」などになる。⑤⑥は現時点を指す。⑦〜⑨は人間を指す例だが、物扱いしているので、敬意は入っていない。⑩⑪は文脈を指す例で、⑩は後続の文を、⑪は先行の文を指す。客観的な表現で、特定の感情を暗示しない。

（2）　話者の目前の場所を指す。プラスマイナスのイメージはない。名詞として用いる。古風な表現で、現代は用いない。客観的な表現で、特定の感情を暗示しない。

（3）　相手の注意を喚起する呼びかけを表す。ややマイナスよりのイメージの語。感動詞として用いる。音調はＨＬまたはＨＨの２拍で、最初のＨに強いアクセントがつく。「これっ」は相手に強く注意する場合で、後ろに声門閉鎖を伴う。話者が相手を自分の支配下に置き、行動をコントロールする暗示がある。

この「これ」は「こら」に似ているが、「こら」は相手を叱責して行動を制

●これこれ

止する暗示がある。

  これ、何してる。早くこっちへ来なさい。（言うことを聞きなさい）

  こら、何してる。早くこっちへ来なさい。（今していることをやめなさい）

⇨「こら（っ）」「こりゃ」「これこれ」「この」「こらー（っ）」

これこれ〔此れ此れ・是々〕

(1)① （不採用通知）**これこれ**の理由でお前を雇えないとある。

(2)① 「前に言ってたチョコ、これじゃない？」（一口食べて）「**これこれ**。どこで買ったの？　教えて」

(3)① （店子の引っ越し）あー、**これこれ**、手伝いはいらんかな。

 ② （童謡）**これこれ**、杉の子、起きなさい。お日様にこにこ声かけた、声かけた。

(2) 　(3)

【解説】　(1)　はっきりわかっていることを言及せずに指す。プラスマイナスのイメージはない。名詞として用いる。客観的な表現で、特定の感情を暗示しない。

 (2)　納得の気持ちを表す。ややプラスよりのイメージの語。疑問に対する応答として用いる。「これ」の(1)の重複版だが、1語化して音調はＬＨＬＨの4拍である。話者が実感をこめて納得している気持ちを表す。

 (3)　相手の注意を喚起する呼びかけを表す。プラスマイナスのイメージはない。感動詞として呼びかけに用いる。音調はＨＭＬＬまたはＨＭＨＭの4拍である。やや古風な表現で、現代では使用者が限られる。話者が自分より下位にあると判断した者に注意を喚起する呼びかけを表す。

この「これこれ」は「こらこら」に似ているが、「こらこら」は相手に呼びかけて行動を制止する意味がある。

 ×　あー、こらこら、手伝いはいらんかな。

⇨「こらこら」「これ（っ）」「それそれ」

こんこん

(1)① （童謡）子ぎつね**コンコン**山の中。

 ② （子供に）お山で**コンコン**が鳴いてるよ。

(2)① 夜になると子供が**こんこん**と咳き込む。

 ② 一晩中隣で**こんこんこんこん**咳してられたんじゃ、こっちがたまらないわ。

③　（子供に）また**こんこん**が出ちゃったね。
(3)①　トイレのドアを**こんこん**とノックする。
　　②　長火鉢の縁(へり)で煙管(きせる)を**コンコン**叩く。
　　③　栓抜きで**コンコン**叩いてからビールの栓を抜いた。
　　④　医者は患者の背中を指で**こんこん**と打診した。
(4)①　（童謡）雪や**こんこ**(**ん**)、あられや**こんこ**(**ん**)。
【解説】　(1)　キツネの鳴く声を表す。プラスマイナスのイメージはない。実際の音声を描写する用法で用いる。②はキツネそのものを表す幼児語。客観的な表現で、特定の感情を暗示しない。

　(2)　痰(たん)のからまない乾いた咳が連続して出る音や様子を表す。ややマイナスよりのイメージの語。実際の音声を描写する用法でも、単独でまたは「と」がついて述語にかかる修飾語にもなる。③は咳そのものを指す幼児語。比較的高い声で咳が出るので、主体は子供や女性であることが多い。客観的な表現で、特定の感情を暗示しない。痰がからんだ重い湿った咳の場合には、「ごほんごほん」や「げほげほ」などで表す。

　(3)　硬い面に小さくて硬いかたまりが連続して衝突する音や様子を表す。プラスマイナスのイメージはない。実際の音声を描写する用法でも、単独でまたは「と」がついて述語にかかる修飾語でも用いられる。出る音は比較的小さくてこもっている。⇨『現代擬音語擬態語用法辞典』「こんこん」参照。

　(4)　雪やあられなどが次々と連続して降る様子を表す。ややプラスよりのイメージの語。述語、または単独で述語にかかる修飾語になる。「こんこ」の形で用いることもある。客観的な表現で、特定の感情を暗示しない。⇨『現代擬音語擬態語用法辞典』「こんこん」参照。

　⇨「ごほごほ」「ごほん」「げほ（っ）」「えへん」

さ　行

さ（っ）

(1)① （芸者が客に）**さ**、おひとつどうぞ。
　②　（来客に）お待ちしておりました。**さ**、どうぞお上がりください。
　③　（娘の恋人の訪問）**さ、さ、さっ**、どうぞご遠慮なく。
　④　（妻を駅まで送る）**さ**、着いたよ。
　⑤　（デートに遅刻した）「ごめんごめん、電車が止まっちゃって……」「言い訳はいいわよ。**さ**、行きましょ」
　⑥　「部長、A案とB案とどちらにいたしますか」「うーん、**さ**、どうしようかなあ」

(2)① （童謡）あんたがたどこ**さ**。肥後**さ**。肥後どこ**さ**。熊本**さ**。熊本どこ**さ**。仙波(せんば)**さ**。
　②　だから**さ**、何度言ったらわかるの。あたしがいつ約束破った？
　③　それで**さ**、どこまで話したっけ。

(3)①　痛い目にあいたいんならあえばいいの**さ**。
　②　ゴルフなんてプロのほうがうまいに決まってる**さ**。
　③　なに**さ**、子供のくせに生意気言って。

(4)①　冷たい風が**さっ**と吹き込んできた。
　②　雲間から**さっ**と光が差し込んだ。
　③　バッターは**さっ**と身をかわしてボールをよけた。
　④　行司(ぎょうじ)の軍配(ぐんばい)は**さっ**と東方(ひがしがた)に挙がった。
　⑤　彼は足の悪い老人がバスに乗ろうとしているのを見て、**さっ**と手を差し出した。
　⑥　用がすめば**さっ**と引き上げるつもりだ。
　⑦　仕事を**さっさっ**と片づけて会社をあとにする。
　⑧　話を聞いた途端、妻の顔色が**さっ**と変わった。
　⑨　ピーマンを熱湯で**さっ**と湯がく。

【解説】 (1) 予定している行動を促す呼びかけを表す。プラスマイナスのイメージはない。感動詞として呼びかけに用いる。「さ、さ、さ」は反復形。音調はM中心で、主体がほとんど意識しないほど軽く発音される。後ろに声門閉鎖を伴うこともある。①〜③は予定している行動を勧める場合、④は次の行動（車から下りて電車に乗ること）を督促（とくそく）する場合、⑤は勧誘（かんゆう）する場合、⑥は行動することは決めているが選択に迷っている場合である。客観的な表現で、特定の感情を暗示しない。

この「さ」は「さあ」を短くしたものであるが、「さあ」よりも切迫していて、相手に行動を急がせる性急さの暗示がある。

　　さ、どうぞ。　（遠慮しないで早く上がってください）
　　さあ、どうぞ。（歓迎します）

また、この「さ」は「じゃ」にも似ているが、「じゃ」は前件を踏まえて新たな段階に入る様子を表し、相手の行動を督促するとは限らない。

　×　お待ちしておりました。じゃ、どうぞお上がりください。

(2) 相手の注意を喚起（かんき）するために言う合の手を表す。ややマイナスよりのイメージの語。間投助詞として、文節の後に挿入される。音調はMだがしばしばアクセントがつき、聞き手の注意をいちいち確認する執拗（しつよう）の暗示がある。

この「さ」は「ね」に似ているが、「ね」は聞き手に念を押す合の手を表し、同意を求めるニュアンスになる。

　　だからさ、あたしがいつ約束破った？
　　（これだけ言ってもまだわかんないの）
　　だからね、あたしがいつ約束破った？
　　（ようく考えればわかるでしょ）

(3) 話者の気持ちを聞き手に軽くぶつける様子を表す。プラスマイナスのイメージはない。終助詞として文末に用いられる。音調は2通り考えられる。すなわち、ほとんど聞こえない程度のLか、はっきりしたMである。Lの場合にははっきりした音韻がないこともある。前者の場合には、話者が自分に言い聞かせるニュアンス、後者の場合には聞き手に向かって言い放つニュアンスになる。放任（①）・断定（②）・憤慨（ふんがい）（③）などの暗示を伴う。

この「さ」は「よ」に似ているが、「よ」は感情や感慨（かんがい）を放出して納得（なっとく）して

●さー(っ)

いるニュアンスになる。

  痛い目にあいたいんならあえばいいのさ。
  (おれの知ったこっちゃない)
  痛い目にあいたいんならあえばいいんだよ。
  (それでやっとわかるだろうから)

(4) 物の移動や動作、状態の変化が一瞬に行われる様子を表す。プラスマイナスのイメージはない。「さっと」の形で、述語にかかる修飾語になる。「さっさっ」は連続・反復形。①②は物が高速で移動する場合、③〜⑥は素早く行動する場合、⑧は状態が一瞬のうちに変化する場合、⑨は短時間だけ行為を行う場合である。移動や変化の速度が速いために、しばしば一瞬変わって視界から消えてしまうニュアンスで、スピードと軽さの暗示がある。⇨『現代擬音語擬態語用法辞典』「さっ」参照。

 ⇨「さー(っ)」「じゃ」「ね(っ)」「よ(っ)」「や(っ)」

さー(っ)

(1)① (女子会での失恋の告白) **さあ**、今度はあなたの番よ。
 ② (兄弟でレスリング) **さあ**、かかってこい。
 ③ (夫婦喧嘩(げんか)) 殴るって言うんなら殴ってみなさいよ、**さあ**。
 ④ 母は来客に「**さあさあ**、どうぞ」と言って無理強(むりじ)いするので、逆に迷惑がられる。
 ⑤ **さあ**、子供たちはあっちへ行った行った。
(2)① いよいよ入試本番だ。**さあ**頑張るぞ。
 ② 彼女は女優として**さあ**これからというときに引退してしまった。
 ③ (鬼ごっこ) **さあ**、捕まえたぞ。
 ④ 飛行機の搭乗手続きが始まった。**さあ**、出発だ。
(3)① 「税務相談はどの窓口でしょうか」「**さあ**、ちょっとわかりません」
 ② 「僕のペン、見なかった?」「**さあね**」
 ③ 「みんな僕の案に賛成してくれるはずだ」「**さあーー**、それはどうかなあ」
 ④ 終バスは行っちゃったし、金はないし。**さあ**、困ったぞ。
 ⑤ (参考人聴取) 「被害者は誰かに恨(うら)まれていませんでしたか」「**さあーー**」
(4)① 気がつくと、テレビの画面が真っ白で**サーッ**と音がしていた。
(5)① 涼しい風が**サーッ**と吹き抜けた。
 ② 彼女の顔から血の気が**さあっ**と引いた。
 ③ 叔母(おば)は片付けを終えると**さあっ**と引き上げた。
 ④ 園児たちは保母が現れると**さーっ**と寄っていく。

⑤ 毎朝新聞に**さあっ**と目を通してくる。
⑥ 夕方、通り雨が**さあっ**と降った。
⑦ 印刷機から**サーッサーッ**と試験用紙が静かにプリントされてくる。

【解説】(1) 相手の行動を促す呼びかけを表す。プラスマイナスのイメージはない。「さあ」の形で感動詞として用いる。単独の「さあ」の音調はＨＬの２拍で、「さあさあ、どうぞ」の音調はＨＨの４拍である。相手がするべき行動を督促したり勧誘したりする様子を表し、話者の強い意志を暗示する。ただし、それほど切迫しているわけではなく、できるだけ急いで相手に行動をしてもらいたい場合には「さ」のほうを用いる。

　この「さあ」は「じゃあ」に似ているが、「じゃあ」は前件を踏まえて新たな段階に入る様子を表し、相手の行動を督促するとは限らない。

　　さあ、今度はあなたの番よ。
　　（遠慮しないで話しなさい）
　　じゃあ、今度はあなたの番よ。
　　（今まで私が話していたのだから次はあなたよ）

(2) 自分の行動の意気込みを表明する気持ちを表す。プラスマイナスのイメージはない。「さあ」の形で感動詞として用いる。音調はＨＬの２拍である。②の「さあこれからというとき」は慣用句的に用いられ、「いよいよ本格的に活躍するべきとき」の意である。話者の積極性と意志を暗示する。

(3) 思考の途中である様子を表す。ややマイナスよりのイメージの語。「さあ」の形で感動詞として用いる。音調は２通り考えられる。ＨＬの２拍だと、話者が思考を途中で放棄しているニュアンスになる。「さあーー」などの表記で、ＭまたはＬで延音すると、そのあいだずっと話者が思考を続けているニュアンスになる。相手の質問の答えがわからない場合（①）、答えたくない場合（②）、相手の意見に不賛成の場合（③）、自問自答する場合（④）、見当がつかない場合（⑤）、などがある。困惑・婉曲などの暗示を伴う。

(1)～(3)の「さあ」は「さて」に似ているが、「さて」は新しい行為に向けて

●さて

気持ちを切り換える様子を表す。

　　（クイズ）さあ、この後どうなったでしょうか。
　　（考えてみてください）
　　（クイズ）さて、この後どうなったでしょうか。
　　（前の説明は終わって次はクイズですよ）
　　さあ、それはどうかな。（僕はあんまりそうは思わないな）
　　さて、それはどうかな。（君の意見と僕の意見は全然別だな）

（4）　機械が作動（さどう）しているごく静かな音を表す。プラスマイナスのイメージはない。実際の音声を描写する用法で用いられる。電子機器類の電源が入っているときに立てるかすかな作動音を表し、客観的な表現で、特定の感情を暗示しない。⇨『現代擬音語擬態語用法辞典』「さー（っ）」参照。

（5）　高速で静かに移動する様子を表す。プラスマイナスのイメージはない。音引きを使う場合も平仮名書きする場合もある。「さーっと」の形で、述語にかかる修飾語になる。「さーっさーっ」は反復形。①〜④は基本的な用法、⑤は素早く全体に目を通すという意、⑥は短時間少量の雨が降ってやんだという意である。主体が移動した後の清涼（せいりょう）感（①③⑥）や喪失（そうしつ）感（②）の暗示を伴うことがある。⇨『現代擬音語擬態語用法辞典』「さー（っ）」参照。

　⇨「さ（っ）」「じゃあ」「さて」「はい（っ）」

さて〔扠・扨・偖〕

① 以上が第1段落の構成です。**さて**それでは、第2段落も同じようにして構成を考えてみましょう。
② （クイズ）**さて**、この後どうなったでしょうか。
③ **さて**、犬の散歩に出かけるとするか。
④ うちの犬は、私が「**さて**」と言って立ち上がると、散歩に行くものだと思って騒ぎ始める。
⑤ 「片づけろ」と人に言うのは簡単だが、**さて**自分でやるとなると、どこから手をつけたらいいか困ってしまう。
⑥ バスはもうないし、タクシーに乗ろうにも金がない。これは**さて**困ったぞ。

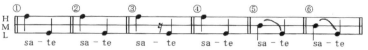

【解説】　新しい行為に向けて気持ちを切り換える様子を表す。プラスマイナスのイメージはない。①②は前の文の内容を受けて、次の文の文頭に置かれる接続詞の用法、③④は単独で用いられる感動詞の用法、⑤は「さて〜となると」

という条件句を作る用法、⑥は文中に適当に挿入される間投詞の用法である。音調は基本的にＨＬの２拍だが、単独で用いられる場合には途中に声門閉鎖を伴うことがある。ある行為や状態が前提としてあり、それがいちおう終わった後で、次の行為に移る前に気持ちを切り換える様子を表し、論理的な文を結ぶ場合（①）は話題を転換する意になる。②はクイズ本文を出題する前に置かれ、本文を述べて出題が完結する様子を表す。③④は日常会話でよく用いられる感動詞で、特に前提となる行為がない場合である。この場合には、新しい行動を起こす際の気持ちの切り換えそのものを表し、掛け声をかけるのに等しい。⑤は③から進んだ用法で、掛け声をかけて自分で新しい行動を起こそうとするという意の条件句になる。⑥はこれからさらに進んで、困惑や疑問・自問などの気持ちを表す。⇨『現代副詞用法辞典』「さて」参照。

⇨「さー（っ）」「はて」「はてさて」「じゃ」

し（っ）

(1)① （映画館で）「おっ、お目当ての奴、出てるじゃないか」「**しっ**、静かに」

② 「何だって？　宝くじで100万当てたって？」「**しっ**、声が大きい」

(2)① 少年は小石をヤギに投げつけ、「**しっ**」と言いながら追い立てた。

② （泥棒猫が庭から侵入）**しっ**！

③ お前ら、さっさと出ていけ。**しっ**！

【解説】　(1)　相手の発言を制止する呼びかけを表す。ややマイナスよりのイメージの語。感動詞として日常会話で用いる。音調はＨまたはＭの半拍で、後ろに声門閉鎖を伴うことが多い。舌を後部歯茎に摩擦させる子音のみで、母音はつかない。しばしば立てた人差し指を唇に当てたり相手に示したりする動作を伴い、相手の発言を制止し、沈黙を求める話者の意志の暗示がある。

(2)　家畜などを追い払う声を表す。ややマイナスイメージの語。感動詞として日常会話で用いる。音調はＨの１拍で、強いアクセントがつき、後ろに声門閉鎖を伴う。子音が強いが、母音が聞こえることもある。比較的小さい家畜を追い立てたり追い払ったりする声を表すが、人間相手に用いた場合（③）には、相手を小動物扱いする尊大と嫌悪の暗示を伴う。

⇨「しー（っ）」「しっしっ」

しー（っ）

(1)① 「タマエちゃん、またお漏らししちゃったの？」「**しーー**。ママには内緒

● しー(っ)

よ」
② （名歌手の晩年）「声が出ないんなら、引き受けなきゃいいのに」「プロとして恥ずかしくないのかねえ」「**しーーーー**。お弟子(でし)さん、来てるわよ」
(2)① 「ママ、おちっこ」「はいはい、えらいね」（トイレで）「**しーー**」
(3)① 男は楊枝(ようじ)で**シーッ**と歯をせせった。
(4)① 敬語がないと言われる方言でも、会話の合間に**シー**と歯を鳴らすことがあって、これは一種の改まりの心理を表す。

【解説】 (1) 相手の発言を制止する呼びかけを表す。ややマイナスよりのイメージの語。感動詞として用いる。音調はHまたはMで適宜延音する。舌を後部歯茎に摩擦させる子音のみで、母音はつかない。音量は「しっ」よりも弱いことが多い。しばしば立てた人差し指を唇に当てたり、手のひらを下に向けて示したりする動作を伴い、相手の発言を制止し、沈黙(ちんもく)を求める話者の意志の暗示がある。

この「しー」は「しっ」の(1)の連続形であるが、音の立ち上がりが緩やかで、話者の意志は「しっ」より弱く、むしろ話者と聞き手が共犯関係にある秘密の共有の暗示がある。

　　しー。お弟子さんに聞こえるわよ。（私たちは同意見だけど）
　　しっ。お弟子さんに聞こえるわよ。　（聞こえたら大変よ）

(2) 幼児に排尿を促す声を表す。プラスマイナスのイメージはない。実際の音声を描写する用法で用いる。音調はHまたはMで適宜延音する。母音を伴うこともある。もともと尿の排泄音(はいせつ)の擬音語で、保護者がこの声をかけることによって、幼児に排尿を促す。客観的な表現で、特定の感情を暗示しない。

(3) 飲食後などに楊枝で歯をせせるとき、歯の隙間(すきま)から息を吸い込む音を表す。ややマイナスイメージの語。実際の音声を描写する用法で用いる。吸気の音のため音高はない。主体は中年以上の男性が多く、酒や料理などを飲食した後、歯の間に挟まった食物を楊枝を使ってせせるとき、歯の隙間から息を吸い込む音を表し、不作法(ぶさほう)・下品の暗示をもつことがある。

(4) 会話の途中で、わずかに開いた口から息を吸い込む音を表す。プラスマイナスのイメージはない。実際の音声を描写する用法で用いる。吸気の音のため音高はない。「すー」と聞こえることもある。主体が緊張して会話をするときなどに、会話の途中にフィラーのように適宜挿入される。遠慮・あらたまりなどの心理の表れと思われる。

⇨「し（っ）」「すー（っ）」「しーしー」

しーしー

(1)① 「ママ、**しいしい**出る」「おりこうね。マー君、もう一人でできるね」
(2)① だからオジサンは嫌いよ。楊枝で歯を**しーしー**しながら店に入ってくるんだもの。

【解説】 (1) 尿または排尿を表す幼児語。プラスマイナスのイメージはない。名詞として用いる。音調はHMMMの4拍である。尿の排泄音の擬音語が抽象化したもの。客観的な表現で、特定の感情を暗示しない。

(2) 飲食後などに楊枝で歯をせせるとき、歯の隙間から息を吸い込む様子を表す。ややマイナスイメージの語。「する」などの述語にかかる修飾語になる。主体は中年以上の男性が多く、酒や料理などを飲食した後、歯の間に挟まった食物を楊枝を使ってせせるとき、歯の隙間から息を吸い込む様子を表し、不作法・下品の暗示をもつことがある。「しー（っ）」の(3)の連続形。
⇨「しー（っ）」

しっしっ

① 猫嫌いの彼女はキッチンに入ってきたタマを「**シッシッ**」と追い払った。
② （若者の誕生会）これからは彼女と2人だけにしてよ。さ、邪魔だから帰って帰って。**しっしっ**。

【解説】 家畜などを追い払う声や様子を表す。ややマイナスよりのイメージの語。①は「と」がついて述語にかかる修飾語になる。②は感動詞として用いる。音調はH＊H＊の4拍で、声には強いアクセントがつき、1拍分の声門閉鎖を伴う。子音とともに母音も聞こえることが多い。比較的小さい家畜を追い払う声や様子を表すが、人間相手に用いた場合（②）には、相手を小動物扱いする尊大の暗示を伴う。

「しっ」の(2)の反復形であるがより抽象化されていて、嫌悪のニュアンスが少なく、人間相手に用いた場合にはふざけていることもある。

　　さっさと出て行け。しっしっ。（邪魔だよ）
　　さっさと出ていけ。しっ。　　（二度と来るな）
⇨「し（っ）」

しめしめ〔占め占め〕

① (空き巣) **しめしめ**、窓に鍵が掛かってないぞ。
② (極秘の企業買収) **しめしめ**、これでうちの思うつぼだ。

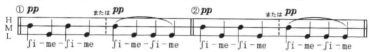

【解説】 主体の望むような事態になってひそかに喜ぶ様子を表す。ややマイナスよりのイメージの語。感動詞として用いる。音調はＭＬＭＬまたはＭＬＬＬの４拍で、ごく小さい声で発音される。主体があまり公にできない事柄(しばしば悪事)について、自分の思いどおりにいったことを喜ぶ様子を表し、隠蔽(いんぺい)・納得(なっとく)・喜悦(きえつ)の暗示がある。

「しめしめ」は「しめた」に似ているが、「しめた」は物事が主体にとって好都合になったその瞬間に思わず口から出た喜悦の言葉を表し、隠蔽や納得の暗示はない。

　　しめしめ、窓に鍵が掛かってないぞ。(思ったとおりだ)
　　しめた！　窓に鍵が掛かってないぞ。(これはラッキーだ)
× (将棋(しょうぎ)の対局) 相手がミスをしてくれたので、私は内心「しめしめ、このチャンスはいただかなければ」と思った。
→(将棋の対局) 相手がミスをしてくれたので、私は内心「<u>しめた！</u>　このチャンスはいただかなければ」と思った。
⇨ 「しめた」

しめた〔占めた〕

① **しめた！**　演習、休講だ。これでおおっぴらに遊べるぞ。
② (将棋の対局) 相手がミスをしてくれたので、私は内心「**しめた！**　このチャンスはいただかなければ」と思った。

【解説】 主体の望むような事態になってひそかに喜ぶ声や様子を表す。ややマイナスよりのイメージの語。感動詞として用いる。音調は短いＭＬの２拍で、ごく小さい声で素早く発音され、後ろに声門閉鎖を伴うことが多い。主体にとって好都合な事態になった瞬間に思わず出た声やひそかに喜ぶ様子を表し、感動・喜悦の暗示がある。対象は必ずしも悪事とは限らない。
⇨ 「しめしめ」

じゃ

(1)① 「ほんとは私、大学なんて行きたくないんです」「**じゃ**、どうして受けたの？」

② **じゃ**、何かい？　おれに出て行けって言うんだな。

③ （夫婦喧嘩）「お前が干渉しすぎなんだよ」「**じゃ**、どうしろって言うのよ。あなたみたいに毎日午前様で、子供は放任しろって言うの？」

(2)① （同級生に）**じゃ**、またあしたね。

② 「先生、ここで失礼します」「**じゃ**」

③ 「あとはうまくやっとくよ」「うん、**じゃね**」

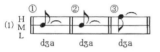

【解説】　(1)　前件を踏まえて新たな段階に入る様子を表す。プラスマイナスのイメージはない。音調は短い半拍のMまたはHで、文頭に置かれ、感動詞または接続詞として用いる。②の「じゃ、何かい？」は慣用的な反論の言葉で、相手の発言を受けて、次の段階に口論を進めるときに用いる前置き（マクラ）である。くだけた表現で、上位者から下位者に向かって言うか（①）、対等で乱暴な（くだけた）会話で言う（②③）。ある前提に基づいて結果となる新たな段階に踏み込む様子を表し、前件とまったく関係のない新段階に入るときは「さて」を用いる。相手の発言（前件）に反射的に反論する場合に用いることが多い。⇨『現代副詞用法辞典』「では・じゃ・じゃあ」参照。

(2)　別れの挨拶を切り出す様子を表す。プラスマイナスのイメージはない。感動詞としてくだけた日常会話でのみ用いる。音調は自然なMで短く発音される。「さようなら」などの実質的な挨拶語を伴わないことのほうが多い。単独で用いられた場合（②）には、しばしば軽く手を挙げるなどの動作を伴う。⇨『現代副詞用法辞典』「では・じゃ・じゃあ」参照。

「じゃ」は「じゃあ」の短縮形であるが、「じゃあ」は「じゃ」よりも婉曲で話者の納得の暗示も伴う。

じゃ、どうして大学受けたの？　（言ってることがおかしいよ）

じゃあ、どうして大学受けたの？（他に選択肢もあったでしょ）

「あとはうまくやっとくよ」「うん、じゃね」（頼んだよ）

「あとはうまくやっとくよ」「うん、じゃあね」

（任せたから僕は知らないよ）

⇨「さて」「じゃあ」「では」「あばよ」「さ（っ）」

●じゃあ

じゃあ

(1)① 準備ＯＫだな。**じゃあ**、始めようか。

② （ヤクザの強制貸し付け）**じゃあ**、何かい？　おれがせっかく金を貸してやろうってのに、断るって言うんだな。

③ （夫婦喧嘩）「お前が干渉しすぎなんだよ」「**じゃあ**、あなたみたいに毎日午前様で、子供は放任しろって言うの？」

(2)① 「**じゃあ**、私はこれで」「失礼いたします。先生、本日はありがとうございました」

② （同級生に）「またね」「バイバイ」「**じゃあね**」

【解説】　すべての場合で「じゃあ」と平仮名書きする。

(1) 前件を踏まえて新たな段階に入る様子を表す。プラスマイナスのイメージはない。音調はＭＬの２拍で、文頭に置かれ、感動詞または接続詞として用いる。②の「じゃあ、何かい？」は慣用的な反論の言葉で、相手の発言を受けて、次の段階に口論を進めるときに用いる前置き（マクラ）である。くだけた表現で、日常会話でふつうに用いられる。ある前提に基づいて結果となる新たな段階に踏み込む様子を表し、前件とまったく関係のない新段階に入ることは意味しない。相手の発言（前件）に反射的に反論する場合（③）に用いることもある。話者は比較的冷静で、前件を認めた上で納得して自分の主張をする様子を表す。⇨『現代副詞用法辞典』「では・じゃ・じゃあ」参照。

(2) 別れの挨拶を切り出す様子を表す。プラスマイナスのイメージはない。感動詞としてくだけた日常会話でふつうに用いる。音調はＨＬの２拍である。「さようなら」などの実質的な挨拶語を伴わないことのほうが多い。単独で用いられた場合（②）には、しばしば手を振るなどの動作を伴う。⇨『現代副詞用法辞典』「では・じゃ・じゃあ」参照。

「じゃあ」は「では」のくだけた表現で、あらたまった場面では「では」を使うが、「では」は丁寧になった分、敬意は伝わるが、相手との敵対関係は敬意が上がることで逆に高まる。

　　　じゃあ、見て見ぬ振りをしろって言うのね。
　　　（あなたはなんて冷たいの）
　　　では、見て見ぬ振りをしろとおっしゃるんですね。
　　　（あなたの人間性には大いに問題がありますね）

⇨「では」「じゃ」「さー（っ）」

すー(っ)

すー(っ)

(1)① 冷気がドアの隙間から**すーっ**と入ってきた。
② **すー**と息を深く吸い、ふーと吐く。
③ (テレビのインタビュー)「このあたりでおいしいものは何ですか」「まあ、そだねえ、**スー**、やっぱカギだべな」
④ (おなら)あの子はいつも**すーっ**とやるよ。
(2)① これ、ハッカ味だね。口が**すーっ**とするよ。
② 吸入をしたら鼻が**すーっ**とした。
③ 言いたいことを全部言ったら胸が**すうっ**とした。
(3)① 黒塗りの高級車が**すうっ**と近づいてきた。
② ドアがひとりでに**すー**と開いたのでびっくりした。
③ 天井からクモが**スーッ**と糸を引いて下りてきた。
④ 涙が頬を**すうっ**と伝った。
⑤ 名人は無造作に筆を**すーっ**と滑らせた。
⑥ 飛行機雲が青空に**スーッ**と白線を引いた。
⑦ 手すりを雑巾で**すーっ**となでて掃除はおしまい。
⑧ よく寝たら頭が重いのが**すうっ**と治った。
⑨ 彼女は注射を打たれ、**すうっ**と眠りに落ちた。
⑩ 夫はいつのまにか**すうっ**といなくなった。
⑪ 法案は珍しく衆議院を**すうっ**と通過した。

【解説】 (1) 空気が狭いところをゆっくり通過する音や様子を表す。プラスマイナスのイメージはない。実際の音声を描写する用法でも、「と」がついて述語にかかる修飾語でも用いられる。音は摩擦音のみで音源の振動はない。「すーっ」は勢いを加味した表現。③は会話の途中で歯の間から息を吸う音の表現で、話者の緊張やあらたまりの心理を表す。④は音を立てないおなら(すかし屁)を表す。客観的な表現で、特定の感情を暗示しない。⇨『現代擬音語擬態語用法辞典』「すー(っ)」参照。

(2) 清涼感を感じる様子を表す。ややプラスイメージの語。「すーっとする」の形で述語になる。①②は口や鼻に清涼感を感じる場合、③は気分が爽快になる場合である。「すっ」の強調形。⇨『現代擬音語擬態語用法辞典』「すー(っ)」参照。

(3) かなりの速さで停滞なく進行する様子を表す。プラスマイナスのイメージはない。「と」がついて述語にかかる修飾語になる。「すーっ」は勢いを加味した表現。①〜⑦は物理的に停滞なく直線的に進行する場合で、しばしば音を立てない暗示がある(①②)。⑧〜⑪は状態が遅滞なく進行・変化する場合で

●すーはー

ある。
　この「すーっ」は「すっ」よりも進行の速度が遅いが、ある程度長く続く暗示がある。⇨『現代擬音語擬態語用法辞典』「すー（っ）」参照。
　⇨「すーはー」「ふー（っ）」「しー（っ）」

すーはー

① （過換気症候群）彼女はビニール袋を口に当てて、何度も**すーはー、すーはー**と深呼吸した。
② ＩＣＵには患者が人工呼吸器をつけて**すーはー**呼吸する音だけが響いていた。

【解説】　口を少し開けて息を深く吸ったり吐いたりする音や様子を表す。プラスマイナスのイメージはない。「すー」は息を吸う音の描写、「はー」は吐く音の描写である。音高はない。単独でまたは「と」がついて、述語にかかる修飾語になる。客観的な表現で、特定の感情を暗示しない。
　⇨「すー（っ）」「はー（っ）」

ぜーぜー

① 日頃運動しないものだから、ちょっと走ると**ぜーぜー**息が切れる。
② （喘息）この子、夜になるとこんこん咳が出て、**ぜーぜー**と喉のところを鳴らしているんです。
③ 胸のところが**ぜーぜー**して苦しい。

【解説】　狭窄した気管や喉を空気が摩擦しながら通過する音や様子を表す。マイナスイメージの語。実際の音声を描写する用法でも、単独でまたは「と」がついて述語にかかる修飾語でも用いられる。喘息の発作などで、気管が狭窄して空気の通過が困難になっている音（いわゆる喘鳴）を表し、不快・苦痛・慨嘆の暗示がある。

せーの

① （ドクターＧ）「それではみなさんで一斉に鑑別を言いましょう。**せーの**」「急性骨髄性白血病」「はい、正解です」
② （部屋の模様替え）この家具あっち側へ動かそう。そっち持って。**せーの**！
③ （大岩を動かす）みんないいかい？　じゃいくよ。**せーの**。

【解説】 2人以上の人間が同時に1つの行為を行う際の掛け声を表す。プラスマイナスのイメージはない。感動詞として用いる。①は声をそろえて正解を言う場合で、音調はＨＭＨ＊の4拍で、5拍めに正解の第一声を合わせる。②③は大勢の人に同時に力を出させるための掛け声で、①と同様5拍めに力を出す。力を出すための準備時間があまり長くないので、出させる力もさほど大きくない。もっと大きな力を出させる場合には、準備時間の長い「いっせーのせっ」や「いちにのさん」を用いる。
　⇨「いっせーのせっ」「いちにのさん」「えんやこら」

せっせっせーのよいよいよい

① （お手つき遊び）**せっせっせーのよいよいよい**、夏も近づく、八十八夜。

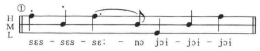

【解説】 2人で歌を歌いながら互いの手を打ち合って遊ぶお手つき遊びに先立って行われる掛け声を表す。プラスマイナスのイメージはない。音調は特徴的な音型で、常にこの形で用いられる。お手つきをする子供2人が両手を取り合い、この文句を言う間上下に振る動作を伴う。その後、互いの右手どうしを打ち合わせ、左手どうしを打ち合わせるなどのお手つき遊びが始まる。客観的な表現で、特定の感情を暗示しない。現代では、お手つき遊びそのものの衰退に伴って、この掛け声も聞かれなくなっている。

そ（っ）

⑴① （恋人の裏切り）「じゃ、きのうすっぽかしたの？」「**そっ**、デート掛け持ちするサイテーの男だから」
　② （嫁姑の確執）「お義母さん、当分来ないでいただけますか」「あ、**そ**」
　③ （夫の愚痴）「ご主人、今日も仕事？」「**そ**。なんでもかんでもあたしに押しつけて、ほんとは何やってんだか」
⑵① 彼女は恋人に「シャツの後ろが出てるわよ」と**そっと**耳打ちした。
　② 見舞い客は病室のドアを**そっと**閉めた。
　③ 宗匠は天目茶碗を**そっと**取り上げた。
　④ 傷口から漿液の染みたガーゼを**そっと**剥がす。
　⑤ 老母はハンカチで**そっと**目頭をぬぐった。
　⑥ 妹は赤ん坊の頬に**そっと**指を触れた。
　⑦ 看護師は病人を**そっと**担架からベッドに移した。
　⑧ その子は夜中に**そっと**家を抜け出した。

●そ(っ)

⑨ (ひったくり)背後から**そっと**近づき、いきなり体当たりしてバッグを奪う。
⑩ ドアの隙間から姉の部屋を**そっと**のぞいた。
⑪ 見合い相手の顔を上目づかいに**そっと**見た。
⑫ 親に通知表を渡して顔色を**そっと**うかがう。
⑬ (ことわざ)居候、三杯目には**そっと**出し。
⑭ (娘の失恋)何も言わずに**そっと**しておいてやれ。
⑮ 版下の切れ端が置いてあるから、机の上は**そっと**しといてね。
(3)① そのタンス、ちょっとや**そっと**の力じゃ動かないよ。
② オリンピックに出るなんて、ちっとや**そっと**の努力じゃできないはずだ。

【解説】 (1) 肯定の返事を表す。ややマイナスよりのイメージの語。感動詞として応答に用いる。音調は短いHまたはMで、ごく軽く発音される。後ろに声門閉鎖を伴うことがある。話者は女性であることが多い。「そう」の(3)の短縮形だが、話者が対象を侮蔑して冷淡に扱う暗示がある。

そっ、デート掛け持ちするサイテーの男だから。
(あんな男、こっちから振ってやるわ)
そう、デート掛け持ちするサイテーの男だから。
(なぜ私がきのうデートに行かなかったか、わかった?)

(2) 悪い影響が出ないように静かに行動する様子を表す。ややプラスイメージの語。①〜⑬は「と」がついて述語にかかる修飾語になる。⑭⑮は「そっとしておく」の形で、述語になる。⑭⑮は具体的に出る音や声が非常に小さい場合、③〜⑦は悪い影響を与えないように静粛に丁寧に扱う場合、⑧⑨は気づかれないように行動を隠蔽する場合、⑩〜⑬は主体のやましさや恐れ・遠慮が行動に現れている場合である。いずれの場合も、対象に刺激や悪い影響を与えることへの危惧と配慮の暗示がある。⑭⑮の「そっとしておく」は手出しをしないでそのまま放っておくという意味で、話者が対象を見守る暗示がある。⇨『現代擬音語擬態語用法辞典』「そっ」参照。

(3) 「ちょっと〔ちっと〕やそっとの○○ではない」の形で、後ろに打ち消しを伴い、並たいていの○○ではないという意味を表す。ややプラスよりのイメージの語句。くだけた表現で、日常会話の中で述語として用いられる。①は力、②は努力が並たいていではないことを評価する暗示がある。⇨『現代擬音語擬態語用法辞典』「そっ」参照。

⇨「そー(っ)」「ちょっと」「ちっ」

そう ⇨ そー（っ）

そうお

① 「チーズケーキ持ってきたわ」「あら、**そうお**、悪いわね」
② 「ちょっとその服、若すぎない？」「**そうお**、娘のお上がりなんだけど、やっぱり」

【解説】 相手の発言内容を確認する返事を表す。プラスマイナスのイメージはない。感動詞として応答に用いる。音調は特徴的なＭＬＨの３拍である。話者は女性が多い。話者が相手の発言内容を受け取り、確認するニュアンスで、①は相手の報告を確認する。②は相手の疑問を受け取り、肯定的に納得する。

「そうお」は「そう」の疑問形（「そう？」）に似ているが、「そう？」は話者が内容を自分側でない事柄として肯定する場合に用い、心理的距離と冷静さの暗示がある。

「ちょっとその服、若すぎない？」「**そうお**、娘のお上がりなんだけど」
（私もやっぱりちょっと若いかなと思ってたのよ）
「ちょっとその服、若すぎない？」「**そう？** 娘のお上がりなんだけど」
（私は十分着られると思ってるんだけど）

⇨「そー（っ）」

そうか・そっか

(1)① （同窓会）僕は福井県の出身だけど、君も**そうか**。
② 「社長、今日は会議室はすべて埋まってるそうです」「**そうか**」
③ 仕事が終わらなかったら残業すればいいんだが、**そうか**といってあまり残業を認めると、わざとのんびりやる奴が出てくる。
(2)① **そうか！** やっぱりあいつが犯人だったんだ。
② （パズル）**そっか！** わかった！ こうやればいいんだ。

【解説】 (1) 対象側に属する物事の状態を自問自答する様子を表す。プラスマ

●そうそう

イナスのイメージはない。①は述語の用法、②は感動詞として応答に用いる用法。音調は2通り考えられる。1つはＨＬＬまたはＭＬＬの3拍で、話者の納得を表す。語頭の音高が高いほど、話者の納得の暗示が強くなる。音調がＭＬＨで語尾が上がると、相手に質問していることになる。話者は男性が多く、くだけた会話で対等以下の相手に対して使う。③は「そうかといって」の形で慣用句を作り、条件句にかかる修飾語になる。極端な例を提示して自問自答する様子を表す。

(2) 真実に気づいた様子を表す。プラスマイナスのイメージはない。感動詞として用いる。「そっか」は若い人がよく用いるくだけた表現。音調は①はＨＬＬ、②はＨ＊Ｌの3拍で、いずれも後ろに声門閉鎖を伴う。話者が疑問に思っていたことについて真実に思い至り、納得している暗示がある。

「そうか」は「そう」の(3)に似ているが、「そう」は相手の発言を肯定するだけで、自問自答するニュアンスや納得の暗示はない。

　　「社長、今日は会議室はすべて埋まっているそうです」「そうか」
　　（じゃあ私の部屋でするしかないかな）
　　「社長、今日は会議室はすべて埋まっているそうです」「そう」
　　（じゃあどうしようかな）
× 「義務教育段階では、外国語なんかより読み書き計算の基礎を徹底すべきだと思うんです」「そうか。そのとおり」
→「義務教育段階では、外国語なんかより読み書き計算の基礎を徹底すべきだと思うんです」「そう。そのとおり」
⇨「そー（っ）」

そうそう〔然う然う・斯う斯う〕

(1)① こんなチャンスは**そうそう**めったにないよ。
　② （2世代ローン）いくら親だからって、**そうそう**無理は言えないよ。
(2)① 「私は調べたいことを整理してから図書館に行くことにしています」「**そうそう**、それがいいね」
(3)① **そうそう**、忘れるところだった。例の件、どうなった？
　② 加藤先生は部屋を出てから「**そうそう**」と戻ってくるので、コロンボというあだ名がついている。

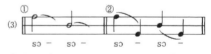

【解説】(1) 程度が高くない様子を表す。プラスマイナスのイメージはない。打ち消しを伴う述語にかかる修飾語になる。全体として、程度がはなはだしい

そうだ・そうなの・そうなんだ

というわけではないという意を表す。客観的な表現で、特定の感情を暗示しない。「そう」の(2)の強調形。⇨『現代副詞用法辞典』「そうそうⅠ」参照。

　(2)　肯定の返事を表す。ややプラスよりのイメージの語。感動詞として応答に用いる。音調はＨＬＨＬの４拍が基本である。話者が内容を自分側でない事柄として肯定する場合に用いるが、「そう」の(3)より相手に共感している暗示がある。

　　　そうそう、それがいいね。（君はなかなか見どころがあるね）
　　　そう、それがいいね。　　（僕もいいと思う）
　(3)　大切な物事を思い出す様子を表す。プラスマイナスのイメージはない。感動詞として用いる。音調はＨＭの４拍で音節の後ろが下がるか、ＨＬＭＬの４拍になる。話者にとって大切なことを思い出す様子を表し、納得の暗示を伴う。「そう」の(4)より話題に対する関心が高い。

　　　そうそう、忘れるところだった。例の件、どうなった？
　　　（大事なことを思い出してよかった）
　　　そう、忘れるところだった。例の件、どうなった？
　　　（なんとなく、いま思い出した）
⇨「そー（っ）」

そうだ・そうなの・そうなんだ

(1)①　「僕、巨人ファンなんだ」「僕は阪神」「僕も**そうだ**」
　②　「ゆうべ全然寝てないんだ」「**そうなの**。仕事大変なのね」
　③　「最近、すっきりしてきたわね」「糖質ダイエットしてるの」「へえ、**そうなんだ**」
(2)①　（シュプレヒコール）「消費税値上げ絶対許すなー！」「**そうだー！**」

【解説】　(1)　相手側の物事を肯定する様子を表す。プラスマイナスのイメージはない。①は述語になる用法、②③は感動詞として応答に用いる。「そうなの」は女性が使うことが多いが、「そうだ」「そうなんだ」は若い人中心に男女ともに、くだけた会話でよく用いられる。音調は①はＨＬＬ、②はＨＬＬＬ、③はＨＬＬＬである。「そうだ」は相手の言っている物事をそのままなぞる場合、「そうなの」「そうなんだ」は一度既成事実（概念）化してから肯定する場合で、心理的な距離はあるが、話題に対する関心は「そう」より高くなる。

　　　「糖質ダイエットしてるの」「へえ、そうなんだ」
　　　（私もやってみようかなあ）

●そうら

「糖質ダイエットしてるの」「へえ、そう」
（私にはどっちだっていいわ）

(2) 絶対的共感を表す。プラスイメージの語。感動詞として用いる。音調は大声のＨＨで、適宜延音される。若い人中心に、シュプレヒコールに呼応する形で、相手の発言内容に対する絶対的共感を表す。「そうだ」の形でのみ用いられ、「そう」「そうなの」「そうなんだ」にはこの用法はない。

⇨「そー（っ）」

そうら

(1)① （忘れ物）絶対取りに戻ってくるさ。……**そうら**、やっぱり戻ってきた。
② （刑事ドラマ）犯人は第一発見者じゃないのかい。……**そうら**、思った通りだ。
③ （自転車で転んだ）**そうら**見ろ。だからあれほどスピード出すなって言っただろ。
(2)① （引っ越しの荷造り）「ガム・テープ取って」「放るよ。**そうら**」
② （キャッチボール）今度はカーブ行くぞ。**そうら**！

【解説】 (1) 予期していたとおりに実現したことを確認する様子を表す。ややマイナスよりのイメージの語。①②は感動詞として用いる。③は「そうら見ろ」の形で慣用句的に用いられる。話者が予期していたとおりに実現したことを、あらためて確認し納得する様子を表し、対象から距離を置いて見る冷淡・侮蔑（ぶべつ）などの暗示を伴う。音調はＨＬまたはＭＨＬの３拍で、高い声で始めるほど侮蔑の暗示が強くなる。やや古風な表現で、現在では使用者は限られる。「そら（っ）」の(1)の遠隔表現。

現在では同じような場面で「ほうら」を用いることが多いが、「ほうら」は話者の驚きや関心の暗示が加わる。

　　そうら、やっぱり戻ってきた。（あいつは常習だな）
　　ほうら、やっぱり戻ってきた。（君も見ただろ）

(2) 離れた所にいる相手に向かって何かを渡すときに出す掛け声を表す。ややプラスよりのイメージの語。感動詞として用いる。音調はＭＨＬで最初のＭは短い引っかけ、真ん中のＨを適宜延音する。相手の場所が遠いほど長く延音する。相手の手元まで確実に届ける親切の暗示がある。「そら（っ）」の(2)の遠隔表現。

この「そうら」は「ほうら」や「そうれ」に似ているが、「ほうら」は渡す

そー(っ)●

物に視点があるので、相手の場所があまり遠い場合には用いない。「そうれ」は「そうら」よりも勢いの暗示があり、親切の暗示は少ない。

×　今度はカーブ行くぞ。ほうら！
　　今度はカーブ行くぞ。そうら！（ちゃんと捕れよ）
　　今度はカーブ行くぞ。そうれ！（捕れるもんなら捕ってみろ）
⇨「そら（っ）」「ほーら」「そうれ」

そうれ

① （野球）おれの剛速球、打てるもんなら打ってみろ。**そうれ**！
② （バレーボールのサーブに対する応援）**そうれっ**！
③ （瓦礫の撤去）ずいぶんいろいろあるなあ。**そうれ**！

【解説】　離れた所に何かを投げるときに出す掛け声を表す。プラスマイナスのイメージはない。感動詞として用いる。音調はＨＬまたはＭＨＬの３拍で、状況によって後ろに声門閉鎖を伴う。①は投手が打者に向かってボールを投げる場合で、力をこめる勢いの暗示がある。②はバレーボールのサーブの際、仲間や観客などがサーブに合わせて習慣的にかける掛け声で、この場合には特徴的なＭＨＬの３拍以上になり、短いＨにアクセントがつく。③は相手がいる場合もいない場合もあるが、離れた場所に瓦礫を投げ捨てる無造作の暗示がある。「それ（っ）」の(3)の遠隔表現。

「そうれ」は「そうら」に似ているが、「そうら」は離れた相手に物を渡すときの掛け声を表し、確実に手元に届ける親切の暗示がある。

⇨「それ（っ）」「そうら」「それー（っ）」「ほーれ」「ほーら」

そー(っ)〔然う〕

(1)① いくらおかしくても、いつも**そう**笑ってばかりはいられない。
② 「震災復興予算で国立競技場作るなんてナンセンス！」「まあ、**そう**怒るな。国の事業はいつだって抜け穴だらけだ」
③ 最近の学会はつまらないと偉い先生が言っていたが、私も**そう**思う。
④ （アリバイ調べ）「社長はその日も10時過ぎまで会社に残ってたんですね」「**そう**言えば、あの日は用があるって５時過ぎには帰りました」
⑤ このまま食い逃げしようったって、**そう**は問屋が卸さないぞ。
⑥ 「お礼に昼飯おごるよ」「**そう**こなくっちゃ」
(2)① 近頃の若い者はなってないと言うが、よく見ると**そう**捨てたもんでもな

●そー(っ)

いなあと思うことがある。
② オリンピックのテロ対策は時代錯誤ではない。ミュンヘン・オリンピックでイスラエル選手団がテロの犠牲になったのは**そう**昔のことではないからだ。
③ 「このお菓子、おいしいわねえ」「でしょ？　値段も**そう**高くないし、プレゼントにグッドよ」

(3)① （テーマパークで）「君、小学生？」「**そう**」「誰と来たの？」「一人」「うちの人と一緒じゃないの？」「パパもママも忙しいって」
② （昭和天皇の園遊会）「柔道は骨が折れるの？」「はっ、3年前に骨折しました」「あ、**そう**」
③ 「ツバメって渡り鳥？」「**そう**。常識じゃない？」
④ （秘書が社長に）「2時にお約束の鈴木様がお見えになりました」「**そう**。お通しして」
⑤ （デートの掛け持ち）「あの女、だれ？」「……」「**そう**、言えないんだ」
⑥ 「家で両親の介護をしています。2人とも要介護3ですが」「**そう**。なかなかできないことだよね」
⑦ 「義務教育段階では、外国語なんかより読み書き計算の基礎を徹底すべきだと思うんです」「**そう**！　そのとおり」
⑧ 「ちょっとこの煮物、味が濃すぎない？」「**そう**？　塩分控えめに作ってるつもりだけど」

(4)① **そう**、あれは去年の夏の終わりのことでした。
② （目撃情報）「犯人は赤い服を着ていたんですね」「赤って言うか、**そう**、郵便配達の人みたいな恰好でした」
③ 来週の、**そう**、火曜か水曜日、ご都合いかがですか？

(5)① （遺体の確認）顔にかかっていた布を**そーっ**とめくる。
② 夜中に足音を忍ばせて**そーっ**と家出した。
③ （マンガ）（打ち合わせ中の課長の机の上に書類を差し出す）**そおーっ**

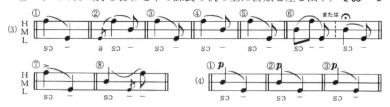

【解説】　(1)　対象側に属する物事の状態を指す。プラスマイナスのイメージはない。述語にかかる修飾語になる。「そう」と平仮名書きする。①は対象について笑うこと、②は相手が怒っていること、③は偉い先生の発言内容を指す。

④は「そう言えば」の形で、相手の質問を受けて話者が新たな事柄を思い出した前置き（マクラ）として、接続語になる。⑤は「そうは問屋が卸さない」の形で慣用句になり、相手の思うようにはならないという意である。⑥の「そうこなくっちゃ」も慣用句で、相手の発言を全面的に受け入れ歓迎するという意である。客観的な表現で、特定の感情を暗示しない。

⑵　程度が高くない様子を表す。プラスマイナスのイメージはない。打ち消しを伴う述語にかかる修飾語になる。「そう」と平仮名書きする。全体として、程度がはなはだしいというわけではないという意を表す。客観的な表現で、特定の感情を暗示しない。

⑶　肯定（こうてい）の返事を表す。プラスマイナスのイメージはない。感動詞として応答に用いる。「そう」と平仮名書きする。音調はＨＬの２拍が基本である。話者が内容を自分側でない事柄として肯定する場合に用い、心理的距離と冷静さの暗示がある。②の「あ、そう」は昭和天皇が国民と対話する際によく用いた応答で、敬語を使わずに理解と共感をやわらかく表す。⑤は相手の無言（無回答）に対する応答で、話者の納得とあきらめ（侮蔑（ぶべつ））を表す。⑥は音調が複数考えられる。ＭＨＬとなった場合には、相手の話に感動している暗示がある。⑦は１拍目にアクセントがつき、強い肯定と共感を表す。⑧は疑問を呈している場合で、音調はＭＨの途中で一瞬Ｌを経由する。話者が相手の意見に半分納得し、半分納得していない様子を表す。この場合「そうお」を用いることもあるが、「そう」は「そうお」よりも心理的な距離があり、冷静さの暗示がある。

　肯定の返事としては「はい」や「うん」が一般的であるが、「はい」は話者が緊張して相手の質問や命令を全面的に承諾するニュアンスがある。「うん」は口さえ開けずに首を縦に振るときに出る声を表し、子供っぽくぞんざいではあるが、対象を自分の中に取り込んでいるので、心理的距離や冷淡の暗示はない。

×　「あの女、だれ？」「……」「<u>はい</u>（<u>うん</u>）、言えないんだ」
　「君、小学生？」「そう」（だから、何？）
　「君、小学生？」「はい」（おっしゃるとおりです）
　「君、小学生？」「うん」（ぼく、いま困ってるの）

⑷　自分からやや遠い物事を思い出す様子を表す。プラスマイナスのイメージはない。①は感動詞の用法、②③は間投詞として会話の途中に適当に挟む。「そう」と平仮名書きする。音調はＭＬの２拍で、あまり力を入れずに発音する。話者が無意識のことも多い。話者が自分から心理的にやや遠い物事について、思い出しながら納得する様子を表す。

　この「そう」は「ああ」に似ているが、「ああ」は内容がさらに話者から遠く、それを改めて話題として言及するニュアンスになる。

●その

そう、あれは去年の夏の終わりのことでした。
(言われて思い出しました)
ああ、あれは去年の夏の終わりのことでした。
(今まですっかり忘れていました)

(5) 悪い影響が出ないように静かに行動する様子を表す。ややプラスよりのイメージの語。①②は「と」がついて述語にかかる修飾語になる。③はマンガの背景として用いられた例。音引きする場合も「そおーっ」と平仮名書きする場合もある。主体のやましさや恐れ・遠慮の暗示がある。「そっと」の(2)の誇張形だが、「そっと」より危惧と配慮の暗示が少なく、恐れと遠慮の暗示が強まる。

　　顔にかかっていた布をそーっとめくる。(死に顔を見るのが怖くて)
　　顔にかかっていた布をそっとめくる。　(遺体を大切に扱いたくて)
⇨「あ(っ)」「はい(っ)」「うん」「あー(っ)」「そ(っ)」「そうお」「そうか・そっか」「そうそう」「そうだ・そうなの・そうなんだ」

その〔其の〕

(1)① (訪問者が) 素敵なお部屋ですねえ。あ、**その**絵は誰の絵ですか。
② (子供に) どうしたの、**その**傷。誰かに殴られたの？
③ (反抗期) 親に向かって**その**態度は何だ。
(2)① 「企画会議は3時からだったね」「**その**会議、誰が出席するの」
② 世の中には人と同じなのが嫌な奴もいる。私も**その**一人だ。
③ (温泉旅館) 夕食は7時だから、**その**前に風呂に入ってくるか。
④ (集中攻撃) もう**その**へんでやめておけ。
⑤ 「ぜひ遊びに来てください」「ええ、**その**うちお訪ねします」
⑥ 見つかっちゃったら**その**時は**その**時だ。
(3)① (上司に誘われた) あの、別に嫌だって言ってるんじゃないんですけど、今日はちょっと**その**……。
② 「**その**、何と言ったらいいかな、今度の土曜日は、**その**……」「空いてるわよ。デートしたいんでしょ」

【解説】 (1) 聞き手側に近い物事を指す。プラスマイナスのイメージはない。名詞にかかる修飾語になる。①は聞き手の部屋にある絵で、話者よりも物理的に聞き手側に近い所にある。②は聞き手の体の傷、③は聞き手の態度の意である。客観的な表現で、特定の感情を暗示しない。

(2) 話題中の物事を指す。プラスマイナスのイメージはない。名詞にかかる修飾語になる。①〜③は相手の発話や前言の内容に登場した物事を指す。④は漠然と状況を指す。⑤は漠然とした時間の幅を表す。⑥は「その時はその時だ」の形で慣用句を作り、事が起こってから対処法を考えるという開き直りの意である。客観的な表現で、特定の感情を暗示しない。

(3) ためらいの気持ちを表す。プラスマイナスのイメージはない。間投詞として、会話文中に適当に挟む。男女問わず、日常会話の中で用いられる。音調は自然なMの半拍で、ほとんど聞こえないくらいに発音されることもある。話者が発話内容を明確に言えない遠慮・ためらいなどの心理を暗示する。

同じような場面で「あの」もよく用いられるが、「あの」のほうが聞き手や発話内容に対する心理的な距離が大きく、結果的に聞き手の注目度が高くなる。

　　その、何と言ったらいいかな、今度の土曜日は、その……。
　　（言いたいことはわかってるわよ）
　　あの、何と言ったらいいかな、今度の土曜日は、あの……。
　　（何が言いたいのよ。はっきり言ったらどう？）

⇨「あの」「そのー」

そのー

① （上司に誘われた）あのう、別に嫌だって言ってるんじゃないんですけど、今日はちょっと**そのう**……。
② （釈明）ええと、**そのー**、なんです、すべて私の不徳の致すところでございます、はい。

【解説】　ためらいの気持ちを表す。ややマイナスよりのイメージの語。間投詞として、会話文中に適当に挟む。男女問わず、日常会話の中で用いられる。音調はMまたはLで適宜延ول する。話者が発話内容を明確に言いだせない遠慮・ためらい・罪悪感などの心理を暗示する。「その」の(3)をさらに婉曲にした表現。

⇨「その」

そら（っ）

(1)① （外出前）電気つけっぱなしじゃないの？……**そら**、やっぱり消し忘れてる。
② （悪童のいたずら）すぐパトカーが来るぞ。**そら**来た。逃げろ！

●それ(っ)

③ (にわか雨)**そら**見なさい。だから傘を持っていけって言ったのよ。

(2)① (童謡)ぽっぽっぽ。鳩ぽっぽ。豆がほしいか、**そら**やるぞ。

② (教授の資料)君にも見せてあげよう。**そら**、これだ。

【解説】 (1) 予期していたとおりに実現したことを確認する様子を表す。ややマイナスよりのイメージの語。感動詞として用いる。音調はＨＬの２拍で、しばしば１拍めにアクセントがつく。話者が予期していたとおりに実現したことを、あらためて確認し納得する様子を表し、納得(①)・侮蔑(①③)・勢い(②)などの暗示を伴う。やや古風な表現で、現在では使用者は限られる。

現在では同じような場面で「ほら」を用いることが多いが、「ほら」は話者の驚きや関心の暗示が加わる。

　　そら、やっぱり消し忘れてる。(あなたって子供みたいね)

　　ほら、やっぱり消し忘れてる。(ちゃんと見てね)

(2) 相手に向かって何かを渡すときに出す掛け声を表す。ややプラスよりのイメージの語。感動詞として用いる。音調はＨＬの２拍である。相手が求めている物を手元に渡してやる掛け声で、親切の暗示がある。ただし、丁寧さの暗示はないので、渡す相手は原則として話者よりも下位者である。

× 例の資料を先生のご覧に入れます。そら、これでございます。

　→例の資料を先生のご覧に入れます。<u>どうぞ</u>、これでございます。

この「そら」は「ほら」や「それ」に似ているが、「ほら」は話者が渡す物に注目している暗示がある。「それ」は勢いの暗示があり、渡す以外の行動についても用いられる。

　　そら、これだ。(君が見たがっていた資料だ)

　　ほら、これだ。(これを私は見せたかったんだ)

? **そら**、行け。開門だ！　→<u>それ</u>、行け。開門だ！

⇨「ほら(っ)」「どうぞ」「それ(っ)」「そうら」

それ (っ) 〔其れ〕

(1)① (洋品店で)**それ**、見せていただけません？

② 「こちらでしょうか」「**それ**じゃありません。その隣のです」

③ 「これ、誰のバッグ？」「あ、**それ**、私の」

(2)① 「いまここで決めるんじゃなくて、持ち帰ってゆっくり考えたら？」「そうだ。**それ**がいいね」

② **それ**とこれとは話が別だ。

③ 費用の件は、**それはそれ**として、何か対策を考えましょう。
④ 「この証拠は矛盾するんじゃないですか」「**それもそうだ**」
⑤ 宮田君には**それ**以来会っていません。
⑥ 飛行機は落ちたら**それ**までだからなあ。
⑦ (武道の稽古) **それ**まで！
(3)① (切符の前売り開始) シャッター開いたぞ。**それっ**、急げ！
② (強行突入) 第2班は裏へ回れ。**それっ**。
③ だから言ったじゃないか。**それ**見ろ。

【解説】 (1) 聞き手側に近い物事を指す。プラスマイナスのイメージはない。名詞として用いる。話者よりも物理的に聞き手側に近い所にある物事を指す。客観的な表現で、特定の感情を暗示しない。

(2) 話題中の物事を指す。プラスマイナスのイメージはない。名詞として用いる。①は相手の発話の内容を指す。②は「それとこれとは話が別だ」の形で慣用句を作り、状況が似てはいるが対処法を変えなければならないという意を表す。③は「それはそれとして」の形で慣用句を作り、現段階では考慮せずにという意を表す。④は「それもそうだ」の形で慣用句を作り、相手の発話内容に一理あるという意を表す。⑤は過去のある時間を、⑥は未来のある時間を表す。⑦は「それまで」の形で複合語を作り、武道の稽古終了の掛け声を表す。客観的な表現で、特定の感情を暗示しない。

(3) (話者を含む) 相手への行動を促す掛け声を表す。プラスマイナスのイメージはない。感動詞として呼びかけに用いる。音調は原則としてＨＬの2拍で、しばしば後ろに声門閉鎖を伴う。①は話者を含む相手を走らせる掛け声、②は部下に行動を促す掛け声 (この場合にはあえて音高を出さない場合もある)、③は「それ見ろ」の形で慣用句的に用いられ、話者の予期した通りになったという念押しの声である。くだけた乱暴な表現で、女性はあまり用いない。勢いの暗示がある。

この「それ」は「そら」に似ているが、「そら」は相手に向かって何かを渡すときに出す掛け声を表し、相手が求めている物を手元に渡してやる親切の暗示がある。

⇨ 「そら (っ)」「そうれ」「それー (っ)」「それそれ」「ほれ (っ)」「やれ」

それー (っ)

① (棒倒し) 行くぞー！ **それーっ**！

●それそれ

② (一揆)かかれー！ **それーっ！**

【解説】 大勢の人を走らせるための掛け声を表す。プラスマイナスのイメージはない。感動詞として呼びかけに用いる。音調はＨＨで語尾を適宜延音し、後ろに声門閉鎖を伴うことが多い。「それ」の(3)の強調形で、掛け声の対象がたくさんいるために遠くまで届く遠隔表現を用いたもので、静止して行う行動ではなく、大勢が一斉に殺到するための掛け声になる。くだけた乱暴な表現で、女性はあまり用いない。勢いの暗示がある。

「それ」の遠隔表現としては「そうれ」もあるが、「そうれ」は離れた所に何かを投げるときに出す掛け声で、動作をする主体は自分自身、対象も原則１人である。

　　× 　おれの剛速球、打てるもんなら打ってみろ。それーっ！
　　→おれの剛速球、打てるもんなら打ってみろ。そうれっ！
　⇨「それ(っ)」「そうれ」

それそれ〔其れ其れ〕

(1)① 「こないだ言ってたアプリ、これじゃない？」「**それそれ**」
　② 「部長、Ａ社と打ち合わせの時間ですが」「**それそれ**、気がついてくれてよかった。すっかり忘れていたよ」
(2)① **それそれ**、そこの小僧、ちょっとこっちへ来なさい。

【解説】 (1) 話題中の物事を強く指示する様子を表す。ややプラスよりのイメージの語。感動詞として用いる。音調はＬＨＬＨの４拍で、比較的ゆっくり発音する。話者が（自分側でない）話題中の物事について、あらためて気づいた様子を表し、納得の暗示がある。

この「それそれ」は「これこれ」に似ているが、「これこれ」は話者が実感をこめて（自分のこととして）納得している気持ちそのものを表す。

　　× 　「前に言ってたチョコ、これじゃない？」（一口食べて）「それそれ、どこで買ったの？　教えて」
　　→「前に言ってたチョコ、これじゃない？」（一口食べて）「これこれ、どこで買ったの？　教えて」
　　「こないだ言ってたアプリ、これじゃない？」「それそれ」

（相手のスマホをちらりと見て）
　　「こないだ言ってたアプリ、これじゃない？」「これこれ」
　　（相手のスマホを一緒に眺めながら）
 (2)　相手の注意を喚起(かんき)する呼びかけを表す。プラスマイナスのイメージはない。感動詞として呼びかけに用いる。音調はＨＬＨＬの4拍である。丁寧さの暗示に欠けるので、相手は下位者になる。古風な表現で、現在ではあまり用いられない。
　⇨「これこれ」「それ（っ）」

た　行

たー（っ）

(1)① 園児たちは草原に着くと**たー**と駆けだした。
　② 犬は**ターッ**と駆けてくると、トンと引っ繰り返って腹を見せた。
(2)① 　眠　狂四郎は、相手が「**たあっ！**」と気合もろとも打ち込んできた剣を払いもせず、胴を薙いだ。
　② 少年ジェットが魔力を起こす気合は「うー、やー、**たー**」だ。

(2)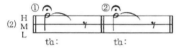

【解説】（1）　勢いよく走り出す様子を表す。ややプラスよりのイメージの語。「と」がついて述語にかかる修飾語になる。「たーっ」は勢いを加味した表現。主体は子供など小さいもの、軽量の物で、ふつう人間や動物について用い、あまり物の運動については用いない。駆けだす際の躊躇のなさと勢いで、そのまま走り続ける暗示がある。⇨『現代擬音語擬態語用法辞典』「たー（っ）」参照。

（2）　剣道などで剣や腕を打ち下ろす際に出る掛け声を表す。プラスマイナスのイメージはない。感動詞として用いる。音調はＨで適宜延音され、自然に語尾が下がる。時間をかけて蓄えた息や力などを、一気に振り（打ち）下ろす掛け声として用いられ、タメの暗示がある。

　武道の気合としては「えい」「やあ」などもあるが、「えい」は瞬間的に力を入れるときに出す声で、タメの暗示がない。「やあ」は遠くの相手に自分の存在を誇示する呼びかけから進んで、気合をこめて全身をさらすときに出す声を表し、気合を発散して次の力作業には入れない暗示がある。

　×　周作はたあとばかりに打ちかかった。
　　→周作はえいとばかりに打ちかかった。
　　　たあっと剣を打ち込む。（青眼でにらみ合いの末）
　　　えいっと剣を打ち込む。（勢いよく）
　　　やあっと剣を打ち込む。（元気よく）
⇨「えい（っ）」「やー（っ）」「とう（っ）」

だー（っ）

(1)① （火事）店の客は出口目がけて**だーっ**と駆けだした。

② アイドルが楽屋口に姿を現すと、ファンが**ダーッ**と集まってきた。
　③ 水門を開けると水が**ダーッダーッ**と落ち込む。
　④ トイレに駆け込んだとたん、**ダーッ**と腹が下った。
　⑤ いきなりダンプカーが**ダーッ**と突っ込んできたときは、ほんとうに怖かった。
(2)① 彼女があまりに臆面もなくのろけてみせるので、一同**だあ**となった。
　② 「ぼく、マージャン得意」と言いながら、小学生が見事な手つきでパイを並べ始めたときは、**だあっ**となったね。

【解説】　(1)　制止できないほどの勢いで進行する音や様子を表す。ややマイナスイメージの語。「だーっと」の形で、述語にかかる修飾語になる。「だーっだーっ」は断続・反復形。ある程度の重量をもつ物が、制止できないほどの圧力で勢いよく進行する音や様子を表し、危惧の暗示がある。⇨『現代擬音語擬態語用法辞典』「だー（っ）」参照。

　(2)　非常にあきれたために体がゆるんでずり落ちそうになる様子を表す。ややマイナスイメージの語。「だあ」と平仮名書きすることが多い。「となる」がついて述語になる。一種の流行語で、現代語ではあるが必ずしも若い人は用いない。対象の言動や状態が常識を超えていることについて、話者が非常にあきれて、ずっこけるほどになっていることを感覚的に述べる。崩壊感の暗示がある。⇨『現代擬音語擬態語用法辞典』「だー（っ）」参照。

だめ〔駄目〕

(1)① あいつは**だめ**な奴だな。
　② あまやかすと子供は**だめ**になる。
　③ 彼は飲みすぎて肝臓を**だめ**にした。
　④ 冷蔵庫の肉がいつのまにか**だめ**になっていた。
　⑤ 雨でせっかくの野外パーティは**だめ**になった。
(2)① 交渉を一生懸命やってみたが、取引は結局**だめ**だった。
　② **だめ**かもしれないが、もう一度やってみよう。
　③ 彼女に**だめ**もとで「僕とつきあってくれないか」と言ってみた。
(3)① （病人が）「おれ、もう**だめ**だ」「そんな気の弱いことでどうする」
　② 船が引っ繰り返ったときには、もう**だめ**かと思った。
(4)① （早朝６時の集合）もっと早く来いと言われたが、とても**だめ**だ。
　② 「ちょっと見せてよ」「**だめ**！」
　③ いくら頼んでも**だめ**なものは**だめ**だ。
(5)① （有毒ガス充満）こっちへ来ちゃ**だめ**！
　② 子供には厳しくしなければ**だめ**だ。

(4)  (5)

【解説】 好ましくない様子を主観的に表す語。かなり俗語的で日常会話中心に用いられ、硬い文章中には登場しない。⇨『現代形容詞用法辞典』「だめ」参照。

(1) 性能・機能が劣悪（れつあく）な様子を表す。マイナスイメージの語。①は「な」がついて名詞にかかる修飾語になる。②〜⑤は「になる」「にする」がついて述語になる。①②は人間として役に立たない、能力がない、社会的に受け入れられないというイメージであって、肉体的に劣悪であることは意味しない。③は肝臓が病気になったという意、④は肉が腐ったという意、⑤は野外パーティとしての機能が、雨のために役に立たなくなったという意である。

(2) むだである様子を表す。マイナスイメージの語。述語で用いられることが多く、修飾語のときは(1)の意になることが多い。何か行為をした後で、その結果、行為がむだであったことが判明したという意で用いられ、行為を行う前や無益（むえき）な行為という意味で用いられることは少ない。

(3) 前途（ぜんと）に望みがない様子を表す。マイナスイメージの語。しばしば「もうだめだ」という形で、述語になる。前途に望みがない結果として、しばしば死を暗示する。①は病人が病気の回復に悲観している場面での言葉である。②は難破（なんぱ）したときの感想で「死ぬかと思った」と言うのに等しい。

(4) 不可能な様子を表す。ややマイナスイメージの語。述語で用いられることが多い。②は感動詞として応答に用いられた例。音調はＭＨの２拍で、２拍めにアクセントがつく。話者にとっての客観的な根拠の存在を暗示し、気分的な拒絶を意味しない。

この「だめ」は「いや」に似ているが、「いや」は主観的気分的な拒否を表す。

「ちょっと見せてよ」「だめ」
（見られてはまずい理由がある）
「ちょっと見せてよ」「いや」
（理由はどうあれ見られたくない。拒否のポーズをとっている）

(5) 行為を禁止する様子を表す。ややマイナスイメージの語。「〜してはだめだ」「〜しなければだめだ」など、条件句に呼応する形の述語として用いられる。音調はＭＨの２拍である。

「だめ」は否定・拒否・禁止などの内容を主観的（話者特有の根拠はあるが）に強く表明する意味をもち、それぞれ「わるい」「むだ」「いや」「できない」「いけない」などに置き換え可能であるが、もっと漠然と判断を表明するニュ

アンスがある。また短音節で語調が強いので、禁止や打ち消しの呼びかけとしては、相手に要求するニュアンスが強く出る。
　⇨「いや」「め（っ）・めー（っ）」

チーズ

① （写真撮影）はい、いきますよ。**チーズ**！

【解説】　集合写真をとる際、被写体全員に笑顔を作らせるための掛け声を表す。プラスマイナスのイメージはない。感動詞として呼びかけに用いる。もと英語の cheese。音調はMを延音している間に自然にLへ下がり、「ズ」でHに上がってアクセントがつく。被写体は「チー」の間、唇を横に引いて笑顔を作り続け、「ズ」の瞬間にシャッターを切るという暗黙（あんもく）の了解がある。よほどの高齢者以外は、老若男女（ろうにゃくなんにょ）問わず広く用いられる。客観的な表現で、特定の感情を暗示しない。

ちーちーぱっぱ

① （童謡）**ちーちーぱっぱ**、ちーぱっぱ。スズメの学校の先生は、鞭（むち）を振り振りちーぱっぱ。
② 幼稚園では園児たちに**ちーちーぱっぱ**とお遊戯（ゆうぎ）をさせている。
③ 「おじいちゃん、デイサービスっていうの、行ってみない？」「いやだよ、この歳（とし）して**ちーちーぱっぱ**させられるのは」

【解説】　幼児などに遊戯や軽い運動をさせるときの掛け声を表す。もともとプラスマイナスのイメージはないが、主体が幼児以外の場合（③）には、ややマイナスよりのイメージの語になる。①は語源となった童謡で、スズメの学校の先生が生徒に鳴いたり羽ばたいたりすることを教える擬音語擬態語の用法。②は「と」がついて述語にかかる修飾語になる。③は「する」がついて述語になる。音調は特徴的なMMLLで、童謡そのものの音程をなぞる。主体が幼児以外の場合、主体を幼児扱いする侮蔑（ぶべつ）・幼稚（ようち）の暗示を伴うことがある。

ちぇっ

① （遅い昼休み）**ちぇっ**、弁当みんな売り切れか……。

●ちっ

② (残業)**ちぇっ**、おればっかりいつも貧乏くじだなあ。
③ (デートするのにプレゼントを家に忘れた)しまった。**ちぇっ**！

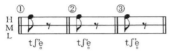

【解説】 唇を横に引き、舌を平らに持ち上げて出す舌打ちの音を表す。ややマイナスイメージの語。感動詞として用いる。音調は高く短いHで、後ろの「っ」は声門閉鎖ではなく、舌が上顎について呼気を塞ぐ。声帯は鳴っている場合も鳴っていない場合もある。やや下品な表現で、男性がくだけた日常会話で用いる。失敗したり落胆したりしている自分に対して、感情を吐き出すニュアンスになる。失望や自戒などの暗示はあるが、怒りや悔しさの暗示はそれほど強くない。

「ちぇっ」は「ちっ」や「ちょっ」に似ているが、「ちっ」は主体が無意識に出した舌打ちの音そのものを表し、自嘲(じちょう)の暗示がある。「ちょっ」は口が小さく丸く開いていて、感情が主体自身に向かうニュアンスになる。

　　　ちぇっ、終バスもうないのか。(もっと早くやめればよかったかな)
　　　ちっ、終バスもうないのか。　(ついてないなあ)
　　　ちょっ、終バスもうないのか。(またタクシー帰りか)
⇨「ちっ」「ちょっ」

ちっ

(1)① 庭先でメジロの群れが「**チッ、チッ**」と鳴いている。
② 草むらの虫が**チッチッ**と聞こえると、もう秋だ。
(2)① ホームへ上る階段を駆け上がってきた男は、目の前で電車のドアが閉まり、**ちっ**と舌を鳴らした。
② (福引)**ちっ**、外れか。
③ (借金の申し込み)「お前にはもう貸さないよ」「**ちっ**、ケチだなあ、持ってるくせに」
(3)① 「お酒、飲む？」「うん、**ちっと**ね」
② 彼女はほんの**ちっと**のところで優勝を逃(のが)した。
③ おれは**ちっと**のことでは驚かないぞ。
④ 「雨、降ってる？」「うんと**ちっと**降ってる」
(4)① 穂高(ほたか)はお前には**ちっと**きついかもしんないな。
② おれは業界では**ちっとばかり**名が通ってるんだぜ。

【解説】 (1) 小鳥や虫が高く小さく鳴く声を表す。プラスマイナスのイメージはない。実際の音声を描写する用法で用いる。客観的な表現で、特定の感情を

暗示しない。⇨『現代擬音語擬態語用法辞典』「ちっ」参照。

(2) 舌先を一回軽く鳴らす音を表す。ややマイナスよりのイメージの語。①は実際の音声を描写する用法、②③は感動詞として用いる。声帯がほとんど鳴っていない瞬間的な吸着音（╪）を表し、主体の予想・希望どおりに事態が進行しなかったり、過去の失敗を反省したりする場面で用い、自嘲の暗示がある。⇨『現代擬音語擬態語用法辞典』「ちっ」参照。

この「ちっ」は「ちぇっ」や「ちょっ」に似ているが、「ちぇっ」は口が縦・横に開いており、感情を吐き出すニュアンスになる。「ちょっ」は口が丸く小さく開いていて、感情が主体自身に向かうニュアンスになる。

(3) 数量や程度などが少ない様子を表す。プラスマイナスのイメージはない。「ちっと」の形で、述語にかかる修飾語として用いることが多いが、述語（①）や名詞にかかる修飾語（②③）にもなる。やや乱暴でくだけた表現で、日常会話でのみ用いられる。数量や程度が少ないことを具体的に表し、気軽さを表す意味はない。客観的な表現で、特定の感情を暗示しない。④の「うんとちっと」は「ちっと」の意味を強調する用法で、「うんと」の意味を弱めているものではない。⇨『現代副詞用法辞典』「ちっと」参照。

(4) 程度がかなり高いことを強調する様子を表す。プラスマイナスのイメージはない。「ちっと」の形で述語にかかる修飾語になることが多い。やや乱暴でくだけた表現で、日常会話でのみ用いられる。②の「ちっとばかり名が通った」は、かなり世間に名前を知られているという意である。話者が話題をあまり重大にはとらえていない（と見せる）暗示がある。⇨『現代副詞用法辞典』「ちっと」参照。

⇨「ちぇっ」「ちょっ」「そ（っ）」

ちゅーちゅー

(1)① ケージのマウスが**チューチュー**鳴いている。
　② （幼児が）あそこに**ちゅーちゅー**がいるよ。
(2)① 子犬は母犬の乳首から**チュウチュウ**と音を立ててミルクを飲んだ。
　② ストローで**チューチュー**吸ってもなかなか口に入ってこない。

【解説】（1） ネズミの鳴き声を表す。プラスマイナスのイメージはない。①は基本的な実際の音声を描写する用法。②は名詞でネズミそのものを表す幼児語。客観的な表現で、特定の感情を暗示しない。⇨『現代擬音語擬態語用法辞典』「ちゅーちゅー」参照。

(2) 唇をすぼめて液体などを連続して吸う音や様子を表す。ややマイナスよりのイメージの語。実際の音声を描写する用法でも、単独でまたは「と」がついて述語にかかる修飾語にもなる。唇を小さくすぼめたり、細い口を通したり

して、液体などを連続して吸う音や様子を直接表す。人間が飲食物を吸って飲む場合には、西欧式の食事マナーが浸透した現代においては、不作法・無遠慮などの暗示をもちやすい。「ちゅ」の連続・反復形。⇨『現代擬音語擬態語用法辞典』「ちゅーちゅー」参照。

　⇨「ちゅっ」

ちゅっ

(1)① 甘エビの尻尾の身を**ちゅっ**と吸って食べる。

　② ハチに刺されたところを**ちゅっ**と吸った。

　③ ジュリエットはロミオに**ちゅっ**と音を立ててキスをした。

　④ （恋人からの電話）おやすみ、**チュッ**。

　⑤ スズメが**チュッチュッ**と鳴いて飛び立った。

(2)① 山男は小枝の先を**ちゅっ**と折って楊枝にした。

【解説】　(1)　唇をすぼめて 1 回瞬間的に吸う音や様子を表す。プラスマイナスのイメージはない。実際の音声を描写する用法で用いる。「ちゅっちゅっ」は反復・連続形。声帯は鳴っておらず音高はないが、あえて音韻を示せば両唇吸着音（0）となる。①②は具体物を口の中に勢いよく 1 回吸い取る音を表す。③はキスの音、④はその擬音を感動詞として用いた例で、やさしくMで短く発音する。⑤はそれに類似した音でスズメやネズミの鳴き声として用いることが多い。唇が物に接触してから軽く吸う音を表し、唇と物の表面が濡れて吸着する暗示がある。⇨『現代擬音語擬態語用法辞典』「ちゅっ」参照。

　(2)　小さく力を加えて行う様子を表す。プラスマイナスのイメージはない。「と」がついて述語にかかる修飾語になる。小さい物に対して小さな力を加えて折ったり曲げたり取ったりする様子を表し、気軽さの暗示がある。ただし、この表現は発音でも意味の上でも「ちょっと」とほとんど区別がつかず、話者も明確に識別しているとは限らない。⇨『現代擬音語擬態語用法辞典』「ちゅっ」参照。

　⇨「ちゅーちゅー」

ちょっ

(1)① その猫は「**ちょっ、ちょっ**」と舌を鳴らすと、寄ってきて体をすり寄せた。

(2)① **ちょっ**、あんないたずらしなきゃよかったな。

② ちょっ、やかましい。静かにしねえかい。

【解説】 (1) 口を小さく丸く開け、舌を1回鳴らす音を表す。プラスマイナスのイメージはない。実際の音声を描写する用法で用いる。「ちょっちょっ」は反復形。舌先を上顎(うわあご)に吸着させ、後ろに引いたときに出る小さな吸着音（！または╪）を表し、しばしば小動物を呼び寄せるときに用いられる。客観的な表現で、特定の感情を暗示しない。

(2) 反省や後悔の気持ちを表す。ややマイナスイメージの語。実際の音声を描写する用法、または感動詞として用いる。音調は低めのMで短く発音される。音韻があることが多く、ない場合は「ちっ」と表記されることが多い。話者の意図や希望どおりに事態が進行しなかったり、過去の行為について反省・後悔したりするときに用いる。怒り・焦燥・慨嘆(がいたん)・反省などの暗示を伴うが、いずれも話者自身に向かうニュアンスになる。⇨『現代擬音語擬態語用法辞典』「ちょっ」参照。

「ちょっ」は「ちぇっ」に似ているが、「ちぇっ」は唇が横に引かれ、舌が平らに持ち上げられており、感情が外に吐き出されるニュアンスになる。

⇨「ちぇっ」「ちょっと」「ちっ」

ちょっと〔一寸〕

(1)① 君の作ったチーズケーキ、**ちょっと**だけ食べたいな。
② **ちょっと**待ってね。お茶をいれるわ。
③ 年末から年始にかけて**ちょっと**留守にします。
④ 今度の日曜日、**ちょっと**お邪魔したいんですが。
⑤ 「締め切りは月末でいいですね」「**ちょっと**社に持ち帰って相談させてください」
⑥ 誤植があるといってもほんの**ちょっと**だ。
⑦ 最近の電子レンジは1万**ちょっと**で買える。
⑧ **ちょっと**奥へ詰めてもらえませんか。
⑨ 昔**ちょっと**お箏(こと)をやってました。
⑩ 彼の話は**ちょっと**聞くと魅力的だが、実は大きな落とし穴がある。
⑪ **ちょっと**目を離した隙(すき)にバッグをすられた。
⑫ **ちょっと**したかすり傷だから大丈夫だよ。
⑬ **ちょっと**した親切が世の中を明るくする。
⑭ うちのママは**ちょっと**したことで大騒ぎする。

●ちょっと

⑮ 10分遅刻したら彼女は**ちょっと**嫌な顔をした。
⑯ （コンパ）ビールは**ちょっと**余計に用意したほうがいい。
(2)① 「奥様、今日はどちらへ？」「え、**ちょっと**そこまで」
② このスカーフ、**ちょっと**してみてごらん。
③ そこの彼女、**ちょっと**お茶しない？
④ ここでは**ちょっと**言いにくい話なんです。
⑤ **ちょっと**、君、資料が1ページ抜けてるよ。
⑥ **ちょっと**すみません。この辺に花屋さんはありませんでしょうか。
⑦ **ちょっとう**。こんなに散らかしてどうするのよ。
⑧ 「ずいぶんご機嫌ね」「うん、**ちょっと**ね……」
⑨ 「ピアノのコンサートに行かない？」「クラシックは**ちょっと**……」
⑩ 「今日、残業2時間いいかい？」「あのう、最近**ちょっと**、家でその**ちょっと**早く帰るようにって、**ちょっと**ほんとに言われてるので……」
(3)① この問題は君には**ちょっと**むずかしいかもしれない。
② 赤川君の彼女は**ちょっと**いい感じだ。
③ どうだい、おれは**ちょっと**したもんだろう。
④ 彼は業界では**ちょっと**ばかり名の通った男だ。
⑤ 彼女は**ちょっと**変わったプレゼントを喜ぶ。
(4)① 辞典を作る苦労は**ちょっと**想像もつかない。
② 彼女がウソをつくなんて**ちょっと**信じられない。
③ 「駅はどっちですか」「さあ、**ちょっと**……」

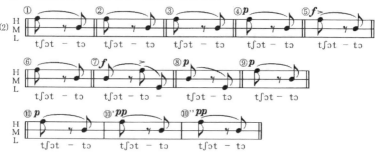

【解説】 (1) 数量や程度などが少ない様子を表す。プラスマイナスのイメージはない。述語にかかる修飾語として用いることが多いが、「だ」がついて述語になるもの（⑥）、名詞のすぐ後ろに直接つくもの（⑦）、「ちょっとした」の形で名詞にかかる修飾語（⑫〜⑭）にもなる。かなりくだけた表現で、日常会話中心に用いられる。標準的には「少し」を用いる。①は量、②〜⑤は時間、⑥は数、⑦は値段、⑧は距離、⑨〜⑯は程度が少ないことを表す。他の程度を

表す語にかかる修飾語になった場合（⑯）には、「余計」の程度が前よりややはなはだしいという意味になり、「余計」の意味を弱める意味にはならない。客観的な表現で、特定の感情を暗示しない。⇨『現代副詞用法辞典』「ちょっと」参照。

(2) 気軽に行動する様子を表す。プラスマイナスのイメージはない。くだけた表現で、日常会話中心に用いられる。①〜④は述語にかかる修飾語、⑤〜⑦は呼びかけに用いられる感動詞、⑧〜⑩は会話文中で用いられる間投詞の用法である。音調は原則としてH＊Mで、真ん中に半拍程度の声門閉鎖を伴う。実質的な意味はなく、話者の気軽さを暗示する。④は「気軽には言えない」という意味で、話者のためらいの気持ちが暗示される。⑤は注意を促す意味、⑥は知らない人への呼びかけ、⑦は詰問である。この場合にはM＊HL で、H の「と」にアクセントがつく特徴的な音調になる。⑧は応答に用いられた例で、詳しい内容を知られたくない主体のためらいの心理が暗示される。⑨ははっきり拒否することをはばかる場合によく用いられ、拒否の言葉を省略したり婉曲に言ったりする前置きになる。⑩は文脈に関係なく用いられる間投詞の用法で、ほとんど聞こえないくらい小さい声で発音され、断言をはばかる話者のためらい・遠慮の気持ちが暗示される。⇨『現代副詞用法辞典』「ちょっと」参照。

(3) 程度がかなり高いことを強調する様子を表す。プラスマイナスのイメージはない。述語にかかる修飾語として用いることが多い。③の「ちょっとしたもんだろう」は「かなりのものだろう」という意で、話者の自慢と謙遜のポーズが暗示される。④の「ちょっとばかり名の通った」は「かなり名前の知られた」という意である。話者が話題をあまり重大にはとらえていない（と見せる）暗示がある。⇨『現代副詞用法辞典』「ちょっと」参照。

(4) 打ち消しとともに用いられ、可能性がない様子を表す。プラスマイナスのイメージはない。述語にかかる修飾語として用いられるが、述語部分を省略する場合（③）もある。ほんの少しの可能性もないという場面であるが、「まったく」「ぜんぜん」などを用いる全否定ではなく、相手への配慮を残した表現になっている。⇨『現代副詞用法辞典』「ちょっと」参照。

⇨「ちょっ」「そ（っ）」

ったく

① （遅刻）**ったく**、今までどこほっつき歩いてたんだよ。
② あいつはほんとにどうしようもない奴だな、**ったく**。
③ （グループ作業）「そっち、できたか」「まだ」「お前、何やってんだよ」「**ったく**……」

【解説】 好ましくない実感を表明する様子を表す。マイナスイメージの語。間投詞または感動詞として用いる。「まったく」のくだけた表現で、仲間どうしのくだけた日常会話に用いられる。音調は自然なMだが、「た」の前に声門閉鎖があることが多く、結果的に子音 t が強く発音され、後続の音韻は無声化することが多い。話者自身の好ましくない実感を表明する様子を表し、怒り・あきれなどの暗示を伴う。⇨『現代副詞用法辞典』「まったく」参照。

　⇨「まったく」

っていうか・てか

① 「授業サボったの？」「サボったっていうかバイトだったから」
② 「就職決まった？」「っていうか、あしたのエリカの誕生パーティ、どこでやるの？」
③ （頭を殴られて気を失ったと思った）あれ、頭痛くない……。（頭に触(さわ)る）てか、髪の毛ない！　なんで……。

【解説】 話題を突然転換する様子を表す。プラスマイナスのイメージはない。「てか」は「っていうか」の短縮形。もともと「〜というか」という連語。①は基本的な接続語的用法で、婉曲(えんきょく)な否定を表す。「サボッたのではなく」の意である。②③はここから進んだ現代語用法で、接続詞的な感動詞として用いる。相手の発言や前言に関係なく、話題を突然転換する様子を表す。音調は、「っていうか」はHHMで前に声門閉鎖を伴う。「てか」はHMである。③は自分の状況が激変していることについての感想である。慌(あわ)ての暗示がある。

で

① 「ゆうべはヒロミの誕生会、行ったの？」「うん、でさあ、そのままヒロミんち泊まっちゃった」
② （少年野球）「ただいま、ああ、腹減った」「お帰り。で、肝心の試合はどうなったの？」
③ （深夜の訪問）「ごめん、来ちゃった」「……。で、何の用？」
④ （将棋の対局）「途中までけっこういい勝負だったんですけどね」「ほうほう、で？」

⑤ (研究所での調査)「教授は没頭すると他の物が目に入らなくなる方でした。それで深夜に実験して事故起こしたり」「それはいけませんね。僕から注意しておきましょう。で？」

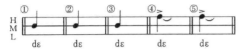

【解説】 前の話の続きを話し出す様子を表す。プラスマイナスのイメージはない。接続詞として文頭に置いて、比較的くだけた日常会話で用いる。①〜③は後ろに続きの内容が来る場合で、音調は中ぐらいの短いMになる。④⑤は相手に続きの内容を尋ねる場合で、音調は高いHとなり、相手の答えを促す。

「で」は「それで」の省略形で、より性急に後続文を話すニュアンスになるため、疑問に用いた場合には相手への質問の意志がより強くなる。

　　で、何の用？　　　（用なんかないでしょ。迷惑なんだけど）
　　それで、何の用？（早く言って）

でかした

① 「会長、ＧＳの契約、うちが取りました！」「**でかした**。よくぞ取った」
② (息子の恋人の家庭を訪問)息子が麻衣さんを家に連れてきたとき、「**でかした**」と思わず言ってやりました。それくらい素敵なお嬢さんでした。

【解説】 相手の言動に満足して褒める言葉を表す。プラスイメージの語。感動詞として用いる。音調はＭＨＬのほぼ３拍である。古風な表現で、現在では使用者は限られる。上位者が下位者の言動に満足して褒めるときに用いる。現代では「よくやった」「よかった」など別の表現を用いることが多い。

では

(1)① 準備ＯＫですね。**では**始めましょう。
② (交渉)**では**、こうしましょう。経費を折半するっていうのはどうですか。
(2)① (テレビ番組の終わり)**では**、また来週。
② (相棒)「ここで失礼いたします」「**では**」

●てやんでい

【解説】 (1) 前件を踏まえて新たな段階に入る様子を表す。プラスマイナスのイメージはない。接続詞として文頭に置いて用いられる。音調はHMの2拍である。ある前提に基づいて結果となる新たな段階に踏み込む様子を表し、前件とまったく関係のない新段階に入ることは意味しない。客観的な表現で、特定の感情を暗示しない。⇨『現代副詞用法辞典』「では・じゃ・じゃあ」参照。

(2) 別れの挨拶(あいさつ)を切り出す様子を表す。プラスマイナスのイメージはない。接続詞的な感動詞、または感動詞として用いる。音調はHLの2拍である。日常会話でのみ用いられる。「それでは」よりもくだけた表現であるが、「じゃあ」よりずっとあらたまっている。「さようなら（失礼します）」などの実質的な挨拶語を伴わないことのほうが多い。客観的な表現で、特定の感情を暗示しない。⇨『現代副詞用法辞典』「では・じゃ・じゃあ」参照。

「では」がさらにくだけた日常会話では「じゃあ」「じゃ」となるが、「では」は丁寧になった分、敬意は伝わるが、相手との敵対関係は敬意が上がることで逆に高まる。

⇨「じゃあ」「じゃ」

てやんでい

① (喧嘩(けんか))「この間抜け！」「**てやんでい**、うすのろめ！」
② (緒戦敗退) **てやんでい**、このまんまずるずる負けてたまるか。

【解説】 負けん気の強さを表明する言葉。ややプラスイメージの語。感動詞として用いる。「何を言っていやがるんだい」のくだけた表現。古風な表現で、現代では使用者は限られる。話者は男性が多い。音調はMHLLで、前に声門閉鎖を伴うことがある。喧嘩や勝負などの場面において、言い返したりやり返したりする話者の負けん気の強さ、乱暴さを表すが、負け惜しみの場合もある。

とう（っ）

① 剣道場から「えいっ」「やあ」「**とう**」という威勢(いせい)のよい掛け声が聞こえてくる。
② 垂直に立てた薪(まき)になたを当て、**とうっ**と一撃すれば真っ二つ。

【解説】 すべての場合で「とう」と平仮名書きする。刀や棒などを垂直に打ち

下ろすときに出す掛け声を表す。プラスマイナスのイメージはない。感動詞として用いる。音調はHからMまたはLに急激に下がり、1拍めに強いアクセントがつき、そのとき力を出す。棒・刀・なたなどを力をこめて垂直に打ち下ろすときに出す掛け声で、豪快・気合の暗示がある。

「とう」は「えい」や「やあ」に似ているが、「えい」は瞬間的に力を入れるときに出す掛け声を全般的に表し、打ち下ろす以外の動作にも用いられる。「やあ」はもともと遠くの相手に自分の存在を誇示する呼びかけで、気合をこめて全身をさらすときに出す掛け声を表す。

  ×　彼女は暴漢を合気道でとうっと投げ飛ばした。
  　→彼女は暴漢を合気道でえいっと投げ飛ばした。
  　　とうっと一撃する。(脇(わき)を締めて竹刀(しない)を垂直に打ち下ろした)
  　　やあっと一撃する。(正々堂々と正面から攻撃した)
⇨「えい(っ)」「やー(っ)」「たー(っ)」

どう ⇨『現代副詞用法辞典』「どう」参照。

どうぞ

(1)① （新入社員が）**どうぞ**よろしくお願いします。
　② （初詣(はつもうで)）**どうぞ**今年こそいいことがありますように。
　③ （来客に椅子(いす)を勧めて）**どうぞ**おかけください。
　④ 「おい、風呂がわいたぞ」「**どうぞ**、お先に」
　⑤ （医院で）次の方、**どうぞ**。
　⑥ （司会者が）次は嵐の皆さんです、**どうぞ**！
　⑦ （無線）こちら本部、感度良好、**どうぞ**。
(2)① 「お電話をお借りしたいんですが」「**どうぞ**」
　② 「おーい、新聞」「はい、**どうぞ**」

【解説】　すべての場合で「どうぞ」と平仮名書きする。
(1)　丁寧に依頼・希望する様子を表す。プラスマイナスのイメージはない。依頼や希望の表現を伴う述語にかかる修飾語として用いられるが、述語部分を省略したり（④）、感動詞的に用いたり（⑤～⑦）することもある。音調はH

●どうも

ＭＬの３拍が多いが、相手に勧める意図が強い場合（⑤）にはＨＭＨと語尾が上がることもある。⑥は歌謡番組で司会者が出場歌手を紹介する場面で用いられ、歌手の入場を促す意である。この場合にはＨＬの３拍で、１拍めにアクセントがつく。⑦は無線の交信の際に用いられる慣用句で、相手の交信を促す意である。この場合には、音調はＬＨと上昇し、相手へ発言を求める。自分の依頼や希望を相手の意思や裁量に任せる暗示があり、要求の暗示は少ない。⇨『現代副詞用法辞典』「どうぞ」参照。

（2） 相手の依頼や希望をかなえる様子を表す。プラスマイナスのイメージはない。単独で感動詞的に用いられることが多い。音調はＨＭＬの３拍になるのが通常だが、相手に勧める意図が強い場合にはＨＭＨと語尾が上がることもある。①は許可を与える意、②は相手の希望をかなえる動作とともに用いられる挨拶である。⇨『現代副詞用法辞典』「どうぞ」参照。

⇨「そら（っ）」

どうも

(1)① 君の話は**どうも**よくわからない。
② いくら練習しても**どうも**うまく歌えない。
③ **どうも**変だと思ったら、やっぱり違っていた。
④ **どうも**最近体の調子がよくない。
(2)① 天気予報によると、あしたは**どうも**雪らしい。
② **どうも**彼女が怪しく思えてしかたがない。
③ **どうも**どっかで見た顔だと思ったら、宮下君じゃないか。
(3)① お宅のお嬢さんには**どうも**困りましたねえ。
② 「和菓子はいかが」「甘いものは**どうも**……」
③ あんまりはっきり断るのも、ちょっと**どうも**気がひけるし、かといって後で約束が違うと文句を言われるのも**どうも**ね……。
(4)① この間は**どうも**ありがとう。
② （別れの挨拶）じゃ、**どうも**。
③ 「駅はどっちですか」「あの信号を左へ曲がった先です」「**どうも**」
④ 「樺山さん、こんな所で奇遇ですねえ」「やあ、**どうもどうも**」

【解説】 すべての場合で「どうも」と平仮名書きする。

(1) 理由がよくわからない様子を表す。ややマイナスイメージの語。述語にかかる修飾語になる。しばしば後ろに打ち消しや否定の表現を伴う。好ましくない結果に対する原因や理由がわからない様子を表し、主体の困惑と不審を暗示する。ただし、主体が積極的に理由を知りたがっているかどうかについては言及しない。⇨『現代副詞用法辞典』「どうも」参照。

(2) 不確かなことを推量する様子を表す。ややマイナスイメージの語。述語にかかる修飾語になる。しばしば後ろに推量の表現を伴う。話者の主観的な推量を表し、必ずしも客観的な根拠があるとは限らない。⇨『現代副詞用法辞典』「どうも」参照。

(3) 困惑やためらいの表現をやわらげる様子を表す。マイナスイメージの語。心理を表す述語にかかる修飾語になるが(①)、述語部分を省略する場合(②)もある。③は会話の途中で用いられる間投詞の用法。音調はHMLまたはMLの3拍で、弱々しく発音される。困惑(①)・遠慮(②)・ためらい(③)などの感情を暗示する。⇨『現代副詞用法辞典』「どうも」参照。

(4) 謝礼・謝罪・挨拶などを強調する様子を表す。プラスマイナスのイメージはない。謝礼・謝罪や挨拶語の前に置かれるが、②〜④のようにくだけた場面では、感動詞的に用いることも多い。また、④のように「どうもどうも」と繰り返すこともある。ただし、これらの場合には敬意が低くなるので、目上に対してはあまり用いられない。音調はHMLまたはHMの3拍である。⇨『現代副詞用法辞典』「どうも」参照。

どーどー

① (童謡)足柄山の金太郎、熊にまたがりお馬の稽古、ハイシ**どーどー**、ハイ**どーどー**。

② (暴れ馬に)**どーどー**、ようしいい子だ。

③ 「ったく、いつまで待たせるんだよ、いい加減にしろよ」「**どーどー**。ほれ、ニンジンチョコだよ」「オレは馬か」

【解説】 興奮している馬を落ち着かせるために出す呼びかけを表す。プラスマイナスのイメージはない。感動詞として呼びかけに用いる。音調はMMまたはMLMLの4拍で、穏やかに発音される。①②は基本的な馬に対する呼びかけ。客観的な表現で、特定の感情を暗示しない。③は人間に対して用いた例で、人間を馬扱いする侮蔑とふざけの暗示をもつことがある。

どっこい

(1)① （手こぎトロッコ）「うんとこ」「**どっこい**」「うんとこ」「**どっこい**」
(2)① 勝ち逃げしようったって、**どっこい**そうは問屋が卸さないよ。
　② ここは地の果て、**どっこい**それでも生きている。

【解説】　(1)　力をこめて物を押し下げたり、すかしたりするときに出す掛け声を表す。プラスマイナスのイメージはない。感動詞として用いる。音調はM＊HLで、2拍めに声門閉鎖がある。しばしば「うんとこ」と対(つい)にして用いられ、「うんとこ」で持ち上げた物を「どっこい」で押し下げる動作を表す。単独の動作で用いる場合には、現代では「どっこいしょ」「どっこらしょ」などを用いることが多い。客観的な表現で、特定の感情を暗示しない。

　(2)　決定的な事態や判断を一時留保(りゅうほ)する様子を表す。ややプラスよりのイメージの語。単独で述語にかかる修飾語になる。音調はM＊HLで、2拍めに声門閉鎖がある。①「相手の勝ち逃げ」、②「地の果て」が決定的な事態や判断であるが、主体がそれに屈伏せず、事態を何とか打開しようとする強靱(きょうじん)さの暗示がある。

　　⇨「どっこいしょ・どっこらしょ・どっこらせ」「どっこいどっこい・どっこいそっこい」

どっこいしょ・どっこらしょ・どっこらせ

(1)① やれやれ、くたびれた。**どっこいしょ**。（ソファに腰を下ろす）
　② （重機を運ぶ）いいか、行くぞ。**どっこらしょ**。
　③ （金庫を運ぶ）重いぞ。いいか、**どっこらせ**。
(2)① （民謡）草津よいとこ、一度はおいで。あ、**どっこいしょ**。

【解説】　(1)　非常に重い物を持ち上げたり据えつけたりするときに出す掛け声を表す。プラスマイナスのイメージはない。感動詞として用いる。①はソファに腰を下ろすときに出す掛け声で、音調はH＊LLMまたはM＊HLMとなり、

語尾は力が抜ける。自分の体重を実感として表すため、高齢者が用いることが多い。②③は重い物を持ち上げたり据えつけたりするときに出す掛け声で、H＊LLMの音調のときは据えつけるニュアンス、H＊LLHの音調のときは最後のHにアクセントがついて、ここに力をこめて持ち上げるニュアンスになる。独り言として自分に対して用いる場合には「どっこいしょ」、大勢の人が一斉に力を出して物を動かす場合には「どっこらしょ」や「どっこらせ」を用いる傾向がある。「どっこらしょ」と「どっこらせ」を比べると、「どっこらしょ」は据えつけるニュアンスが強く、「どっこらせ」は持ち上げるニュアンスが強い。

「どっこらせ」は「やっこらせ」に似ているが、「やっこらせ」は気合が一瞬で、出す力が相対的に少なく対象も軽い。

　　行くぞ、どっこらせ。(時代物の大きな金庫を動かす)
　　行くぞ、やっこらせ。(桐のタンスを動かす)

(2)　民謡の合の手を表す。プラスマイナスのイメージはない。多く「あ、どっこいしょ」の形で用いられる。合の手として間投詞的に用いられる。音調はM＊LLLで耳立たないように歌われる。客観的な表現で、特定の感情を暗示しない。

　⇨「どっこい」「やっこらさ・やっこらせ」「うんとこさ・うんとこしょ」「よいしょ・よいさ」

どっこいどっこい・どっこいそっこい

①　あいつ、性格はいいんだ。頭はおれと**どっこいどっこい**だけど。
②　あんまり買いかぶらないほうがいいな。おれっちと**どっこいそっこい**の野郎だから。

【解説】（同じような低レベルで）優劣がない様子を表す。ややマイナスよりのイメージの語。①は「だ」がついて述語になる。②は「の」がついて名詞にかかる修飾語になる。くだけた表現で、話者は男性が多い。「どっこいどっこい」は優劣がないことをやや客観的に表すが、「どっこいそっこい」は両者が似たり寄ったりで優秀（高級）でないことについて、侮蔑の暗示がある。

　⇨「どっこい」

とほほほ

①　（空き巣）へそくりの金まで持って行かれたか。**とほほ**。
②　自転車にはねられて腕を骨折し、治療費はかかるわ、仕事ができなくて収入は止まるわで、踏んだり蹴ったりだ。**とほほほ**。

【解説】悲惨な状況で泣く声や様子を表す。ややマイナスイメージの語。「と

●どら

ほほ」は「とほほほ」のやや短い表現。実際の音声を描写する用法で用いるが、マンガの背景などでの映像表現が多い。音調を表記するのは困難であるが、やや高めの弱々しい声が想起される。主体が悲惨な状況に陥って対処に困惑している様子を客観視して、自嘲ぎみに泣く声や様子を表し、情けなさ・困惑・自嘲の暗示がある。

どら

① 「おじいちゃん、これ、こわれた」「**どら**、見してごらん」
② (3時のお茶を終えて) **どら**、続きを始めるとするか。

【解説】 これから起こす行動を確認する掛け声を表す。プラスマイナスのイメージはない。感動詞としてくだけた日常会話でのみ用いられる。音調はHMの2拍である。中年以上の男性が用いることが多いが、やや俗語的で使用者は限られる。一般的には「どれ」のほうがよく用いられる。①は相手の行動を督促し自分が行動する場合、②はこれから起こす自分自身の行動を確認する場合で、話者の意志を表す。相手の行動を督促して確認する場合には、上から評価するニュアンスになるので、目上に対しては用いられない。

⇨「どれ」「どらどら」

どらどら

① (高齢者宅のリフォーム)「ここに白蟻の食った跡がありますね」「**どらどら**、はあ、これが白蟻かい」
② (粉飾決算の解明)「課長、ちょっとここの数字、おかしくないですか」「**どらどら**」

【解説】 疑問に思ったことについて起こす行動を見て確認する掛け声を表す。プラスマイナスのイメージはない。感動詞としてくだけた日常会話でのみ用いられる。音調はHLLLまたはHMLLの4拍である。中年以上の男性が用いることが多いが、やや俗語的で使用者は限られる。一般的には「どれどれ」のほうがよく用いられる。話者が疑問に思ったことについて上から評価しながら、これから起こす行動を見て確認する掛け声を表し、目上に対しては用いられない。

「どらどら」は「どら」の反復形であるが、見て確認する以外の行動については用いられない。

　×　どらどら、続きを始めるとするか。
　　→どら（どれ）、続きを始めるとするか。
　⇨「どれどれ」「どら」

どれ〔何れ〕

(1)① （宝石店で）婚約指輪、**どれ**がいいかな。
　② （まじないの文句）**どれ**にしようかな、神様の言うとおり。
　③ （展覧会で）「あの花の絵、いいね」「え、**どれ**？」
　④ 彼のやった仕事なら**どれ**を出しても恥ずかしくないと思う。
　⑤ （モデルハウス見学）特に**どれ**が悪いと言ってるわけではないんですが、全体的にセンスがいまいちですね。
　⑥ 書類がごちゃごちゃになって、**どれ**が**どれ**だかわからない。
(2)① 「とげが刺さっちゃった」「**どれ**、見せてごらん」
　② **どれ**、出かけるとするか。

【解説】　(1)　複数の物のうちの不定の1つを表す。プラスマイナスのイメージはない。名詞として用いられる。3つ以上で通常は数個の物の中から1つを選択するニュアンスである。①～③は疑問文で用いられた場合で、不定の1つを尋ねる。④は条件に呼応する場合で、「すべて」というに等しい。⑤は否定に呼応する場合で、特定の1つを示せない婉曲（遠慮）の暗示がある。⑥は「どれがどれだか」の形で慣用句を作り、1つ1つ識別ができないという意になる。

　2つの中から選択する場合には「どちら（どっち）」、多数の中から選択する場合には「なに」を用いる。また、「なに」は範囲を定めずに対象の正体（実体）を問うニュアンスになる。

　　婚約指輪、どれがいいかな。　（数種類のデザインの中から）
　　婚約指輪、どっちがいいかな。（二者択一）
　　婚約指輪、何がいいかな。　　（どんな石にするか未定）
　　「あの花の絵、いいね」「どれ？」（どの絵か聞いている）
　　「あの花の絵、いいね」「何？」　（相手の話を聞き返している）

　(2)　これから起こす行動を確認する掛け声を表す。プラスマイナスのイメージはない。感動詞として日常会話で用いられる。音調はＨＬの2拍である。ややくだけた表現で、あらたまった会話には用いられない。さらにくだけると

● どれどれ

「どら」になる。①は疑問に思った相手の物事について起こす行動を確認する場合、②は自分自身の行動について確認する場合である。話者の意志を表し、過去の行為や話者に関係のない行為については用いられない。また、相手の行為について用いる場合には、上から評価するニュアンスになるので、目上に対しては用いられない。

  × どれ、資料をごらんください。
  →さて（では）、資料をごらんください。
 ⇨「どら」「どれどれ」「なに・なん」

どれどれ〔何れ何れ〕

(1)① 「今週の *Can Cam* 見た？　ほら、嵐の特集号よ」「**どれ、どれ**？　ちょっと見せて」

 ② （社内会議）「不都合があるなら、できるだけ具体的に説明してください」「いや、特に**どれどれ**が悪いと言ってるわけではありません」

(2)① （子供の風邪）「先生、おのどが痛いって」「**どれどれ**、喉が痛いのか。あーんしてごらん」

 ② （瓶の蓋が開かない）「うーん、ダメ、全然堅くて」「**どれどれ**、お父さんがやってみよう」

【解説】　(1)　複数の物のうちの不定の1つを表す。プラスマイナスのイメージはない。名詞として用いられる。①は疑問を強調する場合で、音調はＨＬＨＬであるが、ふつう中間に空白が置かれ、2語扱いになる。「どれ」の(1)の反復形であるが、「どれ」の(1)よりも不定の対象物に対する話者の関心（期待）の高さを暗示する。②は不特定の1つを指す場合で、音調はＭＨＬＬの4拍で、1語扱いになる。この場合は「どれ」の(1)とほぼ意味は同じであるが、特定の1つを指したくない話者の婉曲（遠慮）の暗示はさらに強くなる。

  特にどれどれが悪いと言ってるわけではありません。
  （本当は言いたくなくもないんですがね）
  特にどれが悪いと言ってるわけではありません。
  （本当はこれが悪いと言いたいんですがね）

(2)　疑問に思ったことについて起こす行動を見て確認する掛け声を表す。プラスマイナスのイメージはない。感動詞として日常会話で用いられる。音調はＨＭＬＬの4拍である。ややくだけた表現で、あらたまった会話には用いられない。話者が疑問に思ったことについて上から評価しながら、これから起こす

どれどれ●

行動を見て確認する掛け声を表し、話者の意志と納得(なっとく)の暗示を伴い、目上に対しては用いられない。

　この「どれどれ」は「どれ」の(2)の反復形であるが、見て確認する以外の行動については用いられない。

　×　どれどれ、出かけるとするか。→<u>どれ</u>、出かけるとするか。

　⇨「どれ」「どらどら」

な　行

な（っ）

(1)① （犬に）ほれ、おやつだよ。食べ**な**。
　② （孫に）ちょっとこっち来**な**。肩揉んでくれたらいいものやろう。
　③ （息子夫婦に）お前たち、もう遅いから、帰ん**な**。
(2)① （道路標識）渡る**な**。
　② 「彼女の元カレは元暴走族で」「それ以上話す**な**」
　③ （夫婦喧嘩）ぎゃーぎゃー騒ぐ**な**。頭がおかしくなる。
　④ （駆け落ち）「このまま逃げましょう」「バカなこと言う**な**」
(3)① （唱歌）海は広い**な**、大きい**な**。
　② ああ、今日はほんとにいい天気だ**な**。
　③ 早く給料日が来ないか**な**。
　④ （交通事故現場）誰か119番してくれないか**な**。
　⑤ （初任給で親に贈り物）お前も一人前になった**な**。
　⑥ （失敗作）だめだ**な**、こりゃ。
　⑦ あいつに謝るなんて絶対に嫌だ**な**。
　⑧ その子の話はほんとだと思う**な**。
　⑨ 証拠隠滅でもされたら困る**な**。
　⑩ （父の日のプレゼント選び）「お父さん、これどう？」「おれはこっちのほうがいいと思うが**な**」
　⑪ （事情聴取）その話はウソじゃないだろう**な**。
　⑫ 以前どこかでお会いしましたか**な**。
　⑬ 「明日中に仕上げます」「うん、できるだけ**な**」
　⑭ （子供の喧嘩）とにかく行って謝ってこい、わかった**な**。
　⑮ （田舎の小学校の教師）お前、ちゃんと聞け**な**。
　⑯ （童謡）お腰につけたきび団子、1つ私にください**な**。
　⑰ （昔の上流家庭）朝御飯、早くなさい**な**。
(4)① あの**な**、悪いことは言わないから、医者へ行ったほうがいいぞ。
　② （家人の外出）あ、それから**な**、ついでにビール買ってきてくれ。
　③ 「私が悪いんじゃないわ」「ほら**な**、いっつもそうやって他人に責任なすりつけるんだから」
(5)① （はしご酒）「もう1軒いこ」「おれは帰るよ」「もう1軒だけ、な、いい

だろ」
② （予言が当たった）**なっ**、おれの言ったとおりだろ。

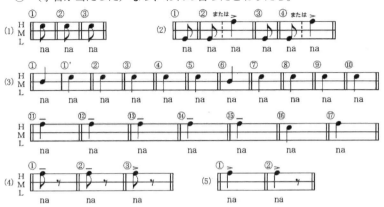

【解説】　(1)　ある行為の命令を表す。ややマイナスよりのイメージの語。終助詞として、動詞の連用形（ます形）について文末に用いられる。比較的ぞんざいな表現で、くだけた日常会話で用いられる。音調は比較的高めのMで、平板にやわらかく発音される。年長者の男性が親しい下位者にやわらかく命令する場合に用いる。愛情の暗示がある。

(2)　ある行為の禁止を表す。プラスマイナスのイメージはない。終助詞として、動詞の終止形（辞書形）について文末に用いられる。主に男性が親しい下位者にくだけた日常会話で命令する場合に用いる。音調は、禁止の意味が強い場合には、前の動詞を強く言って「な」は低いLで付加するだけになり、話者が感情的になっている暗示がある。逆に、動詞をゆっくり発音し「な」を高いHでアクセントをつけて言うと、話者の冷静さが暗示される。

(3)　行為や状態・感慨などを確認する気持ちを表す。プラスマイナスのイメージはない。終助詞として文末の述語に付加される。音調は2通りある。話者自身の感想（①〜③）・感慨（④〜⑥）・判断（⑦〜⑩）を確認する場合には、比較的高めのMでやわらかく発音する。相手に確認をする場合（⑪〜⑰）には、高いHで長めに押しつけるように発音する。ここまでは、原則としてくだけた日常会話で親しい相手に用いることが多い。⑯⑰のように敬体につけた場合には古風な表現になり、⑯は上位者（桃太郎）に対して用い、⑰は上流家庭の女性が自己品位語として命令をやさしく響かせるために用いる。

(4)　(3)から進んで、相手に行為を確認させたい気持ちを表す。プラスマイナスのイメージはない。間投助詞として、感動詞や接続詞の後ろに付加する。男性がくだけた日常会話で、親しい相手に用いることが多い。音調は高いHで

●なあ

ゆっくり押しつけるように発音する。相手を説得したり（①）、相手に依頼したり（②）する場面で、行為を確認させたい気持ちを表す。

(5) (4)からさらに進んで、相手の同意を求めたい気持ちを表す。プラスマイナスのイメージはない。感動詞として用いる。男性がくだけた日常会話で、親しい相手に用いる。音調は高いHで軽いアクセントがつく。「なっ」は後ろに声門閉鎖を伴う場合。自分の提案や発言を確認し、相手の同意を求めたい気持ちを表し、親しみの暗示がある。

(3)〜(5)の「な」は「ね」や「の」に似ているが、「ね」は男女ともに年齢を問わず広く用いられ、納得(なっとく)の暗示がさらに強くなり、相手に念を押すニュアンスになる。「の」は逆に古風な表現で現在では使用者が限られ、納得の暗示は弱まる。

　　　お前も一人前になったな。（今まで苦労が多かったが）
　　　お前も一人前になったね。（えらいぞ）
　　　お前も一人前になったの。（おじいちゃんは自慢だぞ）
　　　な、おれの言ったとおりだろ。　（若い男性が親しい友人に言う）
　　　ね、私の言ったとおりでしょ。　（女性が親しい友人に言う）
　　　の、わしの言ったとおりじゃろ。（老人が目下に言う）
⇨「ね（っ）」「の（っ）」「なあ」

なあ

(1)① （海水浴）ああ、いい気持ちだ**なあ**。
　② （真夏日）暑い**なあ**、ほんとに。
　③ （同棲(どうせい)解消）「さっさと出てってよ」「っるせえ**なあ**」
　④ （孫に）大学、３つも受かったんだって**なあ**、えらいぞ。
　⑤ （道に迷った）こっちでいいんだろう**なあ**。
　⑥ （ＰＣが固まった）だめだ**なあ**、こりゃあ、全然動かない。
　⑦ （父の日のプレゼント選び）「お父さん、これどう？」「おれはこっちのほうがいいと思うが**なあ**」
　⑧ （殺人事件）被害者はさぞ無念だっただろう**なあ**。
(2)① ああ、おれにもっと金があれば**なあ**。
　② あのころに戻れたらいいのに**なあ**。
(3)① 「ちょっと、１万貸して」「あの**なあ**、いい加減にギャンブルから足洗えよ」
　② 「私にだって言いたいことはあるわよ」「だったら**なあ**、はっきり言ったらどうだ」
(4)① （転勤命令）**なあ**、佐藤君。君の能力を存分に発揮できる場所を見つけ

たよ。
② （共同作業）**なあ**、ここんとこ、これでいいんだろ。

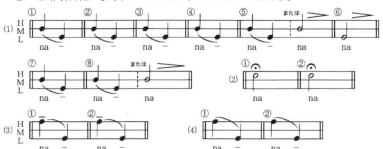

【解説】 すべての場合で「なあ」と平仮名書きする。
(1) 実感を吐露(とろ)する様子を表す。プラスマイナスのイメージはない。終助詞として文末に付加される。男女ともに年齢を問わず、くだけた日常会話で用いられる。音調はＭＬの２拍で、長めに発音される。話者自身の感想（①〜③）・確認（④）・困惑(こんわく)（⑤⑥）・婉曲(えんきょく)（⑦）・推測（⑧）などの実感を吐露する様子を表す。

この「なあ」は「な」の(3)の延音形であるが、相手の行為を確認する場合には用いられない。また、実感の吐露が長い分、思考が停滞(ていたい)しているので、主張は「な」より弱くなる。

× （子供の喧嘩）とにかく行って謝ってこい、わかったなあ。
→（子供の喧嘩）とにかく行って謝ってこい、わかった<u>な</u>。
おれはこっちのほうがいいと思うがなあ。
（君がいいと思うほうでいいよ）
おれはこっちのほうがいいと思うがな。
（おれの好みを尊重(そんちょう)してくれよ）

(2) 願望を吐露する様子を表す。プラスマイナスのイメージはない。条件句に呼応する終助詞として文末に付加される。男女ともに年齢を問わず、くだけた日常会話で用いられる。音調は高めのＭの２拍以上で、同じ高さを保持して適宜延音される。話者の願望を実感をこめて吐露する様子を表す。「な」にはこの用法はない。

(3) 相手に行為を確認させたい気持ちを表す。ややマイナスよりのイメージの語。間投助詞として、感動詞や接続詞の後ろに付加する。男性がくだけた日常会話で、親しい相手に用いることが多い。音調はＨＬの２拍で、ゆっくり押しつけるように発音する。「な」の(4)の強調形で、納得・説得の暗示が強まる。
だったらなあ、言いたいことをはっきり言ったらどうだ。

●なーなー

　　　（おれは冷静にアドヴァイスしているんだぞ）
　　　だったらな、言いたいことをはっきり言ったらどうだ。
　　　（おれの言うことなんか別に聞かなくたっていいけど）
　(4)　(3)から進んで、遠慮がちな呼びかけを表す。プラスマイナスのイメージはない。感動詞として呼びかけに用いる。男性が日常会話で、下位者や親しい相手に用いる。音調はＨＬの２拍である。相手の同意を求めたい場合（①）、教えを請いたい場合（②）などに用い、遠慮・親しみの暗示がある。「な」の(5)の強調形で、遠慮の暗示が加わる。

　　　なあ、佐藤君。札幌支店に行ってくれないかな。
　　　（悪いようにはしないよ）
　　　な、佐藤君。札幌支店に行ってくれないかな。
　　　（よく考えた末の結論なんだ。聞き入れてくれ）

「なあ」は「ねえ」や「のう」に似ているが、「ねえ」は男女ともに年齢を問わず広く用いられ、吐露した実感が相手に向かっているニュアンスになる。「のう」は古風な表現で使用者が限られ、納得の暗示は弱まる。

　　　大学、３つも受かったんだってなあ。（祖父が孫に言う）
　　　大学、３つも受かったんだってねえ。（隣家の主婦が言う）
　　　大学、３つも受かったんだってのう。（田舎の老人が言う）
　⇨「な（っ）」「ねー（っ）」「のー」「なーなー」

なーなー

① 　長年の癒着（ゆちゃく）で検査が**なーなー**になっていた。
② 　班長は問題をいつも**なあなあ**で済ませる。
③ 　君のそういう**なあなあ**主義が問題を長引かせるんだ。

【解説】　不十分なところで妥協する様子を表す。ややマイナスイメージの語。①は「になる」がついて述語になる。②は「で」がついて、述語にかかる修飾語になる。③は「なあなあ主義」の形で名詞を作る。音引きを使う場合と平仮名書きする場合がある。「なあ」の(4)を重ねた語ではあるが、双方が互いに「なあ」と呼びかけ、不十分なところで安易に妥協した結果、好ましくない状態が改善されないで存続する場合に用いる。話者の慨嘆（がいたん）・侮蔑（ぶべつ）の暗示がある。
⇨『現代擬音語擬態語用法辞典』「なーなー」参照。
　⇨「なあ」

なあに〔何〕

(1)①　（子供が）ママ、あそこに見える、あれ、**なあに**。
②　（幼稚園で）「先生、お話してもいい？」「いいわよ。**なあに**」

なあんだ●

③ （なぞなぞ）「こすればこするほど白くなるもの、**なあに**」「……」「日本スピッツ」「へえ」

④ こんなに散らかしちゃって、**なあに**。

(2)① 「お父さん、足、どうしたの？」「いや、ちょっとぶつけただけだ。**なあに**、大したことないさ」

② 「今、彼女にそれ言っちゃまずいんじゃないか」「**なあに**、かまうもんか」

③ 雨が降ってきたけど、**なあに**濡れたって平気だ。

【解説】 すべての場合で「なあに」と平仮名書きする。

(1) 物事についての疑問を表す。プラスマイナスのイメージはない。単独で述語になる。話者は女性が多い。①②は子供が、または大人が子供相手に用いた場合で、音調はＭＬＨの３拍になる。物事についての疑問をやわらかくやさしく表す。③はなぞなぞで用いた場合で、ＭＬＭの３拍になる。この場合はやや客観的な表現で、特定の感情を暗示しない。④は大人が大人相手に用いた場合で、特徴的なＭＨＬＭの音調になる。語末を延音するほど疑問と抗議の暗示が強くなる。

(2) 物事を重大視しない気持ちを表す。ややプラスよりのイメージの語。感動詞（接続詞）として、文頭に用いられる。音調はＭＨＬ、またはＨＬでＭの引っかけがある３拍となる。話者は男性が多く、対象となる物事を軽視する無頓着の暗示がある。

「なあに」は「なに」を延音したものであるが、「なに」は男女ともに用い、冷静（深刻）なニュアンスになる。

　　あそこに見える、あれ、なあに。（お日様が帽子かぶってるのよ）
　　あそこに見える、あれ、何。　　（太陽に暈がかかっているのさ）
　　なあに、かまうもんか。（全然気にしないさ）
　　なに、かまうもんか。　（おれの知ったことか）

⇨「なに・なん」「なあんだ」

なあんだ〔何だ〕

(1)① （子供の誕生日）「これ、**なあんだ**」「プレゼント」

●なあんちゃって

② （なぞなぞ）「男の体の真ん中にぶら下がっていて、伸びたり縮んだりするもの、**なあんだ**」「……」「エッチなこと考えたでしょ。答えはネクタイ」

(2)① （問題が解けた）**なあんだ**、こうやれば簡単だ。

② （娘が帰って来ない）「リエ、今おばさんのうちだって」「**なあんだ**、それならそうとメールくらいすればいいのに」

【解説】 すべての場合で「なあんだ」と平仮名書きする。

(1) 物事についての疑問を表す。プラスマイナスのイメージはない。単独で述語になる。男女ともに日常会話で用いる。音調はＨＭＨの特徴的な音型の3拍になる。物事についての疑問をやわらかく（なぞなぞ的・非日常的に）表す。話者が質問の答えを知っている暗示がある。

(2) 納得や安堵の気持ちを表す。ややプラスイメージの語。感動詞として用いる。男女ともに日常会話で用いる。音調はＭＨＭＬの特徴的な音型の3.5拍になる。物事の真相が判明して（既成事実化されて）、納得（①）・安堵（②）している暗示がある。

「なあんだ」は「なあに」や「なんだ」に似ているが、「なあに」は物事に対する疑問を表すので、話者が答えを知らないで尋ねる場合にも用いられる。また、既成事実化されているニュアンスがないので、対象となる物事を軽視する無頓着な暗示がある。「なんだ」は「なあんだ」より冷静で、現実的な問いかけになる。

×　ママ、あそこに見える、あれ、なあんだ。
　→ママ、あそこに見える、あれ、<u>なあに</u>。
　　なあんだ、こうやれば簡単だ。（意外にあっさり解けたぞ）
　　なあに、こうやれば簡単だ。　（深刻に考えることないさ）
　　なんだ、こうやれば簡単だ。　（時間かけてバカを見た）
⇨「なあに」「なに・なん」「なんだ」

なあんちゃって〔何ちゃって〕

① （プロポーズ）僕が一生かけてお守りしますから、**なあんちゃって**。

② （母親の誕生日）今まで苦労ばかりかけてごめんなさい。これからも苦労かけますけど、よろしく、**なあんちゃってね**。

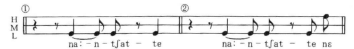

【解説】 自分の発言を揶揄する言葉を表す。ややマイナスよりのイメージの語。「などと言ってしまって」の縮約形だが、比較的若い人がくだけた日常会話で、真面目（まじめ）な内容の文章の末尾に付加して用いる。音調は1拍半の声門閉鎖から始まる特徴的なリズムの音型で、音高はLを維持する。またしばしば語頭を延音し、笑顔（えがお）（破顔（はがん））を伴う。この場合、前に来る文はあらたまった真面目な内容で、きわめて標準的な発音の正しい音調で発音されるため、後ろに続く「なあんちゃって」の特徴的なリズムと低い音高が、前の文との心理の切り替えを明示することになる。前の文の内容を揶揄（やゆ）し、おどけてみせる主体の照れ（皮肉）の暗示がある。声門閉鎖の時間を延ばし語頭を延音すればするほど、揶揄の暗示が強まる。

⇨「なに・なん」

なに・なん〔何〕

(1)① 彼女は**なに**が起こったのかわからなかった。
② 折り入ってお話って、**なん**でしょうか。
③ 今晩、**なに**が食べたい？
④ （電話で）いま、**なに**してるの？
⑤ 最近の子供は**なに**考えてるんだかねえ。
⑥ 奴の話は**なに**が**なん**だか、さっぱりわからない。
⑦ 僕は**なに**が嫌だと言って、人の機嫌（きげん）をとるぐらい嫌なことはない。
⑧ 大口たたいたってあいつに**なに**ができる。
⑨ （論争中笑っている相手に）**なに**がおかしい！
⑩ 文化祭なんて**なに**がおもしろいもんか。
⑪ 今さら昔のことをむしかえして**なん**になる。
⑫ （旅行の待ち合わせに遅刻）「悪い、悪い、ちょっと寝坊……」「**なに**やってんだよ。新幹線とっくに出ちゃったじゃないか」
⑬ （授業中先生が）そこ、**なに**おしゃべりしてるんだ。

(2)① 「ちょっと1万円貸してよ」「悪いけど、今月は支払いが**なに**なもので、ちょっとね」
② うちの子は、私が言うのも**なん**ですけど、勉強はできるんです。
③ 「駅までお送りしましょう」「いや、それではあまりにも**なん**ですから、ここで失礼いたします」
④ 「林君、例の**なに**だけどね」「はっ、**なに**とおっしゃいますと」

●なに・なん

⑤ 課長、見積もりは先方に**なに**しておきました。

(3)① 「パパ、東大落っこった」「**なに**、落ちたか。まあ、他があるさ」

② 「今のお話は初めてうかがいました」「**なに**、ご存じなかったんですか」

③ 「おう、ねえちゃん、いいケツしてるねえ」「**なん**ですか。失礼な」

④ （痴漢に）**なに**よ、嫌らしいわ。（大声で）この人、痴漢です！

(4)① （設計士が）**なに**、あなたも絵描きなら、家の設計ぐらい自分でやってごらんなさい。

② 浮気がバレたからって、**なに**かまうもんか。

【解説】「なん」は「なに」のくだけた発音で、「の・だ・で・と・に」などの助詞・助動詞を伴うとき、数詞の答えを期待するときに用いられる。

（ホテルのフロントで）ここはなに室ですか。

（客室・リネン室など当該の部屋の種類をきく）

（ホテルのフロントで）ここはなん室ですか。

（客室の数をきく）

(1) 物事についての疑問を表す。プラスマイナスのイメージはない。さまざまな助詞を伴い、また単独で、主語になる場合（①⑥⑨⑩）、述語になる場合（②⑥の２つめ）、動作の対象として述語にかかる修飾語になる場合（③〜⑤⑦⑧⑪〜⑬）などがある。音調はＨＭの２拍になることが多い。相手に対する疑問（詰問）の気持ちが強ければ、１拍めにアクセントがつく。①〜④が基本的な物事についての疑問を表す。⑤は「何〜て（い）るんだか」の形で反語の「何も考えていない、理解できない」の意になり、話者の慨嘆の暗示がある。

⑥の「何が何だか」は慣用句で、話題の物事が既成の物事とどのように関連し、どのように位置づけられるのか不明である様子を強調して述べ、話者の困惑(こんわく)が暗示される。⑦の「何が嫌だと言って、～ぐらい嫌なもの(こと)はない」は慣用句的に用いられ、「～がいちばん嫌だ」と強調する。⑧～⑪は反語の用法。⑧は「何もできない」の意になり、話者の侮蔑(ぶべつ)が暗示される。⑨は笑っている内容を問題にする形をとり、「笑うな」という禁止を怒りの暗示を伴って述べる。反語形をとっているため、直接的な「笑うな」よりも禁止の意味が強くなる。⑩は「何が～ものか」という形で、反語の助詞と呼応して強い打ち消しを表し、話者の感情的な反発を暗示する。⑪は「何にもならない」という意で、無力感の暗示がある。⑫⑬はこれらから一歩進んで、相手に対する詰問の用法である。具体的に物事の内容を尋ねているわけではなく、相手の行為を直接責める(なじる)言葉として用いられる。⑬は教室で私語をしている生徒に先生が注意する言葉で、「おしゃべりをやめろ」と言うに等しい。

「なに」は基本的に物事の名前や実体についての疑問を表すが、「どれ」と異なり、範囲を定めずに対象の実体(正体)を問うニュアンスがある。⇨『現代副詞用法辞典』「なに・なん」参照。

(2) 特定の物事を婉曲(えんきょく)にぼかす様子を表す。プラスマイナスのイメージはない。日常会話でのみ用いられる。主語(④)や述語(①～③⑤)などになる。音調はＭＨであまり力を入れずに発音される。物事の実体はわかっているが、名前が思い出せない場合(④の2つめ)、はっきり言及するのがはばかられる場合(①～③)、実体をぼかして話を進めることにより、相手との連帯感を強めたい場合(④⑤)などがある。①には困惑の暗示、②の「私が言うのも何ですけど」、③の「それではあまりにも何ですから」は慣用句的に用いられ、話者の遠慮を暗示する条件句を作る。④⑤には秘密の共有と連帯感の暗示がある。⇨『現代副詞用法辞典』「なに・なん」参照。

(3) 相手の様子を聞き返す様子を表す。ややマイナスよりのイメージの語。感動詞として、日常会話でのみ用いられる。音調は、①②はＨＭまたはＭＨの2通りある。ＨＭのほうが疑問の意が強調される。③④はＨＭで、1拍めに強いアクセントがつく。①～③は相手の発話に対する反応として用いられた場合で、驚き(①②)・意外性(①②)・怒り(③)・慨嘆などの暗示を伴う。④は相手の発話があるかどうかに関係なく、相手の行為に対する詰問(きつもん)として用いられた場合で、嫌悪(けんお)・怒りなどの暗示を伴う。⇨『現代副詞用法辞典』「なに・なん」参照。

(4) 「なに」の形で用いられ、対象を軽視する様子を表す。プラスマイナスのイメージはない。副詞として文中または文頭に置き、日常会話でのみ用いられる。音調はＭＬで軽く発音される。対象の程度やレベルが低いことを軽視し

●なにい

て、結果についての危惧(きぐ)や不安を打ち消すニュアンスで用いられる。⇨『現代副詞用法辞典』「なに・なん」参照。

　⇨「どれ」「なあに」「なあんだ」「なにい」「なんだ」「なあんちゃって」「なんと」

なにい〔何い〕

① （ヤクザの縄張り争い）「この町で商売できないようにしてやるからな」「**なにい**。生意気な口ききやがって、この」
② （事件の重要参考人の遺体発見）**なにい**、奴が死んだって？　こいつぁ、口封じだな。

【解説】　相手の話を聞き返す様子を表す。ややマイナスイメージの語。話者は男性で、下品でくだけた（乱暴な）日常会話で用いられる。音調は２通りあり、ＭＨの３拍の場合はやや冷静で驚きの暗示は少ない。ＨＬＨの４拍の場合は意外性の暗示が強くなり、怒りの暗示もある。

　「なにい」は「なに」の延音形であるが、「なに」が標準的で男女ともに普通に用いるのに対して、「なにい」は下品で乱暴な会話に用いられるため、使用者に制限がある。

　×　「今のお話は初めてうかがいました」「なにい、ご存じなかったんですか」
　　→「今のお話は初めてうかがいました」「<u>なに</u>、ご存じなかったんですか」
　⇨「なに・なん」

なるほど・なるへそ〔成る程・成る臍〕

① 自慢するだけあって、部長の娘は**なるほど**美人だ。
② 話には聞いてたけど、**なるほど**最近の学食っておいしいね。
③ （ＴＶ番組）**なるほど・ザ・ワールド**
④ 社長の話はいかにも**なるほど**と思わせる。
⑤ **なるほど**彼には悪意はなかったかもしれないが、結果として人を傷つけたことに変わりはない。
⑥ 「言い出しっぺがまずやったらどうだ」「**なるほど**」
⑦ 「吉川の奴、最近元気ないね」「香にあんまりしつこくして、ヒジ鉄食らったのよ」「**なあるへそ**」
⑧ （取り調べ）「３月３日はどこにいたの」「えーと、ケーキを買いに10時過ぎに家を出て……」「**なるほど**」「ついでに子供服とか見て……」「**なる**

ほど、なるほど、それから？」

【解説】 納得している様子を表す。ややプラスよりのイメージの語。①②は述語にかかる修飾語、④は述語、⑤は「なるほど〜が」の形で条件句を作る。⑥〜⑧は感動詞の用法である。男性が用いることが多い。「なるへそ」は「なるほど」をふざけて言った形で、「ほど」を「ほぞ（臍）」に洒落たものと思われるが、近年あまり用いられないようである。感動詞の場合には、しばしば「なあるほど」「なあるへそ」と延音される。腕組みの動作を伴うこともある。音調は、①〜④⑧はＬＭＭＭの4拍である。相手の話を受け入れ、理解し、納得する暗示がある。⑤⑥はＬＭＭＭとＨＭＬＬの2通りあり、ＨＭＬＬの場合には自分の理解・納得がより強調される。⑦はＬＭＭＭで、1拍の中でなめらかに上昇する。④は話を聞く人が感心して納得するような話のしかたをするという意、⑤は「なるほど〜が」の形で条件句を作り、彼に悪意がないことは納得できるが、人を傷つけたことは納得できない（許されない）という意を表す。⑧は警察の取り調べでよく用いられ、相手の話を理解して納得した様子を示すことによって、相手に安心感を与え、話を続けさせようとするものである。

　「なるほど」は主体がそれまでの知識を再認識し、その価値や評価を納得するという意味で、主体が納得するに際して対象を評価して理解するニュアンスがある。そのため、はっきり目上とわかっている人の言動について用いると非礼になることがある。

　？ 「君は少しまじめすぎるね」「なるほど、私もそう思っていました」
　　→「君は少しまじめすぎるね」「そうですね、私もそう思っていました」

なんだ〔何だ〕

(1)① 「例の話だけど」「えーと、**なんだ**っけ」
　② 彼の話は何が**なんだ**か、さっぱりわからない。
　③ 学校が**なんだ**、偏差値が**なんだ**。
　④ あいつは親を**なんだ**と思ってるんだ。

●なんだ

⑤ 「今日、残業してくれないか」「私、嫌です」「上司に向かって嫌とは**なんだ**」

⑥ （ヤクザにからまれた）「僕は警察に知り合いがいるんだぞ」「だから**なんだ**ってんだよ」

(2)① こう言っちゃあ**なんだ**が、君は少し強引だね。

② すると**なんだ**、君が左遷(させん)されて、代わりに田中君が課長になったってわけだ。

(3)① **なんだ**、その態度は。文句があるんなら言ってみろ。

② （喧嘩(けんか)）「**なんだ**よ」「お前こそ**なんだ**よ」

(4)① （受付嬢が外線電話に）「日本語コスモスでございます」「あの、浅田の家の者ですが、おりますでしょうか」「**なんだ**、和子か、何の用」

② 「慶子たち、結婚するんだって」「来月の20日だろ」「**なんだ**。知ってたの」

③ （朝、子供に）**なんだ**、まだいたの。遅刻するわよ。

【解説】 (1) 物事についての疑問を確認する様子を表す。プラスマイナスのイメージはない。主に男性が日常会話で述語として用いる。音調はＨＬの２拍が原則である。①が基本的な疑問の用法、②は「何が何だか」の形で慣用句を作り、話題中の物事が既成の物事とどのように関連し、どのように位置づけられるのか不明である様子を強調して述べ、話者の困惑(こんわく)が暗示される。③～⑥は反語の用法で、文字どおりには「何者でもない」という意であるが、話者の怒りや侮蔑を婉曲(えんきょく)に強調する。⑥の「だから何だって言うんだ」は慣用句的に用いられ、相手の発言をまったく問題にせず侮蔑する様子を表す。

(2) 特定の物事を婉曲にぼかして確認する様子を表す。プラスマイナスのイメージはない。主に男性が日常会話で用いる。音調はＬＭまたはＭＭの２拍で、あまり力を入れずに発音される。①は「こう言っちゃあ何だが」の形で慣用句を作り、話者の遠慮を暗示する。②は間投詞として用いられ、話者にとってはっきり言及するのをはばかられる内容を語りだす前に用いられ、ためらいの

心理が暗示される。

(3)　相手の言動や態度に文句をつける言葉。マイナスイメージの語。主に男性が日常会話で感動詞または述語として用いる。音調はＨＬまたはＭＬの３拍だが、しばしば１拍めを延音する。１拍めが低いほうが威圧感がある。相手の言動や態度に文句をつけたり、喧嘩を売ったりするときに用いられ、挑発・嫌悪などの暗示を伴う。

(4)　納得の気持ちを表す。プラスマイナスのイメージはない。感動詞として、男女ともに日常会話で用いられる。音調は低めのＭＬで発音されることが多いが、瞬間的にＨを経由することもあり、また、ＨＬのときは驚きの暗示が強調される。話者が状況を既成事実として納得した気持ちを表し、他に意外性・落胆・安堵・疑念などの暗示を伴うこともある。

「なんだ」は「なに」に「だ」がついた語であるが、当該の物事や言動・状況を既成事実として自分の中で確認するニュアンスがあり、その前提の上での感想を述べるニュアンスになる。

　　「東大落っこった」「なんだ、落ちたのか」
　　（前に「楽勝」とか言ってなかったか）
　　「東大落っこった」「なに、落ちたのか」
　　（それは意外だ）
⇨「なに・なん」「なあんだ」

なんと〔何と〕

(1)①　サクラのことをドイツ語では**なんと**言いますか。
　②　**なんと**お礼を申し上げたらよいか、言葉もありません。
　③　いつまでもニートの息子を**なんと**したものか困っている。
　④　彼の成績は取り立てて**なん**ということもない。
(2)①　**なんと**きれいなお着物だこと。
　②　谷さんの姉という人は、**なんと**いう美しさだろう。
　③　街で出会った人に何の保証もなく１万円も貸してあげるなんて、**なんと**まあ、あきれたお人好しね。
　④　（殺人犯の母親）息子がとんでもないことをいたしまして……、**なんと**お詫びを申し上げたらよいか……。
　⑤　（気の強い恋人）アケミの奴、部屋を飛び出すや**なんと**はだしで追いかけてきたんだ。
　⑥　「町田君、手塚治虫の弟子だったんだって」「**なんと**。道理でタッチがそっくりだと思った」
　⑦　（逆転サヨナラ満塁ホームラン）**なんと**、**なんと**。

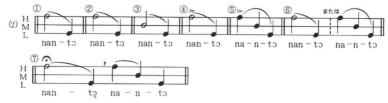

【解説】 (1) 不定の内容を表す。プラスマイナスのイメージはない。述語にかかる修飾語になる。③の「なんとしたものか」はやや古風なニュアンスのある慣用的な表現で、「どうしたらよいだろうか」という意。④の「なんということもない」も慣用句的に用いられ、ごく普通で特筆に値しないという意である。客観的な表現で、特定の感情を暗示しない。くだけた場面では「なんて」を用いる。⇨『現代副詞用法辞典』「なんと」参照。

(2) 状態や程度がはなはだしいことに特に言及する様子を表す。プラスマイナスのイメージはない。②の「なんという」は「なんと」を強調する。①～④は述語にかかる修飾語、⑤は文中に適当に挟む間投詞、⑥⑦は感動詞の用法である。音調はＨＬまたはＨＭＬまたはＭＬの3拍で、しばしば1拍めにアクセントがつく。繰り返す場合には、1度めの「と」は無声化することがある。①～④の用法は、よりくだけた場面では「なんて」を用いる。誇張と軽い衝撃・あきれなどのニュアンスがあるが、対象の状態との間に心理的な距離があり、話者はやや冷静である。⇨『現代副詞用法辞典』「なんと」参照。

⇨「なに・なん」

にゃーん

① 帰宅するとタマが**にゃーん**と鳴きながら玄関に出迎えた。

② (ラブラブカップル)「はい、お肉ね、あーん」「おいちいでちゅ」「次はお豆腐ね」「**にゃーん**、スリスリ」

【解説】 猫が甘えて長く鳴く声を表す。プラスマイナスのイメージはない。実際の音声を描写する用法で用いる。①は基本的な猫の鳴き声の描写。②は人間が猫の鳴きまねをした場合で、音調は高めのＭで適宜延音する。猫が飼い主に対してするような甘え・媚の暗示がある。

ね (っ)

(1)① (満開の桜)わあ、きれい**ね**。あの柳と交互に植わってるところ。

ね(っ)

② 小熊さん、ほんとうにお料理がお上手ね。
③ 「田舎(いなか)の父は今年90歳になります」「まあ、お元気ですね」
④ 「毎日、よく降りますね」「ほんとですね」
⑤ 「ああ、いい加減疲れたね」「うん、おれもね」
⑥ （姑(しゅうとめ)が）あんたたち、いつまでも仲良くていいわね。
⑦ 「ホテルと旅館、どっちが好き？」「旅館のほうが落ち着くと思うね」
⑧ 彼女はほんとうは寂しかったんじゃないでしょうかね。
⑨ 僕ならそんな物騒な所へは行きませんけどね。
⑩ 君の持ってる物、それはいったい何かね。
⑪ （深夜にチャイム）こんな時間に誰でしょうね。

(2)① 明日必ず９時に迎えに来てくださいね。
② 今度の春休み、絶対遊びに来てね。
③ ごめんなさいね。悪気はなかったのよ。
④ （子供に）いいわね、約束よ。
⑤ 「ガラス割ったの、お前だね」「ちげえよ」
⑥ （遠足）みんな、忘れ物はありませんね。
⑦ あの資料、もうご覧になってくださいましたよね。
⑧ 「納豆(なっとう)、好きじゃなかったんだよね」「いや、好きだよ」

(3)① それでね、ちょっと遅れて店に行ったらさ、もうね、みんな完全に出来上がっちゃってるのよ。
② （秘密の暴露(ばくろ)）私ね、彼の秘密、知ってるの。
③ だからね、何度言ったらわかるの。もうやめなさいって。

(4)① ね、みんなちょっと聞いて。
② ね、カナちゃん、今度ママに会いたいって伝えてくれるかな。
③ （怪しい隣人）夜中にガタガタ家具を揺らしたり、妙な呪文(じゅもん)みたいなの唱えたり……。絶対おかしいですよ。ねっ？
④ ねっ。私の言ったとおりでしょ。

(5)① （若夫婦の出産）「おれ、今夜はいたほうがよくね」「だいじょうぶよ。ちゃんとバイトに行って」
② 最近、猛暑日(もうしょび)って多くね。

【解説】 (1) 理解や共感を求める様子を表す。プラスマイナスのイメージはない。終助詞として会話の文末に置いて用いられる。音調は短いMまたはHで、相手に共感を求める意志が強いほど高くなる傾向がある。感動（①）・お世辞（②）・慨嘆（④⑤）・嫉妬（⑥）・異見（⑦）・確認（⑧）・主張（⑨）・疑問（⑩⑪）などの気持ちに対する理解や共感を求める。そのため、「ね」をつけない場合に比べて、文体がやわらかくなり、コミュニケーション力が上がる（疑問の場合には、相手が答えざるを得なくなる）。

　　　君が疑問に思っていること、それは何かね。（答えなさい）
　　　君が疑問に思っていること、それは何か。　（私はこう考えた）

(2) 相手に念を押す様子を表す。プラスマイナスのイメージはない。終助詞として会話の文末に置いて用いられる。音調は短いHで、相手の同意を求める意志が強いほど音も高く強くなる傾向がある。

(3) 相手の反応を見ながら話を進める様子を表す。プラスマイナスのイメージはない。間投助詞として、くだけた会話の文節の後ろに付加して用いる。音調は短いMで、高いほど子供っぽく聞こえる。自分の話を相手が聞いているかどうか、確認しながら話を進める様子を表し、念押しの暗示がある。

(4) (2)(3)から進んで、相手の注意を喚起する呼びかけを表す。プラスマイナスのイメージはない。感動詞として日常会話で文頭に置いて用いることが多いが、倒置して単独で用いることもある（③）。音調は短いHで、相手の同意を求める意図がはっきりしている場合には、Hに軽いアクセントがつき、しばしば後ろに声門閉鎖を伴う。単なる呼びかけではなく、これから話す内容が相手にとっても重要で、ぜひとも承諾してほしい内容であることの念を押すニュアンスになる。

「ね」は「な」や「の」に似ているが、「な」は男性がくだけた日常会話で、親しい相手に、自分の提案や発言を確認し、相手の同意を求めたい気持ちを表し、親しみの暗示がある。「の」は逆に古風な表現で現在では使用者が限られ、納得の暗示は弱まる。

(5) 否定疑問を表す。プラスマイナスのイメージはない。打ち消しの助動詞「ない」のくだけた表現「ねえ」が短縮されたもので、若い人がくだけた日常会話で用いる現代語用法。音調は文節全体を平板に発音する特徴的なもので、

全体としてLMHとなり、短めに発音される。気やすさの暗示がある。
　この「ね」はくだけた日常会話用法が中心で、文字表記されることは少ないが、文字表記された場合、文末に疑問を表す「？」をつけないことが多いので、(2)と区別ができないこともある。

　　　（レストランで中年女性が）野菜、多く**ね**。（もっと欲しい）
　　　（レストランで若者が）野菜、多く**ね**。　　（自分には多すぎる）
　⇨「な（っ）」「の（っ）」「ねー（っ）」「あのね・あのねえ」「さ（っ）」「よ（っ）」

ねー（っ）

(1)① （五月晴れ）いいお天気です**ねえ**。
　② （梅雨）毎日毎日、よく降る**ねえ**。
　③ （個展で）実にすばらしいです**ねえ**。
　④ （徹夜明け）みんな、ゆうべは大変だった**ねえ**。
　⑤ （顔のシミ）いいわ**ねえ**、若い人は。お肌がきれいで。
　⑥ 彼女はほんとうは寂しかったんじゃないでしょうか**ねえ**。
　⑦ あの男が知らないはずはないと思うが**ねえ**。
　⑧ （深夜にチャイム）こんな時間に誰でしょう**ねえ**。
　⑨ 原発事故の始末もできてないのに、何がオリンピックか**ねえ**。
(2)① それが**ねえ**、よく聞いたらひどい話で**ねえ**。
　② （デキちゃった婚）お前**ねえ**、物事には順番があるんだよ。
　③ （幼稚園で）あの**ねえ**、ぼく**ねえ**、きのうママとケンカしちゃったんだ。
(3)① 「**ねえ**、あなた、ちょっと起きて」「ん？　何だよ」
　② **ねえねえ**、聞いて。大ニュースよ。
　③ 春美が消えたんだから、私が代わりに入ってもいいでしょ。**ねえっ**。
(4)① （自慢話）「私たち、お嬢様だもん」「**ねーーーっ**」
　② この話は誰にも秘密だもん。**ねーーーっ**。
(5)① （事情聴取）「お前がやったんだろう」「おれは何にも知ら**ねえ**よ」
　② 言い合いはもういい加減よさ**ねえ**か。
　③ 「おい、サツが来るぞ」「いいじゃ**ねえ**か。証拠は**ねえ**し、オレたちのアリバイ証明してくれることになるんだから」

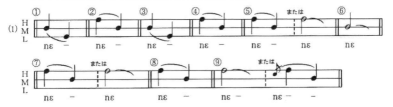

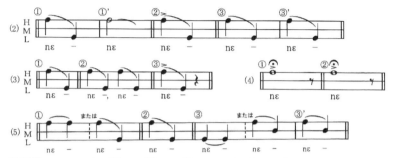

【解説】 ここでは、「ねー」「ねえ」「ねーー」などさまざまな表記をされ、「ね」を2拍以上延音したものをまとめて扱う。

(1) 納得した実感を吐露する様子を表す。プラスマイナスのイメージはない。終助詞として会話の文末に置いて用いられる。「ねえ」と平仮名書きされる。音調はＭＬまたはＨＭの2拍が基本だが、実感が深いほど語末が延音され、引っかけがつく場合（⑨）もある。逆に音高が変わらない場合はやや冷静な表現になる。共感（①④⑥）・慨嘆（②⑤⑨）・感動（③）・ねぎらい（④）・羨望（⑤）・疑念（⑦⑧）・不審（⑧）などの実感を吐露する様子を表す。「ね」の(1)の延音形であるが、相手に理解や共感を求めるニュアンスが少ないので、独り言の場合（②⑤⑨）にも用いられる。

×（梅雨）毎日毎日、よく降るね。
いいお天気ですねえ。（ほんとうにいい気持ちですよ）
いいお天気ですね。　（あなたもそう思うでしょ）

(2) 相手に理解を求めながら話を進める様子を表す。プラスマイナスのイメージはない。間投助詞として、くだけた会話の文節の後ろに付加して用いる。「ねえ」と平仮名書きされる。音調はＨＬで、しばしばＨにアクセントがつく。自分の話を相手にきちんと聞いてほしいニュアンスで、共感（①）・説得（②）・遠慮や照れ（③）などの暗示を伴う。「ね」の(3)の延音形であるが、「ね」よりも相手への働きかけが強い。

お前ねえ、物事には順番があるんだよ。（けじめはつけろよ）
お前ね、物事には順番があるんだよ。　（聞いてるか）

(3) (2)から進んで、相手の注意を喚起する呼びかけを表す。プラスマイナスのイメージはない。感動詞として日常会話で文頭に置いて用いるが、倒置して単独で用いる場合（③）もある。「ねえねえ」は反復形。音調はＨＬの2拍で、相手の同意を求める意図が強い場合には、Ｈにアクセントがつき、しばしば後ろに声門閉鎖を伴うこともある（③）。単なる呼びかけではなく、これから話す内容が相手にとっても重要で、ぜひとも承諾してほしい内容であることの念

を押すニュアンスになる。「ね」の(4)の強調形。

　(4)　相手が同意見であることを確認する声を表す。ややプラスよりのイメージの語。感動詞としてくだけた日常会話で用いる。「ねーー」と必要拍数の音引きで表記される。話者は若い女性が多い。音調はHを3拍以上延音し、後ろに声門閉鎖を伴う。会話の相手に自分と同意見であることを求め、それを2人で確認する声で、しばしば唱和する。納得・連帯感(れんたいかん)の暗示がある。「ね」にはこの用法はない。

　「ねえ」は「なあ」や「のう」に似ているが、「なあ」は実感を吐露するにとどまり相手に向かうニュアンスが弱い。「のう」は古風な表現で使用者が限られ、納得の暗示は弱まる。

　(5)　打ち消しを表す。ややマイナスよりのイメージの語。動詞の未然形、形容詞の連用形（ます形）、「じゃ（では）」などについて述語になる。形容詞の「ない」および打ち消しの助動詞「ない」のくだけた表現で、主に男性が乱暴(で下品)な日常会話で用いる。①の音調は2通り考えられる。1つはHHになる場合で、あくまで主張を曲げない話者の意志の暗示がある。もう1つはHLと下がる場合で、話者がやや弱気(よわき)になり、この後、前言をひるがえす可能性を示唆(しさ)する。②はHLで、話者の確信と説得(せっとく)の暗示がある。③の最初の例の音調は2通りある。1つはLLになる場合で、話者の確信と自信の暗示がある。もう1つはHMになる場合で、相手に対して親身(しんみ)になって説得する暗示がある。③の2番めの例（③′）の音調はHMで、話者の確信を暗示する。

　⇨「ね（っ）」「なあ」「のー」「あのね・あのねえ」

ねんねんよ

　①　（赤ん坊をおんぶして）**ねんねんよう**。おころりよう。

【解説】　赤ん坊を寝かせるときに言う言葉。プラスマイナスのイメージはない。歌のようにメロディーをつけて、（赤ん坊が眠るまで）何度も単調に反復して用いる。音調は地方によっていろいろあるが、一例を挙げておく。赤ん坊を背負ったり抱いたり添い寝したりしながら、音調に合わせて体を揺すったり軽くたたいたりするため、催眠(さいみん)効果がある。近年、赤ん坊を寝かせるとき保護者が側にいない場合が少なくなく、あまり聞かれなくなっている。

の（っ）

(1)①　（柩(ひつぎ)に眠る幼なじみの老婆に老人が）ありがとな。また会おう**の**。

●の一

② (孫の喧嘩) とにかく謝らにゃいかん。わかった**の**。
(2)① だから**の**、さっき言ったじゃろが。もう忘れたんかいな。
(3)① ええ**の**、みんなわしがやったことじゃ。**のっ**。

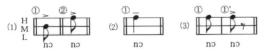

【解説】 (1) 行為や状態・感慨などを確認する気持ちを表す。ややプラスよりのイメージの語。終助詞として会話の文末の述語に付加される。音調は短いMまたはHで軽いアクセントがつく。古風な表現で、現代では地方の男性老人が用いるくらいである。何もつけない場合に比べ、感慨・親愛などの暗示を伴う。

(2) (1)から進んで、相手に行為を確認させたい気持ちを表す。プラスマイナスのイメージはない。間投助詞として、くだけた会話の文節の後ろに付加する。音調はHでゆっくり発音する。古風な表現で、現代では地方の男性老人が用いるくらいである。

(3) (2)からさらに進んで、相手の同意を求めたい気持ちを表す。プラスマイナスのイメージはない。感動詞として用いる。①の最初は(2)の用法、2つめがこの用法である。音調は高いHで軽いアクセントがつく。「のっ」は後ろに声門閉鎖を伴う場合。古風な表現で、現代では地方の男性老人が用いるくらいである。

(1)(2)(3)とも、現代では「な」や「ね」が標準的に用いられる。
⇨「な (っ)」「ね (っ)」「の一」

の一

(1)① (タンカー見学) 大きい**のう**。わしが乗ってた船とはえらい違いじゃ**のう**。
② 以前どこかでお会いしましたか**のう**。
(2)① 昔は**のう**、あっちにもこっちにもため池があったが**のう**、今はもう何もかんものうなった。
(3)① (自殺未遂の若者に老人が) **のう**、お若いの。なぜそう死に急ぐ。
(4)① (民謡)「富士の白雪ゃノーエ」「ア、そーれ」

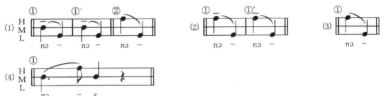

【解説】 (1)〜(3)は「のう」と平仮名書きする。
　(1)　実感を吐露(とろ)する様子を表す。プラスマイナスのイメージはない。終助詞として文末に付加される。音調はＭＬまたはＨＬの２拍で、長めに発音される。古風な表現で、現代では地方の男性老人がくだけた日常会話で用いるくらいである。「の」の(1)の延音形だが、実感が自分に向かっているので、相手の行為を確認する場合には用いられない。
　×　（孫の喧嘩）とにかく謝らにゃいかん。わかったのう。
　　→（孫の喧嘩）とにかく謝らにゃいかん。わかった<u>の</u>。
　(2)　相手に行為を確認させたい気持ちを表す。プラスマイナスのイメージはない。間投助詞として、会話の文節の後ろに付加する。音調はＨＬの２拍で、ゆっくり発音する。古風な表現で、現代では地方の男性老人がくだけた日常会話で用いるくらいである。「の」の(2)の強調形だが、自分の感慨に意識が集中しているので、相手を自分のペースに巻き込む暗示がある。
　　　昔はのう、あっちにもこっちにもため池があったがのう、
　　　（わしはあのころが懐(なつ)かしくてたまらんのだよ）
　　　昔はの、あっちにもこっちにもため池があったがの、
　　　（今は１つもなくなってビルばかりになってしまったよ）
　(3)　(2)から進んで、呼びかけを表す。ややプラスイメージの語。感動詞として呼びかけに用いる。音調はＨＬの２拍である。古風な表現で、現代では地方の男性老人がくだけた日常会話で用いるくらいである。下位者に対する遠慮・慈愛(じあい)・同情などの暗示がある。この用法は「なあ」や「ねえ」では代替(だいたい)できない。
　(4)　(1)(2)から進んだ用法で、民謡の合の手の声を表す。プラスマイナスのイメージはない。間投助詞として文節末に「え」とともに付加され、この曲は「ノーエ節」の名がある。音調は特徴的なＭＨＭで、後ろに息継ぎのための空白が１拍分入る。客観的な表現で、特定の感情を暗示しない。
　⇨「の（っ）」「なあ」「ねー（っ）」「え（っ）」

は　行

は（っ）

(1)① かじかんだ手に**はっと**一息吹きかける。
　② 病人は**はっはっ**とせわしない呼吸をしていた。
　③ （室内犬）寝ている顔の上に**はっはっはっはっ**熱い息を吹っかけられたら、おちおち朝寝もしていられない。
(2)① （社長の特命）「佐藤君、君を見込んでぜひ頼みたいことがある」「**は**、なんなりと」
　② （時代劇）「伊豆守(いずのかみ)を呼んでまいれ」「**はっ**」
　③ （時代劇）「いいか、者ども。ぬかるな！」「**はっ**」
(3)① （間違い電話）「もしもし、西日本大学ですか？」「**はっ？**　違いますけど、何番におかけですか」
　② （田舎者(いなかもの)）「あのう、横浜駅はどの道を行ったらいいんでしょうか」「**はっ？**　ここ埼玉ですよ。横浜行きたいんなら、電車に乗らないと」
　③ （いじめ）「万引きなんてもうやりたくない」「**はっ？**　お前が自分からやるって言ったんじゃん。おれらが無理にやらせたって言うわけ？」
(4)① 突然名前を呼ばれて**はっと**驚いた。
　② 電車を降りてから忘れ物に**はっと**気がついた。
　③ 居眠りをしていたら指名されて**はっと**我に帰った。
　④ （刑事が）遺留品を見て犯人の動機に**はっと**思い当たった。
　⑤ 戦争の悲惨な写真に**はっと**息をのんだ。
　⑥ 「火事だ！」の声に**はっ**として飛び起きた。
　⑦ 教え子に研究の弱点を衝(つ)かれて**はっと**した。
　⑧ 横綱は相手のはたきに一瞬**はっと**させられた。
　⑨ （恋人の和服）**はっと**するほどきれいだね。
　⑩ **はっと**するほど奇抜なデザインのビルが建った。
　⑪ パイロットのヒヤリ**ハット**体験をまとめる。

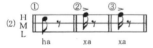 

【解説】（1）　自然に口を開いて１回短く勢いよく息を吐き出す音や様子を表す。プラスマイナスのイメージはない。「はっと」の形で述語にかかる修飾語にな

る。「はっはっ」「はっはっはっはっ」は断続・反復形。声帯は鳴っていないことが多い。客観的な表現で、特定の感情を暗示しない。

　息を1回吐く音や様子を表す語としては、他に「ひっ」「ふっ」「へっ」「ほっ」などがあるが、「ひっ」は唇を横に引き瞬間的に息を吸う音や様子を表し、驚き・恐怖などの暗示がある。「ふっ」は口をあまり開けずに弱い息を1回吹きかける音や様子を表し、意図的に息を吹きかけたりごく軽くため息を漏らしたりする場合にも用いる。「へっ」は口を横に開き歯を見せる表情で1回短く勢いよく息を吐き出す音や様子を表し、しばしば疑問・侮蔑・意外性・嫌悪の暗示がある。「ほっ」は口を丸く開いて体の奥から深い息を短く吐き出す音や様子を表し、安堵の暗示がある。⇨『現代擬音語擬態語用法辞典』「はっ」参照。

(2)　肯定の返事を表す。ややプラスイメージの語。感動詞として応答に用いる。音調は高めのMまたはHで短く発音され、しばしば後ろに声門閉鎖を伴う。話者が緊張して返事をしている暗示があり、緊張は敬意の表現であるため、絶対的上位者からの命令を承諾する場合に用いる。返事と同時に平伏する動作を伴うことも多い。現代では人間の上下関係が相対化しているので、上位者に肯定の返事をする場合には「はい」のほうが普通に用いられる。

(3)　意外なことを聞き返す声を表す。ややマイナスよりのイメージの語。感動詞として文頭に用いられる。音調は少し長めのHで、後ろに声門閉鎖を伴う。引っかけを伴う場合（③）もある。表記する場合には「？」をつける（つけないと(2)の意味に受け取られる）。話者が相手の発言や様子に驚き、聞き返す声を表し、意外性・不審・抗議などの暗示がある。

(4)　一瞬緊張する様子を表す。ややマイナスよりのイメージの語。「はっと」の形で、①〜⑤は述語にかかる修飾語になる。⑥〜⑧は「する（させる）」がついて述語になる。⑨⑩は「する」がついて名詞にかかる修飾語になる。⑪は「ヒヤリハット体験」の形で名詞を作る。突然の意外な物事に遭遇したり、真相に思い当たったりしたとき、一瞬呼吸を止めて緊張する様子を表し、緊張・驚き・意外性・危惧の暗示がある。⑪の「ヒヤリ」は危険・恐怖・危惧を感じる様子、「ハット」は緊張・驚き・危惧を感じる様子を表す。⇨『現代擬音語擬態語用法辞典』「はっ」参照。

　⇨「ひ（っ）」「ふ（っ）」「へ（っ）」「ほ（っ）」「はい（っ）」「はー（っ）」「はは（っ）・ははー（っ）」「ははん・ははーん」

はー（っ）

(1)①　かじかんだ手に**ハーッ**と息を吹きかける。

②　彼は徹夜で仕上げた書類を部長に提出すると、席にどっかりと腰を下ろ

●はー(っ)

　　してハーーとため息をついた。
③　（熱いお茶をひとすすり）はーー。うまいねえ。
④　（サーカス）はーーっ、すっごいねえ。よく落っこちないもんだ。
⑤　休暇明けに出社したら机の上に書類の山があって、ハーーッってなっちゃった。

(2)①　（お見合い）「あのう、ご趣味は……」「はあ、空手(からて)を少々」
②　（社長からの注意）「いったい管理はどうなってるんだ」「はあ、いちおう現場のわかる者が交代で行っておりますが……」
③　（初心者指導）「大丈夫ですか」「はあ、なんとか」
④　（デモンストレーション）はあ、なるほどね。ああやるのか。

(3)①　（交渉決裂(こうしょうけつれつ)）「申し訳ないんですが、御社(おんしゃ)とは今後お取引きしないということに……」「はあっ？　何ですって？」
②　（合コン）「おれたち、先に帰るから」「はあっ？　抜け駆けかよ」

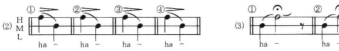

【解説】　(1)　自然に口を開いて大きく息を吐き出す音や様子を表す。プラスマイナスのイメージはない。①～④は実際の音声を描写する用法、⑤は「となる」がついて述語になる。後ろに「っ」がある場合もない場合も、実際に出ている音は変わらないことが多い。音引きを用いるが、平仮名・カタカナ両用で用いられる。声帯は鳴っていないことが多い。体の奥から深く大きく息を吐き出す様子を表し、しばしばため息（②）、真情の吐露(とろ)（④）や憔悴(しょうすい)・失望（⑤）などを暗示することがある。「は（っ）」の(1)の延音形。

　息を長く吐く音を表す語としては、他に「ひー」「ふー」「ほー」などがあるが、「ひー」は唇を横に引いて（歯を食いしばって）吐く声で、しばしば悲鳴(ひめい)を表し、恐怖・危惧の暗示を伴うことがある。「ふー」は唇を小さくすぼめて吐く息で、しばしば意図的に息を吹きつける様子を表す。「ほー」は口を丸く開いて体の奥から息を吐き出す音や様子を表し、このとき声帯は鳴っていることが多く、安堵・感嘆(かんたん)・驚きのため息を表す。⇨『現代擬音語擬態語用法辞典』「はー（っ）」参照。

　(2)　肯定の返事を表す。ややプラスよりのイメージの語。感動詞として応答に用いる。「はあ」と平仮名書きする。音調はＨＭの２拍で、語尾は力が抜けて自然に下がる。丁寧ではあるが、緊張が途中で解け力が入っていないので、返事としては確信がなく、遠慮（①）・弁解(べんかい)（②）・心配・困惑(こんわく)（③）などの暗示がある。自問自答する場合（④）は納得(なっとく)の暗示があるが、質問文がない場合は(1)の意味と区別がむずかしい。

肯定の返事としては「はい」もあるが、「はい」は主体が緊張した状態で顔を縦に振ることによって口が狭められて出る返事を表し、敬意・確信と全面的な同意（受容）の暗示がある。

　　「ご趣味は……」「はあ、空手を少々」
　　（自慢できるような腕前ではありませんが）
　　「ご趣味は……」「はい、空手を少々」
　　（今度、ぜひ一度試合を見に来てください）

⑶　意外なことを聞き返す声を表す。ややマイナスイメージの語。感動詞として文頭に用いられる。「はあっ」と平仮名書きする。音調はＭＨの３拍以上で、適宜延音される。表記する場合には「？」をつける（つけないと⑴または⑵の意味に受け取られる）。話者が相手の発言や様子を驚き、聞き返す声を表し、意外性・不審・抗議などの暗示がある。「は（っ）」の⑶の誇張形。
　⇨「は（っ）」「ひー（っ）」「ふー（っ）」「ほー（っ）」「はい（っ）」「はーはー」「えー（っ）」「すーはー」

ばあ（っ）

①　（赤ん坊に）いないいない**ばあ**。
②　うちの孫は「**ばあっ**」と顔を見せると、声をあげて笑う。

【解説】　赤ん坊をあやすとき、両手で顔を隠してからそれを広げて顔を現す動作をしながら出す掛け声を表す。プラスマイナスのイメージはない。感動詞として用いる。①は「いないいないばあ」の形で用いる基本形で、「いないいない」で顔を両手で隠し、「ばあ」で現す。このとき口を大きく開け、目を見開いて笑う顔になる。音調はＨＬと自然に語尾が下がる。②は単独で用いられた場合で、音調はＨＭの２拍でやわらかく発音されるか、逆にＭＨと上昇する。「ばあっ」は後ろに声門閉鎖を伴う場合。話者自身が赤ん坊に同調して幼稚さを演じている暗示がある。
　⇨「べろべろばあ」

はーい

⑴①　（家政婦に）「咲子さん、ちょっと」「**はーい**。ただいま」
　②　（病院で）「浅田秀子さん、お入りください」「**はーい**」
　③　（幼稚園で園児に）「みなさん、かばんを持ちましたか」「**はーい**」
　④　（しつこい念押し）「絶対お願いしましたよ」「はい、わかりました」「ほ

●はーはー

んとでしょうね」「もちろん」「ほんとお願いしましたよ」「**はーい**」
(2)① (昔の子供の遊びの誘い)「ひーでーこーちゃん、あーそーびーまーしょ」
「**はーあーい**」

【解説】 (1) 肯定の返事を表す。プラスイメージの語。感動詞として応答に用いる。「はい」の遠隔表現で、実際に質問者と応答者の距離が遠い場合(①②)は、音調はHを適宜延音し語尾は自然に下がる。子供が大勢で元気よく返事する場合(③)、大人が用いる場合(④)の音調は、Hを保ったまま延音する。肯定の返事としては丁寧で全面的な承諾(しょうだく)を表すが、通常の距離で大人が用いると、子供っぽく聞こえるか、上辺(うわべ)だけの返事(生(なま)返事)(④)に受け取られる可能性がある。

この「はーい」は「はいー」に似ているが、「はいー」は話者が納得しておらずしかたなく承諾している不本意(ふほんい)の暗示がある。

「今すぐ来てください。早くね」「はーい」(わかってますよ)
「今すぐ来てください。早くね」「はいー」(しょうがないな)

(2) 子供が近所の遊び友だちに誘いかけた呼び声に対する承諾の返事を表す(⇔あとで)。プラスイメージの語。感動詞として応答に用いる。音調は特徴的なHMH(長2度)の5拍で、誘いかけの言葉の音節と同じ長さの音節で発音する。近年子供が携帯電話を持つようになって、遊びの誘いかけも、直接言葉で呼びかけをすることが稀になり、この表現も使われなくなっている。

⇨「はい(っ)」「はいー」「あとで」「へーい」「あー(っ)」

はーはー

① 犬は**ハーハー**と荒い息を吐いた。
② 彼は**はあはあ**言いながら階段を上がってきた。
③ 高橋尚子選手はレース後も全然**ハアハア**しない。

【解説】 自然に口を開き連続・反復して大きく息を吐き出す音や様子を表す。ややマイナスよりのイメージの語。①②は実際の音声を描写する用法。③は「する」がついて述語になる。声帯は鳴っていないことが多い。音引きを使ったり仮名書きしたりする。「はー」の連続・反復形だが、体の奥から連続・反復して大きく息を吐き出す(あえぐ)具体的な用法に限って用いられ、主体の苦痛の暗示がある。⇨『現代擬音語擬態語用法辞典』「はーはー」参照。

⇨「はー(っ)」「ふーふー」

はーん

① 「おれ、ちょっと用があるから、これで」「**はーん**、彼女のアパートに行く腹だな」
② (ナンパ)「彼氏にフラれたって顔だね」「フラれてなんかないわよ。遠くに行ってるだけ」「**はーん**、そいつはどこで誰と何やってるんだろうな」

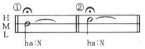

【解説】 相手の状況や心理を推測しながら出す声を表す。プラスマイナスのイメージはない。くだけた日常会話で感動詞として用いる。音調は高めのMで適宜延音し、語尾を鼻に抜く。話者が口を自然に開け、思考を巡らせながら出す声を表し、思考の動きに沿って目が動くこともある。好奇心の暗示がある。
「はーん」は「ははーん」に似ているが、「ははーん」は話者が推測した結果、一定の結論に達している暗示がある。

　　　はーん、彼女のアパートに行く腹だな。　（いい勘してるだろ）
　　　ははーん、彼女のアパートに行く腹だな。（どうだ図星だろ）
⇨「ははん・ははーん」

はい（っ）

(1)① (出席点呼)「山田公平君」「**はい**」
② (ホテルのフロントで)「お名前は？」「**はい**、浅田と申します」
③ 「予約の本村ですが」「**はい**、本村様ですね。承っております」
④ 「ちょっと、それ見せてください」「**はい**、どうぞ」
⑤ (新入社員に)「ええと、君は江上君だっけ」「**はい**、そうです」
⑥ (電話)「もしもし、高橋さんのお宅ですか」「**はい**、そうですが」
⑦ 「今度の日曜日、うちへいらっしゃいませんか」「**はい**、喜んで」
⑧ 「おなか、すいてませんか」「**はい**、大丈夫です」
⑨ (事情聴取)「あなた、実際はそこへ行ってなかったんじゃないですか」「……**はい**、実は……」
⑩ 「あら、あなた泳げないの？」「**はい**、北海道人ってカナヅチが多いんですよ」
⑪ 「約束、忘れないでくださいね」「もちろんですよ、**はい**」
⑫ (大穴馬券で札束を手にして)**はい**（1束めくり）、**はい**（1束めくり）、**はい**（1束めくり）、いただきました、300万。
(2)① (相棒)「杉下さん、ちょっとお聞きしていいですか」「**はい？**」

●はい(っ)

② 「浅田さん、お子さん4人いらっしゃるんですって？」「**はい？**　どこでそんな話お聞きになったんですか」

(3)① （写真撮影）**はい**、いいですか。チーズ！

② （教師が）**はい**、皆さん黒板を見ましょう。

③ （教室で生徒が手を挙げて）**はい**、先生。質問があります。

④ （X線検査）大きく息を吸って〜、**はいっ**、止めて。

⑤ （乗馬）**はいっ！**　どーどー。

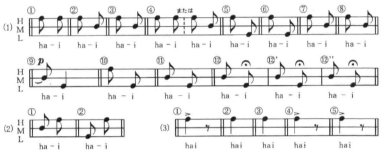

【解説】（1）肯定の返事を表す（⇔いいえ）。プラスイメージの語。感動詞として応答に用いることが多いが、文末に付加する場合（⑪）も、自分自身に対して言う場合（⑫）もある。音調はＨＨの1拍の場合（①④）とＨＭの場合（②③⑦⑧）、ＨＬの場合（⑤⑥⑩）、ＭＬの場合（⑨⑪⑫）がある。「はい」は主体が緊張した状態で顔を縦に振ることによって口が狭められて出る返事を表し、敬意・確信と全面的な同意（受容）の暗示がある。同じ音高で発音した場合には、相手の質問を敬意をもってきちんと聞いているという返事になる。音高が下がった場合は、同意・承諾の暗示が強くなる。質問と同じ内容を答えるときに用い、肯定の質問に対しては肯定の答え（⑤〜⑦）を、否定の質問に対しては否定の答え（⑧〜⑩）を述べる。⑪は特に相手に対して言うというより、拒否するつもりはないことを自他ともに確認するニュアンスになる。⑫は相手がいない場合で、札束を1束ずつ数えながら、大金収得を確認するニュアンスになる。

肯定の返事としては他に「はっ」や「はあ」があるが、「はっ」は最初から最後まで主体が緊張していることが暗示されるので、絶対的上位者からの質問・命令に答える場合に用いられ、現在ではあまり使われない。「はあ」は丁寧ではあるが、緊張が途中で解け力が入っていないので、返事としては確信がなく、遠慮・弁解・心配・困惑などの暗示がある。

「おなか、すいてませんか」「はい、大丈夫です」

（ご心配、ありがとうございます）

「おなか、すいてませんか」「はっ、大丈夫です」
（ご心配いただき、恐縮です）
「おなか、すいてませんか」「はあ、大丈夫です」
（なんとか我慢しますから、ご心配なく）

(2) 意外なことを聞き返す声を表す。ややマイナスよりのイメージの語。感動詞として文頭に用いられる。音調はＭＨまたはＬＨの１拍である。表記する場合には「？」をつける（つけないと(1)の意味に受け取られる）。話者が相手の発言の内容を聞き返す声を表し、意外性・不審などの暗示はあるが冷静で、抗議や怒りの暗示はないことが多い。疑問の気持ちがより強くなると「はいー」と語尾が延びる。

この「はい？」は「はあ？」に似ているが、「はあ？」は相手の発言に驚き、抗議する場合にも用いられる。

はい？　どこでそんな話お聞きになったんですか。
（独身なんだからありえない話ですけどね）
はあ？　どこでそんな話お聞きになったんですか。
（ずいぶん失礼な話ですねえ）

(3) 相手の注意を喚起する掛け声を表す。プラスマイナスのイメージはない。感動詞として呼びかけに用いる。音調はＨの１拍で、しばしば後ろに声門閉鎖を伴う。①②は大勢の相手の注意を一度に喚起するためにかける掛け声、③は生徒（下位者）が教師（上位者）の注意を喚起するためにかける掛け声で、手を挙げる動作を伴うことが多い。④はタイミングを合わせるためにかける掛け声、⑤は馬を走らせるためにかかとで蹴ったり、鞭を入れたりするときの掛け声である。人間相手に用いた場合には、丁寧の暗示がある。

この「はい」は「さあ」などに似ているが、「さあ」は相手がするべき行動を督促したり勧誘したりする様子を表し、話者の強い意志を暗示する。

×　（兄弟でレスリング）はいっ、かかってこい。
　→さあ、かかってこい。
×　（Ｘ線検査）大きく息を吸って～、さあ、止めて。

⇨「いいえ」「は（っ）」「はー（っ）」「さー（っ）」「はーい」「はいー」「はいはい」「あー（っ）」「あいよ」「えー（っ）」「そー（っ）」

はいー

(1)①　（家政婦に）「リビング掃除しておいてね」「はい、わかりました」「あ、テレビの下も忘れないでね」「**はいー**」
(2)①　（相棒）「杉下さん、全然 公 にされてない事件の重要な情報があるんですがね」「**はいー？**」

【解説】 (1) 肯定の返事を表す。ややプラスイメージの語。感動詞として応答に用いる。音調はＬＭの２拍以上で、語尾を適宜延音する。「はい」の延音形であるが、敬意はあるものの確信と全面的な同意の暗示は弱く、話者がしかたなく承諾している不本意の暗示がある。

「はい」の延音形としては「はーい」もあるが、「はーい」は「はい」の遠隔表現として実際の距離が遠い場合にも用いられる。

(2) 意外なことを聞き返す声を表す。ややマイナスよりのイメージの語。感動詞として文頭に用いられる。音調はＭＨの２拍以上で、語尾を適宜延音する。表記する場合には「？」をつける（つけないと(1)の意味に受け取られる）。話者が相手の発言の内容を聞き返す声を表し、意外性・不審などの暗示はあるが冷静で、抗議や怒りの暗示はないことが多い。「はい？」よりも疑問の暗示が強い。

「重要な情報があるんですがね」「はいー？」
（今さら重要情報とは意外ですね）
「重要な情報があるんですがね」「はい？」
（それはぜひお聞きしたいですね）
⇨「はい（っ）」「はーい」「あー（っ）」

はいはい

(1)① （電話）「もしもし、浅田さんのお宅ですか」「**はいはい**、そうですが」
② （教祖が信者の頭に手をかざして）**はいはい**、いい波動してますよ。
③ （幼児が）「ママ、早く早く」「**はいはい**。いま行きますよ」
④ （亭主関白）「部屋片づけておいてくれ、帰るまでに」「**はいはい**、わかりましたよ」「返事は１回でいい」
⑤ （わがままな恋人）**はいはいはいはい**、全部僕がやればいいんでしょ。
(2)① （合宿所）**はいはい**、6時ですよ。みんな起きて！
② （泣いている幼児に）**はいはい**、カイト君、どうちたんでちゅか。

はて●

【解説】 (1) 相手の発言や状況を肯定的に受諾(じゅだく)する様子を表す。ややプラスよりのイメージの語。感動詞として応答に用いることが多いが、発話として用いる場合（②⑤）もある。「はい」の反復形であるが、さまざまな音調があり、それによって暗示する心理も変わる。①②はＨＭの２拍で、話者が上機嫌(じょうきげん)で応答したり、反応したりしている様子を表す。③は２通り考えられる。ＭＭの２拍の場合には、上辺(うわべ)だけの返事（生返事(なまへんじ)）の暗示がある。ＭＬＨＭの４拍になった場合には、話者が不承不承返事をしている様子を表し、困惑(こんわく)の暗示がある。④はＭＬＨの３拍で、不本意な返事を暗示する。⑤は次第に上昇する８拍で、話者の不本意とあきらめ・慨嘆(がいたん)の暗示を含む。

「はいはい」は「はい」の反復形であるが、承諾（受容）の暗示が強くなりすぎて、しばしば話者の不本意が相手に伝わりやすくなる。

　　「今日中に片づけておいてくれ」「はいはい、わかりましたよ」
　　（やればいいんでしょ、やれば）
　　「今日中に片づけておいてくれ」「はい、わかりました」
　　（ちゃんとやっておきます）

(2) 相手の注意を喚起(かんき)する掛け声を表す。ややマイナスよりのイメージの語。感動詞として呼びかけに用いる。音調は２通りある。ＨＨの２拍の場合には、特に含むところなく相手の注意を喚起する。ＭＨと上昇調になった場合には、話者の不本意やあきれ・慨嘆などの心理を暗示することがある。

　⇨「はい（っ）」「ほいほい」

はくしょん

① （花粉症）**は、は、は、はくしょん**。ああ、どうしようもない。
② （コショウのかけ過ぎ）いい香りだ。**へっくしょん**。
③ （寒波襲来(しゅうらい)）**はーーくしょん**。ううう寒い。
④ （赤ん坊が）「**クション**」「あら、風邪(かぜ)引いたのかしら」

【解説】 鼻腔内の異物を排出するために、呼気を一度に口や鼻から吹き出すときに出る音（くしゃみ）を表す。プラスマイナスのイメージはない。「はくしょん」「へっくしょん」「くしょん」など、口の開き具合、声の大きさ、呼気の量などによってさまざまに表記される。呼気を一度に出すために、当然前もって息を吸っておく必要があり、「は」「へっ」「はー」で吸って「くしょん」で吐く。客観的な表現で、特定の感情を暗示しない。

はて

① （無理難題）**はて**、困ったぞ。誰か相談に乗ってくれないかな。
② **はて**、眼鏡(めがね)をどこへ置いたかな。

●はてさて

③ (娘の海外留学希望)女房は行かせたいと言ってるが、**はて**、どうしたものか。

【解説】 思考が停止して困っている声を表す。ややマイナスよりのイメージの語。①②は感動詞の用法、③は間投詞として文中に用いる。音調はＨＭまたはＭＬの２拍である。やや古風な表現で、中年以上の男性が独り言などで用いることが多い。話者が思案している途中で思考が停止し、それから先の結論が出せないことについて困惑の暗示がある。

「はて」は「さて」に似ているが、「さて」は新しい行為に向けて気持ちを切り換える様子を表す。

　　　はて、困ったぞ。(どうしたらいいかわからない)
　　　さて、困ったぞ。(田舎の親父に聞いてみようかなあ)

⇨「さて」「はてさて」「はてな」

はてさて〔はて扨〕

① (田舎の老親が痴呆になったが、都会で暮らすのは嫌だと言っている)**はてさて**、どうしたもんだろうなあ。

② (病弱な娘の留学希望)万一あっちで具合が悪くなったらなあ。それに治安もよくないし……。**はてさて**、困ったなあ。

【解説】 思考が停止して困っている声を表す。ややマイナスよりのイメージの語。感動詞または間投詞として用いる。音調はＨＭＬＬの４拍である。やや古風な表現で、中年以上の男性が独り言などで用いることが多い。話者が思案している途中で思考が停止し、気持ちを切り換えても結論が出ないことについて困惑と慨嘆の暗示がある。「はて」と「さて」を重ねた表現だが、単独の「はて」よりも困惑の暗示が強まり、慨嘆の暗示も加わる。

　　　はてさて、どうしたもんだろうなあ。(まるきり八方塞がりだ)
　　　はて、どうしたもんだろうなあ。　　(考えてもわからない)
　　　さて、どうしたもんだろうなあ。　　(何かいい手はないかなあ)

⇨「はて」「さて」

はてな

① （ハクビシンが池の金魚を獲った）**はてな**、この濡れ箒の跡はなんだろう。あれ、金魚が１匹もいないぞ。
② （財布にあったはずの万札がない）**はてな**、何で１枚もないんだ。
③ その学者の学説は肝心なところの論拠がなく、主張にも**はてな**マークをつけざるを得ない。

【解説】 不審な現状についての疑問の声を表す。プラスマイナスのイメージはない。①②は基本的な感動詞の用法、③は「はてなマーク」の形で名詞を作り、「？」（疑問符）の意である。感動詞の音調はＨＬＨの３拍である。やや古風な表現で、中年以上の男女が独り言などで用いることが多い。話者が不審に思う現状についての疑問の声を表すが、困惑や慨嘆などの暗示はなく、やや客観的な表現で、特定の感情を暗示しない。

「はてな」は「はて」に似ているが、「はて」は思考が停止していることのほうに視点があり困惑の暗示があるが、不審や疑問の暗示は少ない。

　　はてな、この濡れ箒の跡はなんだろう。
　（掃除した覚えもないのに変だ）
　　はて、この濡れ箒の跡はなんだろう。
　（見当もつかないなあ）
⇨「はて」

はは（っ）・ははー（っ）

(1)① 冗談を言うと、その娘は**はは**と明るい笑い声を立てた。
(2)① （時代劇）「明日の六つ、出陣だ」「**ははっ**」
　② （徳川３代将軍）「余は生まれながらの将軍である。その方ら、心して奉公せい」「**ははーっ**」

【解説】 (1) 口を大きく開けて軽く笑う声を表す。ややプラスイメージの語。実際の音声を描写する用法で用いるか、または「と」がついて述語にかかる修飾語になる。比較的高い声で明るく笑う声を表すが、声はあまり大きくない。笑い声の描写としては「ハハハ」など３文字以上で表記することのほうが多い。

●はははは

気軽さ（軽薄さ）の暗示をもつことがある。

(2) 肯定の返事を表す。ややプラスイメージの語。感動詞として応答に用いる。音調は高めのMで、呼気が断続的に途切れたり延ばされたりし、後ろに声門閉鎖を伴う。口は開いているが、声帯が鳴っているとは限らない。話者が非常に緊張して（恐縮・畏怖して）返事している暗示があり、緊張は敬意の表現であるため、絶対的上位者からの命令を承諾（受容）する場合に用いる。返事と同時に平伏する動作を伴うことも多い。古風で大仰な表現で、時代劇などの場合以外にはあまり用いられない。「はっ」の(2)の誇張形。

⇨「はははは」「は（っ）」

はははは

① 彼は笑い上戸で**はははは**と笑いだすと止まらない。
② （ハロウィンの仮装）**はっはっはっはっ**、おい、あれ見ろよ。

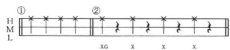

【解説】 口を大きく開けて、続けて軽く笑う声や様子を表す。ややプラスよりのイメージの語。実際の音声を描写する用法で用いられるか、「と」がついて述語にかかる修飾語になる。音調はHで横隔膜の痙攣に伴って呼気が断続するが、声帯が鳴っているとは限らない。「はっはっはっはっ」は途中の声門閉鎖時間が長いため、呼気が途切れている時間が顕著になる。横隔膜の痙攣は何度も起こるので、正確に回数を描写することは困難である。笑いの原因によらず、笑い声そのものの軽さに視点があり、しばしば軽薄さ（①）や屈託のなさ（②）が暗示される。

「はははは」は「あはははは」や「わはははは」に似ているが、「あはははは」は滑稽な物事に触れたり、喜ばしいことがあったりなどしたときに明るく笑う声を表す。「わはははは」は主に男性が大きな声で笑った声を表し、豪放磊落・豪快の暗示がある。

? （孫に）はははははは、そうか、東大に受かったか。
→（孫に）<u>あはははは</u>、そうか、東大に受かったか。
はっはっはっはっ、おい、あれ見ろよ。
（こいつはよく笑うなあ）
あっはっはっはっ、おい、あれ見ろよ。
（そんなにおかしいかなあ）
わっはっはっはっ、おい、あれ見ろよ。
（こいつ、おっさんみたいな笑い方するなあ）

ははん・ははーん

① 「私、今日は帰るわ」「**ははん**、明日のデートに備えてパックするのね」
② 「おれ、このバイトやめるわ」「なんで？」「なんでって、給料安いから……」「**ははーん**、わかった。彼女の店で働くんだな」

【解説】　相手の状況や心理を推測する声を表す。プラスマイナスのイメージはない。くだけた日常会話で感動詞として用いる。音調は高めのMで語尾を鼻に抜く。「ははーん」は延音形で、思考時間が長くなる。話者が口を自然に開け、思考を巡（めぐ）らせながら出す声を表し、しばしば腕を組んだり頬杖（ほおづえ）を突いたりするなどの動作を伴う。思考の動きに沿って目が動くこともある。推測（すいそく）の結果、話者が一定の結論に達している暗示がある。

　「ははーん」は「はーん」の強調形であるが、「はーん」には好奇心の暗示はあるが、話者が一定の結論に達している暗示はない。

　？　（ナンパ）「彼氏にフラレたって顔だね」「フラれてなんかないわよ。遠くに行ってるだけ」「ははーん、そいつはどこで誰と何やってるんだろうな」
　→「彼氏にフラレたって顔だね」「フラれてなんかないわよ。遠くに行ってるだけ」「<u>はーん</u>、そいつはどこで誰と何やってるんだろうな」
　⇨「はーん」「は（っ）」

ばぶ・ばぶばぶ

① 「ケンタちゃん、おなかいっぱいになりまちたか」「**バブ**」
② 赤ん坊は**ばぶばぶ**言いながら手足を盛んに動かしている。

【解説】　赤ん坊が口を大きく小さく開けながら出す声を表す。プラスマイナスのイメージはない。実際の音声を描写する用法で用いる。音高は最も自然に出せる中ぐらいのMで後ろ下がりに発音される。「ばぶばぶ」は反復・連続形。主体はふつうごく幼い赤ん坊で、「ば」は口を大きく開いて出す唇音、「ぶ」は口を狭めて出す唇音を表し、通常の会話をする前の段階の発話（喃語（なんご））を表すときに用いることが多いが、「あむあむ」よりは発育が進んでいて、表現意図（いと）

●はふはふ

が感じられる。客観的な表現で、特定の感情を暗示しない。マンガなどで背景として用いられた場合には、しばしば赤ん坊が上機嫌で笑っているときに出す声として表現される。⇨『現代擬音語擬態語用法辞典』「ばぶばぶ」参照。

⇨「あむあむ」「はふはふ」

はふはふ

① （民話）山んばは**はふはふ**餅を食った。
② （老人介護）夜は入れ歯が入ってないから、**ハフハフフガフガ**で、何を言っているのかわからない。

【解説】 口を大きく開いたり閉じたりしながら鼻声を出す音や様子を表す。ややマイナスよりのイメージの語。①は単独で述語にかかる修飾語になる。②は「だ」がついて述語になる。「は」で大きく口を開き、「ふ」で閉じるか狭くし、その間に呼吸する音が口から漏れ、鼻声となって表れる音や様子を表す。口いっぱいに頬張って物を食べる場合（①）、老人などで歯がない場合（②）などの不自由な発話を描写するときに用いることが多い。⇨『現代擬音語擬態語用法辞典』「はふはふ」参照。

⇨「ばぶ・ばぶばぶ」「ふがふが」

ばんざい・ばんばんざい〔万歳・万々歳〕

(1)① 毎年、卒業式に校長が**ばんざい**三唱する。
② 特攻隊員は「天皇陛下**ばんざい**」と叫んで散っていった。
③ （選挙で当選）「鈴木達郎君、**ばんざーい**」「**ばんざーい、ばんざーい、ばんざーい**」「ありがとうございました」
④ （宿敵に勝利）やったー、ついに勝ったぞ。**ばんざい**。
⑤ 期限内に完成してお客に喜んでもらえたら**ばんばんざい**だけど。
(2)① これが最後の手段だ。それでだめならもう**ばんざい**するしかない。
② （相撲の実況）横綱は双差しを許して両かいなは**ばんざい**です。
③ （野球の実況）センター、バック、バック。あ、**ばんざい**です。センターオーバー、フェンス直撃です。
④ （幼児の入浴）カイト、**ばんざい**して。**ばんざーい**。（シャツを脱がす）

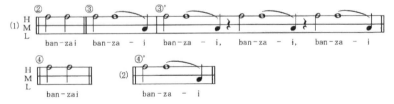

【解説】 (1) 祝意(しゅくい)を表すための叫び声を表す。プラスイメージの語。①は名詞の用法、②〜④は感動詞の用法。⑤は「だ」がついて述語になる。「ばんばんざい」は「ばんざい」の強調形。感動詞の場合の音調はＨＨの４拍で、「ばんざーい」と延音する場合は語尾が下がる。やや古風な表現で、公的な場面で多く用いられる。公的な場面で祝意を表すには、③のようにリーダーが「ばんざーい」と唱導(しょうどう)し、その他の全員が「ばんざーい」を３回唱和する（「万歳三唱(かん)」）。このとき両腕をまっすぐ頭上に振り上げる動作を伴う。④の場合には歓喜の暗示がある。⑤は最高に祝意を表したいほど好ましい状態という意である。
　「ばんざい」は「やったー」に似ているが、「やったー」は個人的な達成感を歓喜・解放感・感動の暗示を伴って述べる。
　　　ついに勝ったぞ。ばんざーい。（みんなも喜んでよ）
　　　ついに勝ったぞ。やったー。　（最高にうれしい！）
　(2) (1)から進んで、両手を上に上げる動作を示唆(しさ)する様子を表す。プラスマイナスのイメージはない。①④の最初の例は「する」がついて、②③は「だ」がついて述語になる。④の２例めは感動詞の用法で、音調はＨＨで適宜延音し、語末が下がる。①は両手を上げなければならない状態（お手上げ）、つまり完敗・降参(こうさん)の意である。②は両腕を相手の腕の上に置き、まわしをつかめない無為(い)の状態になっているという意である。③はボールを捕ろうとして両手を上げたが捕れなかったという意である。④は幼児にかぶりの衣服を脱がせる際に両腕をまっすぐ上に伸ばさせるための掛け声である。客観的な表現で、特定の感情を暗示しない。
　　⇨「やったー」

ひ（っ）

(1)① （強盗がナイフを突きつけて）「手を上げろ。有り金残らず出せ」「**ヒッ**」
　②　（犯人探し）「お前がやったんだろう」「**ひっ**。お、お、おれじゃない」
(2)①　レンジャクが枝先で**ヒッヒッ**と鳴いている。

【解説】 (1) 唇を横に引いて１回急激に息を吸い込む音を表す。ややマイナスイメージの語。実際の音声を描写する用法で用いる。ほとんどの場合、後ろに声門閉鎖を伴う。音調としてはＨであるが、音韻はない。主体が突然の恐怖や驚きのために、口を開けずに唇を横に引いて（歯を食いしばって）瞬間的に１回吸い(い)込む息の音を表し、恐怖や衝撃(しょうげき)などのために呼吸が一時的に停止している暗示がある。⇨『現代擬音語擬態語用法辞典』「ひっ」参照。

●ひー(っ)

(2) 小鳥などが弱く高い声で一声鳴く声を表す。プラスマイナスのイメージはない。実際の音声を描写する用法で用いる。「ひっひっ」は断続・反復形。客観的な表現で、特定の感情を暗示しない。⇨『現代擬音語擬態語用法辞典』「ひっ」参照。

　⇨「ひー（っ）」「は（っ）」「ほ（っ）」

ひー（っ）

(1)① 赤ん坊は口をゆがめて**ヒーッ**と泣いた。
　② （山椒大夫）安寿は笞打たれて**ひーっ**と悲鳴をあげた。
　③ （火傷）思わず**ひいっ**と手を引っ込めた。
(2)① 柿の木に留まったヒヨドリが**ヒー**と鳴いた。

【解説】 (1) 唇を横に引いて長く息を吐く高い声を表す。ややマイナスイメージの語。実際の音声を描写する用法で用いる。「ひーっ」は後ろに声門閉鎖を伴う。音調は音引きを使うか仮名書きするか、表記によって異なる。①②の音引きで表記した場合はHの2拍で、適宜延音する。③の平仮名書きした場合はHMの1拍で、後ろが自然に下がる。唇を横に引いて（歯を食いしばって）吐く息とそれに伴う高い声で、しばしば悲鳴を表し、恐怖・危惧の暗示を伴うことがある。⇨『現代擬音語擬態語用法辞典』「ひー（っ）」参照。

(2) 小鳥などが高い声で長く鳴く声を表す。プラスマイナスのイメージはない。実際の音声を描写する用法で用いる。客観的な表現で、特定の感情を暗示しない。⇨『現代擬音語擬態語用法辞典』「ひー（っ）」参照。

　⇨「ひ（っ）」「ひーひー」「はー（っ）」

びー（っ）

① 赤ん坊は突然冷たい水をかけられて**びーっ**と泣きだした。

【解説】 赤ん坊が顔をしかめて泣く声を表す。ややマイナスイメージの語。実際の音声を描写する用法で用いる。音調は高めのMで、やや濁った声で適宜延音する。泣き声なので音韻を特定することは困難である。泣き始めの声なので、後ろに声門閉鎖を表記することが多い。主体は子供か赤ん坊が多く、唇を横に引いて（顔をしかめて）濁った声で泣くニュアンスで、恐怖・危惧などの暗示

を伴うことがある。大人について用いることは稀である。
⇨「びーびー」

ひーひー

① （悪ふざけ）「どうだ、まいったか」「**ヒイヒイ**」「まだ足りないか」「も、も、も、ケッコー」「何が『もうケッコー』だ」
② 大火傷を負った患者がベッドの上で**ヒーヒー**うめいている。
③ （昔の新人研修）毎日朝から晩まで**ひーひー**言いながら、与えられた仕事を何とかこなしていた。

【解説】　唇を横に引いて長く息を吐きながら連続して出す高い声を表す。ややマイナスイメージの語。①は実際の音声を描写する用法、②③は単独で述語にかかる修飾語になる。音調は音引を使うか仮名書きするか、表記によって異なる。①の仮名書きした場合はＨＭＨＭの４拍で、呼気の出始めで高く、後ろが自然に下がる。②③の音引きで表記した場合は、ＨＭの４拍またはＨＭＬの４拍である。唇を横に引いて（歯を食いしばって）吐く息とそれに伴う高い声で、しばしば悲鳴を表し、恐怖・危惧の暗示を伴うことがある。「ひー」の連続・反復形だが、「ひー」よりも抽象的で、③のように苦痛・慨嘆を抽象的に述べる場合にも用いられる。

「ひーひー」は「びーびー」や「ぴーぴー」に似ているが、「びーびー」は赤ん坊や子供が顔をしかめて濁った声で連続して泣く声を表し、異常・苦痛・恐怖・危惧などの暗示を伴うことがある。「ぴーぴー」は赤ん坊や弱者が弱々しい声でか細く泣く様子を表し、虚弱・慨嘆などの暗示がある。

　　ひいひい泣く。（この人、何がそんなに辛いのかしら）
　　びーびー泣く。（この子、おなかが痛いのかしら）
　　ぴーぴー泣く。（この子、泣いてばかりで困ったわ）
⇨「ひー（っ）」「びーびー」「ぴーぴー」

びーびー

① 赤ん坊が**びいいびいい**と泣くときは、体のどこかに問題があることが多い。
② （子供が泣きやまない）うるさい！　いつまで**びーびー**泣いてるんだ。

【解説】 子供や赤ん坊が顔をしかめて泣く声を表す。ややマイナスイメージの語。①は実際の音声を描写する用法。②は単独で述語にかかる修飾語になる。音調は①はＭＨＭＭＨＭの4拍である。②は抽象化されていてＨＭの4拍になる。耳障りな濁った声であるが、音韻を表記することは困難である。主体は子供か赤ん坊が多く、唇を横に引いて（顔をしかめて）濁った声で連続して泣くニュアンスで、異常・苦痛・恐怖・危惧などの暗示を伴うことがある。大人について用いることは稀である。「びー（っ）」の連続形。

⇨「びー（っ）」「ひーひー」「ぴーぴー」

ぴーぴー

(1)① ソプラノ・リコーダーを**ピーピー**と吹く。
② 小鳥が枝の上で群れて**ぴいぴい**鳴いている。
③ スピーカーが**ピーピー**鳴るばかりで、ちっとも声が聞こえない。
(2)① この子はしょっちゅう**ぴいぴい**泣いてるよ。
② そんなに**ぴーぴー**泣き言言うなよ。
(3)① うちの子、おなかが**ぴーぴー**だから、お豆はだめよ。
(4)① 彼は年中**ぴいぴい**していて、借金ばかりしている。
② 安月給の上に子供の教育に金がかかって、家計はいつも**ぴーぴー**だ。
③ 院長の生活ぶりは、僕ら**ぴーぴー**の医局員にはとても考えられないくらいリッチだ。

【解説】 (1) 連続して笛が鳴るように長く伸ばした高い音を表す。プラスマイナスのイメージはない。実際の音声を描写する用法で用いる。①は笛の音、②は小鳥の鳴き声、③は機械の音である。鼓膜を刺激するような高さの音だが、客観的な表現で、特定の感情を暗示しない。⇨『現代擬音語擬態語用法辞典』「ぴーぴー」参照。

(2) (1)から進んで、弱々しい声で泣く様子を表す。ややマイナスイメージの語。単独で述語にかかる修飾語になる。音調は高めのＭで後ろが下がる弱い音で、「びーびー」とほぼ同じ音調であるが、音韻を表記することは困難である。赤ん坊や弱者が弱々しい声でか細く泣く声を表し、虚弱（①）・慨嘆（②）などの暗示がある。⇨『現代擬音語擬態語用法辞典』「ぴーぴー」参照。

(3) 下痢(げり)をしている様子を表す。ややマイナスイメージの語。「だ」がついて述語になることが多い。幼児語で、大便がゆるく水様の下痢になっている様子を表し、慨嘆・滑稽(こっけい)の暗示がある。ただし深刻の暗示はない。⇒『現代擬音語擬態語用法辞典』「ぴーぴー」参照。

(4) (2)から進んで、金がなくて困窮(こんきゅう)している様子を表す。ややマイナスイメージの語。①は「している」が、②は「だ」がついて、述語になる。③は「の」がついて名詞にかかる修飾語になる。主体がかなり長期間金に困窮している様子を、第三者が見て揶揄(やゆ)するニュアンスがあり、侮蔑(ぶべつ)の暗示もある。⇒『現代擬音語擬態語用法辞典』「ぴーぴー」参照。

⇒「ひーひー」「びーびー」

ひーふーみっ〔一二三〕

① (新横綱の綱打ち)**ひーふーみっ**。

【解説】 大勢の人が力を合わせて作業するときの掛け声を表す。プラスマイナスのイメージはない。感動詞として用いる。音調はMMHの5拍で、「み」のときに力を入れてタイミングを合わせる。後ろに1拍分の声門閉鎖がある。古風な表現で、現在では大相撲(おおずもう)で新横綱の綱打ちをするために力士が集まって綱を縒(よ)り合わせる際の掛け声として用い、その他の場合には「いちにのさん」や「いっせーのせっ」を用いることが多い。客観的な表現で、特定の感情を暗示しない。

⇒「いちにのさん」「いっせーのせっ」

ひぇー(っ)

① 「このバッグいいでしょ」「高そうだね」「60万よ」「**ひぇーっ**」
② (アベノハルカス)**ひぇーっ**、高いねえ。話には聞いてたけど。
③ (オベリスク)これ全部手で彫(ほ)ったんだよね。**ヒェー**。

【解説】 唇を横に引いて思わず出た感嘆の声を表す。ややマイナスよりのイメージの語。感動詞としてくだけた日常会話で用いる。音調はHを適宜延音するが、口蓋摩擦(こうがいまさつ)の時間がかなり長くあり、後ろに声門閉鎖を伴うことが多い。物事の状態について話者が感嘆(かんたん)した声を、実感・驚き・あきれ・脱帽(だつぼう)などの暗

●ひっく

示を伴って述べる。

　「ひぇー」は音韻としては「へー」や「ひゃー」に似ているが、「へー」は驚きの声ではあるが、心理的な距離があり、冷静（冷淡）で感嘆の暗示は少ない。「ひゃー」は男性の悲鳴で、驚き・あきれの暗示が強まる。

　　「60万よ」「ひぇーっ」（おったまげたよ）
　　「60万よ」「へーっ」　（いい値段だな）
　　「60万よ」「ひゃーっ」（よくそんな大金持ってたな）
　⇨「へー（っ）」「ひゃー（っ）」

ひっく

① （酔っぱらい）ウーイ、**ヒック**。もう飲めません。
② その子は**ヒックヒック**としゃくりあげていたが、やがてうぇーんと泣きだした。

【解説】　横隔膜（おうかくまく）の痙攣（けいれん）に伴って息を瞬間的に短く吸う音を表す。プラスマイナスのイメージはない。実際の音声を描写する用法で用いる。「ひっくひっく」は反復・連続形。マンガの背景などの映像表現で、しゃっくりの音の描写によく用いられる。客観的な表現で、特定の感情を暗示しない。

ひひひ

① 「宝くじ当たったんだって？」「**ひひひ**、女房に内緒でゴルフ会員権買っちゃった」
② 「ねえ、翔ちゃん、お金どこにあるの？」「**ひひひ**、教えない」
③ （おとぎ話）魔女はオーロラ姫を眠らせると**ひっひっひ**と笑った。

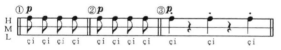

【解説】　口を縦に開かずに漏らす笑い声を表す。ややマイナスイメージの語。①②は実際の音声を描写する用法、③は「と」がついて述語にかかる修飾語になる。「ひっひっひ」は途中に声門閉鎖がある。音調は高いHであるが、音量は小さい。あまり公（おおやけ）にできないような（悪事による）内心の喜びを抑えきれずに笑う忍び笑いのニュアンスで、狡猾（こうかつ）・不気味（ぶきみ）の暗示があるが、狡猾さを演出する場合（②）もある。

　「ひひひ」は「いひひひ」に似ているが、「いひひひ」は低音・中音・高音と3通りの音調が考えられ、狡猾さの暗示は相対的に低くなる。

　⇨「いひひひ」

ひゃー（っ）

① （清冽の湧き水に手を浸して）**ひゃー**、冷たいね。さすがに。
② （不動産屋で）「こちらの物件はいかがですか」「いいね。いくら？」「このあたりですと4900万になっております」「**ひゃあ**、そりゃ高いな」

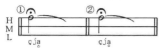

【解説】　あまり声を出さずに出た驚きの声を表す。ややマイナスイメージの語。感動詞としてくだけた日常会話で用いる。音調はHを適宜延音するが、口蓋摩擦の時間がかなり長くあり、後ろに声門閉鎖を伴うこともある。声帯は鳴っていないことが多い。話者はほとんど男性で、悲鳴として用いる。物事の状態について話者が驚いた声を、実感・被害などの暗示を伴って述べる。

「ひゃー」は「ひぇー」に似ているが、「ひぇー」は感嘆の声で、実感・驚き・あきれ・脱帽などの暗示がある。

⇨「ひぇー（っ）」

ひゃっほー

① （中学の同窓会）**ひゃっほー**、いい眺めだな。みんな美人になっちゃって。
② （お年玉つき年賀葉書が当選）**ひゃっほー**、今年はついてるぞ。

【解説】　喜悦の叫び声を表す。プラスイメージの語。感動詞としてくだけた日常会話で用いる。音調は弱音のH＊Mの4拍で、途中に声門閉鎖が入り、語尾を適宜延音する。話者にとって比較的小規模の喜ばしい物事に接し、内心の喜悦を抑えられずに小さく叫ぶ声を表し、歓喜・抑制の暗示がある。

「ひゃっほー」は「ヤッホー」に似ているが、「ヤッホー」はもともと山頂から呼びかける歓喜の叫びなので、抑制・隠蔽の暗示はなく、歓喜自体も相対的に大きい。

　　ひゃっほー、いい眺めだな。（みんな美人になっちゃって）
　　ヤッホー、いい眺めだな。　（なんてきれいな景色なんだ）

⇨「ヤッホー」

●ピンポーン

ピンポーン

(1)① 「**ピンポーン**」と玄関のチャイムが鳴った。

② マンションで独り暮らしをしている女性は、玄関の**ピンポン**が鳴っても不用意にドアを開けてはいけない。

③ あの人はいくら**ピンポン**を鳴らしても、居留守(いるす)を使って出てこない。

(2)① （クイズ番組）「1808年、サハリンが島であることを発見した日本人は誰でしょうか」「間宮林蔵」**ピンポーン**「正解です」

② 「お、だいぶいい色に焼けてるな。ハワイ行ったんだろ」「**ピンポーン**」

③ （相棒）「どうやって他人の部屋に入ったんですか。管理人さんに開けてもらったんですか」「**ピンポンです**」

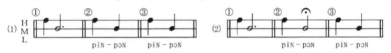

【解説】 高低２つの音が連続して鳴るチャイムの音を表す。すべての場合で片仮名書きする。

(1) 近代的な個人宅の玄関に設置されたチャイムの音を表す。プラスマイナスのイメージはない。戦後、主に都市部で個人宅の玄関ドアを施錠(せじょう)するのが普通になり、そのため来訪を知らせるチャイムを設置するようになってからできた語で、①は実際の音声を描写する用法、②③はチャイムの音そのものを指す名詞の用法である。音調は長３度または短３度の下降音程からなるＨＭの４拍である。「ピンポン」と抽象化した場合は、ＨＭの２拍になる。客観的な表現で、特定の感情を暗示しない。

(2) テレビのクイズ番組で答えが正解のときに鳴らすチャイムの音を表す（⇔ぶー）。原則としてプラスマイナスのイメージはない。①は基本的な実際の音声を描写する用法。②は感動詞としてくだけた日常会話で応答に用いる。③は「です（だ）」がついて述語になる。音調は長３度または短３度の下降音程からなるＨＭの３拍以上である。③の「ピンポン」は縮約形で、この場合はＨＭの２拍である。相手の質問をクイズの解答としてとらえ、それを「正解」と判定するニュアンスになるので、気軽さ（軽薄(けいはく)）（②）の暗示を伴い、目上に対して用いると非礼になりやすい。

⇨「ぶー（っ）」

ふ（っ）

(1)① 武蔵(むさし)は殺気を感じて行灯(あんどん)を**ふっ**と吹き消した。

② **ふっふっ**と息を吹きかけて机のほこりを払う。

③ 口を細く開け腹筋を使って**ふっふっ**と息を吐く。
④ 昔の手紙を整理しながら**ふっ**とため息をついた。
⑤ 老母は**ふっ**と「あと何年生きられるかしらね」とつぶやいた。
(2)① 社長は秘書の知らぬ間に**ふっ**と姿を消した。
② 目の前が暗くなって**ふっ**と見えなくなった。
③ 草むらの虫の声が突然**ふっ**と途絶えた。
④ 先輩のアドヴァイスで肩から**ふっ**と力が抜けた。
⑤ （相撲）待ったをされて**ふっ**と気が抜けた。
(3)① 40過ぎてから**ふと**思い立って保母になった。
② **ふと**気づいたら、いつの間にか夜になっていた。
③ 画期的なアイディアが**ふっ**と思い浮かんだ。
④ 彼女は夫の行動に**ふっ**と疑念を抱いた。
⑤ 社内のうわさ話が**ふっ**と当人の耳に入った。

【解説】　(1) 口をあまり開けずに弱い息を1回吹きかける音や様子を表す。プラスマイナスのイメージはない。実際の音声を描写する用法でも、「と」がついて述語にかかる修飾語でも用いられる。「ふっふっ」は断続・反復形。ふつう声帯は鳴っていない。①～③は基本的な用法で、主体が意図的に1回息を吹きかける場合、④は無意識にごく軽いため息をつく場合、⑤は軽いため息混じりに小声で会話（独り言）をする場合である。④⑤の場合には、はかなさの暗示がある。⇨『現代擬音語擬態語用法辞典』「ふっ」参照。

(2) 突然消滅する様子を表す。プラスマイナスのイメージはない。「と」がついて述語にかかる修飾語になる。①②は視覚的に見えなくなる場合、③は聴覚的に聞こえなくなる場合、④⑤は力・エネルギーがなくなる場合である。消滅するのに時間はほとんどかからず、話者の予期しないうちに突然消滅するニュアンスで、不可思議の暗示はあるが、驚きの暗示はない。⇨『現代擬音語擬態語用法辞典』「ふっ」参照。

(3) 理由や目的もなく突然起こる様子を表す。プラスマイナスのイメージはない。「ふっと」「ふと」の形で、「と」がついて述語にかかる修飾語になる。主体の意識にある変化が理由や目的もなく突然起こる場合に用いることが多い（①～④）が、それ以外の場合（⑤）もある。偶然と主体の無意識の暗示がある。⇨『現代擬音語擬態語用法辞典』「ふっ」、『現代副詞用法辞典』「ふと」参照。

⇨「ふー（っ）」「は（っ）」「ほ（っ）」

ぶ（っ）

① 力んだ拍子に**ブッ**とおならが出ちゃった。

●ぶ(っ)
② 対向車に道を譲ったら**ブブッ**とクラクションを鳴らしてくれた。
③ 「お前、最近太ったな」「**ブ**、傷ついた」

【解説】 比較的低くて太く濁った短い音を表す。ややマイナスよりのイメージの語。①②は実際の音声を描写する用法。①は放屁(ほうひ)の音、②は車のクラクションの音である。「ぶっぶっ」は断続・反復形。③はこれから進んで、感動詞としてくだけた日常会話で用いる。音調はＬで短く発音される。頬(ほお)をふくらませて口を尖(とが)らせ、唇を摩擦(まさつ)させて短い音を出し、不満・不機嫌(ふきげん)・衝撃(しょうげき)の心理を暗示する。⇨『現代擬音語擬態語用法辞典』「ぶっ」参照。
⇨「ぶー(っ)」

ぷ(っ)

(1)① 赤ん坊が**ぷっ**とかわいいおならをした。
② コップの水を口に含んで**ぷっ**と霧を吹(ひ)いた。
③ 彼はスイカの種を**ぷっぷっ**と飛ばした。
④ アジの小骨を**ぷっ**と吐き出した。
⑤ いかつい教師の冗談に思わず**ぷっ**と吹き出してしまった。
(2)① シューがうまい具合に**ぷっ**とふくらんで焼けた。
② その赤ん坊はほっぺたが**ぷっ**とふくらんでいる。
③ 子供は怒られて**ぷっ**と頬をふくらませた。
④ 受付嬢は言葉遣いを注意されたのが不満らしく、**ぷっ**とふくれっ面(つら)をした。

【解説】 (1) 容器の小さい口から空気が瞬間的に噴出(ふんしゅつ)する音や様子を表す。プラスマイナスのイメージはない。実際の音声を描写する用法でも、「と」がついて述語にかかる修飾語でも用いられる。「ぷっぷっ」は断続・反復形。①は小さくて高い放屁の音である。②〜④はすぼめた唇の間から空気・水・小さい物などを勢いよく吐き出す様子を表す。このとき声帯は鳴っていない。⑤はこれから進んで、突発的に笑う様子を表す。客観的な表現で、特定の感情を暗示しない。⇨『現代擬音語擬態語用法辞典』「ぷっ」参照。

(2) 容器の内部に空気が入って丸くふくらむ様子を表す。プラスマイナスのイメージはない。「と」がついて述語にかかる修飾語になる。①は基本的な用法で、容器や物の隙間(すきま)に空気が入ってふくらむ場合、②は頬が丸くふくらんでいる場合、③④はこれから進んで、主体が不平・不満の気持ちをもってふくれ面をしている様子を表す。客観的な表現で、特定の感情を暗示しない。⇨『現

代擬音語擬態語用法辞典』「ぷっ」参照。
　⇨「げっぷ」

ファイト

① 最近の若者にはどうもガッツや**ファイト**というものがない。
② 決勝を前に部員はみんな**ファイト**を燃やしている。
③ （応援）ヤナギダ！　**ファイト**！
④ （ＣＭ）**ファイトー**、いっぱーつ、リポビタンＤ。
⑤ （本番前に自分を鼓舞する）リエ、**ファイト、ファイト、ファイト**！
⑥ （ランニング）**ファイトー**……**ファイトー**……

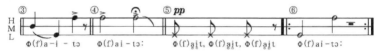

【解説】　戦意を表す。ややプラスイメージの語。もと英語のfight（「戦う・戦い・戦力・戦意」などの意）。①②は基本的な名詞の用法で、戦意・意気込みといった意味を表す。③～⑥はこれから進んで、スポーツや大事な場面での激励の掛け声で、感動詞として呼びかけに用いる。③は他人に対する激励の掛け声で、音調はＭＬＨの３拍で、最後の拍にアクセントがつき、声門閉鎖を伴う。④はテレビのＣＭで用いられた例で、ＨＨの４拍以上、最後の拍を適宜延音する。⑤は自分で自分を鼓舞する場合で、小さい声で通常３回早く発音し、語末の「ト」はほとんど聞こえない。この場合には声帯が鳴っていないこともある。⑥はチームで一緒にランニングする際、呼吸を規則的に合わせるためにリーダーまたは全員でかける掛け声で、特徴的な音調のＬＨの４拍で、次の４拍で息を吸う。この掛け声はランニング開始時から終了まで反復してかけられる。勢い（③・⑤）・爽快（⑥）の暗示を伴う。
　⇨「フレーフレー」

ふー（っ）

(1)① 後片づけを終えて**ふう**とため息をついた。
② 紙風船に**フーッ**と息を吹き込む。
③ ケーキのろうそくを**ふうっ**と一息に吹き消した。
④ 葉巻を深々と吸い、**ふうーっ**と煙を吐き出した。
⑤ **ふうっ**と息を吹きかけて机のほこりを払った。
(2)① 事故現場を見たとたん、意識が**ふうっ**と遠のいた。
② 風もないのにろうそくが**ふうっ**と消えた。

【解説】　(1)　口を小さくすぼめて１回長く息を吐く音や様子を表す。プラスマ

●ぶー(っ)

イナスのイメージはない。実際の音声を描写する用法でも、「と」がついて述語にかかる修飾語でも用いられる。「ふ（う）ーっ」は一息で全部の息を吐ききる音や様子を表す。ふつう声帯は鳴っていない。しばしば意図的に息を吹きつける様子を表すが、客観的な表現で、特定の感情を暗示しない。「ふっ」の(1)の延音形。

息を長く吐く音を表す語としては他に「はー」「ほー」などがあるが、「はー」は自然に口を開いて大きく息を吐き出す音や様子を表し、ため息、真情の吐露・憔悴・失望などを暗示する。「ほー」は口を丸く開いて体の奥から深い息を長く吐き出す音や様子を表し、束縛から解放され心身がリラックスした安堵の暗示がある。⇨『現代擬音語擬態語用法辞典』「ふー（っ）」参照。

(2)　静かに消滅する様子を表す。ややマイナスよりのイメージの語。「ふうっと」の形で、述語にかかる修飾語になる。①は意識が遠のく場合、②は小さな火がゆっくり消える場合である。偶然と主体の無意識の暗示がある。「ふっ」の(2)の延音形。⇨『現代擬音語擬態語用法辞典』「ふー（っ）」参照。

この「ふー」は「ふっ」や「すー」に似ているが、「ふっ」は突然消滅する様子を表し、不可思議の暗示がある。「すー」はかなりの速さで停滞なく進行する様子を表し、消滅するとは限らない。

　　ろうそくがふうっと消えた。（燃え尽きた）
　　ろうそくがふっと消えた。　（一瞬の風に吹かれた）
　　ろうそくがすうっと消えた。（幽霊が現れそうだ）
⇨「ふ（っ）」「すー（っ）」「ふーふー」「はー（っ）」「ほー（っ）」

ぶー（っ）

(1)① 子豚が**ブー**と鳴いた。
　② （放屁）**ブウ**。「おい、場所をわきまえろよ」
　③ 車掌が発車のブザーを**ブーッ**と鳴らした。
　④ （信号待ち）ちょっとでも発進が遅れると、後ろの車が**ブーッ**と催促する。
　⑤ その歌手は肝心の高音で引っ繰り返ったので、2階席から**ブウ**とブーイングが起こった。
(2)① 「いいネクタイだね。彼女にもらったんだろ」「**ブーー**、残念でした。自分で百均で買ったんだよ」
(3)① （幼児に）おのどがかわいたね。**ぶう**飲もうね。
　② （赤ん坊に）さ、パパと**おぶう**に入ろうね。

(2)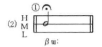

【解説】 (1) 比較的低くて太く濁った音を表す。ややマイナスイメージの語。実際の音声を描写する用法で用いる。①は豚など動物の鳴き声、②は放屁の音、③はブザー、④は車のクラクション、⑤は聴衆の不満の声である。騒音と軽い不快の暗示がある。「ぶっ」の延音形。⇨『現代擬音語擬態語用法辞典』「ぶー(っ)」参照。

(2) (1)から進んで、不正解を表す（⇔ピンポーン）。ややマイナスよりのイメージの語。テレビのクイズ番組で不正解のときにブザーを鳴らす慣習に基づいた用法で、口でブザーの音を模倣し、不正解を表す。感動詞としてくだけた日常会話で用いる。音調はMで適宜延音する。騒音と軽い不快の暗示がある。相手の答えをクイズの解答としてとらえ、それを「不正解」と判定するニュアンスになるので、目上に対して用いると非礼になりやすい。

(3) 湯を表す。プラスマイナスのイメージはない。名詞として用いられる。幼児語で、幼児に対して用いる。①は飲む湯、②は風呂の意である。親愛をこめて「おぶう」ということもある。⇨『現代擬音語擬態語用法辞典』「ぶー(っ)」参照。

⇨「ぶ（っ）」「ぶーぶー」「ピンポーン」

ふーふー

(1)① （ゲーム）風船が地面に落ちないように**ふーふー**吹いてください。
② 顔を真っ赤にして浮輪を**ふーふー**ふくらませた。
③ 湯豆腐に**ふうふう**息を吹きかけて冷ます。
④ （幼児に）お肉、**ふうふう**してから食べようね。
(2)① **ふうふう**肩で息をつきながら階段を上った。
② 借金を抱えて**ふうふう**言いながらも、何とか倒産せずに頑張ってきたんです。
③ 弟は宿題をためこんでしまい、今ごろになって**ふうふう**言いながらやっている。

【解説】 (1) 口を小さくすぼめて息を連続・反復して長く吐く音や様子を表す。プラスマイナスのイメージはない。音引きを使う場合も仮名書きする場合もある。①〜③は単独で述語にかかる修飾語になる。④は「する」がついて述語になる。ふつう声帯は鳴っていない。①は息を吹きつける場合、②は息を吹き入れる場合、③④は息を吹きかけて対象の温度を冷ます場合である。意図的にする暗示がある。客観的な表現で、特定の感情を暗示しない。「ふー」の(1)の連

●ぶーぶー

続・反復形。⇨『現代擬音語擬態語用法辞典』「ふーふー」参照。

(2)　(1)から進んで、口をすぼめ頬をふくらませて連続・反復して大きく呼吸をする様子を表す。ややマイナスイメージの語。単独で述語にかかる修飾語になる。①は実際に呼吸が荒くなる場合、②③は比喩(ひゆてき)的に苦しい状況に陥っている場合である。主体の苦しさ・疲労の暗示はあるが、不快の暗示はさほど強くない。

この「ふーふー」は「はーはー」に似ているが、「はーはー」は自然に口を開き連続・反復して大きく息を吐き出す音や様子を表し、体の奥から自然にあえぐニュアンスで、主体の苦痛の暗示がある。⇨『現代擬音語擬態語用法辞典』「ふーふー」参照。

　　　ふうふう言いながら階段を上る。(なんて長い階段なんだ)
　　　はあはあ言いながら階段を上る。(ああ苦しい)
⇨「ふー(っ)」「はーはー」

ぶーぶー

(1)①　(違法駐車)**ブーブー**クラクションを鳴らして運転手を呼ぶ。
　②　子豚が**ブーブー**鳴きながら遊んでいる。
　③　(放屁(ほうひ))所かまわず**ブウブウ**おならしないでよ。
　④　(幼児が)あっ、赤い**ブーブー**が来た！
(2)①　日曜日にどこへも連れていってもらえない子供たちは**ぶうぶう**文句を言った。
　②　夜遅く帰ると女房が**ぶうぶう**うるさいんだ。

【解説】　(1)　比較的低くて太く濁った連続音を表す。ややマイナスよりのイメージの語。実際の音声を描写する用法で用いる。音引きを使って片仮名書きすることが多い。①は車のクラクション、②は豚などの動物の鳴き声、③は放屁の音を表す。④は名詞の用法で、幼児語で車そのものを指す。騒音(そうおん)の暗示は「ぶー」よりは小さい。「ぶー」の(1)の連続・反復形。⇨『現代擬音語擬態語用法辞典』「ぶーぶー」参照。

(2)　(1)から進んで、不平・不満の声をあげる様子を表す。マイナスイメージの語。単独で述語にかかる修飾語になる。「ぶうぶう」の形で平仮名書きする。主体が頬をふくらませて盛んに文句を言う様子を表し、厄介(やっかい)と話者の不快・慨嘆(がいたん)の暗示がある。⇨『現代擬音語擬態語用法辞典』「ぶーぶー」参照。

⇨「ぶー(っ)」

ふーむ

①　(学生の発表に対して教授が)**ふうむ**、実によく考えていたね。

② **ふーむ**、なるほど、君の言うことにも一理あるね。

【解説】 熟考する様子を表す。プラスマイナスのイメージはない。感動詞として用いる。音調はMで適宜延音し、語尾が自然に下がるか上がる。実際には口をまったく開けず、ハミングで発音することが多い。ここでは仮にmとしておいた。「ふむ」の延音形で、相手の言動をいったん受容して熟考し、納得している暗示がある。

「ふーむ」は音声的には「うーん」や「ふーん」とほぼ同じであるが、「ふーむ」の表記を用いると受容・熟考・納得の暗示が出る。「うーん」の表記を用いると、思考が停滞しているニュアンスになり、感動・納得・困惑の暗示が出る。「ふーん」の表記を用いると、鼻であしらう侮蔑の暗示が出る。

　　ふーむ、君の言うことにも一理あるね。
　　（よく考えるとそのとおりだ）
　　うーん、君の言うことにも一理あるね。
　　（僕は気づかなかったよ、偉いね）
　　ふーん、君の言うことにも一理あるね。
　　（でも大局的に見たら正しくないんだよ）
⇨「ふむ」「うーん」「ふーん」

ふーん

(1)① 「トマトジュース、飲む？」「**ふーん**」「気のない返事ね、どっちなの？」
　② 「もう遅いから寝たら？」「**ふうん**。……あと１回これやったら」
(2)① （倦怠期）「今夜は帰れない」「**ふーん**、そう」
　② 「六本木で大江戸線に乗るより、飯田橋で南北線に乗ったほうが30分以上早いよ」「**ふうん**、知らなかった」

【解説】 (1) 上辺だけの返事（生返事）を表す。ややマイナスよりのイメージの語。感動詞としてくだけた日常会話で応答に用いられる。音調はMで適宜延音し、語尾が自然に下がる。実際には口をまったく開けず、ハミングで発音することが多い。「ふん」の延音形で、相手の言動をいったん受容するが、鼻であしらう侮蔑の暗示を含む。

(2) ぞんざいな受容の返事を表す。ややマイナスよりのイメージの語。感動

●ふがふが

詞としてくだけた日常会話で応答に用いられる。音調はMで適宜延音し、語尾が上がる。実際には口をまったく開けず、ハミングで発音することが多い。相手の話を聞いて考え、自分の中で消化する（腑に落ちる）暗示がある。

　⇨「ふん」「ふーむ」「うーん」「へー（っ）」

ふがふが

① 老人は**ふがふが**言うばかりだった。
② 入れ歯を外すと**ふがふが**になってしまう。
③ （老人介護）夜は入れ歯が入ってないから、ハフハフ**フガフガ**で、何を言っているのかわからない。

【解説】 口を開いたり閉じたりしながら鼻声を出す音や様子を表す。ややマイナスイメージの語。①は単独で述語にかかる修飾語になる。②は「になる」が、③は「だ」がついて述語になる。「ふ」で口を閉じ「が」で開くとき声帯が鳴って鼻声が出ている様子を表し、しばしば息が不必要に漏れる暗示がある。ふつう老人など、歯がなくなって口で適切に調音できない不自由な発話を描写するときに用いることが多い。⇨『現代擬音語擬態語用法辞典』「ふがふが」参照。

　⇨「はふはふ」

ふふふふ

① （怪人二十面相）**ふふふふ**、私が誰だかわからないようだな。
② （相棒）「杉下さん、チェスで負けたことないんですか」「**ふっふっふっ**、僕が負けると思いますか」
③ **フフフフ**、実は犯人はおれのさ。

【解説】 口を開けずに鼻先で繰り返し笑う声や様子を表す。プラスマイナスのイメージはない。実際の音声を描写する用法で用いる。音調は高めのMまたはHで、呼気を繰り返しながら自然に下がる。「ふっふっふっ」は呼気の出方が断続的な場合である。口を開けずにハミングで笑う声（含み笑い）を表し、隠蔽の意図が強く、得意（①②）・愉悦（②）・不気味（③）などの暗示を伴う。

「ふふふふ」は「うふふふ」に似ているが、「うふふふ」は口をすぼめ大きな声を立てないように笑う声を表し、音調は上昇調で主体の照れ・秘密・愉悦などの暗示がある。

　×　「ああ、ゆうべはよかったな。フフフフ」「思い出し笑いなんて、嫌らし

いやつだな」
→「ああ、ゆうべはよかったな。ウフフフ」「思い出し笑いなんて、嫌らしいやつだな」
⇨「うふふふ」

ふむ

① （迷路）**ふむ**、そうか。右の道は遠回りだけど正解なんだ。
② 花見の場所ねえ……。**ふむ**、石神井公園にしよう。
③ （宿題）「パパ、ここんとこ、わかんないよ」「どれどれ、**ふむ**、なるほどなるほど」

【解説】　口を開けずに鼻先で短く出した声を表す。プラスマイナスのイメージはない。感動詞としてくだけた日常会話で用いる。音調は短いＭＬの１拍で、語尾が自然に下がる。ハミングだけの音韻なので、ここでは仮にmとしておいた。主体は男性が多く、自分で考えて答えを出し納得している暗示がある。

「ふむ」は実際には「うむ」や「ふん」「うん」とほぼ同じ発音であるが、「うむ」は音高が低く、主体の威厳の暗示がある。「ふん」は息が鼻に抜けているニュアンスで、侮蔑の暗示がある。「うん」は主体が納得しながら肯定している暗示がある。

　　ふむ、そうか。右の道は遠回りだけど正解なんだ。
　　（よく考えてやっとわかったぞ）
　　ふん、そうか。右の道は遠回りだけど正解なんだ。
　　（左の道を行ってバカを見た）
✕　「旦那様、お風呂を先になさいますか」「ふむ、そうだな」
→「旦那様、お風呂を先になさいますか」「うむ、そうだな」
✕　「例のＤＶＤ貸せよ」「ふむ、いいよ」
→「例のＤＶＤ貸せよ」「うん、いいよ」
⇨「うむ」「ふん」「うん」「ふむふむ」「ふーむ」「む（っ）」

ふむふむ

① （パーティの計画）「Ｋホテルなんかどう？」「**ふむふむ**、それもいいけどさ、駅前のイタリアンもお勧めだと思うな」
② （事情聴取）「その日は、仕事が終わってから行きつけの飲み屋で飯食って……」「**ふむふむ**、なるほど。それから？」

【解説】 口を開けずに鼻先で短く連続して出した声を表す。ややプラスよりのイメージの語。感動詞としてくだけた日常会話で応答に用いる。音調は短いMLで後ろが下がる1拍を2回繰り返す。ハミングだけの音韻なので、ここでは仮にmとしておいた。男女ともに用い、相手の話を受容し、納得している暗示がある。「ふむ」の反復形であるが、主に応答に用いる。

「ふむふむ」は「うんうん」や「ふんふん」に似ているが、「うんうん」は音がこもっていて、納得・同意して肯定したり承知したりする様子を抽象的に状態として表す。「ふんふん」は鼻先から断続して息が出ている様子を表し、好奇心の暗示はあるが、納得の暗示は少ない。

　　ふむふむ、それもいいけどさ、駅前のイタリアンもお勧めだと思うな。
　　（私の考えは駅前のイタリアンよ）
　　うんうん、それもいいけどさ、駅前のイタリアンもお勧めだと思うな。
　　（あなたの意見ももちろんいいと思うわよ）
× 　（事情聴取）「その日は、仕事が終わってから行きつけの飲み屋で飯食って……」「ふんふん、なるほど。それから？」
⇨「ふむ」「うんうん」「ふんふん」

フレーフレー

① （運動会）**フレーフレー**、梢(こずえ)！
② （応援団）「**フレーー、フレーー**、あーかーぐーみー」「**フレーフレー、赤組。フレーフレー、赤組**」

【解説】 運動会やスポーツ大会のとき選手の応援で叫ぶ声。ややプラスよりのイメージの語。感動詞として呼びかけに用いる。もと英語の hurray, hooray（「万歳」の意）。音調は個人で呼びかける場合（①）と、集団で呼びかける場合（②）とで異なる。①はH＊H＊の4拍で、音韻 φ (f) は引っかけの前打音としてごく軽く発音される。②はまずリーダーが通常の2倍（以上）の音長でH＊H＊と唱導(しょうどう)し、大勢の人が通常の音長（ただし、各音符は短い）で2回唱和(しょうわ)する。歓喜(かんき)・激励(げきれい)の暗示がある。

⇨「ファイト」

ふん

① （どら息子）「ゲームばかりやってないで勉強しろ」「**ふん**、偉そうに言うんじゃねえよ」
② 「風邪、引いた」「**ふん**、夜中まで飲み歩いてるからよ」
③ （零細企業のボーナス）**ふん**、たったこれっぽっちか。
④ 「どうだ、この筋肉」「**ふん**」「笑ったな。20万もかかってんだぞ」
⑤ 彼女の好物のチョコを持って謝りに行ったが、**ふん**と鼻であしらわれた。

【解説】 口を開けずに鼻先で短く出した声を表す。ややマイナスイメージの語。①〜④は感動詞としてくだけた日常会話で用いられる用法、⑤は「と」がついて述語にかかる修飾語になる。音調は短いＭＬまたはＭかＨの１拍で、語尾が自然に下がる。声帯が鳴っている場合も息だけの場合もある。音韻は仮にm'（放出鼻音）としておいた。いずれも息が鼻に抜けていて、対象を軽視・侮蔑している暗示がある。

「ふん」は実際には「ふむ」や「うむ」「うん」とほぼ同じ発音であるが、「ふむ」は自分で考えて答えを出し納得している暗示がある。「うむ」は音高が低く、主体の威厳の暗示がある。「うん」は主体が納得しながら肯定している暗示がある。

⇨「ふむ」「うむ」「うん」「む（っ）」「ふーん」「ふんふん」「へん」

ふんふん

① 「Ａ案ですと原価率25％、Ｂ案ですと28％になりますが、Ｂ案のほうが顧客に好まれるかと……」「**ふんふん**、そうか、ま、君に任せるよ」
② （合コンから脱出）**ふんふん**、なるほど。そういうことね。

【解説】 鼻先から断続して息が出ている音を表す。プラスマイナスのイメージはない。感動詞としてくだけた日常会話で用いる。音調は短いＭＬで後ろが下がる１拍を２回繰り返す。声帯は鳴っているがハミングだけの音韻なので、ここでは仮にmとしておいた。男女ともに用い、対象に対する好奇心の暗示はあるが、納得の暗示は少ない。「ふん」の反復形ではあるが、軽視・侮蔑の暗示はない。

●へ(っ)

「ふんふん」は「ふむふむ」や「うんうん」に似ているが、「ふむふむ」は主に応答に用いられ、相手の話を受容し納得している暗示がある。「うんうん」は音がこもっていて、納得・同意して肯定したり承知したりする様子を抽象的に状態として表す。

⇨「ふん」「ふむふむ」「うんうん」「くんくん」

へ(っ)

(1)① (選挙運動)**へっ**、何が「お願いします」だ。前回、収賄(しゅうわい)で捕まったくせに。

② 「タカシ、鍵(かぎ)忘れたでしょ」「**へ**、持ってるけど……。あっ！ やべ。ヒロミの部屋のだ」

(2)① (時代劇)「亀吉、ちょいと御番所へ届けとくれ」「**へっ**」

【解説】 (1) 口を横に開き歯を見せる表情で1回短く息を吐き出す音を表す。ややマイナスイメージの語。感動詞としてくだけた日常会話で用いる。音調は短いHで、しばしば後ろに声門閉鎖を伴う。鼻の頭にしわを寄せて(しかめ面(つら)をして)声を出すとこの音になるので、話者の侮蔑(ぶべつ)(①)の心理や意外性(②)・疑問・嫌悪などの暗示がある。

この「へ」は「は」に似ているが、「は」は自然に口を開いて1回勢いよく息を吐き出す音や様子を表し、疑問の暗示はあるが、客観的な表現で、特定の感情を暗示しない。

　　へ、持ってるけど……。あっ！ やべ。ヒロミの部屋のだ。
　　(何で鍵の話なんかするんだ)
　　は、持ってるけど……。あっ！ やべ。ヒロミの部屋のだ。
　　(鍵は持ってるのに忘れるわけないだろ)

(2) 肯定の返事を表す。プラスマイナスのイメージはない。感動詞として応答に用いる。音調は短いMで発音する。「へい」や「へえ」を短く発音したもの。古風な表現で、時代劇などで商家の奉公人(ほうこうにん)が主人に返事をする際に用いる。現代ではほとんど用いられない。

⇨「は(っ)」「へい」「へー(っ)」「ほ(っ)」

へい

① (時代劇)「ちょいと千代松」「**へい**。なんでがんしょ」

【解説】 肯定の返事を表す。プラスマイナスのイメージはない。感動詞として応答に用いる。音調は短いMで、1拍で発音する。古風な表現で、時代劇などで商家の奉公人が主人に返事をする際に用いる。現代ではほとんど用いられない。

「へい」は「へえ」とほとんど同じ音韻・用法であるが、「へえ」は主に関西の商家で用いられ、音調はHMと顕著に高い。

⇨「へー(っ)」「へ(っ)」「へいへい」「へーこら」「へーい」

へいへい

(1)① （時代劇）「松吉、まだできないのかい」「**へいへい**、もうすぐですよ」
(2)① 運動部って、先輩にどんな無理難題言われても**へいへい**従わなくちゃならないから、嫌なんだよ。

【解説】 (1) 肯定の返事を表す。プラスマイナスのイメージはない。感動詞として応答に用いる。音調は短いMLの1拍を2度重ねたもので、「へい」の反復形だが、話者の慨嘆(がいたん)の暗示を含むことがある。古風な表現で、時代劇などで商家の奉公人が主人に返事をする際に用いる。現代ではほとんど用いられない。

　　へいへい、もうすぐですよ。（わかってますよ）

　　へい、もうすぐですよ。　　（今やってますよ）

(2) (1)から進んで、相手の言いなりになる様子を表す。マイナスイメージの語。単独で述語にかかる修飾語になる。音調はMLの2拍である。主人の命令に無条件に従う奉公人のような態度で、遠慮・追従(ついしょう)・卑屈(ひくつ)の暗示があり、話者の侮蔑の暗示もある。

この「へいへい」は「へーこら」に似ているが、「へーこら」は主体が相手に遠慮・追従して卑屈に言いなりに行動する様子を表し、見る者の侮蔑の暗示がある。

⇨「へい」「へーこら」

へー(っ)

(1)① 「おれ、美紀と一緒になる」「**へえー**、告白したんだ。よくOKしてくれたね」

●べー(っ)

② 「それ、本物のエルメス？」「そうよ。20万」「**へえー**」

(2)① （関西の商家）「ちょっとお遣い、行ってきや」「**へえ**」

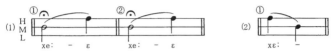

【解説】 (1) 驚きの声を表す。ややマイナスよりのイメージの語。感動詞としてくだけた日常会話で用いる。音調はMを適宜延音し（ふつう2拍以上）、語尾をやや上げる。平仮名書きと音引きの両方を使うことが多い。話者が対象の状態に驚いたときにあげる声を表すが、心理的な距離があり、冷淡・あきれ・疑念(ぎねん)などの暗示がある。

この「へえー」は「ふうん」に似ているが、「ふうん」はぞんざいな受容の返事を表し、相手の話を聞いて考え、自分の中で消化する（腑(ふ)に落ちる）暗示がある。

「このエルメス、20万よ」「へえー」
（そんなものに20万も出すなんて）
「このエルメス、20万よ」「ふうん」
（ブランドものってそんなに高いんだ）

(2) 肯定の返事を表す。プラスマイナスのイメージはない。感動詞として応答に用いる。音調はHMの2拍である。「へえ」と平仮名書きする。関西の商家などで、奉公人が主人に返事をする場面で用いられる。古風な表現で現代はあまり用いられない。関西以外の地域では「へい」などを用いた。

⇨「ふーん」「へい」「ひぇー（っ）」「へ（っ）」「ほー（っ）」

べー（っ）

① （いたずらをした子供が逃げる際に振り返って）**べーーーッ**。

② お前なんか**べーーッ**だ。

【解説】 鼻の頭にしわを寄せ、舌を出して侮蔑・拒否などを示しながら言う言葉。マイナスイメージの語。①は感動詞としてくだけた日常会話で用いる用法。②は「だ」がついて述語になる。音調は中ぐらいのMで適宜延音し、後ろに声門閉鎖を伴う。もともと子供が舌を出す動作を伴って、相手に侮蔑を示す言葉だったため、大人が使うと子供っぽい印象になる。強い侮蔑(ぶべつ)・拒否の暗示がある。

⇨「あかんべー」

へーい

① （時代劇）「ちょいと千代松、千代松」「**へーい**。ただいま」
② 「早くお風呂に入ってよ。後がつかえてるんだから」「**へーい**」

【解説】　肯定の返事を表す。プラスマイナスのイメージはない。感動詞として応答に用いる。音調はMで適宜延音し、語尾が下がる。①は基本的な用法の古風な表現。商家の奉公人が主人に返事する場合に用いる。「へい」の遠隔表現である。②は現代語で用いられた場合で、この音調は同じMの音高を保つ。上位者（妻）の命令に従順に従う奉公人のごとき態度を演出するふざけの暗示がある。

「へーい」は「はーい」に似ているが、「はーい」は「はい」の遠隔表現で、ふざけの暗示はない。

　　「早くお風呂に入ってよ。後がつかえてるんだから」「へーい」
　　（おっしゃるとおりにしますよ、ご主人様）
　　「早くお風呂に入ってよ。後がつかえてるんだから」「はーい」
　　（わかってますよ）

⇨「へい」「はーい」

へーこら

① 毎日部長に**へーこら**しなくちゃならないなんて、サラリーマンはつらいよ。
② 寿司屋や天ぷら屋でカウンターに座る客は、店が高級になればなるほど職人におべっかつかって**へーこら**するもんだ。

【解説】　相手の言いなりに行動する様子を表す。マイナスイメージの語。「する」がついて述語になる。主体が相手に遠慮・追従して卑屈に言いなりに行動する様子を表し、見る者の侮蔑の暗示がある。

「へーこら」は「ぺこぺこ」や「へいへい」に似ているが、「ぺこぺこ」は卑屈に頭を何度も下げる様子を表し、相手がいない場合にも用いられる。⇨『現代擬音語擬態語用法辞典』「ぺこぺこ」参照。「へいへい」は主人の命令に無条件に従う様子を表し、行動の暗示は少ない。

　× 課長は電話口でへーこらお辞儀をした。
　→課長は電話口で<u>ぺこぺこ</u>お辞儀をした。
　毎日部長にへーこらする。（言われるがままに東奔西走する）

●へへへへ

　　毎日部長にへいへいする。(お世辞を言ったり謝ったりする)

　⇨ 「へいへい」「へい」

へへへへ

① （ゲームでパーフェクト達成）**へへへへ**、どんなもんだい。

② （三角関係）「保君、あたしが浩と約束したからって断ったら、悔しがってたわよ」「**へっへっへっ**、ざまあ見ろ」

【解説】　口をあまり大きく開かずに声を鼻に抜いて笑う声を表す。ややマイナスよりのイメージの語。実際の音声を描写する用法で用いる。「へっへっへっ」は呼気が断続的に出た場合。音調は高めのMであるが、呼気のスピードによって拍数が変わる。音韻を特定することは困難であるが、仮にx（e）としておく。話者が軽薄に笑う声を表し、得意（①）・侮蔑（②）の暗示がある。

　「へへへへ」は「えへへへ」に似ているが、「えへへへ」は話者が隠していた悪事がバレたり、照れたりした場合に用いられ、内心の恥や照れの暗示がある。

　⇨ 「えへへへ」「けけけけ」「へらへら」

へらへら

① あいつは教師を頭からバカにしていて、授業中注意されても**へらへら**笑ってごまかせると思っている。

② （リーダーが危機感のない部員に）これはチームにとって一大事だ。おい、**へらへら**笑うな。

③ （子育ての愚痴）パパがいつも**へらへら**してるから、子供がつけあがるのよ。

【解説】　軽薄に笑う様子を表す。マイナスイメージの語。単独で「笑う」などの述語にかかる修飾語になる。主体が事の深刻さ・重大さを理解せず、軽薄に笑う様子を表し、能天気と侮蔑の暗示がある。

　「へらへら」は「えへらえへら」に似ているが、「えへらえへら」は主体が本来笑うべきでないときに無責任に笑い続ける様子を、話者が侮蔑と慨嘆の暗示を伴って述べる。

　×　これはチームにとって一大事だ。おい、<u>えへらえへら</u>笑うな。

　⇨ 「えへらえへら」「へへへへ」

ほ(っ)●

べろべろばあ

① (赤ん坊に)**べろべろべろ、ばあっ**。
② この子は**べろべろばあ**をしてやると喜ぶ。

【解説】 赤ん坊をあやすときに動作とともに出す声を表す。プラスマイナスのイメージはない。「べろべろ」で舌を大きく出して振り動かし、「ばあ」で目と口を大きく開ける動作を表し、赤ん坊を驚かせてあやすときに用いる。①は基本的な掛け声の用法。②は名詞の用法。客観的な表現で、特定の感情を暗示しない。⇨『現代擬音語擬態語用法辞典』「べろべろ(っ)」参照。
⇨「ばあ(っ)」「れろれろ」

へん

① **へん**、お前らにおれの気持ちなんかわかってたまるか。
② 「カイトが理由を何も言ってくれないからよ」「**へん**、どうせおれが全部悪いんだろ」

【解説】 口を少し開けて鼻先で短く出した声を表す。マイナスイメージの語。感動詞としてくだけた日常会話で用いる。音調は高めの短いMで、音韻はあいまいである。話者は男性が多く、相手に対する強い軽視・侮蔑の暗示がある。
　「へん」は「ふん」に似ているが、「ふん」は口を開けずに鼻先で短く出した声で、男女ともに用い、侮蔑の暗示は相対的に少ない。

　　へん、お前らにおれの気持ちなんかわかってたまるか。
　　(お前らは最低の野郎どもだよ)
　　ふん、お前らにおれの気持ちなんかわかってたまるか。
　　(おれはお前らと違って高級なんだよ)
⇨「ふん」

ほ(っ)

(1)① (競泳)ゴール板にタッチすると、顔を上げて**ほっ**と大きな息をついた。
　② 天井を向いてタバコの煙を**ほっ**と丸く吐いた。
(2)① 「この弁当はお前の分だよ」「**ほっ**、2つもくれるのかい」
(3)① 一仕事終えて**ほっ**と一息ついた。
　② (交通事故)娘の命には別状ないと聞いて**ほっ**と胸をなでおろした。
　③ とにもかくにも責任を果たして**ほっ**としたよ。

●ほい（っ）

④　彼女は家に帰ると**ほっ**とする間もなく夕飯のしたくにかかる。

⑤　（単位取得）「物理、浮いてたよ」「**ホッ**」

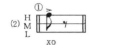

【解説】　(1)　口を丸く開いて体の奥から深い息を短く吐き出す音や様子を表す。プラスマイナスのイメージはない。「ほっと」の形で、述語にかかる修飾語になる。丸く開いた口から息のみが吐き出され、ふつう声帯は鳴っていない。客観的な表現で、特定の感情を暗示しない。⇨『現代擬音語擬態語用法辞典』「ほっ」参照。

(2)　(1)から進んで、上機嫌で小さく出す声を表す。ややプラスイメージの語。実際の音声を描写する用法で用いる。音調は短いHで後ろに声門閉鎖を伴う。主体が好ましいことに接して、上機嫌で思わず口を開いて小さく出す声を表す。声帯が鳴っていることが多い。ただし、この「ほっ」は(1)(3)と区別がつかないことも少なくない。⇨『現代擬音語擬態語用法辞典』「ほっ」参照。

(3)　(1)から進んで、安堵のため息をつく様子を表す。プラスイメージの語。①②は「ほっと」の形で、述語にかかる修飾語になる。③は「ほっとする」の形で述語に、④は名詞にかかる修飾語になる。⑤は感動詞になる現代用語法。この場合の音調はHの1拍で、後ろに声門閉鎖を伴う。(2)の場合より、口の開き方が大きい傾向がある。重圧・心配・緊張・責任・ストレスなどの束縛から解放され、心身がリラックスしたときに出るため息を表すが、実際にため息をつくかどうかに関係なく、そういうときの精神状態そのものを表し、安堵の暗示がある。⇨『現代擬音語擬態語用法辞典』「ほっ」参照。

⇨「は（っ）」「ひ（っ）」「ふ（っ）」「へ（っ）」「ほー（っ）」「ほっほっ」

ほい（っ）

(1)①　「そこの手帳、取って」「投げるよ。**ほいっ**」

②　（童謡）えーっさえーっさ、えっさ**ほい**さっさ。お猿の駕籠屋だ、**ほい**さっさ。

(2)①　（出前）「寿司常です。お待たせしました」「**ほいきた**」

②　（老教授の自宅訪問）「うちのバアさんが留守のときに、またおいで」「なに、バアさんですって？」「**ほい**、しまった。まだいたか」

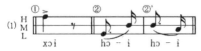

【解説】　(1)　あまり重くない物を投げたり運んだりするときに出す掛け声を表

す。プラスマイナスのイメージはない。感動詞として掛け声に用いる。音調はHの1拍で、後ろに声門閉鎖を伴うことが多い。相手の手元まで届かせる配慮の暗示を伴うことがある（①）。②の音調は童謡のメロディーなので、実際の掛け声の音調とは異なる。

(2) 思わず出た小さい声を表す。ややプラスよりのイメージの語。感動詞として、述語の直前に用いる。音調はHMの1拍で、軽く発音される。古風な表現で、話者は老齢の男性であることが多い。話者がある程度予期していた事柄が起こったとき、それを待ち受ける期待の暗示がある。

⇨「ほいほい」「えっさえっさ・えっさっさ」

ほいほい

(1)① （老教授の迎え）「先生、出かけますよ」「**ほいほい**、ちょっと待って、いま靴はくから」

② アゴ・アシ付きの仕事だったので**ほいほい**と二つ返事で引き受けた。

(2)① 親がなんでも**ほいほい**してやると、子供はちっとも自分で学ばなくなる。

② あの人ったら、いい歳なのに先生、先生っておだてられて、どこへでも**ほいほい**出かけていくんだから。

【解説】 (1) 相手の発言や状況を気軽に受諾する声や様子を表す。ややプラスイメージの語。①は感動詞として応答に用いる。②は「と」がついて述語にかかる修飾語になる。音調はHMの2拍で、話者が気軽に応答したり、承諾したりする様子を表す。「ほい」の反復形であるが、期待の暗示はさらに強まり、話者が上機嫌である暗示がある。

この「ほいほい」は「はいはい」に似ているが、「はいはい」は音調によって不承不承の返事や不本意・あきらめ・慨嘆などの暗示を伴う返事になる。

× （幼児が）「ママ、早く早く」「ほいほい、いま行きますよ」

→「ママ、早く早く」「はいはい、いま行きますよ」

(2) (1)から進んで、相手の要求を気軽に受諾する様子を表す。ややマイナスイメージの語。単独で述語にかかる修飾語になる。主体が相手の要求を気軽に受諾する様子を、話者が慨嘆の暗示を伴って述べる。

この「ほいほい」は「ほれほれ」に似ているが、「ほれほれ」は主体が相手に要求される前にその期待に沿うよう行動するのを慨嘆するニュアンスになる。

親が何でもほいほいしてやると子供はつけあがる。

（言われたとおり金を出してやったり口をきいてやったり）

●ほー（っ）

　　親が何でもほれぼれしてやると子供はつけあがる。
　　（言われる前に金を出してやったり口をきいてやったり）
⇨「ほい（っ）」「はいはい」「ほれぼれ」

ほー（っ）

(1)① 一仕事終えて**ほーっ**とため息をついた。
　② 熱いお茶を飲んで**ほう**と一息つく。
(2)① **ほう**、君にピアノが弾けるとは知らなかった。
　② （名人芸）**ほう**、うまいもんだねえ。
　③ 「このケータイで写真もとれるし、音楽も聞けるんですよ」「**ほう**、それは便利だ」

【解説】（1）口を丸く開いて体の奥から深い息を長く吐き出す音や様子を表す。ややプラスよりのイメージの語。「と」がついて述語にかかる修飾語になる。平仮名書きすることが多いが、音引き表記のこともある。仕事・ストレスなどの束縛から解放され、心身がリラックスしたときに出るため息を表し、安堵の暗示がある。「ほ（っ）」の(1)(3)の強調形。⇨『現代擬音語擬態語用法辞典』「ほー（っ）」参照。

　　（2）感嘆して出す声を表す。ややプラスイメージの語。感動詞として用いる。「ほう」と平仮名書きする。比較的年齢の高い男性が用いることが多い。話者が知らないことや予想外のことに接した驚き・感嘆と、対象の状態を評価する暗示がある。音調は２通りある。ＨＬの２拍になった場合には、驚きの暗示が強く出る。ＬＨの２拍以上で語尾を適宜延音する場合には、感嘆と評価の暗示が出る。⇨『現代擬音語擬態語用法辞典』「ほー（っ）」参照。

　この「ほう」は「へえ」に似ているが、「へえ」は驚きと感嘆の暗示はあるが、評価の暗示はない。

　　ほう、うまいもんだねえ。（なかなかやるね）
　　へえ、うまいもんだねえ。（信じられないね）
⇨「ほ（っ）」「へー（っ）」「ほーほー」「ほほう」「はー（っ）」「ふー（っ）」

ほーほー

(1)① アオバズクが**ホー、ホー**と鳴いた。
　② ヨタカの**ホウホウ**という声は寂しい。
(2)① 「先生、おかげさまで博士号を取得できました」「**ほうほう**、そうかい。

それはよかった」

【解説】　(1)　フクロウ類・ヨタカなどの低くこもった鳴き声を表す。プラスマイナスのイメージはない。実際の音声を描写する用法で用いる。客観的な表現で、特定の感情を暗示しない。⇨『現代擬音語擬態語用法辞典』「ほー（っ）」参照。

(2)　感嘆して出す声を表す。ややプラスイメージの語。感動詞として用いる。「ほうほう」と平仮名書きする。音調はＨＬＨＬの４拍である。比較的年齢の高い男性が用いることが多い。話者が知らないことや予想外のことに接した驚き・感嘆と、対象の状態を評価する暗示がある。感嘆や驚きを自分で確認するニュアンスになる。「ほー（っ）」の(2)の反復形だが、上機嫌の暗示が加わる。
　⇨「ほー（っ）」「ほほう」

ほうら

(1)① 　（忘れ物）絶対取りに戻ってくるさ。……**ほうら**、やっぱり戻ってきた。
　② 　（刑事ドラマ）犯人は第一発見者じゃないの？　……**ほうら**、思ったとおりだ。
　③ 　（自転車で転んだ）**ほうら**見ろ、だからあれほどスピード出すなって言っただろ。
(2)① 　「眼鏡どこへやったかなあ」「**ほうら**、そこにあるでしょ」

【解説】　(1)　予期していたとおりに実現したことを確認する声を表す。ややマイナスよりのイメージの語。①②は感動詞として用いる。③は「ほうら見ろ」の形で、慣用句的に用いられる。話者が予期していたとおりに実現したことを、あらためて確認し納得する様子を表し、話者の驚きと関心、対象から距離を置いて見る冷淡・侮蔑などの暗示を伴う。音調はＨＬの３拍またはＭＨＬの２拍で、高い声で始めるほど侮蔑の暗示が強くなる。「ほら（っ）」の(1)の遠隔表現。

(2)　離れた所にいる相手に向かって何かを指し示すときに出す掛け声を表す。プラスマイナスのイメージはない。感動詞として用いる。音調はＭＬの３拍またはＭＨＬの２拍である。指し示す物に視点があるので、相手の場所があまり遠い場合には用いない。「ほら（っ）」の(2)の遠隔表現。

　この「ほうら」は「そうら」や「そうれ」に似ているが、「そうら」は離れ

●ほーれ

た所にいる相手に向かって何かを確実に届ける親切の暗示がある。「そうれ」は「ほうら」よりも勢いの暗示がある。

⇨「ほら（っ）」「そうら」「そうれ」「ほーれ」「ほらー（っ）」

ほーれ

(1)① （競馬で大損）**ほうれ**、見ろ。だからギャンブルはやめとけって言ったんだよ。
(2)① 「お兄ちゃん、この前、グローブくれるって言ったよね」「ああ、やるよ。**ほーれ**」

 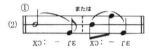

【解説】　(1)　予期していたとおりに実現したことを確認してみせる声を表す。ややマイナスよりのイメージの語。①は「ほうれ見ろ」の形で、慣用句的に用いられる。話者が予期していたとおりに実現したことを、あらためて確認し納得したことを提示する声を表し、話者の驚きと関心、対象から距離を置いて見る冷淡・侮蔑などの暗示を伴う。音調はＨＬの３拍またはＭＨＬの２拍で、高い声で始めるほど侮蔑の暗示が強くなる。「ほれ（っ）」の(1)の遠隔表現。

　この「ほうれ」は「ほうら」に似ているが、「ほうら」は予期していたとおりに実現したことを自分が確認するニュアンスがある。

　　　ほうれ、見ろ。（お前にもちゃんと注意したはずだぞ）
　　　ほうら、見ろ。（だから言わないこっちゃない）

(2)　離れた所にいる相手に向かって何かを差し出すときに出す掛け声を表す。プラスマイナスのイメージはない。感動詞として用いる。音調はＭＬの2.5拍またはＭＨＬの２拍である。動作を伴うため、(1)の場合よりも全体的に短めに発音される。指し示す物に視点があるので、相手の場所があまり遠い場合には用いない。「ほれ（っ）」の(2)の遠隔表現。

　この「ほうれ」は「ほうら」や「そうれ」に似ているが、「ほうら」は離れた所にいる相手に向かって何かを指し示すニュアンスがある。「そうれ」は離れた所に何かを投げるときに出す掛け声を表す。

　　　グローブ、やるよ。ほうれ。（大切に使えよ）
　　　グローブ、やるよ。ほうら。（約束守っただろ）
　　　グローブ、やるよ。そうれ。（ちゃんと受け取れよ）

⇨「ほれ（っ）」「ほーら」「そうれ」「ほれー（っ）」

ほっほっ

(1)① (焼き芋)うん、甘い、**ホッホッ**、ア、アツイ……。
　②（揚げたてのカキフライ）アツッ、**ホッホッ**、アツイ。……うーん、おいしいねえ。
(2)① 「給料が入ったからおごってやるよ」「**ほっほっ**、そんならフルコースでも御馳走になろうかな」
　②（ライバルの不合格）あいつ、M大も落っこったの？　**ほっほっほっ**、ざまあ見ろだよ。さんざ人のことバカにしてたくせに。

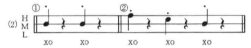

【解説】（1）太い息を連続して吐く音や様子を表す。プラスマイナスのイメージはない。実際の音声を描写する用法で用いる。呼気が断続的に出る回数だけ表記される。声帯は鳴っている場合も鳴っていない場合もある。口腔内に熱い食物などを頬張ったとき、やけどしないように呼気を断続して出す音や様子を表す。客観的な表現で、特定の感情を暗示しない。「ほっ」の(1)の反復形。

（2）上機嫌で小さく出す声を表す。ややプラスよりのイメージの語。実際の音声を描写する用法で用いる。音調は自然なMで、声門閉鎖を挟んで断続し、声帯は鳴っていることが多い。「ほっほっほっ」は反復形。この場合の音調はHから断続的に下降する。主体が好ましいことに接して、上機嫌で思わず口を開いて小さく出す声を表す。「ほっ」の(2)の反復形。喜びがさらに大きければ、顔が笑顔になって笑い声「ほほほほ」になるが、厳密には区別がつかない。
⇨「ほ（っ）」「ほほほほ」

ほほう

　①（老教授が新事実を発見）**ほほう**、これは私も見たことないね。
　②（詰め将棋）**ほほう**、その手があったか。

【解説】感嘆して出す声を表す。ややプラスイメージの語。感動詞として用いる。音調はHHMで適宜延音され、語尾が自然に下がる。1つめの「ほ」と2つめの「ほ」の間にごく短い声門閉鎖を伴うこともある。比較的年齢の高い男性が用いることが多い。話者が知らないことや予想外のことに接した驚き・感嘆と、対象の状態を評価する暗示がある。

● ほほほほ

「ほほう」は「ほう」や「ほうほう」に似ているが、「ほう」よりも評価の暗示が強く、驚きの暗示は少ない。「ほうほう」は驚きを自分で確認する暗示がある。

　　　　ほほう、うまいもんだねえ。　　（いろいろ知ってるがなかなかだよ）
　　　　ほう、うまいもんだねえ。　　　（よくできるんで驚いたよ）
　　　　ほうほう、うまいもんだねえ。（全然知らなかったよ）
⇒「ほー（っ）」「ほーほー」

ほほほほ

① （同窓会）「田中さん、ご主人様、ゼネコンの社長なんですってね」「いいえ、去年会長に退きましたの。今は長男が社長ですわ。**ほほほほ**」
② あたしを誰だと思っているの、ぼうや。**ホホホホ**。
③ （年上女性をナンパ）「ちょっといい店があるんですよ。1杯だけ行きませんか」「**ほほほほ**」

【解説】　口を意図的にすぼめて高く笑う声を表す。プラスマイナスのイメージはない。実際の音声を描写する用法で用いる。片仮名書きすることもある。しばしば口の前をそろえた指先でおおって隠す動作を伴う。音調は高いHから自然に下降し、持続的に発音される。拍数は決まっていない。音韻は最初だけ子音xがつき、後は母音だけのことが多い。話者は大人の女性が多く、意図的に口をすぼめた上品さの暗示、または上品さを演出する気取りの暗示がある。③は気取って上品に笑う声で応答に代えた例で、同じ音高Hを保ち、途中に声門閉鎖を伴うこともある。相手の提案を軽くあしらう（手玉に取る）余裕の暗示がある。

「ほほほほ」は「おほほほ」に似ているが、「おほほほ」は「ほほほほ」よりも気取りの暗示が少なく、口を隠す動作がないことも多い。

⇒「おほほほ」「ほっほっ」

ほら（っ）

(1)① パパ、あそこ、見て！　**ほらっ**、虹。
② 「タクシー、来ないなあ」「**ほら**、あそこ、来たよ」
③ （同窓会で）**ほらっ**、小野先生よ。若いわねえ。
④ （忘れ物）**ほらね**、やっぱり傘忘れたじゃないの。
⑤ 「財布が見つかんないだ」「**ほら**、これじゃないか」

⑥ **ほら！　ウグイスの声！　春だねえ。**
⑦ （老父の自慢話）**ほら、また始まった。長くなるぞ。**
(2)① （ぐずっている幼児に）**ほら、いい子にして。**
② （泣いている幼児に）**ほらほら、もう泣かないの。**

【解説】（1）相手の注意を喚起する呼びかけを表す。プラスマイナスのイメージはない。感動詞として呼びかけに用いる。「ほらっ」は勢いを加味した表現。音調はＨＬの２拍で、しばしば後ろに声門閉鎖を伴う。視覚的に注意を喚起する場合（①～⑤）が多いが、聴覚の場合（⑥）や状況の場合（⑦）もある。話者の感動（①⑥）・驚き（③）・納得（④）・関心（②⑤）などの暗示を伴う。⑦の「ほらまた始まった」は慣用句的に用いられ、予期していたとおりの展開になったことについて、軽い慨嘆の暗示がある。

　この「ほら」は「ほれ」に似ているが、「ほれ」は相手の注意を喚起して何かを提示する暗示がある。

　　×　<u>ほれ</u>！　ウグイスの声！　春だねえ。
　　　　ほら、お前にやるよ。（これが欲しかったんだろう）
　　　　ほれ、お前にやるよ。（くれてやるんだぞ）

(2)　(1)から進んで、相手の機嫌をとる呼びかけを表す。プラスマイナスのイメージはない。感動詞として呼びかけに用いる。音調はＨＬの２拍であるが、軽く発音される。「ほらほら」は反復形。この場合は次第に高くなるＭＬＨＭの４拍である。幼児や子供に（何かを見せて）機嫌をとる呼びかけを表し、軽い慨嘆の暗示がある。

　「ほらほら」は「ほれほれ」に似ているが、「ほれほれ」は提示するニュアンスが強いので、相手の意向に沿うように何でも希望をかなえてやる（至れり尽くせり）甘やかしの暗示がある。

　　　　ほらほら、もう泣かないの。（ここにおもちゃがあるでしょ）
　　　　ほれほれ、もう泣かないの。（おやつがいいかな。おもちゃもあるよ）
　⇨「ほれ（っ）」「ほれほれ」「ほらー（っ）」「ほーら」「そら（っ）」

ほらー（っ）

① （デパートで子供に）おもちゃは後、パパの買い物が先よ。ほら、行く

●ほれ（っ）

わよ。ほらーっ。
② （犬の散歩）そんな所に鼻突っ込まないの。ほーらー。

【解説】　相手の行動を強く促す呼びかけを表す。ややマイナスよりのイメージの語。感動詞として呼びかけに用いる。音調は特徴的なＨＬＭＬの音型で、1拍めは適宜延音され、しばしば後ろに声門閉鎖を伴う。「ほーらー」は強調形。子供や犬などの下位者に次の行動を強く促すときに用いられ、話者の焦燥の暗示がある。

「ほらー」は「ほら」の延音形だが、相手への督促のニュアンスが強く、単なる注意喚起では用いられない。

　　× ほらー、ウグイスの声！　春だねえ。
　　「財布が見つからないんだ」「ほらーっ、これじゃないか」
　　（さっきから言ってるだろ。何度も言わせるなよ）
　　「財布が見つからないんだ」「ほらっ、これじゃないか」
　　（ここにあったよ）

「ほらー」は「ほれー」にも似ているが、「ほれー」は相手に提示するニュアンスで、督促の暗示は少なく、やや客観的である。

　　ほらーっ、行くわよ。（早く言うことを聞きなさい）
　　ほれーっ、行くわよ。（置いていくわよ）
⇨「ほら（っ）」「ほーら」「ほれー（っ）」

ほれ（っ）

(1)①　（競馬で大損）ほれ、見ろ。だからギャンブルはやめとけって言ったんだよ。
(2)①　「お兄ちゃん、この前、グローブくれるって言ったよね」「ああ、やるよ。ほれっ」
　②　「眼鏡、知らない？」「眼鏡？　あ、ここにあったよ。ほれ」

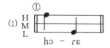

【解説】　(1)　予期していたとおりに実現したことを確認してみせる声を表す。プラスマイナスのイメージはない。感動詞としてくだけた日常会話で呼びかけに用いる。音調はＨＬの２拍である。①は「ほれ見ろ」の形で、慣用句的に用いられる。話者が予期していたとおりに実現したことを、あらためて確認し納

得したことを提示する様子を表し、話者の驚きと関心、対象から距離を置いて見る冷淡・侮蔑などの暗示を伴う。

「ほれ」は「ほら」に似ているが、「ほら」は相手の注意を喚起する呼びかけに広く用いられる。

(2) 相手に向かって何かを差し出すときに出す掛け声を表す。プラスマイナスのイメージはない。感動詞としてくだけた日常会話で呼びかけに用いる。音調はＨＬの２拍である。しばしば後ろに声門閉鎖を伴う。相手の希望に沿って物をぞんざいに差し出す様子を表し、親切の暗示がある。

この「ほれ」は「それ」に似ているが、「それ」は話者を含む相手への行動を促す掛け声一般を表し、勢いの暗示がある。

「眼鏡、知らない？」「ここにあったよ。ほれ」（渡すよ）

「眼鏡、知らない？」「ここにあったよ。それ」（投げるよ）

⇨「ほら（っ）」「それ（っ）」「ほーれ」「ほれー（っ）」「ほれほれ」

ほれー（っ）

① （子供に）なにぐずぐずしているの。早く来なさい。**ほれーっ**。
② （残業明け）「やっといたぞ。**ほーれー**」「おっ、さすが編集長」

【解説】（話者を含む）相手への行動を強く促す掛け声を表す。プラスマイナスのイメージはない。感動詞として呼びかけに用いる。音調は特徴的なＨＬＭＬの音型で、１拍めは適宜延音され、しばしば後ろに声門閉鎖を伴う。「ほれー」は強調形。①は下位者の行動を強く促す。②は自分の下位者への提示行動を強く示す。「ほれー」は「ほれ」の延音形だが、やや客観的な表現で、焦燥や親切の暗示は相対的に少ない。

「眼鏡、知らない？」「ここにあったよ。ほれー」（忘れっぽいな）

「眼鏡、知らない？」「ここにあったよ。ほれ」　（渡すよ）

⇨「ほれ（っ）」「ほらー（っ）」「ほーれ」

ほれほれ

(1)① （泣いている子供に）**ほれほれ**、もう泣かないのよ。
(2)① 親がなんでも**ほれほれ**してやると、子供はちっとも自分で学ばなくなる。
② 「龍平、まだ帰って来ないのか」「また遊び歩いてるんでしょ。あなたが**ほれほれ**しすぎるからよ」

【解説】　(1)　相手の機嫌をとる掛け声を表す。プラスマイナスのイメージはない。感動詞として呼びかけに用いる。音調はＭＬＨＭの４拍である。幼児や子供に何かを見せて機嫌をとる掛け声を表し、相手の意向に沿うように何でも希望をかなえてやる（至れり尽くせり）甘やかしの暗示がある。

　この「ほれほれ」は「ほらほら」に似ているが、「ほらほら」は軽い慨嘆(がいたん)の暗示がある。

　(2)　相手の要求に沿うように行動する様子を表す。ややマイナスイメージの語。「する」がついて述語になる。主体が相手に要求される前にその期待に沿うように行動するのを慨嘆する暗示がある。

　この「ほれほれ」は「ほいほい」に似ているが、「ほいほい」は主体が相手の要求を気軽に受諾(じゅだく)する様子を表し、要求される前に行動するニュアンスはない。

　⇨「ほら（っ）」「ほいほい」「ほれ（っ）」

ほんとう・ほんと〔本当〕

(1)① 彼女は公称24だが、**ほんとう**は40近い。
　② **ほんとう**言うとね、健太よりあなたのほうが好きよ。
　③ あの会社、**ほんとう**のところはどうなってるんだ。
　④ 「新車買っちゃった」「えっ、**ほんと**？」
　⑤ きのう洋子が話してたこと、**ほんと**なの？
　⑥ 千恵子が離婚したという噂(うわさ)は**ほんとう**だ。
　⑦ 君が優秀なのは**ほんとう**だが、少し努力が足りないね。
　⑧ 「ほら、こうやれば簡単だろ」「**ほんとだ**」
　⑨ （臆病(おくびょう)な強盗）動くと撃つぞ。**ほんと**に撃つからな。
　⑩ この小説は**ほんとう**にあった事件を元にしている。
　⑪ 彼女は僕が英検１級に合格したと言っているのに、全然**ほんとう**にしてくれない。
(2)① （受け付け時間）**ほんと**はもう時間過ぎてますが、いいでしょう。
　② 自分の仕事は完成まで見届けるのが**ほんとう**だ。
　③ （高級料理店）うん、この味は**ほんとう**だね。
　④ だいぶ体調は戻ってきたが、まだ**ほんとう**ではない。
　⑤ 彼には**ほんとう**の科学者になってもらいたい。
(3)① このたびは**ほんとう**にお世話になりました。

② 息子が無事に帰ってきて**ほんとう**にうれしい。
③ 君は絵がうまいねえ、**ほんと**、そう思うよ。
④ （隣家への苦情）**ほんと**にねえ、お宅の犬が**ほんと**うるさくてたまんないのよ。**ほんと**何とかしてくださいよ。

【解説】「ほんと」は「ほんとう」のくだけた表現で、日常会話でしばしば用いられる。

(1) 事実や理想に合致している様子を表す（⇔うそ）。プラスマイナスのイメージはない。①②は名詞の用法。③は「の」がついて名詞にかかる修飾語に、④〜⑧は単独でまたは「だ」がついて述語に、⑨〜⑪は「に」がついて述語にかかる修飾語になる。③〜⑦は事実という意、②⑪は真実という意、①⑧〜⑩は実際という意である。この「ほんとう」は、事実や理想そのものではなく、事実や理想に合致しているというニュアンスで、「うそ」と対置され、主体の主観的な確信の暗示は少ない。⇨『現代副詞用法辞典』「ほんとう・ほんと」参照。

(2) あるべき理想の姿を表す。プラスイメージの語。①は述語にかかる修飾語に、②〜④は「だ」がついて述語に、⑤は「の」がついて名詞にかかる修飾語になる。対象の理想とされる状態を表し、それと対比する形で実際の状態を述べる。②は「〜するのがほんとうだ」の形で述語になり、実際にはなされていないことを暗示する。あるべき姿であることに価値があるというニュアンスで、納得の暗示を伴う。⇨『現代副詞用法辞典』「ほんとう・ほんと」参照。

(3) (1)から進んで、程度がはなはだしいことを誇張する様子を表す。プラスマイナスのイメージはない。「ほんとうに・ほんとに」の形で、述語にかかる修飾語になる（①②）が、「ほんと」の形では間投詞的に会話に挿入しても用いられる（③④）。この場合の音調は自然なMで軽く発音される。主観的な表現で、話者が実際に感じている内容について、感謝（①）・納得（③）・本心（②④）などの暗示を伴って述べる。⇨『現代副詞用法辞典』「ほんとう・ほんと」参照。

⇨「うそ（っ）・うっそー」

ま　行

ま（っ）

(1)① アマチュアがここまで歌えれば、まいいんじゃない？
　② （後輩(こうはい)に手本を見せる）まっ、こんなもんだろう。
　③ （執筆(しっぴつ)依頼）「枚数は10枚、締切りは来月末でお願いしたいんですが」「ま、考えときましょう」
　④ 「三木の奴、アンナを振るなんて絶対許せない」「ま、そうカッカしなさんな」
　⑤ （カウンセリングで）「あのう、私最近ちょっと……」「ま、おかけください」
　⑥ （宴会で遅れて来た人に）ま、１杯いこう。
　⑦ （政治家の演説）まその、日本列島を改造することにつきましては、まいろいろ御議論があろうかと存じますが……。
　⑧ 「１日お客は何人ぐらいですか」「そうですねえ、50人、ま、5、60人ってとこかな」

(2)① （近所の赤ん坊）ま、なんてかわいいんでしょう。
　② （夕立）ま、どうしましょう。傘持ってないわ。

【解説】 (1) 感情や判断の直接の表明を抑制する様子を表す。プラスマイナスのイメージはない。①～⑥は述語にかかる修飾語、⑦⑧は間投詞として文中に適宜挿入される。音調は自然なＭで短く軽く発音される。後ろに声門閉鎖を伴うこともある。くだけた表現で日常会話でのみ用いられる。「まあ」の短縮形で、「まあ」よりも抑制を急いでいるときに用いられることが多い。

①は積極的な断定や同意をはばかる場合で、対象が完全に賞賛すべき状態ではないが評価はできる状態であるという許容の暗示を伴う。②は自分自身について用いた場合で、自分の仕事を謙遜(けんそん)・卑下(ひげ)する。③～⑥は相手の行動や判断を抑制する場合で、③は原稿執筆を依頼すること、④は怒ること、⑤は相談す

ること、⑥は遅刻の弁解その他の行動をすることが、相手の行動・判断である。結果的に保留（婉曲な断り③）・抑制（④）・勧誘（⑤⑥）の意になるが、相手の行動や判断をそのまま肯定する場合には用いられない。

　⑦⑧は会話の途中で用いられる間投詞の用法で、自分の感情を直接表明するのを避け、婉曲に表現する。断定を避けて、独断専行だと言われるのを恐れる話者の心理が暗示される。⑦は有名な田中元首相の口癖であるが、実際の行動として独断専行である場合でも、言語的にはそれを婉曲に表現して直接的な対立を避けようとするのは、きわめて日本的な発想に基づく表現であると言える。⑧はほとんど口調を整えるためだけに用いられた場合で、まとまった意見を述べる前にあらかじめ婉曲にぼかしておきたい心理を暗示する。⇨『現代副詞用法辞典』「まあ・ま」参照。

　(2)　驚きの気持ちを表す。プラスマイナスのイメージはない。感動詞としてくだけた日常会話でのみ用いられる。音調は自然なMで短く発音される。女性が用いることが多い。「まあ」よりも突発的に出た声であることを表す。対象の状態に触発された驚きを表し、状況によって感動（①）・困惑（②）などの暗示がこもる。⇨『現代副詞用法辞典』「まあ・ま」参照。

　⇨「まあ」

まあ

(1)①　素人がここまでできれば**まあ**いいだろう。

②　（後輩に手本を見せる）**まあ**こんなもんだよ。

③　「東大、受かったんだって？」「**まあ**ね」

④　（息子に）「あんた、数学0点だったんだって？」「**まあ**ね。何か問題ある？」

⑤　「この家の建築費はどのくらいですか」「**まあ**4000万くらいだと思います」

⑥　（執筆依頼）「枚数は10枚、締切りは来月末でお願いしたいんですが」「**まあ**考えときましょう」

⑦　（学生が教授に）「先生、卒論についてなんですが」「**まあ**待ちなさい。いま来客中だよ」

⑧　「三木の奴、るり子先輩を振るなんて絶対許せない」「**まあ**そうカッカしなさんな」

⑨　（カウンセリングで）「あのう、私最近ちょっと……」「**まあ**おかけください」

⑩　（宴会で遅れて来た人に）**まあ**、とりあえず1杯いこう。

⑪　（ブティックで）「この服、ちょっと私には派手よ」「**まあ**着てみろよ。

●まあ

　　絶対似合うから」
　⑫　タバコは**まあ**やめておいたほうが無難(ぶなん)だね。
(2)①　**まあ**かわいい赤ちゃんねえ。
　②　「きのう、自転車にぶつかっちゃったのよ」「**まあ**、けがはなかった？」
　③　「ユリちゃん、ここんとこ計算、違ってるよ」「**まあ**」
(3)①　よくも**まあ**あたしをだましてくれたわね。
　②　ほんとに**まあ**最近の子供はなに考えてんだかねえ。
　③　彼の絵は実に**まあ**すばらしい出来だったよ。
　④　（自殺未遂(みすい)した娘に）なんて**まあ**バカなことするの。

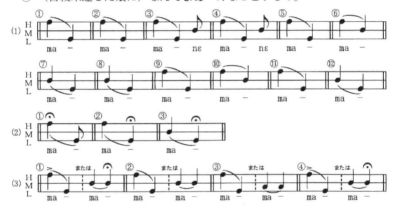

【解説】　すべての場合で「まあ」と平仮名書きする。

　(1)　感情や判断の直接の表明を抑制する様子を表す。プラスマイナスのイメージはない。述語にかかる修飾語として用いられるが、③④のように述語部分を省略する場合もある。くだけた表現で、日常会話でのみ用いられる。音調はＨＬの２拍が原則である。

　①～⑤は積極的な断定や同意をはばかる場合である。①は対象が完全に賞賛すべき状態ではないが、評価はできる状態であるという許容の暗示を伴う。②～④は自分自身について用いた場合で、②は自分の仕事を謙遜・卑下する。③は客観的には賞賛に値する内容を、自ら消極的な評価の対象でしかないと認めるニュアンスで、照れや甘えの心理が暗示される。④は逆にあまり好ましくない事柄をはっきり肯定したくないというニュアンスで、攻撃や非難の矛先(ほこさき)をかわしたい逃避(とうひ)の心理が暗示される。⑤は断定をはばかる場合で、概数を見積もって言うという意味で、4000万という数字を値段の上限ないし下限と考えている様子が暗示される。上限の場合には「どんなに多くても4000万だ」、下限の場合には「最低4000万かかる」という意になる。

⑥〜⑪は相手の行動や判断を抑制する場合である。⑥は原稿執筆を依頼すること、⑦は卒論について相談すること、⑧は怒ること、⑨は相談すること、⑩は遅刻の弁解その他の行動をすること、⑪は派手だと言って着ないことが、相手の行動や判断である。結果的に保留（⑥）・抑制（⑦⑧）・勧誘（⑨〜⑪）の意になるが、相手の判断や行動をそのまま肯定する場合には用いられない。

× 「<u>この服、着てみようかしら</u>」「まあ着てみろよ。絶対似合うから」
→「この服、着てみようかしら」「<u>ぜひ着てごらん</u>、絶対似合うから」
→「この服、着てみようかしら」「まあ着てみろよ。<u>似合うかどうかは別として</u>」

⑫は会話の途中で用いられる間投詞の用法で、自分の感情を直接表明するのを避け、婉曲に表現する。断定を避けて、独断専行だと言われるのを恐れる話者の心理が暗示される。この場合には短縮形の「ま」のほうがよく用いられる。⇨『現代副詞用法辞典』「まあ・ま」参照。

(2) 驚きの気持ちを表す。プラスマイナスのイメージはない。感動詞として日常会話でのみ用いられる。音調はＨＬの２拍である。女性が用いることが多い。「ま」よりも「まあ」のほうが驚きや感動が深い。基本的に驚きを表すが、その他に感動（①）・賞賛（①）・同情（②）・心外（③）などの暗示がこもる。ただし、対象の状態に触発された驚きを表すので、自分自身の切実な事柄については、ふつう用いられない。

? （痴漢に）まあ、嫌らしいわね。→<u>何よ</u>、嫌らしいわね。
○ 「おれ、銭湯の女湯のぞいたことあるんだ」「まあ、嫌らしいわね」

(3) 程度を強調する語の後ろについて、抑制しきれないほど感情的になっている様子を表す。プラスマイナスのイメージはない。間投詞としてくだけた日常会話でのみ用いられる。この場合には「ま」は用いられない。音調は２通りある。１つはＨＬの２拍で、しばしば１拍めにアクセントがつく。もう１つは、同じ音高を延ばす２拍で、この場合は後続する内容を感情的に強調する。文脈によって、憎悪（①）・あきれ（②）・感嘆（③）・慨嘆（④）などの暗示を伴う。⇨『現代副詞用法辞典』「まあ・ま」参照。

⇨「ま（っ）」「まあまあ」「また・まーたー」

まあまあ

(1)① 弟は英語はできるが国語は**まあまあ**だ。
② 「彼女の歌、どうだった？」「うん、**まあまあ**ってとこかな」
③ 初マラソンにしては**まあまあ**のタイムだ。
④ 自分としてはこの企画は**まあまあ**いい線いってると思うんだけどな。
⑤ （息子が遭難したという知らせを聞いて）「あの浩は、浩は……」「まあ

●また・まーたー

　　まあ、お母さん、落ち着いて」
　⑥　(宴会で)「わたし、お酒はあんまり……」「**まあまあ**、そうおっしゃらずに。なんならワインにしますか」
(2)①　(子供に)**まあまあ**、こんなに散らかしちゃって……。
　②　(久しぶりに会った孫に)**まあまあ**、大きくなったねえ。

【解説】　すべての場合で「まあまあ」と平仮名書きする。

　(1)　感情や判断の直接の表明を抑制する様子を表す。プラスマイナスのイメージはない。①②は単独でまたは「だ」がついて述語に、③は「の」がついて名詞にかかる修飾語に、④は単独で述語にかかる修飾語になる。⑤⑥は感動詞の用法である。くだけた表現で、日常会話でのみ用いられる。音調は2通りある。1つはＨＬＭ(Ｈ)Ｌの4拍で、すべての場合に用いられる。もう1つはＭＨＨＬの4拍で、述語か修飾語の場合にのみ用いられる。基本的に「まあ」の(1)の強調形で、①〜④は積極的に賞賛するのをはばかる場合、⑤⑥は相手の行動や判断を抑制する場合である。「まあ」よりも許容・抑制ともに意味が強調される。⇨『現代副詞用法辞典』「まあまあ」参照。

　(2)　驚きの気持ちを表す。プラスマイナスのイメージはない。感動詞としてくだけた日常会話でのみ用いられる。音調はＭＬＨＭの4拍である。主に女性が用いる。対象の状態を見聞きし、それに触発されて起こる驚きを表し、自分自身の切実な事柄についてはふつう用いない。「まあ」の(2)よりも驚きが強調(誇張)され、意図的に驚きを表明(演出)する場合(①)によく用いられる。文脈によって、驚きの他に慨嘆(①)・感嘆(②)などの暗示を伴う。⇨『現代副詞用法辞典』「まあまあ」参照。

　⇨「まあ」

また・まーたー〔又・復・亦〕

(1)①　そのお話は**また**の機会にうかがいます。
　②　(デパートの閉店案内)ただいま閉店5分前でございます。**また**のお越

しをお待ち申し上げております。
③　(セールスマンに) いまちょっと手が離せないのよ。**また**にして。
④　(野球) 巨人は沢村で**また**負けた。
⑤　いずれ**また**景気も回復するだろう。
⑥　「定期落としちゃった」「**また**なの」
⑦　「さようなら、**また**あしたね」「じゃ、**また**ね」
⑧　コンクールは日頃の練習の成果を示す**また**とない機会だ。
⑨　(口癖) 「ジャジャーン、お待たせしました。わたくしが何を隠そう……」「**まーた**始まった」
⑩　(値引きの交渉)「3万なら買うよ」「だんな、**また**ご冗談を」「そんなら3万5000じゃどう？」
⑪　「おれ、来月南極行くんだ」「**まーたー**。おれをかつごうったってダメだよ」
(2)①　君の言うことにも**また**一理ある。
②　日頃いくら厳しいとはいえ、父も**また**人の子である。
③　(格言) 心頭滅却すれば火も**また**涼し。
(3)①　彼女は昼間フルタイムで働き、夜は夜で**また**クラブでバイトしている。
②　僕は人の悪口なんか聞きたくないし、**また**聞く暇もないね。
③　(礼状) 先日は結構なお品を、**また**このたびは丁重なお手紙をありがとうございました。
④　(数学の公理) aとbは等しい。**また**bとcも等しい。ゆえにaとcは等しい。
⑤　森鷗外は作家であり**また**医者でもあった。
⑥　彼は慎重だが、**また**一方、ケアレスミスをよくする。
⑦　出かけるのは今すぐでもいいし、**また**少し待ってもいい。
⑧　行く手には山**また**山が続いている。
⑨　会社の経営が傾くと、社員が1人**また**1人と辞めていった。
(4)①　どうして**また**夜中に学校なんかへ行ったんだ。
②　よく**また**たった1人で病院を建てたねえ。
③　ここのウニ料理はこれが**また**傑作なんですよ。
④　(巨額脱税事件) **また**ひどいことをするもんだ。
(5)①　彼は僕が貸してやった本を**また**貸しした。
②　慶子ちゃんなら**また**いとこよ。
③　山田からの**また**聞きだけど、佐藤の奴、全部落っこったんだって？

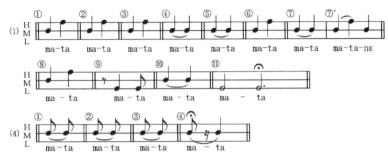

【解説】 (1) 同じ動作や状態を複数回繰り返す様子を表す。プラスマイナスのイメージはない。①②は「の」がついて名詞にかかる修飾語に、③は「またにする」の形で、⑥と⑦の２つめの例（⑦'）は単独で述語になる。④⑤⑦⑨⑩は述語にかかる修飾語に、⑧は「またとない」で形容詞になる用法である。⑪の「まーたー」は感動詞になる用法で、若い人中心に用いられる。⑨の「まーた」、⑪の「まーたー」は強調形。音調は①〜③⑥⑦'⑧はＭＨの２拍である。④⑤⑦⑩はＭＭの２拍で軽く発音される。⑨の「まーた」は声門閉鎖から始まる特徴的なリズムのＬＬ、⑪も特徴的なリズムのＬＬで適宜延音される。

①〜③⑤⑦は基本的な、別の時点に動作や状態を繰り返すという意である。客観的な表現で、特定の感情を暗示しない。⑦'の「またね」は別れの挨拶（あいさつ）として感動詞的に用いられる。「さようなら」よりもくだけた表現である。ただし、ＭＨＨの音調になると、後の述語を省略した副詞になるが、表記だけでは区別できない。

④⑥は過去と同じ行為や状態が今回も繰り返されたという場合で、しばしば慨嘆（がいたん）の暗示がこもる。⑨〜⑪は日常会話でのみ用いられる現代語用法。⑨の「また始まった」は慣用句的に用いられ、あまり好ましくない癖などが繰り返される場面で、相手を揶揄（やゆ）するニュアンスで用いられる。⑩⑪は相手の発言を冗談としてまともに相手にしないという意である。⇨『現代副詞用法辞典』「また」参照。

(2) 同様である様子を表す。プラスマイナスのイメージはない。「□□もまた〜である」という形で、述語にかかる修飾語として用いられる。やや硬い文章語で、日常会話にはあまり登場しない。□□が何と同様であるかは明示されないことが多い。②は日頃厳しい父も、他の人と同様人情を解する心をもっているという意である。③は格言で、物を感じる心や考える頭を無にしてしまえば、熱い火でも他のものと同様涼しく快く感じるものだという意である。⇨『現代副詞用法辞典』「また」参照。

(3) 別の事柄を列挙する様子を表す。プラスマイナスのイメージはない。①

は述語にかかる修飾語、②～⑦は文と文をつなぐ用法、⑧⑨は「□□また□□」の形で同じ名詞をつなぐ用法である。①～⑥は前件と後件が共存する様子を表す。⑦は前件と後件のどちらかの選択を許容する様子を表す。⑧⑨は１つずつ重なっていく様子を表す。別の事柄といっても一定の関連性があり、まったく無関係の事柄についてはふつう用いられない。⇨『現代副詞用法辞典』「また」参照。

　？　田中君は会社員だ。また鈴木君は医者を志している。
　　→田中君は会社員だ。<u>一方</u>鈴木君は医者を志している。

(4)　感情を強調する様子を表す。プラスマイナスのイメージはない。①は疑問を表す語につく用法、②③は程度を強調する語につく用法、④は文頭において感動詞的に用いられる用法である。音調は自然なＭＭの１拍で、軽く発音される。話者の感情を強調するニュアンスをもち、不審（ふしん）（①）・感嘆（かんたん）（②）・賞賛（③）・慨嘆（④）などの暗示を伴う。⇨『現代副詞用法辞典』「また」参照。

　この「また」は「まあ」に似ているが、「まあ」のほうが直接抑制しきれない感情を表明するニュアンスがある。

　　　よくまた、たった１人で病院を建てたねえ。（ほんとうに感心するよ）
　　　よくまあ、たった１人で病院を建てたねえ。（あきれるほどだよ）

(5)　「また□□」の形で名詞の前について複合語を作り、間接的である様子を表す。プラスマイナスのイメージはない。①の「また貸し」は借り手が別の人に貸すこと、②の「またいとこ」はいとこのいとこ、③の「また聞き」は話を聞いた人に別の人が聞いたという意である。客観的な表現で、特定の感情を暗示しない。⇨『現代副詞用法辞典』「また」参照。

　⇨「まあ」

まったく〔全く〕

(1)① 　（証人喚問（かんもん））そういう事実は**まったく**ありません。
　② 　もらった地図は古くて**まったく**役に立たなかった。
　③ 　60億なんて**まったく**見当もつかない金額だ。
　④ 　彼は事実と**まったく**反対の証言をした。
　⑤ 　課長の仕事には**まったく**と言っていいほどミスがない。
　⑥ 　あなたの意見には**まったく**同感ですね。
　⑦ 　（ＣＭ）**まったく**新しい洗剤が誕生しました。
　⑧ 　父はタバコをやめてから**まったく**健康になった。
　⑨ 　友人だと思って声を掛けたら**まったく**別人だった。
　⑩ 　彼は総務課では**まったく**のお荷物だ。
　⑪ 　赤川君は絵はうまいが、歌は**まったく**の素人（しろうと）だ。

●まったく

(2)① あいつの厚顔無恥(こうがんむち)には**まったく**あきれる。
② 私が優勝できたのは**まったく**幸運でした。
③ (梅雨(つゆ))「毎日毎日よく降るねえ」「**まったく**だ」
④ (展覧会)「あの熊本城の絵がいいですねえ」「**まったく**……」

(3)① **まったく**の話、最近の政治家には良識がないね。
② 女房の酒癖(さけぐせ)には**まったく**のところ手を焼いている。
③ 最近は若い者は**まったく**もってなっとらん。
④ (待ち合わせ)今までどこほっつき歩いてたんだよ、**まったく**。

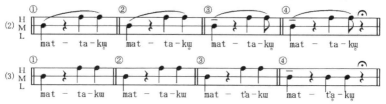

【解説】 (1) 程度が非常にはなはだしいことを誇張する様子を表す。プラスマイナスのイメージはない。①②⑤⑥⑨は述語にかかる修飾語に、③④⑦⑧は状態を表す語にかかる修飾語に、⑩⑪は「の」がついて名詞にかかる修飾語になる。かなり硬い文章語で、公式の発言などによく用いられる。後ろに打ち消しや否定の表現を伴って、否定の内容を誇張する場合(①～③⑤)に用いることが多いが、表現自体は肯定でも内容が否定的な事柄を誇張する場合(④⑨～⑪)もあり、さらに現代語では肯定的な内容を誇張する場合(⑦⑧)について用いることも少なくない。⑥のような感嘆の暗示を伴うと、(2)の意味と区別がむずかしい。名詞にかかる修飾語になる場合には、肯定的な内容を誇張する用法ではふつう用いない。

? 彼女はまったくの美人だ。→彼女は<u>ほんとうの</u>美人だ。

この「まったく」は主体の冷静な客観性が暗示される表現である。①は客観的に完全に存在しないと表現しているのであって、話者の主観的な確信やそれから進んだ誓約(せいやく)は意味しない。打ち消しや否定を誇張する場合には、肯定の可能性が完全に存在しないことを表す。これは「ぜんぜん」や「一向に」に似ているが、「ぜんぜん」はややくだけた表現で用法が広い。「一向に」は主観的で相手の予想や期待に反する暗示がある。肯定を誇張する場合には、程度が完全だと言えるほどはなはだしいというニュアンスになるが、表現としてはかなり冷静で感嘆などの暗示は少ない。これは「非常に」「とても」「ぜんぜん」などに似ているが、「非常に」「とても」は程度がはなはだしいことを述べるだけで、それが完全に近いかどうかには言及しない。「ぜんぜん」はくだけた表現で日常会話でのみ用いられ、主観的な表現になっている。⇨『現代副詞用法辞典』

「まったく」参照。

(2) 実感を確認する様子を表す。プラスマイナスのイメージはない。①②は述語にかかる修飾語に、③は「だ」がついて述語になる。④は感動詞としてくだけた日常会話で応答に用いる。音調はM＊HHの4拍で、しばしば1拍めが聞こえない（「ったく」）ことがある。好ましい実感についても、好ましくない実感についても用いられる。①②は話者自身の実感の場合で、①にはあきれと慨嘆（がいたん）の暗示、②には感慨（かんがい）の暗示がある。③④は相手の実感を自分のものとして確認する場合で、単に同意するだけでなく共感しているニュアンスになる。⇨『現代副詞用法辞典』「まったく」参照。

(3) (2)から進んで、好ましくない実感を表明する様子を表す。マイナスイメージの語。音調はM＊HHの4拍だが、くだけた日常会話ではしばしば1拍めが省略され「ったく」と発音される。①は「まったくの話」、②は「まったくのところ」、③は「まったくもって」の形で、述語にかかる修飾語になる。④は間投詞または感動詞として用いられる現代語用法。Mの音高を維持し、1拍めはしばしば強調され、後続の子音に放出音（'）が入って無声化する（三線譜参照）。話者自身の好ましくない実感を表明する様子を表し、慨嘆（①）・あきれ（②）・憤慨（ふんがい）（③）・怒り（④）などの暗示を伴う。⇨『現代副詞用法辞典』「まったく」参照。

⇨「ったく」

む（っ）

(1)① （剣道の稽古（けいこ））竹刀（しない）を合わせ、「**む**、**む**、**む**」と押し合う。
② 父親は**むっ**と口を結んで怖い顔をして見せた。
③ （災害救助）隊員は倒れた梁（はり）の下に肩を入れると、**むっ**と踏ん張って持ち上げた。
(2)① 室内は暖房が効き過ぎていて**むっ**とする。
② 更衣室に入ると汗のにおいが**むっ**と鼻を衝（つ）いた。
③ 夏草の**むっ**とする草いきれが懐（なつ）かしい。
(3)① 大臣は記者の質問に**むっ**とした顔をした。
② 相手が全然謝ろうとしないので**むっ**とした。
③ 面と向かって欠点を指摘されて**むっ**ときた。

【解説】 (1) 唇を強く結んで一瞬呼吸を止める音や様子を表す。プラスマイナスのイメージはない。①は実際の音声を描写する用法。②③は「むっと」の形

●むにゃむにゃ（っ）

で、述語にかかる修飾語になる。①③は呼吸を止めて力を入れる際に唇を瞬間的に強く結ぶ場合、②は唇だけを強く結ぶ場合である。音調は自然なMで短いが、音韻を特定することは困難で、ここでは仮にmとしておいた。主体の意志と強さの暗示がある。⇨『現代擬音語擬態語用法辞典』「むっ」参照。

実際に出る音としては「うん」や「うむ」などとほとんど同じだが、「む」を肯定や応答の返事の表記として用いることは稀である。

(2)　熱気や悪臭などで一瞬呼吸が停止する様子を表す。マイナスイメージの語。①③は「とする」がついて、述語や名詞にかかる修飾語になる。②は「と」がついて述語にかかる修飾語になる。危険物を体内に入れないために、瞬間的に呼吸が停止する様子を感覚的に表し、不快・忌避感の暗示がある。⇨『現代擬音語擬態語用法辞典』「むっ」参照。

(3)　不快や怒りで唇を一瞬強く結ぶ様子を表す。マイナスイメージの語。①は「とした」がついて名詞にかかる修飾語になる。②は「とする」がついて、③は「とくる」がついて述語になる。瞬間的に起こった不快感や怒りを言葉や態度に出すまいとする表情を視覚的に表し、我慢の暗示がある。⇨『現代擬音語擬態語用法辞典』「むっ」参照。

⇨「うん」「うむ」「ふむ」「ふん」「むむ（っ）」「う（っ）」

むにゃむにゃ（っ）

①　(お悔やみ)ええ、このたびはとんだことでございまして、**むにゃむにゃ**……。
②　夫は寝言で何か**むにゃむにゃ**言っていた。
③　坊主は立ち止まって**むにゃむにゃっ**とお経を唱えると、さっさと行ってしまった。
④　返答に窮して**むにゃむにゃ**とごまかした。

【解説】　不明瞭な音声を発しながら口を開閉する様子を表す。プラスマイナスのイメージはない。実際の音声を描写する用法でも、単独でまたは「と」がついて述語にかかる修飾語でも用いられる。「むにゃむにゃっ」は勢いを加味した表現。主体が意識的・無意識的に不明瞭な音声を発しながら口を開閉する様子を表し、あいまい・困惑の暗示がある。⇨『現代擬音語擬態語用法辞典』「むにゃむにゃ（っ）」参照。

「むにゃむにゃ」は「ごにょごにょ」に似ているが、「ごにょごにょ」は口の中で不明瞭に発音する様子を表し、主体の発話の意志と内容が不可解である暗示がある。

⇨「ごにょごにょ（っ）」「むにゅむにゅ」

むにゅむにゅ

① （離乳食）赤ん坊は**むにゅむにゅ**口を動かし、すぐウェッと口から出した。

【解説】 口を小さく開閉しながら動かす様子を表す。プラスマイナスのイメージはない。単独で述語にかかる修飾語になる。主体が無意識に口を小さく開閉しながら動かす様子を表すが、発話(はつわ)の意図はなく、口の動きそのものを表現する。そのため、主体はしばしば言葉を発する前の乳児であることが多い。

「むにゅむにゅ」は「むにゃむにゃ」に似ているが、「むにゃむにゃ」は口の開き方が相対的に大きく、口を開閉するときに出ている音声に視点がある。

　　　むにゅむにゅ口を動かす。（離乳食を口に入れている）
　　　むにゃむにゃ口を動かす。（夢を見て寝言を言っている）
⇨「むにゃむにゃ（っ）」

むむ（っ）

① （剣豪(けんごう)の果たし合い）**むむ**っ、お主(ぬし)、できるな。
② （ブラックボックス）**むむ**、これは何だろう。

【解説】 感嘆や疑問の声を表す。ややプラスよりのイメージの語。実際の音声を描写する用法、または感動詞として会話に用いる。「むむっ」は後ろに声門閉鎖がある。音調は1拍でMHと上昇するが、ハミングだけで口を開けない場合と、実際に発音する場合があり、文字表記だけでは識別できない。主体が対象の様子に感嘆(かんたん)したり（①）、疑問・不審(ふしん)に思ったり（②）するときに思わず出た声を表す。

「むむ」は「む」を継続した表現ではあるが、「む」が唇を強く結ぶ状態しか表さないのに対して、「むむ」はその状態で声が一定時間出ており、感嘆や疑問・不審などの心理まで暗示できる。

　　　むむ、これは何だろう。（今まで見たことのない形の容器だ）
　　　む、これは何だろう。　（わからないな）
⇨「む（っ）」

め（っ）・めー（っ）

① （子供が食事を催促(さいそく)して茶碗(ちゃわん)を叩(か)く）ミキちゃん、**めっ**！
② （犬のしつけ）咬(か)んじゃだめよ。**めっ**！

●もー(っ)

③ (子供が障子を破いた)何度言ったらわかるの。めーよ。

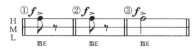

【解説】 強く叱る声を表す。マイナスイメージの語。感動詞として日常会話で呼びかけに用いる。音調はHで、強いアクセントをつけ、後ろに声門閉鎖を伴う。「めー」は「めっ」の延音形だが、③のように述語になることもあり、行為を禁止するニュアンスは弱まる。「めっ」は幼児やペットなどが悪いことをしたときなどに、大人が強く叱る声を表し、しばしば相手の目をにらみつけ、腹の底から力を入れて声を出し威嚇する。効果は話者の真剣さと比例することが多い。叱る理由については言及しない。

相手の行為を禁止する感動詞としては「だめ」もあるが、「だめ」は話者にとっての客観的な根拠の存在を暗示する。

　　　　ミキちゃん、めっ！　（とにかく今すぐやめなさい）
　　　　ミキちゃん、だめっ！（お茶碗が割れちゃうでしょう）
⇨「だめ」

もー（っ）

(1)① 牛舎のウシが**モーー**と鳴いた。
(2)① （かくれんぼ）「**もう**いいかい」「まあだだよ」
② （おかずを買って帰る）ただいま、**もう**ごはん食べちゃった？　コロッケ買ってきたんだけど。
③ （社外からの電話）「浅田さん、お願いしたいんですけど」「浅田なら**もう**帰りました」
④ 「お代わりいかが？」「**もう**十分いただきました」
⑤ （銀婚式）早いもんだね。**もう**25年か。
⑥ あっ、**もう**こんな時間だ。帰らなくちゃ。
⑦ 「課長、できました」「**もう**できたの。君は仕事が早いねえ」
⑧ 「お先に失礼」「あら、**もう**帰っちゃうの」
⑨ （末期ガン患者が）おれ、**もう**だめだ。
⑩ 今ごろ後悔したって**もう**遅いよ。
⑪ （別れた恋人に再会する）「**もう**１度やり直さないか」「**もう**私は昔の私じゃないわ」
⑫ 課長のセクハラには**もう**これ以上我慢がならない。
⑬ 足が痛くて**もう**歩けない。
⑭ 奴の失敗の後始末は**もう**ごめんだ。

もー(っ)

(3)① 駅なら**もう**すぐそこです。
② 10時だから**もう**そろそろ社長が来るころだ。
③ 佐々木さんも**もう**結婚してもいいんじゃない？
④ 菜の花も咲いたから**もう**まもなく暖かくなるだろう。
(4)① （はしご酒）よし、**も**う1軒行こう。
② 靴が片方しかないよ。**もう**片方知らない？
③ 「例のＤＶＤ、いい加減で返せよ」「**もう**1日だけ、な、な、いいだろ？」
④ この仕事が完成するには**もう**3カ月はかかる。
(5)① 「サッカーの試合、どうだった？」「ロナウドが**もう**最高」
② 待望の男の子が誕生したので、彼は**もう**うれしくてうれしくてたまらないらしい。
③ きのうはそりゃ**もう**ものすごい豪雨でひどかった。
④ （流行語）びっくりしたなあ、**もう**。
⑤ （海外旅行の添乗員）日本人ってのは外国へ行くと、**もう**ほんとにしゃべらないですね。
⑥ （飛行機の騒音）**もう**それはひどいんですよ。**もう**うるさくてね、話はできないわ、トリは卵を産まなくなるわ……。
(6)① （デートに遅刻した）「ごめんごめん」「**もうっ**」
② （鍵っ子）「まー君、お留守番ね」「また？ **もう**」

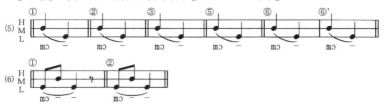

【解説】 (1)は「モー」と片仮名書きし、音引きで表記する。(2)〜(6)は「もう」と平仮名書きする。

(1) 牛の鳴き声を表す。プラスマイナスのイメージはない。実際の音声を描写する用法で用いる。客観的な表現で、特定の感情を暗示しない。ちなみに、東北地方では牛の鳴き声を「ベー」と聞きなしており、「ねうねう」と鳴く動物をネコ、「わんわん」と鳴く動物をワンコと呼ぶのと同様に、「ベー」と鳴く動物をベコと別称している。

(2) 限度を超えている様子を表す（⇔まだ）。原則としてプラスマイナスのイメージはない。述語にかかる修飾語になる。ややくだけた表現で、日常会話中心に用いられる。時間（①〜③⑤⑥⑧⑩）・状態の程度（④⑦⑨⑪〜⑭）などが、現在ある限度を超えているという意である。①はかくれんぼでの決まり

●もし

文句で、現時点で完全に隠れてしまったか、探し始めてよいかと聞いている。④は現時点で満腹という限度に至っているという意である。①〜④の場合には特定の感情を暗示しない。⑤は現時点で25年が経過したことについて感慨をもっている暗示がある。⑥⑦は時間の経過や仕事の速度が早いことについて驚きの暗示がある。⑧はこれに加えて残念に思う気持ちも伴う。⑨〜⑫は現時点で程度がある限度を超えている結果、これ以上進展することがむずかしいという意で、絶望（⑨）・反省（⑩）・あきらめ（⑪）・慨嘆（⑫）の暗示を伴う。⇨『現代副詞用法辞典』「もう・も」参照。

　(3)　目標に到達しようとする様子を表す（⇔まだ）。ややプラスよりのイメージの語。述語にかかる修飾語になる。場所（①）・時間（②〜④）などについて、ある目標に接近し到達しようとするという話者の判断を表す。判断には客観的な根拠があることが多く、根拠を明示する場合（②）もある。接近している目標を待ち受ける期待の暗示がある。⇨『現代副詞用法辞典』「もう・も」参照。

　(4)　現在の状態にさらに付け加える様子を表す。プラスマイナスのイメージはない。数量や程度を表す語にかかる修飾語として用いられる。ややくだけた表現で、日常会話中心に用いられる。くだけた会話では、しばしば「も」と発音される。現在の状態にさらに後から付け加える様子を表す。客観的な表現で、特定の感情を暗示しない。⇨『現代副詞用法辞典』「もう・も」参照。

　(5)　感情があふれて処理できない様子を表す。プラスマイナスのイメージはない。程度を表す語を伴って、感動詞または会話の途中で間投詞として用いられる。ややくだけた表現で、日常会話中心に用いられる。音調はＭＬの２拍である。対象の程度そのものを述べるのではなく、対象の程度について話者の感情が非常にはなはだしいので処理できないというニュアンスで、好ましい感情（①②）についても、好ましくない感情（③⑤⑥）についても用いられる。

　(6)　(5)から進んで、非難・叱責する声を表す。マイナスイメージの語。感動詞としてくだけた日常会話で用いる。音調は特徴的なリズムのＬＭＬで、語尾を適宜延音する。主に女性や子供が用い、大人の男性はあまり用いない傾向にある。しばしば不満を表すふくれ面を伴って、相手の行為を非難・叱責する気持ちを表すが、怒りや憤慨の暗示は少ない。⇨『現代副詞用法辞典』「もう・も」参照。

もし〔申し〕

①　（時代劇）**もし**、そこのお武家様。
②　（落とし物）あ、**もし**、落とされましたよ。

【解説】 丁寧に相手に声をかける呼びかけを表す。ややプラスイメージの語。感動詞として呼びかけに用いる。音調はHMの2拍である。古風な表現で時代劇などで女性が用い、現在では使用者が限られる。知らない相手に丁寧に呼びかける掛け声を表し、軽い遠慮の暗示がある。現在では同じような場面で「もしもし」のほうを用いる。

　　あ、もし、落とされましたよ。　　（武家の女房が言う）
　　あ、もしもし、落とされましたよ。（ＯＬ・サラリーマンが言う）
⇨「もしもし」

もしもし〔申し申し〕

(1)① （街路で通行人に）**もしもし**、定期、落とされましたよ。
　② （不審者が隣家をのぞいている）**もしもし**、そこで何やってるんですか。
　③ （病院で）**もしもし**、診察券お忘れですよ。
　④ （童謡）**もしもし**亀よ、亀さんよ。世界のうちでお前ほど、歩みののろい者はない。どうしてそんなにのろいのか。
(2)① （電話をかける）**もしもし**、浅田と申しますが、鈴木先生いらっしゃいますか。
　② （電話がかかってくる）「**もしもし**」「あのう、田中先生のお宅でしょうか」「はい、そうですが、どちら様ですか」
　③ （電話をかける）「**もしもーし**、聞こえますか」「はいはい、聞こえますよ。どちら様？」
　④ （恋人の声が聞きたくなった）**もしもし**、あたし。いま何やってるの？

【解説】 (1) 丁寧に声をかける呼びかけを表す。ややプラスよりのイメージの語。感動詞として呼びかけに用いる。音調はHMMHの4拍で、語尾は少し上昇する。知らない相手の注意を引き、会話など何らかの関係をもとうとする場合の掛け声を表す。男女ともに用いるが、子供はあまり用いない。話者が相手とコミュニケーションを取ろうとする意志の暗示がある。

●もしもし

　この「もしもし」は「あのう」などに似ているが、「あのう」は話者のためらい・遠慮の暗示が強く、コミュニケーションの意志は弱い。

　　もしもし、そこで何やってるんですか。
　　（すぐ立ち去らないと警察に通報しますよ）
　　あのう、そこで何やってるんですか。
　　（できれば教えてもらってもいいですか）

(2) (1)から進んで、電話での第一声を表す。プラスマイナスのイメージはない。感動詞として用いる。音調はＨＭＭＨの4拍が原則である。男女・年齢を問わず、電話をかけるとき（①③④）だけでなく、かかってきた電話に出るとき（②）にも用いられる。客観的な表現で、特定の感情を暗示しない。地方の高齢者などはときどき「もしもーし」と延音することがあり（③）、その場合の音調はＭＭＨＨの4拍以上である。また、特別に親しい相手にかけるとき（④）、しばしばＨＭＨＭの3拍の音調になり、照れや甘えの心理が含まれる。

　⇨「あのー」「もし」

や　行

や（っ）

(1)① （柔道）両襟（りょうえり）を十分に取って、うむと踏ん張り**やっ**と投げた。
(2)① （ごみ箱の裏から眼鏡（めがね）を発見）**や**、こんな所にあったよ。
　② （同窓会）「**やっ**、吉田。久しぶり」「おう、川村じゃないか」
(3)① 「今晩付き合えよ」「**や**なこった。お前に付き合うとろくなことがないからな」
　② （坊ちゃん）この兄は**や**に色が白くって女形の真似をするのが好きだ。
(4)① 「サキちゃん、今晩、野菜カレーでいい？」「**やっ**」「どうしても**や**？」「絶対**や**。お肉じゃなくちゃ」
(5)① この辺も近い将来大地震が来る**や**も知れない。
　② 彼は電話を受ける**や**家を飛び出した。
　③ 案の定、あいつはまたも**や**仕事をミスった。
　④ プロでもむずかしいのに、まして**や**学生が優勝するのは並大抵のことではない。
　⑤ あれ**や**これ**や**、やることが山積している。
　⑥ 日本は美しい風土**や**希少な伝統文化など魅力が満載（まんさい）の国だ。
(6)① （ニート）食べていけるんなら、別に働かなくたっていい**や**。
　② 日本中地震の巣なんだから、今さら逃げたってしょうがない**や**。
　③ （静かな旅館）これはいい**や**。ここなら父さんも気に入るだろう。
　④ （後輩に）もうしばらく様子を見てみよう**や**。
　⑤ （妻に）迎えの車が来てるんだから、早くしろ**や**。
(7)① （子守歌）坊**や**、よい子だ、ねんねしな。
　② （独居老人が犬に）太郎**や**、お前はかわいいねえ。

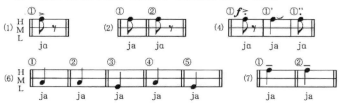

【解説】　(1)　口を大きく開け力をこめて出す掛け声を表す。プラスマイナスのイメージはない。実際の音声を描写する用法でも、「と」がついて述語にかか

253

●や（っ）

る修飾語の用法でも用いられる。音調は短いHでアクセントがつく。後ろに声門閉鎖を伴うことが多い。重い物を投げたりするとき、一度に力を出す掛け声として用いられる。この掛け声を出して動作をした後、気合が発散してしまっているため、次の力作業には入れない暗示がある。「やあ」の短縮形で、「やあ」よりも力が瞬間に集中している。

　　「やっ」と投げ飛ばす。　（一気に内股（うちまた）で）
　　「やあっ」と投げ飛ばす。（十分ためて背負い投げで）

(2)　新しい発見の声を表す。プラスマイナスのイメージはない。感動詞として用いる。音調は短いHで軽く発音される。話者は男性が多い。①は独り言で自分に言う場合で、話者の無意識が暗示される。②は挨拶（あいさつ）として用いられた場合で、しばしば手を軽く挙げる動作を伴う。「やあ」に比べて気軽さの暗示があり、感慨（かんがい）は少ない。さらに気軽になると「よっ」を用いる。

　　やっ、久しぶり。（元気にしてるか）
　　やあ、久しぶり。（懐かしいなあ）
　　よっ、久しぶり。（おれだよ、おれ。わかるか）

(3)　物事や人を不快に思う様子を表す。マイナスイメージの語。①は「な」がついて名詞にかかる修飾語になる。②は「に」がついて述語にかかる修飾語になる。「いや」の(1)のくだけた表現で、日常会話で用いられる。標準的な「いや」を使うより、話者と相手との親密さを暗示することがある。

　　やな奴だなあ。　（お前とは腐（くさ）れ縁（えん）だよ）
　　いやな奴だなあ。（付き合いたくないな）

(4)　拒否（きょひ）の返事を表す。マイナスイメージの語。感動詞としてくだけた日常会話で用いる。音調は高いHで短く発音され、しばしばアクセントがつく。「いや」の(2)(3)のくだけた表現で、話者はしばしば子供である。絶対拒否を表す意志の暗示がある。標準的な「いや」は、子供以外でも用いられるが甘えの暗示があり、拒否としてはやわらかくなる。

　　「サキちゃんのお部屋行ってもいい？」「やっ」（絶対ノー）
　　「サキちゃんのお部屋行ってもいい？」「いや」（来てもいいかも）

(5)　前につく語をさまざまなニュアンスで強調する様子を表す。プラスマイナスのイメージはない。副助詞として、①②は動詞につき、②は「〜するとすぐ」の意を表す。③④は副詞につき、その意味を強める。⑤⑥は名詞につき、前の名詞に次の名詞を並列する意を表す。客観的な表現で、特定の感情を暗示しない。

(6)　感情や感慨を放出する気持ちを表す。プラスマイナスのイメージはない。終助詞として文末に用いられる。話者はほとんど男性で、くだけた日常会話で用いられる。音調は低めのMまたはLの1拍である。①〜③は自分自身の気持

ちを放出する場合で、納得（①③）・軽い自暴自棄（②）・歓迎（③）などの暗示がある。④⑤は相手に向けて言う場合で、勧誘（④）・婉曲（⑤）などの暗示がある。

　この「や」は、「よ」や「さ」などに似ているが、「よ」は外に向かうエネルギーが強いので、相手への要求や容認が強まる。「さ」は話者の気持ちを聞き手に軽くぶつける様子を表し、放任・断定・憤慨などの暗示を伴う。

　　食べていけるんなら、別に働かなくたっていいや。（自分のこと）
　　食べていけるんなら、別に働かなくたっていいよ。（相手のこと）
　　食べていけるんなら、別に働かなくたっていいさ。
　　（誰のことだっておれには関係ない）

(7)　親愛の気持ちを表す。ややプラスイメージの語。終助詞として、名詞の後ろにつけて呼びかけに用いる。音調はHでやや長めにやわらかく発音される。古風な表現で、現在では使用者が限られる。話者が子供などに親愛の気持ちをもってやさしく呼びかけるときに用いる。

　⇨「やー（っ）」「よ（っ）」「いや」「いやー（っ）」「さ（っ）」「やだ」「やっだー」
　「えいや（っ）」「やや（っ）」

やー（っ）

(1)①　剣道場から「えい」「**やあ**」という威勢のよい掛け声が聞こえてくる。
　②　亮子は大柄なキューバ選手を背負い投げで**やあ**っと投げ飛ばした。
(2)①　（10年ぶりの遭遇）**やあ**、これはこれは珍しい。こんな所で。
　②　（同窓会）「先生、お久しぶりです」「**やあ**、浅田君。立派になったねえ」
(3)①　（謡曲の鼓の合の手）ヤーッ。

【解説】　(1) 口を大きく開け力をこめて出す掛け声を表す。プラスマイナスのイメージはない。実際の音声を描写する用法でも、「と」がついて述語にかかる修飾語でも用いられる。「やあ」と平仮名書きする。音調は強いHで、語尾が自然に下がる。しばしば後ろに声門閉鎖を伴う。もともと遠くの相手に自分の存在を誇示する呼びかけで、気合をこめて全身をさらけ出すときに出す掛け声として用いられる。この掛け声を出して動作をした後、気合が発散してしまっているため、次の力作業には入れない暗示がある。

　力を入れる掛け声としては「えい」や「たー」などがあるが、「えい」は主体が強い意志の下に瞬間的に力を入れるときに出る声で、その場合の行動は大きな力を必要とする意志的行動である。「たー」は時間をかけて蓄えた息や力

などを、一気に振り（打ち）下ろす掛け声として用いられ、タメの暗示がある。

(2) 新しい発見の声を表す。プラスマイナスのイメージはない。感動詞として用いる。「やあ」と平仮名書きする。音調は明るいＨＭの２拍である。(1)と同様、遠くの相手に自分の存在を誇示する呼びかけで、話者は男性が多い。話者が予想外の新しい発見に驚き、感慨（感動）をもっている暗示がある。

この「やあ」は「よう」に似ているが、「よう」はやや下品な挨拶で、新しい発見というよりは予期していたことを待ち受けるニュアンスになる。

やあ、久しぶりだな。（何年ぶりだろうね。会いたかったよ）
よう、久しぶりだな。（会ったらマージャンしようと思ってたんだ）

(3) 謡曲の鼓の合の手として発する声を表す。プラスマイナスのイメージはない。実際の音声を描写する用法で用いる。「ヤー」と音引きで表記される。音調はごく高いＨで、音曲の必要とされる拍数分だけ延音される。客観的な表現で、特定の感情を暗示しない。

⇨「えい（っ）」「たー（っ）」「よー（っ）」「いやー（っ）」「とう（っ）」「や（っ）」

やーい

① （迷子を探す）一太郎**やーい**。
② （昔の子供の喧嘩）**やーい**、意気地なしめ。悔しかったらかかってこい。
③ （木の上から猛犬に悪態）**やーい**、ここまでおいで。

【解説】 大声で遠くの相手に呼びかける声を表す。ややマイナスイメージの語。①は名詞の後ろにつく用法。②③は感動詞として呼びかけに用いる。音調はＨを２拍以上適宜延音し、語尾が自然に下がる。古風な表現で、現在ではあまり用いられない。①は迷子を探すときなどに呼びかける声で、この呼びかけをすれば、他の人にも迷子を探していることがわかる。②③は悪態で、話者の優越感と侮蔑の暗示を伴う。「やい」の遠隔表現だが、自分は相手より高いところにいる優越感の暗示がある。

× <u>やい</u>、ここまでおいで。
⇨「やい」

やい

① （百姓の水争い）**やい**、おらたちの上で水を引くこたあんねえ。
② **やい**、この野郎。さっさと出ていきやがれ。

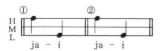

【解説】 喧嘩をふっかける呼びかけを表す。マイナスイメージの語。感動詞として呼びかけに用いる。古風な表現で、現代ではあまり用いられない。音調はＨＬの２拍である。下品で乱暴な語で、見下した相手に喧嘩をふっかけるときの呼びかけとして用いられ、優越感・侮蔑の暗示がある。
⇨「やーい」「やいやい」「やいのやいの」

やいのやいの

① 女房に**やいのやいの**と言われて、ついに新車に買い換えることにした。
② いくら君が**やいのやいの**催促(さいそく)しても、ないものは払えない。

【解説】 何度も性急に要求したり督促したりする様子を表す。マイナスイメージの語。単独でまたは「と」がついて述語にかかる修飾語になる。主体が話者に対して、何度も性急に要求・督促する様子を表し、話者の迷惑(めいわく)・不快・慨嘆(がいたん)の暗示がある。ただし、忌避感(きひかん)や嫌悪(けんお)の暗示はない。⇨『現代擬音語擬態語用法辞典』「やいのやいの」参照。

「やいのやいの」は「わいわい」に似ているが、「わいわい」は盛んに抗議や意見を言い立てる様子を表し、騒音(そうおん)の暗示がある。

　　女房にやいのやいの言われて新車を買った。
　　（毎日のようにうるさく催促されて）
　　女房にわいわい言われて新車を買った。
　　（新車が必要な理由をいろいろ並べられて）
⇨「わいわい」「やい」「やいやい」

やいやい

⑴① **やいやい**、こんなところで寝っころんでんじゃねえ。さっさとどきやがれ。
⑵① 兄貴が**やいやい**言うから、たまには田舎(いなか)に帰るか。

【解説】 ⑴ 喧嘩をふっかける呼びかけを表す。マイナスイメージの語。感動詞として呼びかけに用いる。古風な表現で、現代ではあまり用いられない。音調はＨＬＨＬの４拍である。下品で乱暴な語で、見下した相手に喧嘩をふっかけるときの呼びかけとして用いられ、優越感・侮蔑の暗示がある。「やい」の

●やだ

反復形。

(2)　何度も性急に要求したり督促したりする様子を表す。ややマイナスイメージの語。単独でまたは「と」がついて述語にかかる修飾語になる。現代では「やいのやいの」のほうがふつうに用いられる。主体が何度も性急に要求・督促する様子を表し、話者の不快・慨嘆の暗示がある。ただし、忌避感や嫌悪の暗示はない。

この「やいやい」は「やいのやいの」に似ているが、「やいのやいの」は話者の迷惑の暗示が加わる。

　　　兄貴がやいやい言うから、たまには田舎に帰るか。

　　（折りにふれて「帰れ」と言ってくる）

　　　兄貴がやいのやいの言うから、たまには田舎に帰るか。

　　（「お前は親をほったらかしだ」なんて言いがかりをつけてくる）

　⇨「やい」「やいのやいの」

やだ〔嫌だ・否だ〕

(1)①　「マイちゃん、床屋さん行こ？」「**やだ**」「床屋さん行かないとあしたジュン君のお誕生日会行けないよ。それでもいいの？」「**やだ**」

(2)①　（新作おもちゃ）「ここ押すと動くよ」「キャッ、**やだ**、すっごい動いた！カワイー！」

【解説】　(1)　拒否の返事を表す。マイナスイメージの語。感動詞としてくだけた日常会話で用いる。音調は自然なＭＬの２拍で発音される。「いやだ」の(1)のくだけた表現で、話者はしばしば子供である。「や」の(4)に「だ」がついたものであるが、拒否の意志はそれほど強くない。絶対的な拒否を伝えたい場合には「や」を用いる。

　　　「マイちゃん、床屋さん行こ？」「やだ」

　　（何となく床屋さん好きじゃない）

　　　「マイちゃん、床屋さん行こ？」「や」

　　（床屋さん、大っ嫌い）

(2)　信じられない気持ちを表す。ややプラスよりのイメージの語。間投詞として、会話文中に適宜挿入される。音調は自然なＭＬで、ごく軽く１拍で発音される。話者は若い女性であることが多い。対象の状態が信じられない（ほどよい）という気持ちを表し、共感を求め、かわいさを演出する暗示がある。

　⇨「や（っ）」「いやだ」「いや」「やっだー」

やっこらさ・やっこらせ

① （模様替え）「そっち、持って」「行くよ。**やっこらさ**」
② （穴掘り）土ってずいぶん重いんだね。（スコップの土を持ち上げる）**やっこらせ**。

【解説】 力を入れて重い物を持ち上げたり下ろしたりするときの掛け声を表す。プラスマイナスのイメージはない。感動詞として掛け声に用いる。音調は特徴的なH＊LLMの5拍で、最初の「やっ」の気合で力を入れ、「こら」で動かし、「さっ（せっ）」で静かに力を抜く。持ち上げる物は1人でも持てる程度の重量で、この掛け声は自分に向けて言うことが多い。

重い物を持ち上げるときの掛け声としては、「うんとこさ」や「どっこらしょ」があるが、「うんとこさ」は最初に呼吸を止めて踏ん張る暗示があり、重量が相対的に重い。「どっこらしょ」はさらに重量が重く、大勢で一斉に力を出すときにも用いられる。

⇨「うんとこさ・うんとこしょ」「どっこいしょ・どっこらしょ・どっこらせ」「いよっ」「よ（っ）」

やったー

① （優勝）**やったー**。ばんざーい、ばんざーい。
② （映画のクランクアップ）「及川(おいかわ)さん、全シーン、クランクアップでーす」「**やったー**」
③ （合格発表）よし！　**やったー**。

【解説】 達成感を表す叫び声を表す。プラスイメージの語。感動詞として日常会話に用いる。音調はM＊HLの4拍以上で、適宜延音する。話者は男女を問わず若い人が多い。試合に勝ったり仕事が完了したり合格したりなど、物事を達成したときに叫ぶ声で、歓喜(かんき)・（緊張(きんちょう)・努力からの）解放感(かいほうかん)・感動の暗示がある。

「やったー」は「よっしゃー」に似ているが、「よっしゃー」は話者にとって好都合な事柄や好ましい事柄を歓迎(かんげい)する叫び声を表し、話者自身の達成感(たっせいかん)については言及しない。

●やっだー

× （優勝）よっしゃー。
（合格発表）やったー！　（自分が合格した）
（合格発表）よっしゃー！（息子が合格した）
⇨「よっしゃ」「ばんざい・ばんばんざい」

やっだー

(1)①　（合コン）「私、田中君と行くから、ヒロミは御薗(みその)君とね」「**やっだー**、そんなの」
(2)①　（朝のメイク）**やっだー**、髪、まとまんない。
　②　「あら、御薗君、結婚したの？」「**やっだー**、ヒロミ知らなかったの？」

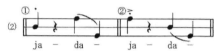

【解説】　(1)　拒否の返事を表す。ややマイナスよりのイメージの語。感動詞として応答に用いる。音調は特徴的なM＊HLの4拍である。話者は若い女性が多く、親しい相手とのくだけた会話で用いる。「やだ」の(1)の延音形であるが、拒否の意志はそれほど強くなく、甘えの暗示がある。

　　　やっだー、そんなの。（私も田中君のほうがいいな）
　　　やだ、そんなの。　　（御薗君は気に入らないな）

　(2)　信じられない気持ちを表す。ややマイナスよりのイメージの語。感動詞としてくだけた日常会話で用いる。話者は若い女性が多く、親しい相手とのくだけた会話で用いるほか、独り言としても用いられる（①）。音調は2通りある。①は特徴的なM＊HLの4拍である。②はH＊MLの4拍である。①は髪が思うようにまとまらないことについて、軽い慨嘆(がいたん)の暗示がある。②は信じられない気持ちが強く出る。「やだ」の(2)の延音形であるが、気持ちを誇張(こちょう)するニュアンスになる。

　　　やっだー、ヒロミ知らなかったの？（当然知ってると思ったんだけど）
　　　やだ、ヒロミ知らなかったの？　　（常識じゃない？）
⇨「やだ」「いや」「いやだ」「や（っ）」

ヤッホー

(1)①　（山頂で）ああ、いい気持ちだ。**ヤッホー**。
　②　アルプスで向こうの山並みに向かって「**ヤッホー**」と叫ぶと、「**ヤッホー**」とこだまが返ってくる。
(2)①　（午後の科目が休講になった）**ヤッホー**、これで映画に行けるぞ。
　②　（宝くじに当たった）10万か！　**ヤッホー**、久々にいい気分だ。

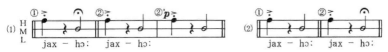

【解説】 (1) 登山者が山並みに向かって、自分の位置を確かめたりするために発する叫び声を表す。ややプラスよりのイメージの語。もと英語のYa-hoo。感動詞として呼びかけに用いる。音調はH＊Mの4拍以上で、適宜延音し、語尾が自然に下がる。爽快の暗示がある。

(2) (1)から進んで、好都合なことに接して発する歓呼の声を表す。プラスイメージの語。感動詞としてくだけた日常会話で用いる。音調はH＊Mの4拍以上で、適宜延音する。話者は若い男性が多い。話者が自分にとって好都合なことに接して、思わず発する歓呼の声を表し、喜悦の暗示がある。

⇨「ひゃっほー」

やや（っ）

① （張り込み）**やや**っ、被害者遺族がホシの家に来るとは……。
② （新証拠の発見）**やや**、ひょっとして瓢箪から駒になるかな。

【解説】 驚きの声を表す。ややマイナスよりのイメージの語。感動詞として用いる。音調はMHの2拍で、しばしば後ろに声門閉鎖を伴う。話者は男性が多い。話者が意外な事実に接して驚く小さい声を表し、不審・意外性・疑惑の暗示がある。

「やや」は「おや」に似ているが、「おや」は驚きの暗示がより強く、不審や疑惑の暗示は少ない。

　　　ややっ、被害者遺族がホシの家に来るとは……。
　　　（これは復讐に発展するのだろうか）
　　　おやっ、被害者遺族がホシの家に来るとは……。
　　　（なんで加害者の家に来るのだろう）

⇨「おや（っ）」「や（っ）」

やれ

(1)① （俳句）**やれ**打つな　蠅が手をする　足をする
　② （昔話）それ引け、**やれ**引け。分捕り物をえんやらや。
(2)① （時代劇）**やれ**うれしや。これで無事にお関所を越えられます。
(3)① 子供が大きくなると、**やれ**制服代だ、**やれ**靴代だと出費が増える。

●やれやれ

② （老人ホーム）あの職員は**やれ**顔は洗ったかとか、**やれ**薬は飲んだかとか、おれをまるで子供扱いしてる。

【解説】 (1) 注意を喚起する呼びかけを表す。プラスマイナスのイメージはない。感動詞として命令や禁止に先立って用いられる。古風な表現で、現代ではあまり用いられない。音調はＨＬの２拍である。相手への命令や禁止に向けて注意を喚起（かんき）する呼びかけを表し、命令や禁止をやわらかくする婉曲（えんきょく）の暗示がある。

この「やれ」は「それ」に似ているが、「それ」は相手の行動を促（うなが）す掛け声で、勢いの暗示がある。

　　やれ引け。（頑張って引け）
　　それ引け。（力を入れて一気（いっき）に引け）

(2) 喜びを吐露（とろ）する声を表す。プラスイメージの語。喜びを表す述語にかかる修飾語になるが、感動詞的に用いられる。古風な表現で、現代ではあまり用いられない。音調はＨＬの２拍である。話者の喜びを思わず吐露する声を表し、喜悦（きえつ）の暗示がある。

(3) 何度も催促や疑問をぶつける様子を表す。ややマイナスイメージの語。「やれ〜、やれ〜」の形で、述語にかかる修飾語になる用法を２つ重ねて用いる。音調はＨＬの２拍である。話者が何度も要求されたり催促（さいそく）されたりすることについて、困惑（こんわく）・慨嘆（がいたん）の暗示がある。

⇨「それ（っ）」

やれやれ

① （午前中の家事が終わった）**やれやれ**、やっとコーヒーが飲める。
② （老人が病院の待合室で）**やれやれ**、くたびれた。どっこいしょっと。（ベンチに腰を下ろす）
③ プロジェクトがようやく軌道（きどう）に乗って**やれやれ**だ。
④ （帰宅したら室内犬が部屋中散らかしていた）**やれやれ**、またかよ。

【解説】 終わったことについて感慨(かんがい)を述べる声を表す。ややプラスよりのイメージの語。①②④は感動詞の用法、③は「だ」がついて述語になる。音調はＭＬＨＭの３拍またはＨＬＨＬの４拍で、しばしばため息混じりに発音される。前者の音調のほうが実感がこもる。述語の場合（③）は、ＨＭＬＬと自然に下降することが多い。大仕事が終わった後の安堵感(あんどかん)や解放感・達成感（①〜③）、惨状(さんじょう)を発見したあきれや慨嘆（④）などの暗示がある。

　「やれやれ」は「おやおや」に似ているが、「おやおや」は自分以外の対象への軽い驚きや不審な気持ちを表す。

　　×　プロジェクトがようやく軌道に乗って<u>おやおや</u>だ。
　　⇨「おやおや」

やんや

① シルク・ド・ソレイユの公演は毎回**やんや**の大喝采(だいかっさい)で幕を閉じる。
② あのピアニストは**やんや、やんや**と大喝采されると、調子に乗って何曲でもアンコールを弾いてくれる。

【解説】 大勢の人が喝采(かんこ)する声や様子を表す。プラスイメージの語。①は「の」がついて名詞にかかる修飾語に、②は「と」がついて述語にかかる修飾語になる。もと感動詞だったが、現在では修飾語の用法のみである。歓呼・喜悦の暗示がある。

よ（っ）

(1)① （同窓会で）「**よっ**、杉本」「おう、田中じゃないか」
　②　（お盆に里帰り）「ただいま」「**よ**、早かったな」
(2)①　（スーツケースを車に載せる）**よっ**、けっこう重いね。
　②　（トイレのタンクを外す）**よっと**……。外れた。
　③　（お好み焼きを引っ繰り返す）あーら**よっと**。どうだ、うまそうだろう。
(3)①　（息子から旅行をプレゼントされた）富士山の見える丘の上に桜が満開に咲いていて、ほんとにきれいだった**よ**。
　②　「ジュンちゃん、後片付けお願い」「ああ、いい**よ**」
　③　「おい、ちょっと金貸してくれないか」「そんな、給料日前なのに無理だ**よ**」
　④　（オーディション）どうせ私なんかだめに決まってるわ**よ**。
　⑤　（子供に）早くしないと遅刻するわ**よ**。
　⑥　（同窓会で）うちの人、毎日午前様なの**よ**。
　⑦　若いうちにちゃんと勉強しておかないと、大人になってから困る**よ**。
　⑧　（喧嘩(けんか)）「何だ**よ**」「お前こそおれに何か文句でもあるのか**よ**」

●よ(っ)

⑨ (職務質問) もう行っていいですよ。
⑩ (オレオレ詐欺) ばあちゃん、おれだよ。おれ。
⑪ (グループ旅行) 電車に遅れるから早く行こうよ。
(4)① もしもだよ、もしも今ここに1000万あったらどうする？
② 「例の話、どうなった？」「それがよ、とんでもないことになったんだ。木村の奴、トンヅラしやがったんだ」

【解説】 (1) 気軽に呼びかける声を表す。ややプラスよりのイメージの語。感動詞として呼びかけに用いられる。主に男性が親しい相手に対して用いる。音調は自然なMの1拍で、しばしば後ろに声門閉鎖を伴う。気楽さの暗示がある。

この「よっ」は「やっ」に似ているが、「やっ」は気づきの暗示が加わる。

(2) 両手でかなりの重量物を持ち上げるときの掛け声を表す。プラスマイナスのイメージはない。男女を問わず、実際の音声を描写する用法で用いる。他者への伝達を目的としていないので、音高としてはMまたはL、ほとんど聞こえないような音量で発音されることも少なくない。声門閉鎖の部分で力を出す。客観的な表現で、特定の感情を暗示しない。③は「あーら」に続く掛け声で、持ち上げる物は比較的軽く、気軽さ・滑稽の暗示を伴うことがある。

この「よっ」は「やっこらさ」などに似ているが、「やっこらさ」はもっと重い物を持ち上げるニュアンスになる。また、「よっ」は「いよっ」とほぼ同じ意味・用法で、わたり音の「い」が表記されるかされないかだけの違いしかなく、「いよっ」との区別はむずかしいが、「いよっ」のほうは高いところの物を取るなど、重い物を持ち上げる以外の場面でも用いられるようである。

(3) 気持ちを外に放出する声を表す。プラスマイナスのイメージはない。終助詞として文末に用いられる。男女ともに日常会話でよく用いられる。音調はHMLさまざまな高さの1拍で、高いほど相手に向かうエネルギーが強くなる。①〜④は自分の気持ちを外に出す場合で、感動・感謝（①）・承諾（②）・納得（③）・あきらめ（④）などの暗示を伴う。⑤〜⑨は相手に向かって強く放出する場合で、結果的に命令（⑤）・不平（⑥）・忠告（⑦）・文句（⑧）・許可（⑨）のニュアンスになる。⑩⑪は話者と聞き手の双方の気持ちをまとめる場合で、結果的に説得（⑩）・勧誘（⑪）のニュアンスになる。

この「よ」は「ね」や「さ」に似ているが、「ね」は聞き手に向かうエネル

ギーがさらに強くなり、相手に念を押したり確認したりするニュアンスになる。「さ」は話者の気持ちを聞き手に軽くぶつける様子を表すが、放任の暗示があり、聞き手への要求度は低い。

  そんな、給料日前なのに無理だよ。（困って力なく断る）
  そんな、給料日前なのに無理だね。（取りつく島もなく言い放つ）
  若いうちにちゃんと勉強しておかないと、大人になってから困るよ。
  （だからちゃんと勉強しなさい）
  若いうちにちゃんと勉強しておかないと、大人になってから困るさ。
  （本人しだいだから、僕は責任持てないな）

(4)　自分の話を自分で落ち着かせながら進める様子を表す。プラスマイナスのイメージはない。間投助詞として、くだけた会話の文節の後ろに付加して用いられる。音調は高めのMまたはHで、長めに押しつけるように発音される。自分の気持ちを落ち着かせながら、話を進める様子を表し、確認・納得の暗示がある。

この「よ」も「ね」や「さ」に似ているが、「ね」は相手の反応を見ながら話を進める様子を表し、念押しの暗示がある。「さ」は相手の注意を喚起するために言う合の手を表し、聞き手の注意をいちいち確認する執拗の暗示がある。

  それがよ、とんでもないことになったんだ。（慌てるな）
  それがね、とんでもないことになったんだ。（ちゃんと聞け）
  それがさ、とんでもないことになったんだ。（お前も責任あるぞ）
⇨「や（っ）」「やっこらさ・やっこらせ」「いよっ」「ね（っ）」「さ（っ）」「わ（っ）」「よー（っ）」

よいしょ・よいさ

(1)① （幼稚園の作業）「さあ、みんな、運ぶわよ」「**よいしょ、よいしょ**」
　② （病院の待合室で）「おじいちゃん、ここに座ってなさいよ」「あ、そうだな。**よいしょっと**」
　③ （病院の待合室で）「浅田さん、3番にお入りください」「おじいちゃん、呼ばれたわよ」「うん、**よいしょっと**」
　④ （バレーボールのレシーブ）センター、**よいさー**。
(2)① 「今日のスカーフ、センスいいねえ」「**よいしょ**したって何も出ないわよ」

【解説】　(1)　重い物を持ち上げたり運んだり据えつけたりするときに出す掛け

●よいよい

声を表す。プラスマイナスのイメージはない。感動詞として用いる。音調はＭＬＨの２拍で、後ろにしばしば声門閉鎖を伴う。①は幼稚園児に集団で力を出させるための掛け声で、実際に出す力は大きくない。②は椅子に腰を下ろすときの掛け声、③は立ち上がるときの掛け声である。④の「よいさー」はバレーボールのレシーブのボールを高く上げるときの掛け声。音調は特徴的なＭＨで、語尾を適宜延音する。客観的な表現で、特定の感情を暗示しない。

「よいしょ」は「どっこいしょ」に似ているが、「どっこいしょ」のほうが出す力が大きく、動かす物も相対的に重い暗示がある。

　　（椅子に腰掛ける）ああ、くたびれた。よいしょ。
　　（ちょっと一休み）
　　（椅子に腰掛ける）ああ、くたびれた。どっこいしょ。
　　（もう動きたくないなあ）

(2)　「よいしょする」の形で、相手をおだてる様子を表す。ややマイナスよりのイメージの語。述語として用いられる。さまざまな行為で相手を持ち上げることを比喩的に表した語で、おだて・揶揄の暗示がある。

　⇨「どっこいしょ・どっこらしょ・どっこらせ」「よしよし」

よう ⇨ よー（っ）

よいよい

(1)①　（民謡）あ、**よいよいよいやさっと**。
(2)①　（老人会）まいんち酒ばっかり食らってると、しまいにゃ**よいよい**になっちまうぞ。

【解説】　(1)　民謡などの合の手を表す。プラスマイナスのイメージはない。合の手として用いる。音調はＨＭＬと付点のリズムで自然に下がる。景気のよさ、調子のよさの暗示がある。

(2)　脳血管疾患の後遺症で手足が不自由になった状態を表す。ややマイナスイメージの語。名詞として用いられる。脳血管疾患の後遺症で手足が不自由になった状態を、酔って手が震えたり千鳥足で歩いたりする様子になぞらえた語で、軽い侮蔑の暗示がある。

よういどん〔用意ドン〕

①　（運動会の駆けっこ）位置について。**ようい、ドン**。

② この曲はさらさら流れる小川の流れを描写したものだから、**ようい、ド ン**で始めてはいけない。
③ （求人活動解禁）各社一斉(いっせい)に**ようい、ドン**とスタートを切った。

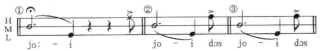

【解説】　一斉にスタートを切る掛け声を表す。プラスマイナスのイメージはない。①は基本的な駆けっこでのスタートの掛け声の用法、②③は「で」や「と」がついて述語にかかる修飾語になる。大勢の人間などが「用意」で準備を整えて静止し、「ドン」で一斉にスタートを切る。音調は「用意」のＭＬで適宜延音し、約２秒後に「ドン」のＨを言う。ここが人間の声ではなく、ピストルの発砲音やブザーの場合もある。②③は比喩的な用法。②は勢いよく飛び出していく意、③は会社の求人活動が一斉に始まる意である。勢いの暗示がある。

ようし〔良し〕

(1)① （プラモデルの組み立て）**ようし、できたっと。**
② （警察犬の捜査）**ようし、よし、よくやった。アレックス。**
(2)① 「キャプテン、準備できました」「**ようし、始めるか**」
② （チームメートのメダル確定）**ようし、私もメダル取るぞ。**

【解説】　すべての場合で「ようし」と平仮名書きする。
(1)　好ましい結果を確認する声を表す。プラスイメージの語。感動詞として用いる。音調はＭＨまたはＭＭの３拍である。「し」は母音がないことが多い。話者にとって好ましい結果を確認する意を表し、達成感(たっせいかん)（①）・賞賛（②）・歓迎(げい)などの暗示がある。
(2)　(1)から進んで、意気込みの声を表す。プラスイメージの語。感動詞として用いる。好ましい前提を踏まえて、次の新たな段階に入るときの意気込みの声を表し、熱意の暗示がある。音調はＭＨの３拍とＨＬの３拍の２通りある。前者のほうが意気込みのニュアンスが強く、後者は自分に言い聞かせるニュアンスが強く出る。
　「ようし」は「よし」の延音形であるが、「よし」は話者の決断力や判断力の暗示がある。
　　ようし、できたっと。（ずいぶん時間かかったけど）
　　よし、できたっと。　（これで３体めだ）

●よー(っ)

　　ようし、始めるか。(そろそろ行動を起こさないとな)
　　よし、始めるか。　(後はおれに任せとけ)
⇨「よし」「よしよし」

よー(っ)

(1)①　(飲み屋で)「あっ、田中じゃないか」「**よう**、杉本。お前もここ縄張りか」
　②　(ナンパ)「**よう、よう**。ねえちゃん、**よう**」「フン、何よ」「ミズキ、ダメ！　ああいうの相手にしちゃ」
　③　(ダーツ大会)「第一位は吉本竜平さんです」「**よう**、やるねえ」「すごいじゃないか」
(2)①　(謡曲の合の手) **ヨーッ**、オウオウオウ。
(3)①　(宴会の終わりに)「では、会のますますの発展を願って１本締めで締めたいと思います。皆様、お手を拝借。**よーーおっ**」シャンシャンシャン、シャンシャンシャン、シャンシャンシャン、シャン！「ありがとうございました」

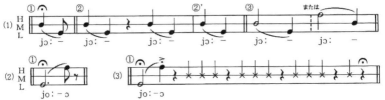

【解説】　(1)　気軽に呼びかける声を表す。ややマイナスよりのイメージの語。感動詞としてくだけた日常会話で呼びかけに用いる。主に男性が親しい相手に対して用いる。音調は自然なＭで適宜延音し、語尾が下がる。「よう」と平仮名書きする。「よっ」の延音形であるが、下品なニュアンスで、予期していたこと(人)を待ち受ける暗示がある。知らない相手に対して用いた場合(②)には、まともな社会人として扱われない可能性もある。親しい相手の行為を賞賛する場合(③)には、通常の賞賛ではなく揶揄の暗示を伴う。

　この「よう」は「いよう」に似ているが、「いよう」は旧知の人に会ったときの挨拶を表し、驚きと気軽さの暗示を伴う。知らない人に対しては原則として用いない。
　×　いよう、いよう。ねえちゃん、いよう。
　　　よう、やるねえ。　(案外隅に置けないんだな)
　　　いよう、やるねえ。(お前にこんな特技があったとはな)
(2)　謡曲の合の手を表す。プラスマイナスのイメージはない。実際の音声を

描写する用法で用いる。音調はその音曲で決められた高さと長さで発音される。三線譜では一例を挙げた。客観的な表現で、特定の感情を暗示しない。

(3) 宴会や会合の終わりに、そこに集まった参加者全員で行う手締め（手拍子）に先立つ掛け声を表す。ややプラスよりのイメージの語。会の司会を担当している者が他の参加者に呼びかける。音調はLを適宜延音し、語尾をHに上げる。手締めは最後の「シャン」の後に来る空白の爽快感にポイントがあり、そこで座の空気を「締める」（清める）。威勢のよさ、爽快の暗示がある。

⇨「よ（っ）」「いよー（っ）」「おー（っ）」「やー（っ）」「おす・おっす」

よし〔良し〕

(1)① とりあえず今回はこれで**よし**としよう。
(2)① （警察犬の捜査）ようし、**よし**、よくやった。アレックス。
② （迷子が親に再会）「パパー！」（泣く）「**よし**、名前、ちゃんと言えたな。偉いぞ」
(3)① （チームメートのメダル確定）**よし**、おれもメダル取るぞ。
② **よし**、事情はわかった。後は任せておけ。
③ 「社長、出発のお時間です」「準備はできてるな。**よし**、行こう」

【解説】 (1) 「よしとする」の形で、許容範囲である様子を表す。ややプラスイメージの語。述語で用いられる。音調は長めのHの1拍で、「し」の母音はないことが多い。結果として望ましいこととして処理するという意で、許容の暗示がある。

(2) 好ましい結果を確認する声を表す。プラスイメージの語。感動詞として掛け声に用いる。日常会話では男性が用いることが多い。音調は長めのHの1拍で、きっぱりと言い切る。話者にとって好ましい結果を確認する意を表し、賞賛・確信・納得などの暗示を伴う。

(3) (2)から進んで、決断の声を表す。プラスイメージの語。感動詞として用いる。音調は長めのHまたはMの1拍で、きっぱりと言い切る。「し」の母音はないことが多い。また語頭の「よ」の子音があいまいになることもある。日常会話では男性が用いることが多い。ある前提を踏まえて、次の新たな段階に入るときの意気込みの声を表し、決意・判断力・決断力・熱意などの暗示がある。

「よし」は「よい・いい」の古語であるが、現在では感動詞の用法に限られ、形容詞としての用法は「よい・いい」を用いる。⇨『現代形容詞用法辞典』

●よしよし

「よい」参照。
　⇨「ようし」「よしよし」「よっしゃ」

よしよし

(1)① （泣いている子供に）おお、**よしよし**、どうしたどうした。
　② （小児科で）「先生、おのどが痛いって」「**よしよし**、先生が見てあげよう。あーんしてごらん」
　③ （トランプ）「これでどうだ！」「ふっふっふっ。**よしよし**、そう来なくっちゃ」
(2)① タカシ、落ち込んでたから**よしよし**してあげたの。

【解説】　(1)　上機嫌であることを確認する声を表す。プラスイメージの語。感動詞として用いる。音調は、「よし」の(2)の反復形である①のＨＭＨが基本で、１語化した②③の音調はＨＭＬの３拍になる。どちらも最後の「し」は母音がないことが多い。ある前提を踏まえて、次の新たな段階に入るときの掛け声を表し、相手の機嫌取り（①）・受容（②）・上機嫌(じょうきげん)（③）の暗示がある。

　この「よしよし」は「よし」よりも相手の機嫌を取るニュアンスが強くなる。
　　　よしよし、先生が見てあげよう。（もう大丈夫だよ）
　　　よし、先生が見てあげよう。　　（僕に任せなさい）
　(2)　(1)から進んで、「よしよしする」の形で、相手の機嫌を取る様子を表す。プラスイメージの語。述語で用いられる。相手を子供扱いして機嫌を取る様子を表し、話者の母性本能を暗示する。

　この「よしよしする」は「よいしょする」に似ているが、「よいしょする」は相手をおだてて上機嫌にさせる暗示がある。
　　　タカシ、落ち込んでたからよしよししてあげたの。
　　　（子供みたいにご褒美(ほうび)あげたりなでてあげたり）
　　　タカシ、落ち込んでたからよいしょしてあげたの。
　　　（「あなたはほんとうはもっと実力あるのよ」と言ってあげたり）
　⇨「よし」「よいしょ・よいさ」「ようし」

よっしゃ

① （サッカー中継）「ゴール！　本田が決めました！」「**よっしゃー！**」
② （雑誌編集）「デスク、鶴見先生、執筆(しっぴつ)ＯＫです！」「**よっしゃ**」

【解説】 好都合なことに接して歓迎する叫び声を表す。プラスイメージの語。感動詞としてくだけた日常会話で用いる。「よっしゃー」は誇張形。音調は2通りある。1つはＨＬの3拍以上で、語尾を適宜延音する。呼気が大きく、自分の歓喜を宣言するニュアンスで、話者の歓喜・歓迎の暗示が強く出る。もう1つはＬＨの3拍以上で、話者が自分の歓喜を独白するニュアンスになり、しばしば拳を握ったりする動作（ガッツ・ポーズ）を伴う。

「よっしゃ」は「やったー」に似ているが、「やったー」は話者自身の達成感を表し、歓喜・（緊張・努力からの）解放感・感動の暗示がある。

⇨「やったー」「よし」

よよ

① （激甚災害）行方不明だった夫が1週間ぶりに遺体で発見され、妻はよよと泣き崩れた。

② 近頃の女はみんなたくましくて、男の前でたおやかによよと泣く女なんて、どこを探しても存在しないよなあ。

【解説】 （女性が）声をあげて泣く様子を表す。ややプラスよりのイメージの語。「と」がついて述語にかかる修飾語になる。女性があまり大きくない声をあげて泣き崩れる様子を、見る者が憐憫の気持ちで表現した語で、情感・繊細の暗示がある。女性の社会的地位の変化によって、現在ではあまり用いられなくなっている。

同じような様子を「おいおい」で表すこともあるが、「おいおい」は男女の主体が声をあげて泣く様子を、慨嘆・情けなさ・気弱の暗示を伴って述べる。

　　　よよと泣き崩れる。　　　（昔の女房が夫の死に目にあって）
　　　おいおいと泣き崩れる。（自分の不甲斐なさにやりきれなくて）

⇨「おいおい」

ら　行

ららら

① 今日はツイてるな。**ラララ〜**
② 「**ららら〜ららら〜**」「お、やけにご機嫌だね」
③ （テレビ番組）**ららら**クラシック。

【解説】　軽く歌う鼻唄の声を表す。ややプラスイメージの語。実際の音声を描写する用法で用いるが、どのような音調で歌うかは決まっておらず、特定の楽曲のメロディーをなぞったり、具体的な楽曲とはまったく無関係に気分的に歌ったりすることも多い。三線譜では一例を挙げておいた。音声は１になることも少なくない。マンガなどの映像表現でも多用される。主体の上機嫌の暗示がある。③はテレビ番組のタイトルで用いられた場合で、クラシック音楽を気軽に楽しませようという制作者の意図が感じられる表現である。

「ららら」は「らんらんらん」に似ているが、「らんらんらん」は上機嫌に加えて弾むような足取り・心を暗示する。

⇨「らんらんらん」

らんらんらん

① （童謡）雨雨降れ降れ、母さんが、蛇の目でお迎えうれしいな。ピッチピッチ、チャップチャップ、**ランランラン**。

【解説】　軽く歌う鼻唄の声を表す。ややプラスイメージの語。実際の音声を描写する用法で用いるが、どのような音調で歌うかは決まっておらず、特定の楽曲のメロディーをなぞったり、具体的な楽曲とはまったく無関係に気分的に歌ったりすることも多い。ただし弾んでいる分、２拍が１単位となる。①は童謡の例で、主体の子供が上機嫌で雨の中を弾むような足取り（心）で歩いている。「らんらんらん」は「ららら」よりもさらに上機嫌で心や足取りが弾むようになっている暗示があり、しばしば「ららら」と組み合わせて主体の機嫌の

よさを表す鼻唄の描写として用いられる。
⇨「ららら」

れれれ・れれれれ

① （取引先に納品したはずが届いていない）**れれれ**、おかしいな。吉田君、おととい送ったって言ったよな。
② （原稿が1ページ抜けている）**れれれれ**、ノンブル通ってないじゃないか。ちゃんと確かめなかったのか。誰だ、原稿受け取ってきた奴は。

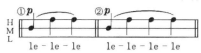

【解説】 問題に気づき驚く声を表す。ややマイナスよりのイメージの語。感動詞として用いる。後ろに実質的な問題を述語として示すことが多い。「れれれ」または「れれれれ」が多く、それ以上の拍数になることは稀である。音調はMHHまたはMHHHと上昇調になる。音声はlになることも少なくない。驚きの暗示はそれほど強くなく、あまりはっきりしない音韻で独り言のように発音され、意外性・不審の暗示がある。

「れれれ」は「ありゃりゃ」に似ているが、「ありゃりゃ」のほうが驚きの暗示が強く、反省の暗示もある。

　　れれれ、おかしいな。1ページ抜けてるぞ。
　　（ちゃんと確かめたはずなのに）
　　ありゃりゃ、おかしいな。1ページ抜けてるぞ。
　　（ちゃんと確かめておけばよかったな）

⇨「ありゃりゃ」「あれ（っ）」

れろれろ

① （幼児をあやす）**れろれろ**、ばあ。
② （泥酔）「おい、しっかりしろよ」「**れろれろれろれろ**」
③ 麻酔から覚めたときはまだ口が**れろれろ**だった。
④ 証拠をつきつけると、容疑者は途端に**れろれろ**になった。

【解説】 舌がもつれて発話が不明瞭になっている声や様子を表す。ややマイナスイメージの語。①②は実際の音声を描写する用法、③は「だ」が、④は「になる」がついて、述語になる。「れろれろれろれろ」は何度も舌を振り動かし

●れろれろ

ている場合で、回数は適当である。①は実際の音声を描写する基本的な用法。音高は自然なMで、声を出しながら舌を上顎(うわあご)に断続的に接触させる。音韻は子音（ｌまたはɾ）のみで母音はないことが多い。三線譜では一例を挙げておく。②③は酔いや薬などのために舌がもつれて発話が不明瞭(ふめいりょう)になる場合（「呂律(ろれつ)が回らない」状態）、④は心理的に混乱したために発話が乱れて論理的でなくなる場合である。③④の場合には音調を特定することは困難である。「れろれろ」は不明瞭の暗示はあるが、主体の意識は働いており、見る者の困惑・不快の暗示がある。⇨『現代擬音語擬態語用法辞典』「れろれろ」参照。

「れろれろ」は「べろべろ」や「ごにょごにょ」に似ているが、「べろべろ」は（酒にひどく酔ったりして）舌を大きく出し入れするために発話がうまくできない様子を表し、「れろれろ」に比べ主体の意識が働いているかどうかあいまいで、見る者の不快・慨嘆(がいたん)の暗示がある。「ごにょごにょ」は口の中で不明瞭・あいまいに発話する様子を表し、主体の発話の意志と内容が不可解である暗示はあるが、不快や慨嘆の暗示はない。

　　「おい、しっかりしろよ」「れろれろ」
　　（ふらふらするのを支えながら）
　　「おい、しっかりしろよ」「べろべろ」
　　（自力で立てないので、肩で担ぎながら）
×　巫女(みこ)は御告(おつ)げらしきものを口の中でれろれろ言うと、たちまち酩酊(めいてい)状態になった。
　　→巫女は御告げらしきものを口の中でごにょごにょ言うと、たちまち酩酊状態になった。
⇨「ごにょごにょ（っ）」「べろべろばあ」

わ・ん

わ（っ）

(1)① （子供の遊び）後ろからそおっと近づいて、「**わっ**」と背中をたたいておどかす。
　② （暗闇から突然人が現れた）**わっ**、びっくりした。
　③ 「ほら、誕生日のプレゼント」「**わ**、うれしい」
(2)① （漫才）ボケとツッコミの絶妙な掛け合いに客席が**わっ**と沸いた。
　② （災害現場）息子の遺体が運び出され、母親は**わっ**と泣きだした。
　③ （家宅捜索）あいつら、**わっ**と来てあちこち引っかき回して**わっ**と帰りやがった。
(3)① （結婚式）花嫁さん、ほんとにきれいだった**わ**。
　② （占い）あなたはきっと幸せになれる**わ**。
　③ （喧嘩）何でも私のせいにするのね。たまったもんじゃない**わ**。
　④ 「原稿整理、今夜中にやらないと」「あ、それ、おれがやる**わ**」
　⑤ 「よし、おれ、都知事選に出るぞ」「本気か？　日本語もろくに話せないくせによく言う**わ**」
(4)① 知らない土地で、タクシーは来ない**わ**、雨には降られる**わ**で、途方に暮れてしまった。
　② ネットで求人広告を出したら、問い合わせが来る**わ**来る**わ**、朝から晩まで電話が鳴りっぱなしだった。

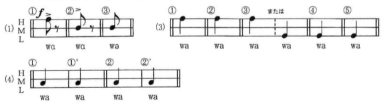

【解説】　(1)　口を大きく開けて突発的に出た（出した）声を表す。プラスマイナスのイメージはない。①は実際の音声を描写する用法、②③は感動詞の用法である。音調は自然な短いMまたはHで、しばしば後ろに声門閉鎖を伴う。「わっ」は唇がまずつぼまってから突発的に音声が出るニュアンスで、意外性・意図の暗示を伴う。

　「わっ」は「あっ」に似ているが、「あっ」は主体が何もせず無意識に音声が

●わー(っ)

出てしまう暗示がある。

　　わ、うれしい。(プレゼントもらえるなんて思ってもみなかったわ)
　　あ、うれしい。(そう、プレゼントくれるの)

(2)　(1)から進んで、突然行動する様子を表す。プラスマイナスのイメージはない。「わっと」の形で述語にかかる修飾語になる。①は観客が一度に突発的に笑い声を出すという意、②は突発的に泣きだすという意、③は大勢の人がごく短時間に同様の行動をするという意である。意外性の暗示はあるが、不快の暗示はない。

(3)　気持ちをやわらかく放出する声を表す。プラスマイナスのイメージはない。終助詞として文末に用いられる。男女ともに用いるが、女性のほうが使用割合が高い。音調はHまたはLの1拍である。Hの場合（①～③）、話者はほとんど女性で（男性が使うと、女性を演じる――「オネエ言葉」のニュアンスになる）、自分の感想・感慨などを相手にやわらかく伝えるニュアンスになる。Lの場合（③～⑤）、話者は男女ともに考えられ、自分の気持ちを自分に向けて言うニュアンスで、軽いあきらめの暗示を伴う。

この「わ」は「よ」によく似ているが、「よ」のほうが気持ちを外に向けて放出するエネルギーが強く、単純に感慨を吐露する場合には男性が好んで用いる。

　　花嫁さん、ほんとにきれいだったわ。(話者は女性)
　　花嫁さん、ほんとにきれいだったよ。(話者は男性)
　　日本語もろくに話せないくせによく言うわ。
　　(あきれて口もきけないな)
　　日本語もろくに話せないくせによく言うよ。
　　(お前の厚顔無恥には慣れてるよ)

(4)　(好ましくない)事柄が次々に積み重なる様子を表す。ややマイナスよりのイメージの語。終助詞または間投助詞として、くだけた日常会話の文末(文節末)に2つ重ねて用いられる。音調は低めのMの1拍である。①は節の終わりにつく場合で、不都合な事柄が次々と重なる困惑の暗示がある。②は同じ動詞の後ろにつく場合で、あきれの暗示がある。

　　⇨「あ(っ)」「よ(っ)」「わー(っ)」「うわ(っ)」

わー(っ)

(1)①　母親は娘の遺体にとりすがって**わー**っと泣き伏した。
　②　(日本チームの勝利)**わー**っ、やったー！　勝ったぞー！
　③　(アマゾン・ツアー)何か追っかけて来る。**ワーッ**、ワニ、ワニ！
　④　(錦秋の山頂からの絶景)**わあ**、きれいねえ。

⑤　（大地震後の帰宅）**わあ**、部屋がめちゃくちゃだ。
⑥　「次の日曜日、アベノハルカス行こうよ」「ほんと、**わあ**、楽しみ」
(2)①　（津波）水平線の向こうから黒い壁が**わーっ**と迫ってきた。

【解説】　(1)　口を大きく開いて突発的に出た声が長く続く声を表す。プラスマイナスのイメージはない。①～③は実際の音声を描写する用法、④～⑥は感動詞の用法である。同じ音高を延音する場合は「わー」と音引きを使い、上昇する場合は「わあ」と平仮名書きすることが多い。音調はHを適宜延音するか、MHと上昇する。しばしば語頭にアクセントがつき、後ろに声門閉鎖を伴う。「わー」は唇をまずつぼめてから大きく突発的に声が出て続くニュアンスなので、驚き・意外性・感動・慨嘆などの暗示がある。「わー」は「わ」の延音形であるが、驚きや意外性の暗示は「わ」より弱くなる。

　この「わー」は「あー」に似ているが、「あー」は主体が無意識に出した声が基本なので、主体のリラックスを暗示し、本音が現れやすい。

　×　「次の日曜日、アベノハルカス行こうよ」「ほんと、<u>ああ</u>、楽しみ」
　　　わあ、きれいねえ。（想像していたよりずっときれいで驚いたわ）
　　　ああ、きれいねえ。（ずっと見ていたいわ）

(2)　(1)から進んで、見る者が思わず声をあげるような勢いで殺到してくる様子を表す。ややマイナスよりのイメージの語。「わーっと」の形で述語にかかる修飾語になる。驚き・意外性などの暗示を伴う。

　⇨「わ（っ）」「あー（っ）」「うわー（っ）」「わーわー」「わーい」

わーい

① 「あした休みだから、野球連れてってやろう」「**わーい**、うれしいな」
② 有名選手の訪問に生徒たちは**わーい**、**わーい**と歓声をあげた。

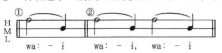

【解説】　歓喜の声を表す。プラスイメージの語。①は感動詞の用法、②は実際の音声を描写する用法で用いる。「わーいわーい」は反復・連続形。音調はHMの3拍で、語尾が自然に下がる。話者は子供か若者が多い。喜ばしいことがあってあげる歓喜の声を表し、歓迎・歓喜の暗示がある。

　⇨「わいわい」「わー（っ）」

わーわー

① その子は発見されたとき、**わあわあ**と泣いていた。
② あの歌手はやたら大声で**わーわー**歌っているが、何を言っているのかさっぱりわからない。
③ そんなに**わあわあ**騒ぐな。ちゃんとやることはやる。

【解説】 大声を出し続ける声や様子を表す。ややマイナスよりのイメージの語。実際の音声を描写する用法でも、単独でまたは「と」がついて述語にかかる修飾語でも用いられる。音高はHまたはMで何度も繰り返される。大声があたりに響きながら連続する声や様子を描写的に表す。「わー」の連続形だが、騒音の暗示があり、話者の慨嘆の暗示もある。

⇨「わー(っ)」「わんわん」「おんおん」

わーん

(1)① その迷子は母親の顔を見た瞬間、**わーん**と泣きだした。
② 近くで爆発が起こり、その後しばらく耳が**わーん**となって聞こえにくくなってしまった。
(2)① (死体)ハエが真っ黒にたかっていて、棒でつつくと**わーん**と飛び上がった。

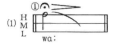

【解説】 (1) かなり大きな音が突発的に起こり反響する音や様子を表す。ややマイナスよりのイメージの語。実際の音声を描写する用法で用いる。音調はHを適宜延音し、語尾が自然に下がる。かなり大きな音声が突発的に起こり、それがひとしきりあたりに響く音や様子を描写的に表す。①は子供が泣きだす場合で、唇が緊張して突発的に泣き始める声を表し、しばしば主体の意志(きかん気)や話者の驚きを暗示する。②は話者の耳が内的な大音量に邪魔されて、外界の音が一時的に聞こえなくなる様子を表し、慨嘆の暗示を伴う。

「わーん」は「うわーん」に似ているが、「うわーん」は音の起こり方が突発的でなく起こる。

(2) ハエ・蜂などの大群がいっせいに飛び出す羽音や様子を表す。ややマイナスイメージの語。「と」がついて述語にかかる修飾語になる。話者の驚き・

困惑・慨嘆などの暗示がある。
　⇨「うわーん」「わーんわーん」「わんわん」「あーん」

わーんわーん

① 取り残された園児たちは、一人が泣きだすと全員が声を放って**わーんわーん**と泣いた。
② 被災工場の内部に向かって「誰かいませんか」と叫んでみたが、**わーんわーん**と響くばかりだった。

【解説】　かなり大きな音が突発的に起こり反復して反響する音や様子を表す。ややマイナスよりのイメージの語。実際の音声を描写する用法でも、「と」がついて述語にかかる修飾語でも用いる。音調は、Mを適宜延音し語尾が下がるものが繰り返される。①は泣き声の描写、②は反響音の描写である。「わーん」の連続形だが、話者の慨嘆の暗示は「わーん」より少ない。
　⇨「わーん」「わんわん」

わいわい

⑴① 大道芸に通行人が**わいわい**（と）群がっている。
　② その家では10人が一緒に**わいわい**がやがや暮らしている。
　③ （パーティ）早くいらっしゃいよ。今みんなで**わいわい**やってるの。
⑵① 漁民が**わいわい**騒ぐので、干拓工事は中止された。
　② お前ら、いっぺんに**わいわい**言うな。おれは聖徳太子じゃない。
　③ マスコミは大臣の失言を**わいわい**騒ぎ過ぎだ。

【解説】　⑴　大勢の人がにぎやかに騒ぎ立てる様子を表す。ややプラスよりのイメージの語。①②は単独でまたは「と」がついて述語にかかる修飾語になる。③は「やる」がついて述語になる。個々の音声の高低の調子に視点があり、歓声・騒音・歓楽の暗示がある。⇨『現代擬音語擬態語用法辞典』「わいわい」参照。

　この「わいわい」は「がやがや」に似ているが、「がやがや」は大勢の人が声を出して騒ぐ様子を表し、大勢の声全体を音声としてとらえた表現で、煩雑・不快の暗示がある。

　　通行人がわいわい言っている。
　　（口々にいろいろなことを言い合っている）
　　通行人ががやがや言っている。

●わっしょいわっしょい

（なんだか騒がしい）

(2) 盛んに抗議や意見を言い立てる様子を表す。ややマイナスよりのイメージの語。単独で述語にかかる修飾語になることが多い。①②は口で言う場合、③は文字で書く場合である。話者にとって煩雑で不快な内容を主体が盛んに言い立てる様子を表し、騒音の暗示がある。

この「わいわい」は「やいのやいの」に似ているが、「やいのやいの」は何度も性急に要求・督促する様子を表し、話者の迷惑・不快・慨嘆の暗示がある。

⇨「がやがや（っ）」「やいのやいの」「わーい」

わっしょいわっしょい

① （三社祭りで神輿の担ぎ手が）わっしょい、わっしょい。
② （優勝したチームメートを担ぎ上げて）わっしょい、わっしょい。このまま合宿所まで行くぞー！

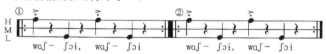

【解説】 大勢の人間が重い物を担いで運ぶときにかける掛け声を表す。ややプラスよりのイメージの語。感動詞として、動作と並行する掛け声に用いる。担ぎ手自身が言う場合も見る者が言う場合もある。「わっしょい」の音調はH＊L＊の4拍で、2拍めと4拍めに声門閉鎖があるが、2回以上何度も反復する。威勢のよさ、活気、歓喜の暗示がある。

「わっしょいわっしょい」は「わっせわっせ」に似ているが、「わっせわっせ」は運ぶ物が相対的に小さく、自分の体を運ぶ（走る）場合にも用いられる。

⇨「わっせわっせ」

わっせわっせ

① （子供神輿を担ぐ）わっせ、わっせ。
② （チームでランニング）1、2、1、2、わっせ、わっせ。

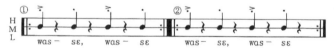

【解説】 大勢の人間が比較的重い物を運ぶときにかける掛け声を表す。プラスマイナスのイメージはない。感動詞として、動作と並行する掛け声に用いる。「わっせ」の音調は自然なMの4拍で、2拍めと4拍めは声門閉鎖になるが、2回以上何度も反復する。①は重いものを肩の上に担ぐ場合、②は自分の体を運ぶ（ランニング）場合である。勢いの暗示がある。

⇨「わっしょいわっしょい」「えっさえっさ・えっさっさ」

わははは

① **わはははは**、どうだ、大したもんだろう。
② 怪人二十面相はビルの屋上から**わはははは**と笑って逃走した。
③ 勇気を振り絞って彼女に交際を申し込んだら「**わっはっはっ**」と豪快に笑い飛ばされた。

【解説】 口を大きく開けて、声をあげ、豪快に笑う声や様子を表す。プラスマイナスのイメージはない。①は実際の音声を描写する用法、②③は「と」がついて述語にかかる修飾語になる。「わっはっはっ」は笑っている途中で声門閉鎖を何度も伴う場合で、笑いの程度が高まる。音調は比較的低いMで、持続的に発音される。話者は男性が多いが、女性の場合（③）には、男性的な豪快さが強調される。豪放磊落・豪快の暗示がある。

「わははは」は「あははは」や「はははは」に似ているが、「あははは」は男女ともに滑稽な物事に触れたり、喜ばしいことがあったりしたとき、実際に口を大きく開けて屈託なく明るく笑う声を表す。「はははは」は笑いの原因によらず、笑い声そのものの軽さに視点があり、しばしば軽薄さ、屈託のなさの暗示がある。

⇨「あははは」「はははは」「がははは」「ぎゃははは」

わんわん

(1)① 隣の犬は毎日**ワンワン**吠えてうるさい。
② （幼児に）ほら、**わんわん**が来たよ。かわいいねえ。
(2)① 大事なおもちゃを取られて、その子は**わんわん**泣きわめいた。
② 女房に、おふくろの介護があるから、会社をやめて国に帰ると言ったら、**わんわん**泣かれて往生したよ。

【解説】 (1) （日本）犬の吠える声を表す。プラスマイナスのイメージはない。①は実際の音声を描写する用法、②は犬そのものを表す幼児語。比較的小型で口吻のとがった日本犬が吠えたときの声を描写した表現で、そこから犬一般の吠え声の表現となった。客観的な表現で、特定の感情を暗示しない。

(2) 大声で声を放って泣き続ける声や様子を表す。ややマイナスイメージの語。単独で述語にかかる修飾語になる。主体は主に子供で、大声で声を放って泣き続ける声や様子を表し、無遠慮、聞き分けのなさの暗示がある。

●ん

この「わんわん」は「わーわー」に似ているが、「わーわー」は大声を出し続けるニュアンスで、泣く場合だけでなく用いられ、騒音と話者の慨嘆の暗示がある。

　　× そんなにわんわん騒ぐな。ちゃんとやることはやる。
　　→そんなにわーわー騒ぐな。ちゃんとやることはやる。
　⇨「わーわー」「わーんわーん」「わーん」

ん

(1)① 久しぶりに家に帰ってきた娘に「お前、飯食ったのか」と聞くと、鼻の先で「ン」と答えた。
② 「ねえ、この先どうするの」「ん、どうしようかなあ」
③ （手料理の味見）ん、おいしい。
(2)① （引き出しの中を探る）ん？　何だこれ。あっ、イヤリング、ここにあった！
② 彼女の話を聞いていて「ん？」と思ったことがある。
(3)① 「そのケリーバッグいいわね」「でしょ。ん万円よ」
② あの家の資産総額はん十億だってさ。

【解説】(1) 同意の声を表す。ややプラスよりのイメージの語。感動詞としてくだけた日常会話で用いる。音調は自然なMかLで小さな引っかけがあり、語尾を下げる。口を開けずにハミングだけでごく短く発音される。①は肯定の返事、②は相手の話を聞いているという意思表示、③は独り言で、納得の暗示がある。

この「ん」は「うん」の(2)(3)を軽く短く表現したものであるが、実際には両者の区別はできない。「うん」と文字表記すると、肯定・納得などの暗示がより明確になるようである。

(2) 「ん？」の形で、疑問・不審に思う声を表す。ややマイナスよりのイメージの語。感動詞としてくだけた日常会話で用いる。「？」をつけないと、ふつう(1)の意味に受け取られる。音調は自然なMまたはHで小さな引っかけがあり、語尾を上げる。この場合は口が開いていることもあるが、やはり鼻音だけでごく短く発音される。疑問・不審・疑惑などの暗示がある。この場合「うん？」の表記はあまり用いられない。

(3) 漠然とした大きな数字を表す。プラスマイナスのイメージはない。単位となる金額などの上について、相当程度の数字を表す。小額の場合には用いな

ん●

い。はっきり金額を明示しない隠蔽(いんぺい)と照れの暗示がある。
　この場合「うん」の表記もよく使われるが、発音や意味としてはほとんど同じである。
　⇨「うん」「うむ」

付　　録

「あいうえお」の発音と感動詞……………………………… 287

「こそあど言葉」と感動詞…………………………………… 292

肯定・否定と問い直しの表現………………………………… 295

遠隔表現とは何か……………………………………………… 302

「あいうえお」の発音と感動詞

■発音とは何か

　そもそも発音とは何だろうか。言語学において、言語の発音を表す言葉にはいくつかある。

　音素とは、ある言語の中で意味をなす最小の単位を言う。しかし、日本語において同じ音素と認められていても、他の言語——たとえば英語においては異なる音素となる場合もある。これを文字として表したものが音素文字で、欧米語のアルファベットや韓国語のハングル文字などがこれにあたる。

　音声とは、基本的に人間の言語音を言う。つまり人間以外の動物や鳥の鳴き声、物音などは音声とは言わない。これを文字として表したものが音声記号で、その音を作るために、空気がどこから出てくるのか、口や喉のどの部分でどのように作られるのかを分析的に記したものである。これを表にして分類した「国際音声字母」（→xviページ参照）というものが、国際的に使用されている。この音声記号は俗に発音記号と呼ばれ、外国語の発音を表すときに英和辞典などで簡便に用いられる。本書でも感動詞の発音を正確に示すため、三線譜で音調を示す際に国際音声字母の記号を用いている。

　音韻とは、言語音として認められる単位で、言語ごとに異なる。日本語の場合、各音韻は原則として母音のみ（V）か子音＋母音（CV）の2種だけで、多くの欧米語のような子音＋母音＋子音（CVC）の音韻は存在しないということになっている。しかも子音が複数重なる二重・三重子音がないため、音韻自体の種類は120程度ときわめて少ない。そこで、もともと文字をもたなかった古代の日本人は、中国語の漢字の発音を借りて日本語の音韻1つを1文字で表す音節文字（仮名）を作ったのである。江戸時代以降、濁音を表すのに清音の仮名に濁点（゛）をつけたり、拗音（「きゃ・しゅ・ちょ」の類）や促音（「っ」）を表すのに仮名を小さく書いたりなどの工夫をしたため、ますます文字種が少なくてすむようになり、わずか50字足らずでほとんどすべての音節を表すことができるようになった。

　一方、欧米語では音韻が複雑で、その種類は数千とも言われ、音韻ごとに文字を作ることは非効率であったので、その音韻をさらに音素に分解してアルファベットの27文字にした。したがって、仮名（音節文字）とアルファベット（音素文字）とは表す音の意味が異なり、その数自体を比較することはまったく無意味である。

付　録

■母音の発音とその意味

　欧米の言語学の考え方から言えば、言語とは人間が発する音声と一定の意味が結びついたもので、文字は言語として必要不可欠のものではないと言うことになる。たしかに世界中の言語を調べてみると、文字をもたない音声だけの言語もあるから、この考え方は完全に間違いとは言えない。

　しかし、こと日本語に話を限ってみると、日本語という言語にとって文字は非常に重要な部分を占めていると言わざるを得ない。つまり、日本語において文字とは、口から発した言葉を表記する道具であるだけでなく、表記された文字によって同じような発音でも異なる意味に区別されることがあるからである。

　前述したように仮名は音節文字であるため、多くの日本人は仮名で書かれたように実際に発音していると思い込んでいる。名詞や動詞・形容詞など抽象的な言葉なら、ほぼそのとおりであろう。しかし、感動詞のようにその場の状況に応じて自由に口から発せられる言葉は、必ずしも仮名の発音と一致しているとは限らないのである。

　マンガなどで用いられる叫び声などは、フキダシの中に書かれるセリフ（言語）とは区別されて「背景」と呼ばれているが、自由な仮名遣いで大きさや色、タッチなども加味して総合的に映像表現となっているもので、これは言語とは呼べない。

　一方、小説などの中で活字として表現されている感動詞には、その仮名を使うと、どういう発音を表し、それはどのような心理を表すかというだいたいの約束ごとがある。日本人は実際の言語生活を積み重ねることによって、自然にこの約束ごとを身につける。たとえば、「うん」「うむ」「ふむ」「ふん」などは現実の発音としてはほとんど同じであるが、日本人ならばこれらが微妙に異なる心理を表していることを感じ取り、実際に表記するときには自分が推測した心理にあてはまる仮名遣いをする。

　しかし、これは辞書にも文法書にも載っているわけではないので、外国人が日本語を学習する場合には、指針になるものがどうしても必要になるのである。特に50音の横の段が重要である。日本語の音節はすべてたった１つの母音終わりなので、言葉はその母音の影響を多大に受ける。

　「**あ**」とは自然に口を大きく開いて出た音で、話者は必ずしも意識的に出しているとは限らず、むしろ無意識に出てしまった音である。だから、現実にはその場の状況によってa、ɑ、əなどさまざまな音声で発音されるが、暗示される基本的な心理は同じなのである。無意識でも出せる音声であるから、心身は当然リラックスしている。新しい物事に気づいたり、不意の出来事に驚いたりしたときも、口を開けて声を出せば、それを日本人は「あ」という音で表現するのである。肯定の返事として「ああ」と言うと、それは話者の意識が働い

ていないことを意味する。それで、緊張による声門閉鎖hのついた「はい」に比べてぞんざいな返事になってしまうのである。

　あ段の他の音（か・さ・た・な・は・ま・や・ら・わ）も根底にあるのは、口を大きく開いて出た音という意味である。ここに子音k（衝撃・金属的）、s（摩擦）、t（衝突）、n（柔軟）、h（呼気・声門閉鎖）、m（含蓄）、y（威勢）、w（突発）などの心理が加わって、これらの音ができあがる。この子音の意味は、い段（き・し・ち・に・ひ・み・り）・う段（く・す・つ・ぬ・ふ・む・ゆ・る）・え段（け・せ・て・ね・へ・め・れ）・お段（こ・そ・と・の・ほ・も・よ・ろ）においても共通すると考えてよいだろう。

　「い」とは、唇を左右に引いて、歯（牙）や歯茎を相手に見せながら出した音である。これは話者が意図して出した音であり、そこには決まった心理がある。日本語はきわめて原始的な言語で、霊長類の行動様式がそのまま保存されている音声があることが特徴であるが、チンパンジーなどが相手に歯や歯茎を見せることの意味は、威嚇・嫌悪または怒っている相手へのなだめである。たとえば、子供が「いーーー」と言ってにらめば、それは怒って嫌悪を表しているわけである。また「いいえ」という応答は、「いい」で嫌悪（否定）を表してから、「え」で笑顔になって（歯茎を見せて）相手が怒らないようになだめている表現ということになる。

　「う」は「あ」や「い」とは基本的に異なる。「あ」や「い」がaないしiという音声を口から実際に出しているのに対して、「う」はuという音声を口から出しているわけではないからである。日本語の「う」が意味するところは、口を開いていない――閉じて出した音である。すなわちハミングと考えてよい。だから音声記号で無理やり表そうとすれば、mと書くほかはなくなる。この場合、話者が無意識で反射的に出した音声である可能性もある。意図的に出した音声であるならば、相手と話をするのに口も開けないというのは、きわめて失礼――相手ときわめて親しいか、話者が子供であるかのいずれかである。なぜなら丁寧なコミュニケーションは、どこの国の言語でも口をはっきり開けて明瞭に発音することだからである。

　「え」は、話者が唇を左右に引き、かつ口を適度に開いて出た音で、この顔はしばしば話者が笑っているときになる表情であるから、笑いながら出した音声ということになる。この場合、緊張すれば笑顔はなくなるので、話者は心身がリラックスして、聞き手に親しみ（愛想）を表していることになる。しかしながら後述するように（→308ページ）、日本の伝統的な文化において、相手への敬意は緊張によって表現されるので、親しみを見せた肯定の返事「ええ」は目上の相手に対しては失礼になってしまうのである。

　「え」のもう1つの意味は、口を適度に開いて舌を上げて出した音である。

付　録

これは下顎(したあご)が緊張して出た音ということで、相手の話や状況に対して驚き、思わず抗議するときに出た音という意味になる。そこで、問い直すときに「えっ」は非礼で、目上には用いられないのである（詳しくは、59ページ）。

「お」は、話者が口を縦に開け、体の奥底から声を出した音である。つまり話者の内部に声を出す強い意志があり、それが意図的に太い呼気にのって出た音が「お」なのである。そこで、「おー・おお・おう」などで表記される音声は威勢のよい返事や深い感動などを表すことになるのである。

この他、母音ではないが「ん」についても触れておくべきだろう。「ん」という仮名表記が他の仮名と同じ地位を占め、独立した1文字として扱われるようになったのは存外新しく、だいたい室町時代以降である。平安時代は「ん」は発音されていても文字としては表記されなかったし、鎌倉時代も言葉の脇に小さく片仮名で添える程度の扱いであった。ところが室町時代以降「ん」の文字が他の仮名と同様に表記されるようになって、次第に定着していくと、結果として、まるで「ん」という音声に他の「あ」や「い」と同様1拍分の長さがあるかのような印象を与えてしまったのである。しかし、現在においても「ん」に1拍分の音長はないことが多い。

加えて、日本語の音韻では「ん」は1つしかなく、多くの日本人がみな同じ発音だと思い込んでいても、実際の音声は後続する子音によってn、m、ŋ、N、ɯなどさまざまな音が用いられ、外国人にはこれらがまったく違った音に聞こえる。なぜなら多くの外国人にとって、これらの音声は異なる意味で用いられる別の言葉であるためである。つまり日本語の音韻が単純すぎるために、複雑な音韻の母語をもつ外国人にとってはかえって発音がむずかしいということになり、日本語学習の障害の1つになっているのである。

日本語の「ん」が意味するところは、言葉の末尾を鼻に抜くということで、これはしばしば鼻先であしらう——侮蔑(ぶべつ)の心理を暗示する。そのため、現実には「ふむ」も「ふん」も同じような音声であるにもかかわらず、「ふむ」のほうは納得を、「ふん」のほうは侮蔑を暗示することになり、どちらの表記を用いるかで筆記者の心理が読めてしまうことになるのである。

このように、日本語の発音、特に母音と撥音(はつおん)（ん）の音韻の意味を理解することは、日本人の基本的な心理を理解するうえできわめて重要なポイントなのである。

次ページに、母音と撥音の音声・意味・心理を一覧表にしておく。

日本語の「あいうえおん」の発音とその意味

文字	発音の意味	実際の発音	暗示される心理や状態
あ	自然に口を大きく開いて出た音	a ɑ ə	心身のリラックス・無意識・気づき・驚き
い	唇を左右に引いて牙を見せて出した音	i ɨ	緊張・威嚇・嫌悪
う	口を閉じて出た音	m	子供・ぞんざい・反射的
え	笑顔で出た音 口を開け舌を上げて出した音	e ɛ	心身のリラックス・親しみ・驚き・抗議
お	口を縦に開いて体の奥底から出た音	ɔ o	衝撃・驚き・意欲・威勢
ん	鼻に抜いた音	n m ŋ N ɯ	子供・ぞんざい・侮蔑

「こそあど言葉」と感動詞

■「こそあど言葉」

日本語には「こそあど言葉」というものがある。国語学者の佐久間鼎(かなえ)(1888〜1970)が命名したもので、日本語の指示語が「こ・そ・あ・ど」という音を頭にもつ美しい体系になっていることを示したものである。その体系は一般に以下のように理解されている。

「こそあど言葉」

		物	連体詞	方向	方法	人　間	状態	感動
こ	近称	これ	この	こっち こちら	こう	こいつ (こなた)	こんな	こら
そ	中称	それ	その	そっち そちら	そう	そいつ (そなた)	そんな	そら
あ	遠称	あれ	あの	あっち あちら	ああ	あいつ あなた	あんな	あら
ど	不定称	どれ	どの	どっち どちら	どう	どいつ どなた	どんな	どら

網かけ部分は感動詞になりうる言葉。

「こそあど言葉」は一般に話者から対象への距離が、近い(こ)、中ぐらい(そ)、遠い(あ)、わからない(ど)という区分で分類されていると言われている。

上の表の「これ・それ・あれ・どれ」は主語になりうる言葉である。連体詞の「この・その・あの・どの」は次に来る具体的な名詞の修飾語になる。方向の上段「こっち・そっち・あっち・どっち」はくだけた表現で、下段「こちら・そちら・あちら・どちら」はあらたまった表現である。また方向だけでなく、場所をも表すことができる。方法の「こう・そう・ああ・どう」は動詞にかかる修飾語になる。人間の上段「こいつ・そいつ・あいつ・どいつ」はくだけた乱暴な表現で、下段の「こなた・そなた・あなた・どなた」はあらたまった丁寧な表現であるが、現在では「こなた・そなた」は用いられず、時代劇のセリフなどで目下の第二人称を丁寧に呼ぶときに用いる。状態の「こんな・そんな・あんな・どんな」は次に来る名詞の修飾語になる。感動の「こら・そ

ら・あら・どら」は「これ・それ・あれ・どれ」から変化したもので、注意・勧誘・気づき・驚き・転換などさまざまな心理を表す感動詞となる。

■「こそあど言葉」と感動詞
　左の表の網かけをした部分は感動詞として用いることが可能な言葉である。その際、基本的な意味の他に日本語独特の意味があって、それにより感動詞のニュアンスも変わってくる。つまり、「こそあど言葉」とは、単純に話者からの物理的な距離を示す言葉ではなく、話者が対象をどのように扱おうとしているかという心理を表す言葉なのである。感動詞として「こそあど言葉」を用いると、その心理がより鮮明に表されることになる。
　相手に注意するとき「これ」と言えば、それは相手を自分の支配下に置こうとする話者の意思を表す。だから、言う相手は必然的に目下や子供ということになる。「この」と言えば、続く名詞は相手を指すので、相手の頭や頬をこづきながら、さらに強く相手を自分の支配下に置こうとする。言う相手とはつかみ合い、殴り合いに発展する喧嘩をしている最中であろう。「こら」と言えば、頭ごなしに相手の行動を禁止し、ただちに相手の行動をやめさせる意になる。子供など絶対的下位者の行為を禁止する場面であろう。
　「それ」と言えば、方向としては聞き手側に向かわせるため、注意する意にはならず、一緒にそちらへ行こうという勧誘になる。「その」と言えば、それは聞き手側の物事を指すから、話者としては自分側の物事としてはっきり言及できないような、ためらいの心理を暗示する。「そら」と言えば、「それ」よりもますます話者から心理的に離れた物事になる。
　「あれ」と言えば、話者自身とは無関係な物事を指し、無責任の心理を暗示する。話者が想定外の出来事に気づいたり驚いたりしたときに発する感動詞ということになる。「あの」と言えば、「その」よりもさらに心理的に遠く、はっきり言及できない遠慮の心理を暗示する。「あら」と言えば、「あれ」よりさらに無責任になり、しばしば滑稽の心理を暗示する。
　「どれ」と言えば、話者が新しい（わからない）物事に接して、これから何かを始める好奇心の暗示もある。「どら」はこれに滑稽の暗示が加わる。
　次ページに、「こそあど言葉」の真の意味と感動詞のニュアンスを表化する。

「こそあど言葉」の真の意味と感動詞のニュアンス

	真の意味	感動詞のニュアンス （例）
こ	話者に近い	話者が自分の支配下に置こうとする （これ・この・こら）
そ	聞き手に近い	話者が聞き手側に向かわせる （それ・その・そう・そら）
あ	双方から遠い 双方ともよく知っている	話者から心理的に遠い （あれ・あの・ああ・あら）
ど	話者が知らない わからない	話者が疑問に思っている （どれ・どら）

肯定・否定と問い直しの表現

■日本人の言葉と態度の関係

　日本語は言葉と人間とが非常に密接に結びついている言語である。世界共通語の地位を占める英語など、流暢(りゅうちょう)な英語が聞こえたからといって、その会話の主が英米人であるとは限らない。アジアにもアフリカにも英語を公用語としている国はあるし、英語を母語としていない国の人でも、英米人に劣らぬ話し手だったりする。しかし、日本語はほとんど完璧(かんぺき)に日本人と結びついており、海外で非常に上手な日本語が聞こえてきたら、まずその話し手は日本人（日系人）と思って間違いないのである。

　言葉と人間が結びついているとは、言葉がそれ自体で独立していないということである。つまり、その人の態度や性格・考え方などが言葉に反映すると考えられるわけだ。欧米の言語はだいたいにおいて、非常に抽象化されていて、言葉の内容は人間の性格や態度には影響されない。欧米の学会においては、無名の若い学者の説が取り上げられたり、逆に大学者の論文がクソミソにけなされたりすることがよくある。これは相手が誰であろうとどういう態度であろうと、話の内容こそが大切で独立していると考えるからである。しかし、日本ではなかなかそういうことは起こりにくい。

　日本語の場合には、話す内容と話者の性格・態度がいつもリンクしていると考えられているので、話者の社会的地位が低かったり態度が真面目(まじめ)でなかったりすると、内容そのものが低劣で不真面目だと受け取られ、まともに聞いてもらえないのである。子供の出すサインがなかなか大人に見破れないのは、子供たちの言い方や態度が大人の考える「真面目」なものではないからである。だから、逆にビシッとスーツを着た名士がもっともらしく話すと、話す内容としては全然つまらないのにみんなが傾聴し、褒(ほ)めたたえたりする。

　応答の言葉もこれとまったく同様である。質問者に対して全身全霊を集中して緊張し、真面目な態度で口も明確に大きく開いてする返事が最も丁寧であり、逆にリラックスして口もろくに開けずにした返事はぞんざいだと受け取られるのである。これは体のリラックスが精神のリラックス（悪く言えばたるみ・油断・軽視）を象徴するからである。だから、日本では何か重大な話をするとき（典型的な例は縁談や弔問）は必ず服装を整え、いずまいを正す。態度が悪いと話をまともに聞いてもらえないからである。

　以下に、肯定・否定の返事と問い直しの表現の、基本的な考え方と待遇との

関連を述べる。個々の感動詞の詳しい用法は辞典の部分の記述を参照していただきたい。

■肯定の返事

　「**はい**」という言葉は、現在最も丁寧な肯定の返事だとされる。なぜだろうか。「はい」のｈを言うためには声帯の緊張が必要だし、肯定しようとして声を出したままうなずくと、口の開き方が自然に大→小となって、発音される母音はア→イになる。つまり「はい」という発音が表すサインは、尊敬するあなたを前にして緊張して質問に答え、その内容に全面的に同意します、ということなのである。聞き手は「はい」という返事を聞くと、自動的にそういうサインを受け取る。それで最も丁重な返事になるのである。

　ちなみに、昔は最初から最後まで緊張していることを表す「**はっ**」が、最も丁重な肯定の返事であった。これは殿様の前で家来が平伏したまま腹に力を入れて返事をする様子が暗示されよう。

　次に丁重なのは「**はあ**」であるが、これは最初のｈの緊張は感じられるものの、相手の話に全面的に同意するサインであるうなずきがない。うなずきがないから発音される母音はアのままで変わらず、しかも何となく語尾は力が抜けたような感じがする。だから「はあ」は完全な同意とは言いがたく、敬意は表すがなんとなく頼りない印象の返事になってしまう。ちなみに「はあ」を最もよく耳にする場面はお見合いであろう。

　「**ええ**」は若い人がよく使うくだけた表現だが、この特徴は唇が左右に引かれ、舌の位置が高いということである。どういうときこうなるかと言えば、笑ったときである。それで「ええ」という言葉は、しばしば話者が笑いながら返事をしている様子を暗示する。日本において、相手に対して笑うのは親しみの表現であって、敬意の表現ではない。昔から目上に向かって歯を見せるのは失礼だという常識があったほどで、目上の前で敬意を表すには恐縮してこわばっているほうがよかったのである。それで「ええ」はあらたまった返事にはなりえないのである。

　「**ああ**」は口を比較的大きく開けて出した音を表す。アという音は唇・舌・口蓋（こうがい）などの器官のどこにも邪魔されずに出せる、最も自然な音である（→288ページ）。日本語におけるアの音は口を大きく開けて出した音という意味だから、緊張していなくても無意識でも出せる。感動詞として「ああ」が最もよく使われるのは、要するに感動して口を開け声を出せば、自然に「ああ」になるからである。だからこれが返事として使われる状況というのは、意識があまり働いていなくて、もしかすると相手の話ろくに聞いていないかもしれないわけである。それで目上に対して「ああ」と返事するなどもってのほかなのである。

これは主に男性が目下に対して言うことが多い。

　こう説明してくると、どうして「**うん**」が最も敬意の低い返事なのかがわかってくる。「うん」と仮名で書くと唇が小さく丸く開いているかのように錯覚してしまうが、実は日本語のウはアとは対照的に、口を閉じて発音した音を表すのが原則なのである（→289ページ）。つまり、「うん」は口を開けず鼻だけで言う返事である。返事をするのに口も開けないのはきわめて横着な態度である。そういう横着な態度で肉体も精神も弛緩（しかん）した状態でする返事など、目上の相手にとってはなはだ失礼である。相手かまわずそういう失礼な返事をするのは、少なくとも大人ではない。だから昔の母親は「お返事は『うん』じゃなくて『はい』でしょ」と子供にしつけたのだ。

　声さえ出さずにこっくりとうなずくだけの肯定の返事もある。これが許されるのは幼稚園以下の幼児ぐらいのものである。

　次に、肯定の返事を丁寧な順に表化しておく、¦より右は目上には使えない表現である。

肯定の返事

（はっ）はい　はあ	ええ　そうです　そう　ああ　うん　（うなずき）

■否定の返事

　目上に向かってノーと言うのはむずかしい。だいたい日本の歴史においては、上位者に向かってノーと返事することはなかった。ノーと言わずに「恐れながら……」と言ったのである。「恐れながら」という反論のマクラをつけ、その次にすぐ反論内容を言えばよいわけで、わざわざあらためて否定する必要などなかったのである。現在でもレストランなどの接客業で、お客が無理難題を言ってごねているときに店側が断固これを拒否しようとすれば、オーナーなどの責任者が出てきて丁重に「まことに申し訳ございません」と低頭し、そのまま微動だにしない。そうするとお客は早晩その無理難題を引っ込めてくれる。しかも店に対して悪い印象はもたれない。ノーなどと言う必要はまったくないのである。これは日本語の敬語の最も基本的かつ伝統的な「階級遵守語（かいきゅうじゅんしゅご）」である（→310ページ）。

　こういう伝統と習慣があるため、相手の質問に反論するときわざわざ否定の返事をするというのは、実は失礼きわまりないのである。それで最も丁重な否定の返事は何も言わない（……）のである。

　何も言わないといっても、その後の本文を言わなければ、相手は賛成・同意だと思ってしまう。黙っていれば賛成・同意というのは不変の真理である。だ

から、最も丁寧な反論とは、ノーにあたる返事をせず、マクラをつけてすぐ次の本題に入る。たとえば次のような言い方が最も丁寧になる。
- ① 「○○社との会議は先方のＯＫは取れたのか」（質問）
  →「……。あいにく、それがまだ取れておりません」
- ② 「企画表はまだできてないの？」（督促）
  →「……。申し訳ありません。これから急いで作ります」
- ③ 「今度の日曜日、うちでちょっとしたパーティをやるんだけど、君も来ないか」（勧誘）
  →「……。せっかくのお誘いでまことに恐縮でございますが、あいにくその日はどうしても外せない予定がありまして……」

そもそも、日本語の否定の返事ははなはだあいまいで、相手の質問を否定するのではないときにも使える。いちばん丁寧な否定の返事とされているのは「**いいえ**」であるが、これも意味が１つではない。間違い電話などで
　「○○さんのお宅ですか」「いいえ、違います」
と言うときは、相手の質問内容を否定する意である。しかし、
　「いつもお世話になっております」「いいえ、こちらこそ」
と言うときは、単なる挨拶で相手の感謝を気軽に受け流す意である。相手が恩を感じる必要はないというなだめのサインと言える、典型的な礼儀語（→310ページ）の返事である。

「いいえ」という返事をするときは、唇を左右に引き、声を出しながら口を少し広く開く。これは紛れもなく笑顔である。相手の質問を否定するわけだから、相手は少なくとも機嫌がよいわけがない。その相手をなだめるために笑顔を作るのである。「いいえ」という言葉にはこういうなだめのサインがある。チンパンジーが怒っている相手をなだめるとき、口を横に大きく開いて歯茎を見せるというが、エよりもイのほうが歯茎が見えやすいので、日本人も大昔は歯茎を見せる目的で「いいえ」と言っていたのかもしれない。

「**そうじゃありません**」は相手の質問内容を否定する表現である。これは反論の返事と言ってもよい。相手の発言内容が自分の意見と違っているという明快な意思表示である。しかし、こういう自己主張ができる相手というのはおのずと限られる。それで目上に対して使う丁寧な表現というわけにはいかない。

「**違います**」はもっと強い否定である。これは相手の発言が違うと言っているのだから、話者によほどの確信がなければならない。しかもどう違うのかが問題である。自分の意見と違うという相対的な違いならまだいい。真理・理想と違うという絶対的な違いを指摘しているのだとすれば、相手と喧嘩するくらいの覚悟がないととても言えないだろう。

「**ううん**」は真ん中の「う」を高く発音するか、逆に真ん中だけ低く発音す

る。肯定の「うん」のところで説明したが、これは口を開かないでする発音である。口を閉じたまま声を出し、ついでに首を左右に何回か振る。これで自然に「ううん」という音になる。相手に向かって返事をするのに口も開かないのは失礼であるから、当然目上の相手には言えない。女性が親しい相手に言うか、子供が言うかのどちらかだろう。

「っていうか（てか）」は若い人が、相手の意見に反論するときなどに使う言葉である。ほとんど接続詞や感動詞のように使う。文字どおりには、相手の言うこともわかるが、それより自分の意見のほうがよい、と代案を提示する形である。表立った反対はせず、よりよい代案を示すことで反対の意を表すわけである。親しい相手とのくだけた会話でよく使っているようだが、筆者などは、親しい相手にくらいはっきり反論してもよいのではないかと思ってしまう。最近は反論に限らず、単に話題を転換したいときにも使っているようである。どんな話題に対しても、肯定でも否定でもなく「っていうか（てか）」で逃げていると、そのうちに自分の意見が何かわからなくなるのではないかと危惧する。

「**いや**」がいちばんぞんざいなのは、単語の起源とからんでいる。否定の意の「いや（否）」は、「あんな奴は顔を見るのも<u>いや</u>だ」の「いや（嫌）」と同源の言葉だからである。それで、「いや」という返事には「嫌い」というニュアンスがあり、自分は好まない、自分には不都合だという主観的な好悪が入ってしまう。この主観的というところが重要で、目下の話者が個人的な好みを述べて目上の質問に反する返事をするというのは、どう考えても失礼である。それで最もぞんざいな返事になってしまうのである。現在では、主に男性が親しい相手に言うくだけた表現になっている。

次に、否定の返事を丁重な順に表化しておく。｜より右は目上には使えない表現である。1行では入らないので、2行めにも記したが、敬意は左から右へ向けて下がる。

否定の返事

……	いいえ　そうじゃありません　違う（わ・よ）　っていうか　いや
	いえ　　　　　　　　　　　　違います　　　　　　　　　ううん

■**問い直しの表現**

ある有名企業の受付嬢が、ＶＩＰとおぼしき客の応対を「はい」「はい」とにこやかに返事しながら見事にこなしていたのだが、客の言葉を聞き返すときにボロが出てしまった。「<u>えっ</u>、何ですか」と聞いてしまったのである。肯定や否定の言葉に敬意の段階があるなら、問い直しにも丁寧な表現、ぞんざいな

表現といういくつかの段階がある。ここでも原理は同じである。

すなわち、相手の質問に対して緊張して真面目に考えている態度を示す返事が最も丁寧である。反対に、リラックスしていることを暗示したり、内心の不服を示すような声を出したり、自分の主観を表立って表明したりすれば、相手に対して失礼になり、結果としてぞんざいな返事になる。

相手の質問を問い直す場合の最も丁寧な言い方は「はっ？」である。声帯はhで緊張するが、その緊張が最後まで解けずに声門を閉鎖する。その閉鎖音が「っ」である。問い直しであるから、疑問であることが相手にわからなければいけないので、音調を上昇させるのは当然である（「？」の表記は音調の上昇を示すために必要である）。この問い直しの言葉は、相手の会話を最初から最後まで緊張して聞いているという姿勢を強く示すものである。それで最も丁寧な問い直しになるのである。

「はあ？」は「はっ？」に似ているが、どこが違うかというと、語尾まで緊張があるかどうかである。「はあ？」は語尾が「あ」であり、声門が閉鎖されていない。つまり語尾の時点では緊張が解けているわけである。緊張が解けたぶんだけ敬意が落ちたと言える。こいつは初めから聞いていないなと相手に受け取られると、話者がろくに聞いていなかったから問い直したのだというニュアンスになってしまう。

「えっ？」は前に述べたように、話者が笑いながら発した声である。笑いながらということは緊張していないということである。それで緊張しながら問い直した場合よりも敬意が落ちる。しかも、笑いは親しみの表現だから、ばかにくだけた印象を与えてしまうのである。

もう1つ「え？」で注意しなければいけないのは、話者が意外だと思った話に対して驚いている場合もあるということである。このとき、話者が驚いた結果、その話に疑問をもったり、抗議の気持ちをもったりすることが往々にしてある。そういう気持ちが下顎を緊張させ、それが舌を押し上げるので、その状態で声を出すとアでなくてエになってしまう。だから、話者が笑わずに「えっ？」と言ったら、それは話の内容に対して疑問に思ったり抗議したかったりする場合である。単なる問い直しで「えっ？」と言った場合でも、相手には「何か文句でもあるのか」と不快に受け取られる可能性がある。

「ええ？」は「えっ？」よりもさらに敬意が落ちる。へたをすると、こいつはぶったるんでると思われてしまう。それは「えっ？」の場合にはまだ語尾が「っ」であり、声門が閉鎖されるという緊張が聞き取れるわけだが、「ええ？」では最後まで緊張がなく、言い方によってはずいぶんリラックスした状態でも発音できるので、そういう体の楽さが精神の弛緩（しかん）を暗示してしまうからである。

「なんですって？」「なんだって？」という問い直しは、相手の質問の内容を

問い直すものである。内容を問い直すのには2つの場合がある。つまり、内容がよく聞き取れなかった場合と、聞き取れたが疑問がある場合である。しかも往々にして後者の意味になることが多い。聞き取れなかっただけなら「はっ？」でも「えっ？」でもいいのに、わざわざ「何」という疑問の名詞を使って言うのだから、言われたほうは内容に対して何か言いたいことがあるというふうに受け取るのが普通だろう。しかもその言いたいことは、たいがいの場合驚きや疑問・抗議である。相手の質問に問い直しをするという行為は、こういうふうにいつでも、相手に抗議していると受け取られる可能性があることに注意すべきである。

「**なに？**」「**なにい？**」はさらに要注意の言葉である。これは、相手の話の内容に対して抗議をするというだけでなく、その内容に腹を立てて怒りを感じているというニュアンスがあるからである。事実、怒りを表すときに「なに？」とか「なにい？」と言うことが少なくない。上昇する音調で言うか、下降する音調で言うかでニュアンスが変わるが、やはりあらたまった会話や目上相手の会話には使わないほうが無難である。

次に、問い直しの表現を丁寧な順に表化した。｜より右の表現は目上には使えない。1行では入らないので、2行めにも記したが、敬意は左から右へ向けて下がる。

問い直しの表現

| はっ？ | えっ？ | なんですって？ | | なに？ | なにい？ |
| はあ？ | | ええ？ | なんだって？ | | |

遠隔表現とは何か

　本書は日本で初めての感動詞・応答・呼びかけの専門辞典である。感動詞の中には、「おい」と「おーい」、「それ」と「そーれ（そうれ）」、「やい」と「やーい」などのように、普通の言葉とその音を延ばして言う言葉がある。一般的な国語辞典ではこれらは区別されず、延音形は掲載されていないことが多い。掲載されているものでも単なる強調形という思慮のない扱いになっている。
　しかしながら、日本人の伝達表現と待遇表現を歴史的に考察していくと、これらの延音形が遠くのものに訴えを届かせる表現形式（遠隔表現）であり、それがウタという形で固定され、さらには敬語という待遇表現に受け継がれていったという事実が明らかになってくるのである（実は筆者の博士論文は『敬語の原理及び発展の研究』である）。そこで、本書の解説の中でたびたび用いられている遠隔表現というものを、原理的・歴史的に概説しておこうと思う。

■原日本人の世界認識
　原日本人にとって自然がどういう存在であったかを考えるには、古代人の境界認識がヒントになる。国語学者の大野晋（1919〜2008）によれば、「日本語の社会で最も古く根源的なのは、人々が近いか遠いかを軸にして人間関係を考えること」であったと言う。自己を中心にしてその周辺にいる家族や親しい人などをウチ関係と言う。そしてそれ以外の人、事物、自然現象などはすべてソト扱いになる。
　古代の助詞「が」と「の」はこのウチ・ソトの境界に合致するように使い分けられていた。すなわち、ウチに対しては「が」を用い、ソトに対しては「の」を用いたのである。時代が進むと、「が」は親しい人だけではなく身分卑しい者に対しても使われ、「の」は知らない人だけでなく貴人に対しても使われるようになった。
　普通に考えると、自分の家族・知人以外の人も人間であって、天候や季節などの自然現象や地名など、生命のないものとは扱いを変えてしかるべきである。ところが、原日本人は世界認識を人間対非人間というような分け方をせず、自分の最も身近なウチとそれ以外のすべて（森羅万象）とに区分し、それを言語の上でも明瞭に表現し分けていたことがここからわかるのである。
　これは外の人間とのコミュニケーションがあまりなかったことを意味する。だから、原日本人にとってソトというのは家の外の人間というよりは、むしろ

外界の自然と考えたほうが妥当であろう。

　日本の自然は平時には穏やかで実り豊かであるばかりか、風光明媚(めいび)でこの世の極楽のようなものである。ところが数年に1度大災害を引き起こし、人々はこれを防ぐことも避けることもできず、ひたすら逃げ、恭順して災害の静まるのを祈りながら待つほかはなかった。原日本人にとって、自然とは畏怖(いふ)すべき神そのものであったのである。

　日常の情報伝達や挨拶・なだめ表現は、いわばウチに対するコミュニケーションである。それなら畏怖すべきソトの自然に対して、原日本人はどのようにコミュニケーションを行っていたのだろうか。

■ウグイスの地鳴きとさえずり

　ウチ・ソトで、言葉（？）の言い方を変える動物が身近にいる。鳴禽類(めいきん)（よい声で鳴く小鳥）である。たとえば、ウグイス。ふだんはオスもメスも暗く繁った藪(やぶ)の中にいて、ジュッジュッと低い声で囁くように鳴いている。この声は一般に地鳴き(じ)と呼ばれ（ウグイスの場合は特に「笹鳴き(ささ)」と言う。英語ではcallと呼ぶ）、さしずめウチの相手に対する伝達である。

　ウグイスと聞いて真先に思い出すホーホケキョという鳴き方は、さえずりと呼ばれ、言うならばソト向きの伝達である（英語ではsongと呼ぶ）。この鳴き方は原則としてオスだけが行うもので、2つの重要な意味がある。すなわち、自分の縄張りを広く周囲に宣言して、同種の他のオスを排除するという意味と、同種のメスに自分の存在をアピールしてつがいになるために呼び寄せるという意味である。

　ホオジロ・シジュウカラ・クロツグミ・オオルリなど鳴禽類のオスは、みな大きくてよく響く独特の美しいさえずりをもっているが、これはみなソトに対する鳴き方で、メスを獲得してつがいが成立したとたんにさえずらなくなり、地味な地鳴きで愛を語るようになるのである。繁殖期に盛んにさえずっている鳴禽のオスは、まだメスを獲得できていない独身者ということになる。

　野鳥の鳴き声のCDで実際の地鳴きやさえずりを聞くと、おもしろいことがわかる。地鳴きは種が近縁の鳥のものは非常によく似ていて、ほとんど同じように聞こえる。これはウチ向きの鳴き方で、相手はすぐ近くにいて目で確認できるため、あえて独特の鳴き声を工夫する必要がないのであろう。

　これに対して、さえずりはどんなに近縁であっても、そして他種のさえずりを自分の歌に取り込むことが多々あるにしても、その種固有のさえずりが必ず入っていて、オスはその部分を強調してさえずる。しかもたいていソングポストという縄張り内の最も高い木のてっぺんなどに止まって、繰り返し繰り返しさえずり続ける。これは相手が目に見えない遠いところにいるからで、しかも

同種のメスを確実に呼び寄せなければならないからである。鳥類では呼吸に関係なく長時間鳴き続けるために、気管に鳴管(めいかん)という特別な装置があり、呼気のみならず吸気でも声が出せる。

　ソングポストで高らかにさえずっているオスはたいへん自尊心が高くなり、反対に警戒心は非常に小さくなる。そのため、倒木の上などでさえずる全長10センチに満たないミソサザイなどは、さえずっているオスの口の中の黄色がはっきり見えるほど人間が近くに寄っても逃げず、非常に高い金属的な声で長時間さえずり続けると言う。当然天敵には恰好(かっこう)の獲物(えもの)になってしまうが、そういうリスクをあえて冒しても生き延びて自己主張できるのが、すぐれたオスの条件だと言うこともできるわけである。

　鳴禽類の場合、さえずりを聞かせるソトの相手は、ライバルのオスとつがいを作るべきメスである。人間は鳥と違って空を飛ぶことはできないから、長距離を移動することは容易ではなく、それほど広い範囲をコミュニケーションの対象としてカバーする必要はない。まして、人間はそもそもあまり移動せずに初めからつがいを含む群れ単位で暮らしていたのだとすると、畏怖すべきソトの自然にいったい何を伝えるというのだろうか。

　原日本人にとって、訴えるべきソトの相手とは長雨や日照りなど思うままにならない天候や、猛威(もうい)を振るう災害をもたらす自然そのものであり、そして、当時の人々の力ではどうにもならなかった病気もまた、訴え祈る対象となった。原日本人は平時には美しい自然を賞賛し、その幸を享受して安楽に暮らしていたが、長引く天候不順や災害・病気に見舞われたとき、日常のウチに対する表現とは異なる表現形式で、自然に対して祈り訴えたのである。

　もし、これが他の群れなどの人間相手であれば、群れの進路を変えて避けたり、逆に戦って相手を倒したり、また無視したりすることも可能であったはずである。鳴禽ではライバルのオスが出現すると、一方が縄張りを放棄(ほうき)して逃げ去るまで、果てしなく死闘を繰り広げる。

　しかし、自然災害や病気は避けることも無視することもできず、怒って（？）猛威を振るっているときには、ひたすら訴え祈って鎮静化するのを待つ以外に道はなかった。そして、四季折々に移り変わる日本の気候は、長くとも1カ月待てば必ず元の穏やかで美しい自然に戻った。これは、神である自然が人間の祈りを聞き届けたことにほかならない。そして災害が起こるたびに祈りの必要性は増し、その災害が通過して収まれば、自然を神として畏怖する感情は以前にも増して高まる結果となっていったのである。

■遠隔表現（延音する──音を延ばす）という表現形式

　鳴禽類は大きいものでも30センチに満たないが、非常に大きな声で山全体に

響きわたるようにさえずる。このようにソト向きの伝達は、遠くのものに聞こえるように大きな声で言う必要があるのだが、ただ音量だけを大きくしても、短時間しか続かなければ、自然の風などの音にかき消されてしまうだろう。だから、大きな声で一瞬怒鳴るよりも、長い時間をかけて声を出し続けたほうが、遠くの相手にちゃんと聞き取ってもらえる可能性が高くなる。

犬が遠くの仲間に何事かを伝達するとき、大声でワンワン吠（ほ）えるのではなく、比較的高い裏声で声を長く引っ張って鳴く（遠吠え）のは、まったく理にかなったやり方である。鳴禽類のさえずりが、しばしば歌のように複雑なメロディーを長く続けたり、同じメロディーを何度も繰り返したりするのも同じ理由による。アルプス地方に伝わるヨーデルという伝達方法も、山の向こうにいる相手に対して、複雑な起伏のある裏声を長く引っ張って言うものであるし、もっと言えばターザンの「アーアアーー」という叫び声も、何事かを遠くの相手に伝達しているのだと言うことができる。

この声を引っ張って長く延ばすという方法は、原始的であるがゆえに、言語の構造さえ許せば、遠くへ訴えを届かせるやり方としては最も効率的なのである。そして、日本語という言語は、このやり方にまさにうってつけの条件を備えた言語なのである。

まず第一に、日本語は、前に述べたように「ん」を除くすべての音節が母音で終わる開音節（かいおんせつ）言語である（→287ページ）。音節の前につく子音も1つだけで、二重・三重子音はない。どんな言葉を発音しても、原則として最後は必ずアイウエオのどれかの音になる。子音で終わらないから、言葉の末尾が聞こえなくても意味の伝達に支障は起こらない。英語のような閉音節言語では、catとcapは別語であるから、語末のtとpが聞こえなければコミュニケーションに支障をきたしてしまう。

第二に、日本語の音節には長短の区別がない。現代日本語は漢語も外来語もあるから、「ショーチョー」（象徴・消長・小腸など）、「ショチョー」（所長・初潮など）、「ショーチョ」（小著など）、「ショチョ」（諸著など）は別の意味の言葉になってしまうが、もともとの日本語（和語）には母音に長短の区別がない。「いーぬー」「いぬー」「いーぬ」と言っても、「いぬ」の音を延ばしたにすぎず、別の意味の言葉になるわけではないのである。

第三に、日本語の音調は音の高低によって区別する高低アクセントである。欧米語のように強弱でリズムを作るのではなく、メロディーで文章を伝える言語なのである。日本語にとっては文の意味が正確に伝わるためには、1つ1つの発音の正確さよりも、むしろ高低の位置が重要である。強弱をつけて言うと弱拍が聞こえにくくなるが、高低をつけて言うのなら全部同じ音量で言うことができ、一部が聞き取れないということはなくなる。

付　　録

　この日本語の音声上の3つの特徴、すなわち①開音節、②母音に長短の区別がない、③高低アクセントは、実は「小鳥のさえずり式」ないし「犬の遠吠え式」の遠隔表現には、まさにうってつけなのである。

　その証拠に、音を延ばして遠くのものに訴えを届かせる伝統的な形式が、今もなお連綿と使われ続けている。他人の家を訪問した際、玄関の引き戸をがらりと開けて

　(1)　「ごめんください」

と言えば、それはすぐ近くに家人がいることを前提とした呼びかけであると言える。玄関が施錠されており、チャイムを鳴らしても返事がない場合、人は家人の在不在を確認するために声を出す。曰く

　(2)　「ごめんくださーーい」

　この呼びかけは、近くに人がいる前提で言う(1)より明らかに声の音高が高く、ある一定の場所を延音してメロディーをつける。これが典型的な遠隔表現の形式である。

　筆者が子供のころ、よく物売りが行商に来たが、その物売りの呼びかけも遠隔表現の典型である。

　(3)　「たーけやー、さおだけーーー」

　(4)　「やーーきいもーーー、いーしやーーきいもーーー」

　(5)　「きんぎょーーえ、きんぎょーーーー」

　これらの遠隔表現は、従来のアクセントやイントネーションで表現できるものではなく、ほとんど音楽のように聞こえる。そこで、筆者は三線譜を考案し、これらの音楽的なメロディーを世界中の人が理解し、かつ再現できるようにした（三線譜についてはxiiiページ参照）。大切なのは、このようなメロディーで音を延ばして言うと、具体的な言葉がよく聞き取れなくても、遠く（周辺）の相手に意味が伝わることである。

　(6)　「ひーでーこーちゃん、あーそーびーまーしょ」

　(7)①「はーあーい」（イエスの返事）

　　　②「あーーーとーーーで」（ノーの返事）

　筆者が子供のころ、近所の遊び友だちは生け垣の向こうから(6)のように呼びかけてきた。普通の日常会話の「ひでこちゃん、あそびましょ」のそれぞれの拍を2〜3倍延音したものである。そして延ばす長さが長いほど正式――勧誘の意図が高いと理解された。この勧誘に対して筆者は(7)のように答える。この呼びかけと応答の音程は全音（長2度）で、音高としては2つのピッチしか使わないが、①のイエスの返事は各音節を呼びかけと同じ長さだけ延音して延ばすのに対して、②のノーの返事では、各拍の長さを呼びかけの拍の2倍の長さだけ延音することになっている。そのため、たとえ言葉としてはっきり聞き取

れなくても、イエスかノーかはわかるしくみになっている。

　特に喧嘩などして絶対拒否の気持ちを伝えたい場合には、最後の「で」の音に強いアクセントをつけて言い切った。そのメロディーを聞けば、相手は「あ、秀子ちゃんはまだ怒ってる」と即座にわかったものである。

　音を延ばすと遠くに伝える表現になるという原理は、現代語の感動詞にもその例が多数見られる。たとえば「あれっ」は、話者の気づきや驚きが思わず口に出たときに使う感動詞だが、この音を延ばして「あーーれーーー」とすると、遠くの人に自分の驚きや恐怖を訴える表現になる。「おい」は近くの相手に注意を喚起（かんき）する呼びかけだが、「おーい」は遠くの相手に呼びかける表現になるのである。「やい」と「やーい」、「それ」と「そーれ（そうれ）」も同様である。

　原日本語においても、遠くのものに訴えを届かせるとき、おそらくは現在の方法とそう違わないしかたで、音を延ばし、一定の拍数とリズムと音程によって言葉を述べたのではなかろうか。ちなみに「述べる」は「延べる」と同源の言葉で、声を長く延ばして言う意である。

■ウタとは何か

　大学で教えている留学生に「小倉百人一首」カルタの読み上げテープを聞かせたことがある。留学生はみな「気持ちが悪い」「嫌な感じ」と答え、芸術的だと答えた者は一人もいなかった。その理由を聞いてみると

　「やーーきいもーーー、いーしやーーきいもーーー」

みたいで、少しも芸術的に聞こえないというのである。筆者は心中快哉（かいさい）を叫んだ。読み手の声のせいもあるが、留学生が抱いた感想と連想は少しも不自然ではないと思ったからである。

　現存する最古の歌集は「万葉集」であるが、その開巻第一の歌は雄略（ゆうりゃく）天皇の御製（ぎょせい）である。雑歌（ぞうか）という部立てがついており、

　　こもよ　みこもち　ふくしもよ　みぶくしもち　このをかに　菜つます子

で始まる長歌だが、見てすぐわかるとおり五七五の定型になっていない。のちの「古今集」や「新古今集」に見られるような掛詞（かけことば）・縁語（えんご）・序詞（じょことば）・見立て・体言止めなどの技巧もない。ただ、適当にリズムよく言葉を並べただけ、という印象を受ける。内容も、天皇が国見をした際、土地の娘に自分を誇示し求愛するもので、鳴禽類のオスのさえずりと同様である。

　ところで、「歌をよむ」と言うが、これは紙に書いてあるものを目で追うという意味ではない。頭の中にあるものを口に出して朗詠するという意味である。正月に宮中で歌会始（うたかいはじ）めの儀式があるが、これも選ばれた歌をきちんと声に出して一定の調子で朗詠する。「万葉集」の雄略天皇も、もちろん特定の娘にラブレターを手渡したわけではなく、自分の支配地域（縄張り）全域に向かって声

に出して呼びかけたのである。

　初期の和歌はこのように型にもはまらず、芸術的価値にも疑問符がつく。記紀を見ると、身分の上下を問わず事あるごとに歌を詠んでいて、歌というものはもっと人々の日常生活に密着した実用的な言葉遣いそのものとさえ言えると思う。それなら、なぜ普通の言い方ではなく、一定の調子で朗詠する必要があるのだろうか。

　筆者は、歌の原型は、原日本人が遠く（ソト）の相手（自然）に自分の訴えを届かせるための表現であったと考えている。音を延ばし、一定のリズムと音程で遠くの相手に言葉を述べること、それこそがウタなのである。だからこそ、朗詠されたウタを聞くと、先入観のない留学生の耳には遠隔表現の典型である「やーきいもーー」に酷似して聞こえるのだ。そのつもりで聞けば、宮中の歌会始めの朗詠も「おーーい、ふねがでるぞーーーい」の調子によく似ている。

　原日本人にとって自然は恐ろしいものである。用もないのにわざわざ遠くの恐ろしい相手に呼びかけることはありえないから、ウタの形で言うとは、つまりはどうしても何か訴えたいことがあったからにほかならない。それは、長引く天候不順であり、自然災害の鎮静化であったろう。そして、そのウタの祈りが通じて、神がその訴えを聞き届け、長雨が上がったり、日照りに慈雨が降ったり、火山の噴火が治まったりすれば、それこそがウタの効用として
「力をも入れずして天地（あめつち）をも動かし……」（「古今集」仮名序）
ということになったのである。

　記紀では「詠」の漢字に「ナガメゴトシテイハク」と訓が振られているが、これは言葉を長く延ばす言い方で言う意と思われ、この漢字が歌を「よむ」ときに用いられているので、ウタとは紛れもなく音を延ばして言う表現方法そのものを言ったことになる。

■遠隔表現の効果──ウタから敬語へ

　音を延ばして遠くのものに言う遠隔表現を、目の前の相手に向かって言うことがある。これは目の前の相手をあたかも遠くにいるかのように扱うということである。つまり、遠隔表現を使うと心理的な距離が空くのである。

　ウタでも同様のことが言える。本来、ウタは遠くの神に対して自分の訴えを述べる形式である。しかし、現実に記紀においては、遠くの神だけでなく目の前の相手に対してウタっているのである。結局、これも効果の問題で、目の前の相手をあたかも遠くにいるかのように扱うということである。つまり、ウタとは自分と相手との間に距離を空ける表現形式だということになる。

　距離を空けるとはどういうことか。相手をソト扱いすることである。原日本人にとってソトとは神＝自然であり、畏怖すべき存在であった。だから、ウタ

とは、もともと自分と相手との間に心理的な距離を空けることによって、相手に畏怖の感情を表明するシステムだったのである。

畏怖とはおそれうやまうこと、相手を神と祭り上げることである。ウタから発展した「訴える」が「下から上に言う」という意味になるのも当然だろう。ところで、もともと原日本人はウチ・ソトで世界を認識していた。つまり水平秩序である。ところが、ある時点でこの水平秩序に上下秩序が加わってくる。この原因としては、大陸から上下秩序をもった別民族が移動してきたとも考えられるし、あるいは日本列島上でも集落が大規模化してくれば、おのずと階層は生まれるだろう。自然を気象・天候と考えれば、空は上にある。

自分と同じ階層の相手に対しては、今までウチの相手に使っていた表現をすればよかったのだが、原日本人にとって、上の階層の相手に訴えるときどんな表現をすればよいかは、一考を要することであったに違いない。選ばれたのはウタであった。相手との間に距離を空けて畏怖の感情を伝えるウタの形式を使えば、上位者に対しても失礼でなく訴えることができたのである。

一方、それまでソト＝神であった自然は、人間のウタに対して言葉で答えることをしなかった。「雨を降らせてください」というウタ（訴え）に対しては、雨を降らせるという行為で答えればよかったからである。しかし、現世の上位者には答える言葉が必要である。かといって、普通の言葉では上位者どうしのウチの表現になって、相手を自分と同じ階層と認めてしまうことになる。上位者にとって、下位者はあくまで下でなければならない。選ばれたのは、またもウタであった。

要するに、身分の下位者が上位者に対してウタフのは、相手との間に距離を空けることによって畏怖（敬意）を表すためであり、上位者が下位者に対してウタフのは、相手との間に距離を空けることによって自分の身分を超越させる（尊大・自敬）ためであった。ウタという形式によって、互いに相手を心理的に遠ざけたうえで、上下のコミュニケーションを成立させていたのである。

こののち、ウタは日常的な訴えと芸術とに分化していき、訴えの部分は敬語が担当することになって、現在に至っているのである。つまり、音を延ばして言うという原始的な遠隔表現が、和歌の基になり、それは敬語の母となったのである。

■**敬語の意義**

音を延ばして言葉を述べると遠く（ソト）の相手に対して言う遠隔表現となる。これは相手を神様扱いすることであるから、敬意を表しているのと実質的に同じである。このようにして、遠隔表現を原初とし、ウタ（和歌）を経て敬語に至るという日本語の待遇表現が完成した。

ここで、日本語の敬語の意義を、人間関係の中での使われ方で分類したものを挙げておく。感動詞に関係が深いのは2番めの礼儀語である。

　階級遵守語(かいきゅうじゅんしゅご)とは、下位者が上位者に依頼・要求・謝罪する場面で用いられ、上下間の橋渡しをする役目を果たす。日本歴代のどの資料を見ても、例は枚挙(まいきょ)にいとまないほどである。すなわち、下位者が階級遵守語を用いて丁重に依頼・要求・謝罪をすると、上位者は立場上、寛容・鷹揚(おうよう)にこれを聞き入れざるを得ないため、上位者と下位者は理性的にコミュニケーションすることができる。その結果はおおむね下位者の望むものとなった。そのため、前近代の日本社会は、世襲(せしゅう)で隔絶された身分・階級秩序でありながら、上下一体となって社会を担っていくという連帯意識が生まれた。戦後の一億総中流意識に代表される日本人の平等感の根底を支えるものであり、日本人の階級認識が上下に移行してから明治維新に至るまでの前近代の日本社会を貫いてきた、敬語の最も大切な意義である。そして、現代社会においても日本人の深層心理に深く根づいており、日本人が「負けるが勝ち」「拝み倒す」「泣き落とし」のコミュニケーション・スタイルを本能的にとってしまう原因ともなっている。

　礼儀語(れいぎご)とは、対等な人間どうしの関係を円滑(えんかつ)にするための役割を果たす。前近代では、貴族・武士階級内で相互に敬語をつけあって婉曲に会話をし、見知らぬ相手と会話を始めるときにはとりあえず丁寧に話しかける。これは互いに成熟した社会人として尊重し合った結果であり、潤いのある社会を築くのに必要不可欠な敬語である。欧米社会では、エチケットとしての礼儀語が盛んで、見知らぬ人に対する日常的な挨拶やちょっとした謝礼・謝罪がいたるところで聞かれる。欧米社会では、隔絶された身分の上下どうしはコミュニケーションする機会も場もなかったが、同じ階級内の人に対する礼儀語が発達した。日本では、前近代の庶民階級内はウチとみなされたため敬語は用いられず、未曽有(みぞう)の平等社会となった現代においても、見知らぬ他人は物と同じヨソであるために、挨拶もせず敬語も用いない。いずれにしても、知らない（対等の）他人に対する礼儀語は不足することになった。

　自己品位語(じこひんいご)には2種類ある。上流（教養）階級の者が自分の階級を確認・誇示するために丁寧・標準的な言葉を用いるのはステータスの敬語である。イギリスにおけるキングズ・イングリッシュは、貴族階級であることを表すステータスの敬語である。標準語は方言地域ではしばしば自己品位語と受け取られるために、地方に転校した東京の子供が「気取っている」といじめられる原因になっている。気取った女性が目下の相手に用いる単独の尊敬・謙譲語もこれである。下品な相手にわざと自己の教養を誇示するために、丁重な言葉を用いることもある。もう1つの自己品位語は階級確認の言葉である。低い階級の者どうしがわざと乱暴で侮蔑的な表現を用いて、互いの階級を確認し、濃密な連帯

感をもつために用いる。階級社会の欧米では、下層の人間特有の俗語が知られているし、前近代の日本にも親しみを表す罵(のの)しりがあった。

　現代では、人間関係が複雑になって、単純に上下と割り切れないことが少なくなく、目上・目下といっても時と場合によって変わってしまうので、その場にぴったり合った適切な待遇表現を使用するのは簡単ではない。しかし、最も大切なことは、待遇表現は言語として出力されてくる以前に、入力情報である状況や人間関係、話し手の心理があるわけであるから、どんな敬語（言葉）を使うかを考えるよりも、まず相手とどんな人間関係をもとうとしているのか、自分はどんな心理でその場に臨んでいるのかを的確に把握することが先決であろう。

索 引

● 現代感動詞用法辞典 ●

凡　例

1．本索引は、本辞典に掲載されたすべての見出し語、関連語、関連事項を五十音順に配列したものである。見出し語はページを太字で示した。
2．項目の先頭についているシンボルマークは、感動詞や呼びかけなどの用法、意味やニュアンスの区分、文体や用法の傾向、使用者・使用対象の制限などを立体的にとらえるための試みである。

> ♛……くだけた日常会話で用いる語か、格言やことわざか、また、感動詞や呼びかけ・応答で用いるか、単語を延ばして言う語か、などの文体・用法・語形を示すマーク。
> ♟……主に誰が用いる語か、誰に対して用いる語か、などの使用者・使用対象を示すマーク。
> ✻……「程度・時間・距離・数量」など、意味のジャンルを示すマーク。
> ✃……その語にどんなニュアンスがこめられているか、どんな気持ちでその語を使うか、また、その語の意味にどんな文化的背景が隠されているか、その語を使う前提となる状況はどんなものか、などの心理やニュアンス・文化・状況を示すマーク。

　マークをたよりに検索すれば、たとえば次のような「感動詞」を集めることができる。
例 (ア) 応答で用いる「感動詞」
　　　　……「♛応答」から検索する。
　(イ) 主に若い人が用いる「感動詞」
　　　　……「♟若い人」から検索する。
　(ウ) 程度について用いる「感動詞」
　　　　……「✻程度」から検索する。
　(エ) 歓喜の暗示を含む「感動詞」
　　　　……「✃歓喜」から検索する。
　(オ) 動作を伴ってい用いる「感動詞」
　　　　……「✃動作」から検索する。
3．類似の語句は、収録にあたって適宜一つの語形のもとに一括して示した。
　例　ああ・あー・あーっ → あー (っ)　泣く声・泣き声 → 泣き声
　　　現代語・現代語用法 → 現代語（用法）

あ

- あ(っ)……**3**, 6, 9, 14, 16, 18, 19, 21, 22, 43, 60, 69, 70, 134, 276, 288, 291, 294
- あー(っ)‥**4**, 6〜8, 10, 11, 16, 44, 57, 64, 73, 74, 133, 134, 188, 191, 192, 277, 288, 292, 294, 296, 297
- あーあ……………………………………6, 8
- あーああ………………………………………8
- あーーれーーー………………………………307
- あーこりゃこりゃ……………………………108
- あーら…………………………………**9**, 21, 22, 264
- あーら不思議…………………………………9
- あーれー…………………………………22, **26**
- あーん…………**9**, **10**, 28, 55, 66, 71, 279
- あい……………………………………………**12**
- 挨拶……19, 30, 32, 38, 40, 77, 121, 122, 152, 154, 155, 242, 254, 298, 303
- 愛情…………………………………12, 22, 163
- 合図………………………………………………77
- 愛想……………………………………………289
- あいつ…………………………………………292
- 相手側…………………………………………129
- 相手の発言……………………………38, 117, 118
- 相手の発話……………………………………135
- 合の手……4, 38, 41, 60, 108, 113, 157, 183, 256, 266, 268
- あいまい……8, 11, 13, 16, 25, 63, 65, 104, 246
- あいよ……………………………………**11**, 191
- 明るさ……………………………………………38
- あかんべー……………………………………**12**, 220
- 赤ん坊……77, 90, 91, 181, 187, 197, 198, 200, 202, 223
- あきらめ……………………133, 193, 250, 264, 276
- あきれ……21, 22, 26〜28, 40, 50, 81, 141, 150, 176, 193, 203, 220, 239, 245, 263, 276
- アク………………………………………………36
- 悪意……………………………………47, 49, 96
- 悪事……………………………34, 36, 67, 120, 204
- 悪臭……………………………………………246
- アクセント………………14, 17, 21, 30, 34, 54, 60〜62, 64, 74, 84, 105, 109, 117, 119, 133, 136, 149, 176, 178, 180, 209, 248, 277
- 悪態……………………………………………256
- あぐっ…………………………………………**12**, 28
- あくび……………………………………………9
- 顎…………………………………………………28
- 足取り…………………………………………272
- あ、そう………………………………………**3**, 133
- 遊び………………………………………………15
- 遊び友だち………………………………14, 188
- 頭………………………………………………105
- 新しい行為……………………………………116
- 新しい行動……………………………………117
- あちら…………………………………………292
- 熱い食物………………………………………229
- あっかん…………………………………………12
- あっかんべー……………………………………12
- あっち…………………………………………292
- あっと言う間……………………………………4
- あっと言わせる…………………………………4
- 圧倒的上位者…………………………………43
- あっと驚く………………………………………4
- あっはっはっ…………………………………18
- あっぱれ………………………………………**13**
- あっはん…………………………………**13**, 50
- あっぷあっぷ…………………………………14
- あらーっ………………………………………22
- ありゃーっ……………………………………23
- 圧力……………………………………………141
- あとで……………………………………**14**, 188
- あなた…………………………………………292
- あの……6, 7, 9, **15**, 17, 18, 135, 292〜294
- あのー………………………………**16**, 17, 252
- あのね…………………………16, **17**, 18, 179, 181
- あのねえ………………………16, **17**, 18, 179, 181
- あのねのね…………………………………16〜18
- あの人…………………………………………15
- あの野郎………………………………………15
- あははは………**18**, 35, 52, 67, 80, 85, 92, 197, 281
- あばよ……………………………………**19**, 121
- あへあへ………………………………………**19**
- 甘え………………………36, 176, 238, 252, 260
- 甘やかし………………………………………234

●索引

- 網曳き作業場……………………………68
- あむあむ……………………**20**, 53, 198
- アメリカ先住民……………………………28
- あら(っ)……9, 10, **20**〜23, 26, 293, 294
- あらー(っ)……………………10, **21**〜24, 27
- あらあら……………………………21, **22**
- 新たな事柄……………………………133
- 新たな段階………121, 122, 152, 267, 269, 270
- あらたまった会話………………80, 301
  ⇨ フォーマルな会話
- あらたまった表現……………………292
- あらたまり……………………118, 123
- あられ……………………………………111
- ありゃ(っ)…………………21, **23**, 24, 26
- ありゃー(っ)……………………22, **23**
- ありゃりゃ………………23, **24**, 273
- ありゃりゃりゃりゃ……………………24
- アルファベット………………………287
- あれ(っ)…………21, 23, **24**, 26, 27, 273, 292〜294, 307
- あれー(っ)…………………22, **26**, 27
- あれで………………………………………25
- あれよあれよ………………………26, **27**
- あれよあれよという〔見る〕間に……27
- 慌て……………………………………150
- あわわ……………………………………**27**
- 安易……………………………………166
- あんぐり……………………11, 13, **28**
- 安心感…………………………………173
- 安堵(感)………78, 79, 168, 175, 224, 226, 263
- あんな…………………………………292
- 暗黙の了解……………………………143

い

- い……………………………38〜40, 289, 291
- 胃……………………………44, 99, 102, 104
- 威圧感………………………………………175
- いー(っ)……………………**28**, 31, 289
- いーーー…………………………………289
- いいえ……**29**, 32, 36, 46, 59, 191, 289, 298, 299
- いいええ……………………………………30
- 言いなり……………………………219, 221
- いーや…………………………………**31**, 36
- いえ………………………30, **31**, 36, 299
- イエス(yes)…………………………………307
- いえてる……………………………………**32**
- いえね………………………………………32
- 意外………70, 71, 99, 185, 187, 191, 192, 300
- 意外性……4, 9, 21, 23, 27, 69, 81, 82, 95, 99, 102, 171, 172, 175, 185, 187, 191, 192, 218, 261, 273, 275〜277
- 意外な事実………………………………81, 261
- 意外な真実…………………………………21
- 威嚇……………………………88, 248, 289, 291
- 怒り……14, 15, 29, 30, 61, 63, 64, 105, 107, 147, 150, 171, 172, 174, 245, 246
- 息……19, 42, 43, 45, 97, 106, 118, 119, 123, 124, 140, 184〜186, 199〜201, 204, 209〜211, 214, 217
- 勢い……12, 61, 62, 87, 104, 123, 131, 136〜138, 140, 141, 184, 209, 246, 267, 277, 280
- 勢いづけ……………………………………9, 21
- 意気込み……………………………115, 267, 269
- 息継ぎ……………………………………183
- 意気地なさ……………………………11, 46, 65
- いけない…………………………………142
- 異見…………………………………………178
- 意見…………………………………………280
- 威厳……………………………………53, 85
- 意向……………………………………94, 234
- 意志……14, 30, 36, 37, 39, 48, 61, 64, 104, 115, 117, 118, 151, 158, 160, 161, 181, 246, 251, 254, 278, 290
- 意思………………………………16, 154, 293
- 意識………………………………60, 63, 64, 210
- 意識的………………………………7, 63, 246
- 意志の行動…………………………………61, 64
- 意思表示…………………………………282
- 医者…………………………………………6
- 異常…………………………………67, 80, 202
- 椅子…………………………………………266
- 威勢……11, 41, 68, 74, 269, 280, 289〜291

| 至れり尽くせり……………………234
| 一億総中流意識……………………310
いちにーのーさん……………………33
いちにの………………………………33
いちにのさん………**33**, 34, 68, 125, 203
| 一理……………………………………137
| 一気……………………………………140
一向に………………………………244
| 一瞬………………………114, 185, 246
| 一斉………………………138, 157, 267
いっせーのせっ……**33**, 68, 125, 203
一定年齢以上の男性…………………79
| 一定の結論……………………………197
いっひっひっ…………………………34
いつわり………………………………49
| 意図………51, 52, 56, 69, 154, 214, 275, 289
| 移動………………………………114, 116
| 意図的……27, 41, 45, 49, 73, 79, 80, 82, 106, 207, 210, 211, 230, 240
いないいないばあ……………………187
犬……………48, 96, 98, 232, 305, 306
| 祈り……………………………304, 308
いひひひ……………18, 19, **34**, 67, 80, 204
| 畏怖………………196, 303, 304, 308, 309
| 異物…………………………103, 193
いや………30〜32, **35**, 38〜40, 59, 142, 143, 255, 258, 260, 299
いやー(っ)………**36**〜38, 41, 255, 256
いやいや………………………………36, **38**
いやいやどうして……………………39
いやだ………………………36, **39**, 258, 260
いやだいやだ…………………………39
いやでも………………………………35
いやというほど………………………35
いやはや……………………………36, **40**
否も応もなく…………………………74
いやん…………………………………36
いよー(っ)…………**38**, **40**〜42, 269
| 意欲……………………………………291
いよっ……………………**41**, 259, 265
| 依頼………………8, 153, 154, 164, 310
| 色気………………………………14, 50
| 違和感…………………………………47
| 飲酒……………………………………44

| 飲食物…………………………………146
| 隠蔽……52, 57, 96, 97, 120, 126, 214, 283
いんや……………………………**31**, 36

う

う(っ)………**4**, **42**, 44, 54, 57, 246, 289, 291
うー(っ)………………**9**, **43**, 46, 48
うーい………………………………**44**, 103
ううう…………………………………43
うーん………30, 44, **45**, 56〜59, 65, 213, 214, 298, 299
うーんうーん…………………………58
うぇーん………………………**46**, 55, 66
うぇっ………………………………**47**, 72
うぉー(っ)………………44, **47**, 55, 74
うぉーん……………………………**48**, 55
うぉーんうぉーん……………………48
| 浮かれた雰囲気……………………108
ウグイス……………………………303
牛……………………………………249
うそ(っ)………………………**48**, 49, 235
うそ字…………………………………49
うそ泣き………………………………49
| うそ泣き………………………………65
うそのように…………………………49
うそ八百………………………………49
ウタ……………………………302, 307〜309
歌………………………125, 305, 307, 308
歌会始め…………………………307, 308
| ウチ………………302〜304, 309, 310
| 打ち消し………30〜32, 36, 38, 39, 45, 59, 70, 143, 149, 181
うっす…………………………………77
うっそー……………………………**48**, 49, 235
| 訴え……………………………………98
うっふっふ……………………………52
うっふん……………………………14, **50**
| 腕………………………………140, 197
| 腕組み………………………………173
| うなずき…………………………296, 297
唸り声…………………………………43
うはー(っ)……………………………**50**, 95
うはうは………………………………**51**

317

●索引

- 産声··77
  - うふっ··**51**, 52
  - うふふ··52
  - うふふふ···············18, 19, **51**, 67, 80, 215
- 馬··155, 191
- 馬扱い··155
  - うまうま·····································20, **52**
  - うむ············43, **53**, 57, 215, 217, 246, 283, 288
  - うらあ···107
- 裏声··48, 305
- 潤い···310
  - うわ（っ）······································**54**, 276
  - うわー（っ）·································48, **54**, 277
- 上顎································144, 147, 274
  - うわーん···················11, 46, 48, **55**, 279
  - うわーんうわーん····························55
- 上辺································188, 193, 213
  - うん·····9, 43, 45, 46, 54, **55**, 57〜59, 64, 133, 134, 215, 217, 246, 283, 288, 297
  - うんうん··························46, **57**, 216, 218
  - うんさらうんさら·····················**58**, 66
- 運転手··76
  - うんと·······························57, 59, 145
  - うんと言う·······································57
- 運動会··216
  - うんとこ···156
  - うんとこさ···························57, **58**, 157, 259
  - うんとこしょ·······················57, **58**, 59, 157, 259
  - うんともすんとも·······························57
  - うんにゃ·······················30, 36, 46, **59**

え

  - え（っ）············**4**, **59**, 63, 64, 183, 289, 291, 300, 301
  - えい（っ）··············**60**〜64, 140, 153, 256
  - えい、えい、おう·····························61
- 英語·····76, 143, 209, 216, 261, 287, 295, 303, 305
  - えいや（っ）·····························**61**, 62, 255
  - えー（っ）·······7, 9, 57, 60, 61, **62**, 63, 65, 68, 187, 191, 296, 297, 300, 301
  - えーい··································**61**, 64

  - えーーー···63
  - えーっと·································46, **64**, 65
  - えーっとなる······································63
  - えーと·······························46, 63, **64**
  - えーん······························11, 46, **65**, 68
  - えーんえーん·····························**65**, 68
- 笑顔······30, 32, 60, 63, 64, 100, 143, 169, 289, 298
- 液体··145
- エチケット··310
  - えっさえっさ······················58, **66**, 225, 281
  - えっさっさ·······················58, **66**, 225, 281
  - えっと·································46, **64**, 65
  - えっへっへ··66
- エネルギー·································207, 264
  - えへへへ············18, 19, 35, 52, **66**, 67, 80, 222
  - えへらえへら··································**67**, 222
  - えへん······················**67**, 80, 103, 106, 111
  - えへんえへん······································67
  - えん··69
  - えんえん····································**66**, **68**
- 延音······6, 8〜12, 14, 16, 19, 22, 23, 27, 29, 34, 37, 38, 41, 43, 44, 48, 50, 63〜65, 73, 75, 78, 81, 85〜87, 96, 99, 107, 115, 118, 130, 135, 138, 140, 167, 169, 173, 176, 180, 187〜189, 192, 199, 200, 203, 205, 209, 211, 213, 214, 220, 221, 226, 229, 232, 233, 242, 250, 252, 256, 259, 261, 266〜269, 271, 277〜279, 306
- 延音形····10, 16, 31, 82, 88, 99, 165, 172, 180, 183, 192, 197, 210, 211, 213, 232, 233, 248, 260, 267, 268, 302
- 宴会···269
- 遠隔表現········48, 75, 107, 130, 131, 138, 188, 221, 227, 228, 256, 302, 304, 306, 308, 309
- 円滑···310
- 演技··27
- 婉曲········4, 15, 25, 75, 81, 115, 121, 135, 149, 150, 159, 160, 165, 171, 174, 237, 239, 255, 262, 310
- 嚥下··42
- 演出········7, 9, 27, 39, 80, 88, 90, 91, 93,

318

108, 204, 240, 258
- 演説 … 44
- 縁談 … 295
  えんやこら … 33, 34, **68**, 69, 125
  えんやらや … 68, **69**
- 遠慮 … 11, 15〜18, 25, 118, 126, 134, 135, 149, 155, 159, 160, 166, 171, 174, 180, 183, 186, 219, 221, 251, 293

お

お(っ) … 4, **69**, 74, 78, 79, 81, 290, 291
おい(っ) … 11, **70**, 71, 74, 75, 79, 302, 307
おいおい … **71**, 83, 271
おいこら … 70
おいそれと … 70
おう … 73, 74, 79
- 応援 … 216
- 応援する者 … 75
  おうおう … 74
- 横隔膜 … 18, 79, 196, 204
- 横着 … 297
- 応答 … 3, 8, 11, 14, 30, 31, 36, 39, 42, 53, 57, 59, 60, 64, 74, 78, 94, 100, 101, 110, 126〜129, 133, 142, 149, 185, 186, 188, 190, 192, 193, 196, 206, 213, 214, 216, 218〜221, 225, 230, 245, 260, 289, 295, 302
- 欧米語 … 287
- 欧米社会 … 310
- 鷹揚 … 310
  おえーっ … 72
- 嗚咽 … 43
  おえっ … 47, **71**, 99, 102, 104
  おー(っ) … 9, 48, 70〜**72**, 73, 78, 79, 269
  おーい … 71, **74**, 302, 307
  オーエス … **75**
  おおおお … 74
  おおーっ … 73
- 大きな声 … 47, 54
- 大きな力 … 33, 34, 61, 64
  オーケー … **75**, 77

- 大げさな感情表現 … 74
- 大声 … 85, 86, 89, 92, 93, 101, 104, 130, 256, 278, 281
- 大騒ぎ … 51
- 大仕事 … 61, 62, 263
- 大相撲 … 203
- 大勢の相手 … 191
- 大勢の男性 … 47
- 大勢の人 … 33, 34, 68, 69, 73, 74, 85, 125, 138, 157, 203, 216, 263, 367, 276, 279, 280
- 公 … 34, 120
  オーライ … **76**
- 拝み倒す … 310
  おぎゃあおぎゃあ … **77**
- お客 … 297
- おくび … 44, 103
- 幼さ … 45
  おす … **77**, 269
- お世辞 … 178
- 恐れ … 16, 126, 134
- 雄叫び … 47
  おだて … 266
  オッケー … **75**〜77
  おっす … **77**, 269
  おっと … 70, 71, 74, **78**, 79
- 夫 … 15
  おっとう … 70, 71, 74, **78**, 79
  おっとっと … **79**
  おっとっとっと … 79
  おっとどっこい … 78
  おっほっほ … 79
  おっぽん … 80
- お手上げ … 94, 199
- お手つき遊び … 125
- 大人 … 12, 17, 18, 52, 71, 83, 93, 167, 188, 248
- 大人の女性 … 230
- 驚き … 3, 4, 7, 9, 21〜26, 28, 36, 39〜41, 49, 50, 54, 55, 60, 63, 69〜71, 81, 82, 87, 88, 91, 95, 99, 102, 108, 171, 175, 185, 187, 199, 203, 205, 220, 226〜229, 231, 233, 237, 239, 240, 250, 256, 261, 273, 277, 278, 290, 291, 293, 301, 307

●索引

- おなら……………………………123
  ⇨放屁
- オネエ言葉……………………………276
- おぶう……………………………211
- おほほほ………18, 19, 35, 52, 67, **79**, 230
- おほん………………………………**68**, **80**
- お見合い……………………………296
- 重い物………58, 66, 156, 157, 254, 259, 265, 280
- おや（っ）……………………70, **80**, 82, 83, 261
- 親……………………………………10
- おやー………………………………**81**, 82
- おやおや……………………………**81**, **82**, 263
- おやと思う……………………………81
- おやまあ……………………………81
- 音韻……………………………287, 290
- おんおん………………………71, **83**, 278
- 音楽……………………………306
- 音声……………………………246, 287, 290
- 音声記号……………………………287
- 音節……………………………287, 288, 305
- 音素……………………………287
- 温度……………………………211
- 女遊び………………………………51

か

- かー（っ）……………………………**84**
- かーかー……………………………84
- かっ……………………………………84
- 開音節………………………………306
- 開音節言語…………………………305
- 階級確認の言葉……………………310
- 階級遵守語…………………………297, 310
- 会合…………………………………269
- 下位者………25, 30, 107, 108, 110, 121, 136, 139, 151, 166, 183, 191, 232, 233, 309, 310
  ⇨目下
- 概数……………………………………238
- 改善……………………………………31
- 慨嘆………7〜9, 11, 39, 46, 55, 57, 61, 64, 67, 70, 71, 75, 82, 109, 124, 147, 166, 170, 171, 178, 180, 193, 194, 201〜203, 212, 219, 225, 231, 234, 239, 240, 242, 243, 245, 250, 257, 258, 260, 262, 263, 277〜279
- 飼い主………………………………176
- 開閉……………………………………14
- 解放（感）…………224, 226, 259, 263
- 快楽……………………………………19
- 会話……………178, 180, 182, 247, 251
- 顔……………………39, 43, 187, 190, 200, 202
- 格言…………………………………242
- 確実…………………………………130
- 確信………………17, 18, 181, 190, 269, 298
- 確認……56, 82, 113, 127, 130, 136, 158〜160, 163〜165, 174, 178, 181〜183, 190, 227, 228, 232, 245, 265, 267, 269, 270
- かくれんぼ…………………………249
- 掛け声……3, 4, 7, 9, 21, 33, 34, 41, 58, 59, 61, 64, 66, 68, 69, 75, 117, 125, 130, 131, 136〜138, 140, 143, 153, 156〜160, 187, 191, 193, 199, 203, 209, 223〜225, 227, 228, 233, 234, 251, 253〜255, 259, 264〜267, 269, 270, 280
- 駆けっこ……………………………267
- 過去のある時点………………………25
- 数………………………………………148
- 下層の人間…………………………311
- 硬いかたまり………………………111
- 硬い面………………………………111
- 刀……………………………………152
- 価値…………………………………173, 235
- 家畜…………………………………117, 119
- 勝鬨…………………………………61, 74
- かつ［喝］……………………………**84**
- 活気…………………………………280
- 担ぎ手………………………………280
- 楽曲…………………………………272
- 喝采…………………………………263
- 合致…………………………………235
- ガッツ・ポーズ……………………271
- 仮名…………………………………287
- かなり大きな音……………………278, 279
- かなり硬い文章語…………………244
- かなり古風な表現……………………74
- 金……………………………………203

🌸金もうけ……………………51
🌸可能性……………………149
　がははは……………19, **85**, 92, 197, 281
🌸かぶりの衣服……………199
🌸我慢………………………246
🌸神……………………303, 304, 308, 309
　がやがや(っ)………………**85**, 280
🌏歌謡番組…………………154
　からから……………………**86**
👤カラス……………………84
🌸体……………………………41, 141
🌸体の奥……………106, 186, 224, 226
🌸体の奥底…………………47, 290
🌸軽い運動…………………143
🌸軽々…………………………66
🌸軽さ………………………114, 196
🌸可憐…………………………96
🌸かわいさ…………………258
🌏乾いた咳…………………111
🌸可愛らしさ………………88, 91, 93
🌸感慨…163, 182, 183, 245, 250, 254, 256, 263, 276
🌸感覚的……………………246
🌸歓喜……87, 89, 91, 93, 199, 205, 216, 259, 271, 277, 280
👤観客………………………276
🌸歓迎………89, 133, 255, 267, 271, 277
🌸完結………………………117
🌸歓呼………………………261, 263
🌏韓国語……………………287
👤関西の商家………………220
🌸感謝………………38, 235, 264, 298
👤患者…………………………6
🌸感情…8, 73, 82, 236, 238, 240, 243, 250, 254
🌸感情的……………………163, 171, 239
🌸感心………………………173
🌸関心…………129, 160, 227, 228, 231, 233
🌸歓声………………………279
🌸間接的……………………243
🌸感想………………150, 163, 165, 276
🌏甲高い声…………87, 89, 91, 93, 99, 100
🌏甲高い悲鳴………………90
🌸感嘆………36, 38, 73, 203, 226, 227, 229, 239, 240, 243, 244, 247

🌸含蓄………………………289
🌸感動………7, 9, 45, 49, 54, 73, 74, 88, 120, 133, 178, 180, 231, 237, 239, 256, 259, 264, 277, 290
🌏間投詞……7, 16, 30, 36, 39, 40, 43, 44, 56, 61, 63, 73, 107, 108, 117, 133, 135, 149, 150, 155, 157, 174, 176, 194, 235〜237, 239, 245, 250, 258
🌏感動詞……4, 6〜9, 11〜19, 21〜26, 28, 30〜33, 36〜42, 45, 47, 49, 53, 56, 57, 59, 61, 63〜65, 70〜79, 81, 82, 84, 87, 88, 90〜95, 99〜102, 105, 107〜110, 113, 115〜122, 125〜131, 133, 136〜140, 142〜147, 149〜155, 156, 158〜160, 163〜168, 171, 173, 175, 176, 178, 180〜183, 185〜197, 199, 203, 205, 206, 208, 209, 211, 213, 215〜221, 223〜229, 231〜234, 237, 239, 240, 242, 243, 245, 247, 248, 250〜252, 254, 256〜264, 266〜271, 273, 275, 277, 280, 282, 288, 293, 299, 302, 307, 310
🌏間投助詞……113, 163, 165, 178, 180, 182, 183, 265, 276
🌸完敗………………………199
🌸願望…………………………7, 165
🌸顔面全体…………………46
🌸勧誘……113, 115, 237, 239, 255, 264, 293, 298, 306
🌸寛容………………………310
🌏慣用句………4, 49, 57, 63, 108, 115, 130, 133, 135, 137, 154, 159, 171, 174, 176, 227, 228, 231, 232, 242
🌏慣用的……………………121, 122
　かんらかんら………………**86**
🌸歓楽………………………279
🌸完了………………………259
🌸関連性……………………243

き

🌸気合………84, 140, 153, 254, 255, 259
　きー(っ)……………………**86**, 87
　きーきー………………………**86**
　きーっ………………………**86**, 87

●索引

きぇーっ…………………………86, **87**	171, 174, 178, 195, 218, 247, 262, 282, 301
喜悦……………91, 120, 205, 261〜263 ⇨喜び・歓喜	疑問文……………………………159
擬音語………………………………118, 119	きゃー(っ)…………………**87**〜89, 91
機械……………………………116, 202	ぎゃー(っ)…………………**88**, 90, 91
気軽………9, 21, 23, 100, 101, 108, 146, 149, 196, 206, 225, 254, 264, 268	きゃーきゃー………………………88, **89**
気管………………67, 80, 102, 103, 124	ぎゃーぎゃー………………………**89**, 94
きかん気……………………………278	ぎゃあぎゃあ言う………………………90
聞き手……………………113, 293, 296	キャーキャー騒がれる…………………89
聞き分け……………………………281	きゃいんきゃいん………………**90**, 93
危惧……14, 28, 78, 103, 126, 134, 141, 172, 185, 200〜202	客……………………………………9
機嫌…………………………231, 234	気やすさ……………………………179
機嫌取り……………………………270	きゃっ…………………………88, **90**, 92
貴人…………………………………94	ぎゃっ……………………88, 89, **91**, 95
擬人化………………………………20	客観性………………………………244
キス…………………………………146	客観的な根拠………………………142
既成事実………………129, 168, 175	きゃっきゃ(っ)……………………**91**
貴族…………………………………310	ぎゃははは………………19, 85, **92**, 281
規則的………………………………209	ぎゃふん……………………………**92**
期待……………………160, 225, 234, 250	ぎゃふんと言わせる……………………92
気遣い………………………………30, 32	ぎゃふんとなる……………………92
気づき……4, 8, 60, 69, 81, 82, 291, 293, 307	きゃん……………………………**92**, 93
キツネ………………………………111	きゃんきゃん……………………90, 92, **93**, 94
詰問……………………………149, 170, 171	ぎゃんぎゃん……………………90, **93**
気取った女性………………………310	吸気…………………………………118
気取り…………………………80, 230	旧知の人……………………………38, 40
危難…………………………………79	吸着………………………………146, 147
疑念………………………21, 175, 180, 220	吸着音……………………………145〜147
機能………………………………142	ぎょ(っ)……………………………50
牙…………………………………28, 29, 289	ぎょい………………………………**94**
忌避感…………………………102, 103, 246	ぎょいー……………………………**94**
ギブアップ…………………………9	境界…………………………………14
気分(的)………………………123, 272	共感……4, 7, 74, 133, 178, 180, 245, 258
希望………………………………153, 154	強固な意志…………………………39
決まり文句…………………………249	狭窄…………………………………124
気持ち……7, 15〜17, 49, 56, 58, 61, 63, 64, 70, 71, 75, 82, 110, 113, 115, 116, 135, 147, 163〜165, 167, 168, 175, 182, 183, 237, 239, 240, 254, 255, 258, 260, 264, 265, 276	恐縮…………………………………196
	恭順…………………………………303
	強靱…………………………………156
	共存…………………………………243
	驚嘆…………………………………54
	強調…………………………145, 243, 254
疑問………8, 21, 22, 63, 81, 110, 117, 127, 128, 133, 158, 160, 167, 168, 170,	強調形……17, 22, 23, 30, 49, 79, 81, 138, 165, 166, 181, 183, 197, 199, 232, 233, 240, 302
	共犯関係……………………………118

索引

- 恐怖 …………3, 87, 88, 199〜202, 307
- 教養 …………………………………310
- 許可 ……………………………154, 264
- ぎょぎょっ ……………………**94**, 95
- 極端な例 …………………………128
- 虚弱 ………………………………202
- ぎょっ ………………51, 91, **95**, 102
- 拒否 ………12, 14, 29, 36, 37, 39, 142, 149, 220, 254, 258, 260
- 許容 ……………31, 236, 238, 240, 243
- 許容範囲 …………………………269
- 距離 …………………130, 148, 188
- 気弱さ ……………………………71
- 嫌い ………………………………299
- 気楽 ………………………………41
- 気楽さ …………………………41, 264
- 切り換え ……………………116, 117, 194
- 疑惑 ……………………81, 261, 282
- 緊急自動車 ………………………43
- キングズ・イングリッシュ ………310
- 禁止 ……142, 143, 163, 171, 248, 262, 293
- 近所の遊び友だち ………………306
- 金属的 …………………86, 87, 93, 289
- 緊張 ……3, 6〜8, 19, 27, 60, 118, 123, 185, 190, 196, 224, 259, 278, 289〜291, 295, 296, 300
- 緊張感 ……………………………7, 16

く

- クイズの解答 …………………206, 211
- クイズ番組 ………………………211
- くー(っ) ……………………**95**, 96
- 空間 ………………………………28
- 空気 ………44, 99, 102, 103, 123, 124, 208
- くーくー ……………………**96**, 98
- 偶然 …………………………207, 210
- 空白 ………………………………269
- くしゃみ ………………………97, 193
- くしゃん ………………………**96**
- くしょん ……………………**96**, 193
- くすくす ……………………**96**, 97
- くすっ …………………………**96**, 97
- くすり …………………………**96**, 97
- 薬 …………………………………274
- くすん ……………………………**97**
- くすんくすん ……………………**97**
- 癖 …………………………………242
- くだけた会話 ……31, 128, 129, 178, 180, 182, 260, 265, 299
- くだけた古風な表現 ……………79
- くだけた日常会話 ……61, 64, 65, 70, 74, 95, 99, 102, 108, 121, 122, 144, 150 〜152, 158, 163〜165, 169, 178, 179, 181, 183, 189, 197, 203, 205, 206, 208, 211, 213〜218, 220, 223, 232, 233, 237, 239, 240, 245, 250, 254, 258, 260, 261, 268, 271, 276, 282
- くだけた発音 ……………………170
- くだけた場面 ……………12, 155, 176
- くだけた表現 ……36, 40, 41, 50, 53, 57, 59, 76, 121, 122, 126, 128, 145, 148 〜150, 152, 157, 159, 181, 236, 238, 240, 242, 254, 258, 292, 296
- くだけた返事 ……………………64
- くだけた乱暴な表現 ………74, 137, 138, 172
- 口 ………3, 4, 6, 9〜14, 18, 19, 27, 28, 34, 42〜47, 50, 52, 53, 56, 57, 59, 60, 63, 65, 66, 69, 73, 79, 80, 85, 92, 96, 104, 106, 123, 124, 147, 184, 186, 187, 189, 190, 195〜198, 204, 207〜 209, 211〜218, 222〜224, 226, 230, 246, 247, 253, 255, 275, 277, 281, 282, 289, 290, 295, 297〜299
- 口の中 ……………………………146
- 口の前 ……………………………230
- 唇 ………7, 19, 20, 27, 52, 63, 87, 103, 117, 118, 144〜146, 199〜203, 208, 245, 246, 275, 277, 278, 289, 296
- 口調 ………………………………237
- 苦痛 …………57, 88, 103, 124, 201, 202
- くっくっ ……………………**96**, **97**
- くつくつ ……………………**97**, 98
- 屈託 ……………………18, 86, 97, 196
- 首 ………………………39, 45, 58, 299
- 悔しさ …………………………61, 64
- クラクション …………………208, 211, 212
- 苦しさ ……………………………212

●索引

車············212
苦労············58
くんくん············**98**, 218

け

敬意·····94, 155, 185, 190, 192, 196, 289, 296, 297, 300
警戒心············304
景気のよさ············266
敬語············3, 133, 302, 308〜310
稽古終了············137
警察············173
軽視············31, 167, 171, 217, 223, 295
継続············57, 68, 247
軽率············51
敬体············163
傾注············60
軽薄············100, 101, 103, 196, 206, 222
形容詞············242
軽量の物············140
痙攣············18, 79, 196, 204
げー(っ)············72, **98**, 99, 102
げーげー············**99**, 104
激変············150
激励············209, 216
けけけけ············**99**〜101, 222
げそっ············**100**, 102
けたけた············**100**, 101, 104
げたげた············**100**, **101**, 104
けたけた笑い············100
けっ············**100**, **101**, 102
げっ············72, 91, 95, 99〜**101**, 103
決意············30, 269
結果オーライ············76
げっげっ············102
けっけっけっけっ············100
決断············62, 269
決断力············269
決定的な事態や判断············156
ゲッとなる············102
げっぷ············44, **102**, 209
結膜············12
懸念············60
下品····44, 50, 51, 85, 100, 101, 104, 107,

118, 119, 144, 172, 257, 268, 310
げほ(っ)············68, **103**, 106, 111
げほげほ············103, 106, 111
家来············296
けらけら············100, **103**, 104
げらげら············101, 103, **104**
下痢············203
げろげろ············72, 99, **104**
剣············140
原因············155
嫌悪(感)······29, 36, 37, 39, 47, 72, 99, 102, 104, 117, 171, 175, 218, 289, 291
喧嘩············152, 175, 257, 293, 298, 307
玄関············206
元気············55
言及············110
現在の状態············250
原始的············29, 289, 305
現時点············109
現状············195
謙遜············38, 149, 236, 238
現代語(用法)·····94, 141, 150, 178, 221, 224, 242, 244, 245
建築現場············68
限度············249
剣道············140
言動············151, 175
原日本人············302, 304, 308, 309

こ

こ············294
こいつ············292
こう············292
行為············142, 147, 164, 165, 182, 183
後遺症············266
強引············62, 74
後悔············147
口蓋············7
豪快············85, 92, 153, 281
口蓋垂············7
口蓋摩擦············203, 205
合格············259
狡猾············34, 53, 204

| 効果的················10
| 抗議····8, 21, 63, 167, 185, 187, 280, 290, 291, 300, 301
| 好奇心················189, 217, 293
| 抗議文················17
| 豪傑················86
| 口腔内················229
| 恍惚················19
| 降参················92, 94, 199
| 公式の発言················13, 244
| 公式の場面················30
| 高速················114, 116
| 好都合················120, 261, 271
| 肯定····8, 30, 33, 45, 56〜58, 64, 74, 94, 126, 127, 129, 133, 185〜188, 190, 192, 193, 196, 218, 219, 220, 221, 282, 288, 289, 295, 296
| 高低················206
| 高低アクセント················305, 306
| 公的な場面················30, 199
| 行動········27, 109, 113, 115, 137, 149, 158〜160, 232〜234
| 後部歯茎················117, 118
| 興奮················14, 50, 89
| 豪放磊落················281
| 高揚················69
| 効率的················10
| 高齢者················157
| 号令する者················75
| 口論················121, 122
| 声····9, 11, 13, 19〜29, 36, 38〜41, 43〜46, 48, 50, 52〜57, 61, 63〜66, 70, 71, 73, 75, 79, 81, 83, 84, 85, 89〜91, 93, 96, 98, 99, 102, 117〜120, 181, 185, 187, 191, 192, 194, 195, 197, 203, 205, 212, 215〜218, 220, 223〜229, 232, 247, 248, 250, 254, 256, 261〜264, 267〜270, 272, 273, 275〜278, 282
| 呼応················130
| 子飼いの部下················25
| 小型犬················93
| 呼気····56, 63, 67, 80, 193, 196, 214, 222, 229, 271, 289
| 呼吸····14, 42, 51, 56, 57, 59, 68, 77, 124, 185, 198, 199, 209, 212, 245, 246
| 呼吸困難················103
| 国際音声字母················287
| ごく親しい相手················57, 59
| 国民················3, 133
| 古語················269
| 小声················207
| 誇示················255, 256
| 個人················216
| こそあど言葉················292
| 答え················151, 168, 211, 215
| 誇張········4, 57, 176, 235, 240, 244, 260
| 誇張形········63, 71, 72, 86, 99, 134, 187, 196, 271
| こちら················292
| 滑稽······9, 10, 18, 51, 52, 203, 264, 293
| こっち················292
| 事柄················49
| 言葉················12, 151, 152, 181, 220
| 子供····11, 12, 14, 17, 29, 45, 46, 55, 57, 65, 83, 87, 89, 91, 96, 111, 125, 140, 167, 188, 202, 220, 231, 232, 234, 250, 254, 255, 258, 277, 278, 281, 289, 291, 293, 297, 299
⇨幼児
| 子供相手················167
| 子供扱い················270
| 子供っぽさ················45, 65, 68, 83
| 小鳥················144, 200, 202, 306
| ことわざ················49
| 断り················237
こなた················292
ごにょごにょ(っ)··········**104**, 246, 274
この················**105**, 107, 110, 292〜294
このう················105
| 好ましい結果················267, 269
| 好ましい状態················199
| 好ましい前提················267
| 好ましくない感情················63, 73
| 好ましくない事実················81
| 好ましくない実感················245
| 好ましくない状態················50
| 媚················176
| 鼓舞················209
| 古風で大仰な表現················196

●索引

- 古風なくだけた表現……………………78
- 古風なニュアンス………………………176
- 古風な表現……11, 12, 53, 60, 76, 94, 97, 100, 101, 108, 109, 139, 151, 152, 163, 182, 183, 203, 218〜221, 225, 251, 255〜257, 262
- 拳………………………………………105, 106
- ごほごほ……………………………103, **106**, 111
- ごほん………………………68, 103, **106**, 111
- ごほんごほん……………………………111
- 鼓膜………………………………………202
- コミュニケーション……………………251
- コミュニケーションの意思……………7
- コミュニケーション力…………………178
- こら(っ)……………**106**〜110, 292〜294
- こらー(っ)………………………**107**, 110
- こらこら…………………………**107**, 110
- こりゃ……………………………**108**, 110
- こりゃあ…………………………………109
- これ(っ)……106〜108, **109**, 110, 292〜294
- これこれ…………………108, **110**, 138, 139
- これは……………………………………108
- 困窮………………………………………203
- 根拠………………………………………250
- こんこ……………………………………111
- こんこん………………68, 103, 106, **110**
- こんな……………………………………292
- 困難…………………………………14, 124
- 困惑……23, 24, 40, 43, 45, 54, 55, 58, 115, 117, 155, 158, 165, 171, 174, 186, 193, 194, 237, 246, 262, 274, 276, 279

さ

- さ(っ)………59, **112**, 115, 116, 121, 179, 255, 265
- さー(っ)………113〜115, 117, 122, 191
- さあーー…………………………………115
- さあこれからというとき………………115
- さあさあ、どうぞ………………………115
- さーっさーっ……………………………116
- さーっと…………………………………116
- サーブ……………………………………131
- 罪悪感……………………………………135
- 災害………………………………………304
- 催促………………………………………262
- 再認識……………………………………173
- 催眠効果…………………………………181
- 裁量………………………………………154
- サイレン…………………………………43
- さえずり……………………………303〜307
- 作業………………………………………203
- 叫び声……6, 27, 37, 199, 205, 216, 259, 261, 271, 288, 305
- さ、さ、さ………………………………113
- 笹鳴き……………………………………303
- 誘いかけ…………………………14, 15, 188
- さっと……………………………………114
- 殺到…………………………………138, 277
- さて……………………………115, **116**, 121, 194
- さて〜となると…………………………116
- 作動音……………………………………116
- さようなら…………………………121, 152
- さん………………………………………33
- 参加者……………………………………269
- 残響………………………………………48
- 惨状………………………………………263
- 山頂………………………………………75
- 残念………………………………………250

し

- し(っ)………………………………**117**〜119
- 慈愛………………………………………183
- しー(っ)……………………**117**, 119, 124
- しーしー……………………………118, **119**
- 子音………………………………………290
- 視界………………………………………114
- 自戒………………………………………144
- 司会者………………………………154, 290
- 視覚的………………………………207, 231, 246
- しかめ面……………………………63, 218
- 弛緩…………………………………297, 300
- 時間………105, 135, 137, 148, 249, 250
  ⇨時
- 識別………………………………………159
- ジグザグ…………………………………18
- 自敬………………………………………309

🐾思考………45, 63, 65, 165, 189, 194, 197	🐾実体……………………………………171
🐾思考中…………………………………65	🐾嫉妬……………………………………178
🐾思考の停滞………………7, 44, 45, 56, 165	🐾失敗…………………………………28, 144
🐾思考の途中……………………………115	🐾失望………………………………144, 186
🐾自己主張…………………………298, 304	☂質問………32, 65, 128, 151, 206, 298
🐾仕事……………………………………226	🐾執拗……………………………………113
☂自己表現………………………………52	🐾実力行使………………………………105
☂自己品位語………………………163, 310	🐾失礼……25, 30, 36, 289, 296, 297, 299, 300
🐾示唆………………………………181, 199	失礼します……………………………152
🐾指示……………………………………138	🐾しどろもどろ…………………………65
☂指示語…………………………………292	☂地鳴き…………………………………363
🐾事実………………………………49, 235	🐾忍び笑い…………………………34, 204
🐾支障……………………………………76	🐾支配下……………………………105, 109, 293
🐾自信……………………………………181	👤自分自身…………………………76, 190
🐾自制……………………………………40	🐾自分の話………………………………265
🐾自然……3, 4, 6, 7, 19, 41, 42, 44, 45, 47, 63, 302～305, 308	死亡………………………………………6
🐾持続的…………………………………18	🐾自暴自棄……………………………63, 64, 255
🐾自尊心…………………………………304	🐾自慢……………………………………149
🐾舌……7, 12, 60, 63, 72, 100, 117, 118, 144, 147, 220, 223, 273, 289, 296, 300	しめしめ………………………………**120**
	しめた……………………………………**120**
🐾下顎………………………………290, 300	🐾自問……………………………………117
✻事態……………………………49, 145, 147	🐾自問自答………………40, 115, 127, 128, 186
☂時代劇………12, 94, 196, 218, 219, 251	じゃ……19, 113, 114, 117, **121**, 122, 152, 181
🐾舌打ち………………………………144	じゃあ………………115, 116, 121, **122**, 152
🐾舌先………………………………145, 147	じゃあ、何かい…………………………122
👤親しい相手………41, 70, 75, 76, 78, 79, 163～166, 260, 264, 268, 299	👤弱者……………………………46, 65, 202
	🐾釈明………………………………30, 32
👤親しい下位者…………………………163	🐾謝罪………………………………155, 310
👤親しい関係……………………………101	☂しゃっくり……………………………204
👤親しい他人……………………………32	じゃ、何かい…………………………121
👤親しい男性……………………………74	🐾謝礼……………………………………155
🐾親しさ(み)………15, 17, 38, 45, 64, 77, 164, 166, 289, 291, 296, 300, 311	🐾重圧……………………………………224
	☂集合写真………………………………143
🐾下まぶた………………………………12	🐾従順……………………………………93
🐾自嘲………………………………145, 158	☂終助詞………60, 113, 163, 165, 178, 180, 182, 183, 254, 255, 264, 276
🐾実感‥36, 38, 40, 110, 150, 157, 165, 180, 183, 203, 205, 245, 263	
	🐾重大………………………………149, 222
🐾実現……………………130, 136, 227, 228, 232	👤集団………………………………216, 266
🐾実際……………………………………235	🐾柔軟……………………………………289
しっしっ…………………………117, **119**	🐾重量………………………………34, 141
🐾実質伝達内容…………………………16	🐾重量物…………………………………264
🐾失神……………………………………6	🐾主観(的)……………………36, 142, 299, 300
🐾叱責……………………105, 107, 108, 250	🐾修行……………………………………85
🐾失態……………………………………39	

●索引

- 祝意……………………………………199
- 主人………………………………218〜221
- 受諾……………………………………193, 225
- 主張……………………………………122, 178
- 述語………………………………174, 175, 181, 199
- 熟考……………………………………213
- シュプレヒコール……………………130
- 受容………………………190, 196, 213, 216, 270
- 潤滑油…………………………………30, 32
- 瞬間(的)……51, 61, 62, 64, 120, 146, 199, 204, 208, 246
- 逡巡……………………………………56
- 準備……………………………………106
- 準備時間………………………………33, 34, 125
- しょ……………………………………59
- 上位……………………………………85
- 上位者………107, 108, 121, 151, 163, 191, 221, 309, 310
  - ⇨目上
- 消化……………………………………214
- 商家の奉公人…………………218, 219, 221
- 情感……………………………………271
- 上機嫌………11, 193, 198, 224, 225, 227, 229, 270, 272
- 小規模…………………………………205
- 状況………………135, 189, 193, 197, 225, 231
- 上下……………………………………309
- 衝撃……4, 24, 42, 60, 69, 88, 91, 99, 102, 176, 199, 208, 289, 291
- 条件句…………………117, 128, 142, 171, 173
- 賞賛……………………13, 239, 243, 267〜269
- 上司……………………………………30
- 常識……………………………………141
- 憔悴……………………………………186
- 焦燥……………………………63, 147, 232, 233
- 正体……………………………………171
- 承諾……12, 76, 178, 180, 185, 188, 190, 196, 264
- 冗談……………………………………242
- 承知……………………………………57, 58
- 唱導……………………………………199, 216
- 小動物…………………………117, 119, 147
- 衝突……………………………………111, 289
- 上品……………………………………80, 230
- 勝負……………………………………152

- 消滅……………………………………207, 210
- 称揚……………………………………13
- 省略形…………………………………151
- 上流(教養)階級の者…………………310
- 上流家庭の女性………………………163
- 唱和……………………………………181, 216
- 昭和天皇………………………………3, 133
- 食事……………………………………44, 52
- 食事マナー……………………………146
- 食道……………………………………44, 72, 99
- 触発……………………………………237, 240
- 食欲……………………………………100
- 女傑……………………………………86
- 女性……13, 20, 27, 30, 36, 37, 39, 50, 76, 80, 86, 88, 96, 111, 126, 127, 129, 167, 237, 239, 240, 250, 251, 271, 276, 299
- ショック………………………………50, 54
- 処理……………………………………250
- 知らない相手…………………………251, 268
- 知らない人……………………………149
- しわ……………………………………28, 218, 220
- 親愛……………………………………182, 211, 255
- 心外……………………………………239
- 真剣……………………………………248
- 進行……………………………………123, 141, 145
- 深刻……………………………………100, 222
- 新事実…………………………………8
- 真実……………………………………49, 128
- 心身……………………………………224, 226
- 新生児…………………………………77
- 親切……………………………………130, 136, 233
- 真相……………………………………8, 185
- 振動……………………………………123
- 心配……………………………………186, 224
- 親身……………………………………181
- 親密……………………………………18, 254
- 信用……………………………………49
- 新横綱…………………………………203
- 森羅万象………………………………302
- 心理(的)……105, 108, 109, 189, 197, 293
- 心理的な距離……8〜10, 26, 82, 129, 133, 176, 220, 308, 309
- 心理の切り替え………………………169

328

す

- 推測……………………………165, 189, 197
- 垂直……………………………………152
- 水面……………………………………14
- 推量……………………………………155
- すー(っ)……………………118, **123**, 124, 210
- 数詞……………………………………170
- 数字………………………………57, 282
- すーはー………………………………**124**, 187
- 数量…………………………………145, 148
- すかし屁………………………………123
- 隙間……………………………118, 119, 208
- 救い……………………………………27
- スズメ………………………………143, 146
- スタート………………………………267
- すっ…………………………………123, 124
- ステータスの敬語……………………310
- 捨てぜりふ……………………………19
- 捨て鉢…………………………………64
- ストレス……………………………224, 226
- スピード………………………………27, 114
- すべて…………………………………159
- スポーツ………………………………209
- スポーツ大会…………………………216
- スポーツの実況中継……………………7, 13

せ

- 西欧式…………………………………146
- 正解……………………………………206
- 性急……………………………113, 151, 257, 258
- 性交……………………………………20
- 制止……………………………107, 108, 117, 118, 141
- 静粛……………………………………126
- 成熟した社会人………………………310
- 精神……………………………………7
- 精神的な弱さ………………………46, 65
- 性的……………………………………13, 19, 50
- 生徒……………………………………143
- 性能……………………………………142
- 生理的な不快感………………………72
- 清涼感………………………………116, 123
- ぜーぜー………………………………**124**
- せーの……………………………33, 34, 68, **124**
- 咳………………………………68, 103, 106
- 責任……………………………………224
- 咳払い………………………………67, 80
- 世間……………………………………145
- 世間体…………………………………11
- 世襲……………………………………310
- せっ……………………………………34
- 積極性…………………………………115
- 切実……………………………………82
- せっせっせーのよいよいよい……**125**
- 接続語…………………………………133
- 接続詞……116, 121, 122, 150〜152, 163, 165, 167, 299
- 絶対拒否………………………37, 254, 258, 307
- 絶対的下位者…………………………293
- 絶対的共感……………………………130
- 絶対的上位者………………………185, 196
- 説得……………17, 164, 165, 180, 181, 264
- 切迫……………………………………115
- 絶望……………………………………250
- セリフ…………………………………288
- 戦意……………………………………209
- 全員…………………………………74, 209
- 宣言……………………………………271
- 前言…………………………………30, 135
- 繊細……………………………………271
- 選手……………………………………216
- 禅宗の僧………………………………85
- 全身…………………………………104, 255
- ぜんぜん……………………………149, 244
- 喘息……………………………………124
- 全体……………………………………116
- 前打音………………………………21, 60
- 選択…………………………………113, 243
- 前提……………………………117, 269, 270
- 前途……………………………………142
- 羨望……………………………………180
- 喘鳴……………………………………124

そ

- そ(っ)……………**125**, 134, 145, 149, 294
- そいつ…………………………………292
- そう………126, **127**〜129, 132, 292, 294,

297
そうお……………………**127**, 133, 134
🐾憎悪……………………………239
🐾騒音………………211, 212, 278〜280
そうか………………………3, **127**, 134
🐾爽快…………96, 123, 209, 261, 269
そうかといって………………………128
🐾遭遇……………………………185
そうこなくっちゃ……………………133
🐾喪失感…………………………116
そうじゃありません……………298, 299
そうそう……………………**128**, 134
そうだ………………………**129**, 134
そうだね…………………………3
🐾想定外………………………22, 23
そうです…………………………297
そうなの……………………**129**, 134
そうなんだ…………………**129**, 134
そうは問屋が卸さない………………133
🐾増幅………………………………8
🍀双方……………………………166
そうら……………**130**, 131, 136, 228
そうれ……130, **131**, 137, 138, 228, 302, 307
そー（っ）……**4**, 9, 57, 126〜**131**, 191
そおーっ…………………………134
🍀促音……………………………287
🍀俗語…………………142, 158, 311
🐾即座………………………………78
🐾束縛………………………224, 226
🐾即物的……………………………99
👤組織化された集団……………………74
そちら……………………………292
そっか……………………**127**, 128, 134
そっち……………………………292
そっと……………………………134
そっとしておく……………………126
🐾ソト……………302〜305, 308, 309
そなた……………………………292
その………………16, **134**, 135, 292〜294
そのー………………………………**135**
🐾粗野………………………………85
そら（っ）……130, 131, **135**, 137, 154, 231, 292〜294
それ（っ）……70, 131, **136**, 138, 139, 233, 262, 292〜294, 302, 307
それー（っ）…………………131, **137**
それそれ……………………110, 137, **138**
それはそれとして……………………137
それまで…………………………137
それ見ろ…………………………137
それもそうだ……………………137
🐾そろえた指先……………………230
🐾ぞんざい……7, 8, 36, 42, 45, 57, 59, 163, 213, 233, 291, 295, 299, 300
🐾尊大………………11, 67, 117, 119, 309
🐾尊重……………………………310
そんな……………………………292

た

だ…………………………………258
たー（っ）……………61, **140**, 153, 256
だー（っ）……………………**140**, 141
🐾他愛ない…………………………103
👤ターザン…………………………305
だーっだーっ………………………141
🐾代案……………………………299
🍀第一声……………………125, 252
🐾大音量…………………………278
🐾大規模な変化……………………8
🐾大金収得…………………………190
🐾退屈………………………………9
🐾大群……………………………278
🐾大災害…………………………303
👤第三者………………15, 27, 28, 203
🍀大事な場面………………………209
🐾体重……………………………157
🐾対象側…………………………132
🐾対処法……………………135, 137
🐾大切な物事………………………129
🐾怠惰………………………………9
🐾態度……………………………175
👤対等（の相手）……30, 101, 107, 121, 310
👤対等以下の相手………………8, 128
👤対等以下の聞き手………………6
🐾タイミング………………34, 191, 203
🍀代名詞……………………………25
🐾打開……………………………156
🍀高い音…………………………202

索引

- 高い声………18, 48, 86, 87, 98, 103, 111, 130, 195, 200, 201
- 互いの手………………………125
- 妥協……………………………166
- 濁点…………………………6, 287
- 打者……………………………131
- 達成(感)………………259, 263, 267
- 脱帽……………………………203
- 田中元首相……………………237
- 他人……………………………209
- 食べ物……………………………72
- タメ……………………………140
- だめ………………………36, **141**, 248
- ため息……7, 13, 14, 50, 71, 186, 207, 224, 226, 263
- ダメージ………………90, 91, 102
- ためらい……6, 7, 15, 16, 44, 63, 135, 149, 155, 174, 293
- 多量………………………………59
- たるみ…………………………295
- 痰…………………84, 103, 106, 111
- 断言……………………………149
- 短時間……………………114, 116, 276
- 短縮形……121, 126, 150, 236, 239, 254
- 男女……………………………168
- 男性……8, 11, 13, 19, 25, 27, 31, 36, 38〜41, 50, 61, 63, 64, 70, 74, 75, 78, 86, 128, 144, 152, 157, 163〜167, 172〜175, 181, 205, 215, 223, 254, 256, 261, 264, 268, 269, 281, 297, 299
- 男性器……………………………25
- 男性的…………………………281
- 断続………………………196, 217, 229
- 断続的…………………………67, 222
- 断続・反復形………………185, 208
- 単調……………………………181
- 断定………………………113, 236, 238

ち

- 血………………………………102
- 小さい犬…………………………92
- 小さい家畜…………………117, 119
- 小さい口………………………208
- 小さい声……17, 52, 78, 96, 98, 120, 149, 225, 261
- 小さい主体………………………93
- 小さい物………………………208
- チーズ…………………………**143**
- ちーちーぱっぱ………………**143**
- チーム…………………………209
- ちぇっ…………………**143**, 145, 147
- 違います…………………298, 299
- 違う……………………………299
- 力………33, 34, 42, 58, 59, 61, 64, 75, 87, 125, 131, 140, 146, 153, 156, 157, 203, 207, 246, 248, 253〜255, 259, 264, 266, 296
- 力作業……………………254, 255
- 力仕事…………………………68, 69
- 力強さ……………………………48
- 乳…………………………………52
- ちっ………………………126, **144**, 147
- 地方の高齢者…………………252
- 地方の男性老人…………182, 183
- チャイムの音…………………206
- 注意………………81, 108, 149, 293
- 注意喚起……6, 11, 17, 67, 75, 76, 80, 107, 109, 110, 113, 139, 178, 180, 191, 193, 231, 262, 307
- 忠告…………………………17, 264
- 抽象化…………………………119
- 抽象的………………………58, 201
- ちゅーちゅー……………**145**, 146
- 躊躇……………………………140
- 中年以上の女性…………21, 22, 32
- 中年以上の男女………………195
- 中年以上の男性……6, 40, 42, 53, 59, 80, 118, 119, 158, 194
- 注目度……………………………16
- ちゅっ…………………………**146**
- ちゅっちゅっ…………………146
- 聴覚(的)……………………207, 231
- 調子のよさ……………………266
- 聴衆……………………………211
- 長短………………………305, 306
- 挑発……………………………175
- 弔問……………………………295
- 直線的…………………………123
- ちょっ………………**144**〜**146**, 149

331

●索引

- ❦直観的表現……20
- ちょっちょっ……147
- ちょっと……126, 146, **147**
- ちょっと〔ちっと〕やそっと……126
- 🐒チンパンジー……289, 298
- 🔔沈黙……117, 118

つ

- っ……14
- ツ……85
- 🔔追従……94, 219, 221
- 🔔通過……77, 123, 124
- 🔔次の段階……121, 122
- ったく……**149**, 245
- 🔔続き……151
- っていうか……**150**, 299
- ❦綱打ち……203
- ❦綱引き競技……75
- ❦つぶやき……107
- 🔔強さ……246

て

- 🔔手……27
- で……**150**
- 🔔手足……266
- ❦提案……8
- ❦提案内容……65
- 🔔停止……95, 194, 199, 246
- 🔔提示……228, 233
- 🔔停滞……123
- 🔔丁重……297
- ✳程度……57, 128, 133, 145, 148, 149, 176, 235, 239, 244, 249, 250
- 🔔低頭……297
- 🔔丁寧……30, 63, 64, 126, 153, 186, 188, 191, 251, 289, 292, 295, 296, 300, 310
- 🔔低レベル……157
- てか……**150**, 299
- でかした……**151**
- 🔔手刀……41
- 🔔適切……49
- 🔔敵対……30
- 🔔適当……49
- できない……142
- 🐒手品師……9
- ❦手締め……269
- 🔔手玉……230
- 🔔手のひら……106, 118
- では……19, 121, 122, **151**, 181
- 🔔出始め……73, 74
- ❦手拍子……269
- 🔔手間……4
- 🔔出任せ……49
- 🔔手元……130, 136
- てやんでい……**152**
- 🔔照れ……38, 52, 57, 67, 96, 169, 180, 238, 252, 283
- ❦テレビのクイズ番組……206
- ❦テレビのＣＭ……209
- ❦テレビ番組……272
- 🔔転換……117, 150, 293, 299
- 🔔天候……304
- 🔔天国……15
- 🐒電子機器類……116
- ❦電話……252

と

- ど……294
- ❦問いかけ……8, 63
- 🔔吐息……19, 50
- どいつ……292
- ❦問い直し……8, 295, 299〜301
- とう(っ)……61, 140, **152**, 256
- どう……**153**, 292
- 🔔同意……33, 58, 164, 166, 178, 182, 190, 236, 238, 245, 282, 296
- 🔔同意見……181
- 🔔恫喝……107
- 🐒東京の子供……310
- 🔔動作……12, 27, 29, 39, 41, 42, 45, 57, 58, 77, 79, 87, 106, 118, 121, 122, 125, 154, 156, 173, 185, 191, 196, 197, 199, 223, 228, 230, 254, 255, 271, 280
- 🔔同時……125
- 🐒投手……131
- 🔔同情……74, 82, 183, 239

どうぞ………………………………136, **153**
🐾到達………………………………………250
🐾同調………………………………………187
🐾逃避………………………………………238
🐾動物………43, 88, 90, 94, 96, 98, 99, 140, 249
🐾東北地方…………………………………249
どうも……………………………………**154**
どうもどうも………………………………155
🐾同様………………………………………242
🎵童謡…………………………………143, 225
🐾遠い物事…………………………………133
🐾遠くの相手………………75, 107, 255, 256
どーどー…………………………………**155**
🎵遠吠え………………………………305, 306
✳時……………………………………………25
🐾鬨の声………………………………………28
🐾得意…………………………………214, 222
🐾得心…………………………………………51
🐾独身者……………………………………303
🐾督促………113, 115, 158, 232, 257, 258, 298
🐾独断専行……………………………237, 239
🐾特徴………………………………………105
✳特定の物事…………………………171, 174
🎵独白……………………………………38, 271
🐾特筆………………………………………176
🐾特別に親しい相手………………………252
🐾登山者……………………………………261
🐾年上の聞き手………………………………16
🐾吐瀉物……………………………………104
どちら………………………………………292
どっこい…………………………………**156**, 157
どっこいしょ……9, 21, 59, **156**, 259, 266
どっこいそっこい………………**156**, **157**
どっこいどっこい………………**156**, 157
どっこらしょ…………………59, **156**, 259, 266
どっこらせ……………………59, **156**, 259, 266
🐾突然………87, 88, 91, 150, 185, 207, 276
🐾突然の出来事………………………………54
どっち………………………………………292
🐾突発(的)………4, 42, 43, 51, 54, 91, 208, 237, 275〜279, 289
とても………………………………………244
どなた………………………………………292
どの…………………………………………292

🐾殿様………………………………………296
とほほ………………………………………157
とほほほ…………………………………**157**
🐾どよめき……………………………………47
どら…………………………**158**〜160, 293, 294
どらどら…………………………………**158**, 161
🐾鳥………………………………88, 96, 98, 99
🐾努力………………………………………259
どれ………158, **159**, 160, 161, 172, 292〜294
どれがどれだか……………………………159
どれどれ…………………………………159, **160**
🐾吐露……7, 8, 36, 38, 40, 73, 74, 165, 180, 183, 186, 262
🐾とんづら……………………………………19
どんな………………………………………292

な

な(っ)……………**162**, 165, 166, 179, 182
なあ…………………………**164**, 166, 181, 183
なーなー…………………………………**166**
なあに………………………………**166**, 168, 172
なあるへそ…………………………………173
なあるほど…………………………………173
なあんだ……………………………**167**, 172, 175
なあんちゃって………………………**168**, 172
ない……………………………………178, 181
🐾内心…………………………………34, 205
🎵内容…………………………………176, 300
🐾内容物……………………………………104
🎵長い声………………………………………6
🐾仲間………………………………………150
🐾泣き落とし………………………………310
🎵泣き声………10, 43, 55, 65, 68, 71, 77, 83, 157, 158, 200, 202, 279, 281
🎵鳴き声……84, 93, 96, 98, 102, 111, 144〜146, 176, 200, 202, 212, 227, 249
🐾泣き始め……………………………46, 97, 200
🐾情けなさ……………………………71, 158
🎵なぞなぞ……………………………167, 168
🐾なた………………………………………153
🐾なだめ………………………30, 289, 298, 303
🐾納得………8, 31, 45, 56, 58, 76, 79, 110, 120〜122, 127〜130, 133, 136, 138,

161, 165, 168, 173, 175, 180, 181, 186, 213, 215, 216, 227, 228, 231, 232, 235, 255, 264, 265, 269, 290
　などと言ってしまって…………………169
　なに……160, 167〜**169**, 172, 175, 176, 301
　なにぃ……………………………**172**, 301
❀生返事………………………188, 193, 213
　なるへそ………………………………**172**
　なるほど………………………………**172**
❀縄張り…………………………………303
　なん…………160, 167〜**169**, 172, 175, 176
❀難………………………………………78, 79
❀喃語………………………………20, 52, 197
　なんだ……………………………168, 172, **173**
　なんだって？……………………300, 301
　なんて…………………………………176
　なんですって？…………………300, 301
　なんと……………………………172, **175**
　なんという……………………………176

に

❀臭い……………………………………98
❀肉体……………………………………7
❀逃げ道…………………………………33
❀濁った音………………………84, 208, 211
❀濁った声………………88, 91, 200, 202
❀西日本方言……………………………34
❀日常会話……57, 59, 71, 75, 78, 100, 117, 122, 126, 135, 142, 145, 148, 149, 152, 159, 160, 166, 168, 171, 172, 174, 175, 178, 180, 181, 235, 236, 238〜240, 242, 248〜250, 254, 259, 264, 269
❀日常的な挨拶……………………77, 310
❀日本犬………………………………281
❀日本的な発想…………………………237
❀荷物………………………………58, 59
　にゃーん………………………………**176**
❀乳児………………………………20, 247
❀尿………………………………………119

ね

　ね(っ)…………17, 113, 114, 164, **176**, 181,
182, 265
❀寝息……………………………………96
　ねうねう………………………………249
　ねー(っ)……17, 37, 166, 178, **179**, 180, 183
　ねーー…………………………………180
　ねえねえ………………………………180
❀ねぎらい………………………………180
❀猫（ネコ）……………………176, 249
❀ネズミ………………………………145, 146
❀値段……………………………………148
❀熱………………………………………57
❀熱意…………………………………267, 269
❀熱気……………………………………246
❀熱狂的…………………………………89
❀念………………………………60, 178, 180
❀念押し………………………………137, 178
❀年長者の男性…………………………163
　ねんねんよ……………………………**181**
❀年配…………………………………108
❀年齢の高い男性………………226, 227, 229

の

　の(っ)……………………164, 179, **181**, 183
　のう……………………………………16
❀脳血管疾患…………………………266
❀能天気………………………100, 103, 222
　のー………………………60, 166, 181, **182**
❀ノー(no)………………………………297, 307
❀ノーエ節……………………………183
❀喉………67, 72, 80, 84, 99, 102, 103, 124
❀罵り……………………………………311

は

　は(っ)………**184**, 187, 191, 196, 197, 200, 207, 218, 224
❀歯……28, 86, 87, 96, 118, 119, 123, 198, 214, 218, 289, 296
　はー(っ)……64, 124, **185**, 187, 188, 191, 200, 210, 226, 296, 297, 300, 301
　ばあ(っ)………………………………**187**, 223
　はーい………9, 14, 15, **187**, 191, 192, 221
　はーはー………………………187, **188**, 212

はーん··**189**, 197
はい（っ）·······9, 12, 30, 57, 64, 116, 133, 134, 185, 187〜**189**, 192, 193, 289, 296, 297
はいー···9, 188, **191**
背景·····6, 19, 20, 134, 158, 198, 204, 288
排除··303
排泄··118
排尿···118, 119
はいはい······························191, **192**, 226
配慮··············30, 32, 126, 134, 149, 225
ハエ··278
羽音··55, 278
破壊···86, 87
はかなさ··207
破顔··169
吐き気··72
歯茎··289, 298
はくしょん······································96, **193**
漠然·····························25, 57, 142, 282
恥··67
場所··109, 250
蜂···278
蜂などの大群·······································55
はっ·····························296, 297, 300, 301
発音··287
撥音··290
発見·······································3, 254, 256
発言···············49, 127, 154, 169, 193, 225
発声··216
はっはっ··185
はっはっはっ·······································18
はっはっはっはっ······················185, 196
発話·························193, 197, 247, 273
はて····································117, **193**, 194, 195
はてさて·····································117, **194**
はてな··194, **195**
ハト···96
鼻······11, 13, 14, 20, 28, 31, 36, 44, 50, 63, 66, 97, 98, 123, 213, 218, 220, 222, 290, 297
鼻唄···272, 273
鼻声······································52, 198, 214
鼻先·················96, 214〜217, 223, 290
離れた所·····························130, 131, 227, 228

はは（っ）································185, **195**, 197
ははー（っ）···························185, **195**, 197
ははーん···························185, 189, **197**
母親···77
ハハハ···195
はははは····················18, 19, 85, **196**, 281
ははん·································185, 189, **197**
ばぶ···20, **197**, 198
はふはふ······································**198**, 214
ばぶばぶ·································20, **197**, 198
ハミング····45, 52, 53, 56, 57, 213〜217, 247, 282, 289
破滅···14
速さ···123
腹···296
腹の底···248
バレーボール·······························131, 266
反響······································55, 278, 279
ハングル文字····································287
反語···170
反語形··171
ばんざい·····································**198**, 260
万歳三唱··199
煩雑··85, 280
反射的···················47, 49, 121, 122, 289, 291
反芻···56
反省··························24, 39, 53, 145, 147, 250
判断·······················163, 236, 238, 240, 250
判断力··269
反応··79, 178
反発···171
ばんばんざい·······························**198**, 260
反復··75, 181, 279
反復形········90, 113, 116, 119, 159, 161, 180, 193, 216, 217, 219, 225, 227, 229, 231, 270, 277
反復・連続形····································197
蛮勇···62
反論····························121, 122, 297〜299

ひ

ひ（っ）·································185, **199**, 200, 224
火···210
ひー（っ）·····························187, **200**, 201

●索引

びー(っ)‥‥‥‥‥‥‥‥‥‥‥**200**, 202
ひーひー‥‥‥‥‥‥‥‥200, **201**〜203
ぴーぴ‥‥‥‥‥‥‥‥‥‥‥**201**, 203
ぴーぴー‥‥‥‥‥‥‥‥‥‥201, **202**
ひーふーみっ‥‥‥‥‥‥‥33, 34, **203**
ひぇー(っ)‥‥‥‥‥‥‥**203**, 205, 220
🌿鼻音‥‥‥‥‥‥‥‥‥‥‥‥‥59, 282
🍂被害‥‥‥‥‥‥‥‥‥‥90, 102, 205
🍂比較的重い物‥‥‥‥‥‥‥‥‥‥280
🍁比較的若い人‥‥‥‥‥‥‥‥49, 169
🍂悲観‥‥‥‥‥‥‥‥‥‥‥‥‥‥142
🍁ヒキガエル‥‥‥‥‥‥‥‥‥‥‥102
🍁低い階級の者‥‥‥‥‥‥‥‥‥‥310
🌿低い声‥‥‥‥‥‥‥‥‥‥‥‥‥107
🍂卑屈‥‥‥‥‥‥‥‥‥‥‥219, 221
🍂卑下‥‥‥‥‥‥‥‥‥‥‥236, 238
🍂鼻腔内‥‥‥‥‥‥‥‥‥‥‥‥‥193
🍂悲惨‥‥‥‥‥‥‥‥‥‥‥96, 157, 158
🍁被写体‥‥‥‥‥‥‥‥‥‥‥‥‥143
🍁非常に親しい相手‥‥‥‥‥‥‥‥17
🍁非常に近しい知人‥‥‥‥‥‥‥‥15
🍂ヒステリー‥‥‥‥‥‥‥‥‥86, 87
🍂ピストル‥‥‥‥‥‥‥‥‥‥‥‥267
🌿引っかけ‥8, 9, 38, 39, 41, 167, 180, 216, 282
ひっく‥‥‥‥‥‥‥‥‥‥‥‥‥**204**
ひっくひっく‥‥‥‥‥‥‥‥‥‥204
🍂必死‥‥‥‥‥‥‥‥‥‥‥90, 94, 96
ひっひっ‥‥‥‥‥‥‥‥‥‥‥‥200
ひっひっひ‥‥‥‥‥‥‥‥‥‥‥204
🌿否定‥‥‥‥‥30, 36, 45, 70, 142, 150, 289, 295, 297
🌿否定疑問‥‥‥‥‥‥‥‥‥‥‥‥178
🍂一息‥‥‥‥‥‥‥‥‥‥‥‥62, 210
🍂一呼吸分‥‥‥‥‥‥‥‥‥‥45, 46
🍂人差し指‥‥‥‥‥‥‥‥12, 117, 118
🍂1つの行為‥‥‥‥‥‥‥‥‥‥‥125
🌿独り言‥‥‥24, 51, 78, 157, 194, 195, 207, 254, 260, 273, 282
🍂非難‥‥‥‥‥‥‥‥‥‥‥21, 81, 250
🍂皮肉‥‥‥‥‥‥‥‥‥‥‥‥‥‥169
🍂非日常的‥‥‥‥‥‥‥‥‥‥‥‥168
ひひひひ‥‥‥‥‥‥‥‥‥‥34, 35, **204**
🍂秘密‥‥‥‥‥‥‥‥‥‥‥18, 52, 171
🍂秘密の共有‥‥‥‥‥‥‥‥‥‥‥118

🌿悲鳴‥‥‥‥‥‥27, 87, 90, 92, 200, 201, 205
ひゃー(っ)‥‥‥‥‥‥‥‥‥204, **205**
ひゃっほー‥‥‥‥‥‥‥‥‥**205**, 261
ヒヤリ‥‥‥‥‥‥‥‥‥‥‥‥‥185
ヒヤリハット体験‥‥‥‥‥‥‥‥185
🌿比喩的‥‥‥‥‥‥‥‥28, 212, 266, 267
🌿比喩的な用法‥‥‥‥‥‥‥14, 62, 68
🍂評価‥‥‥25, 126, 158, 160, 173, 226, 227, 229, 236, 238
🍂病気‥‥‥‥‥‥‥‥‥‥‥‥‥‥304
🍂表現意図‥‥‥‥‥‥‥‥‥‥‥‥197
🌿描写表現‥‥‥‥‥‥‥‥‥‥89, 90
🌿標準語‥‥‥‥‥‥‥‥‥‥‥‥‥310
🌿標準的‥‥‥‥‥‥‥‥‥‥‥‥‥34
🍂表情‥‥‥‥‥‥‥‥‥‥‥‥‥‥246
🍂平等感‥‥‥‥‥‥‥‥‥‥‥‥‥310
🌿病人‥‥‥‥‥‥‥‥‥‥‥‥‥‥142
🍂表明‥‥‥‥‥‥‥115, 150, 236, 238, 240, 245
🍂開き直り‥‥‥‥‥‥‥‥‥‥8, 135
🍂非礼‥‥‥‥‥‥‥‥‥‥29, 206, 211, 290
🍂疲労‥‥‥‥‥‥‥‥‥‥‥‥‥‥212
ピンポーン‥‥‥‥‥‥‥‥‥**206**, 211
ピンポン‥‥‥‥‥‥‥‥‥‥‥‥206

ふ

ふ(っ)‥‥‥‥‥‥‥‥52, 185, **206**, 210, 224
ぶ(っ)‥‥‥‥‥‥‥‥‥‥‥**207**, 211
ぷ(っ)‥‥‥‥‥‥‥‥‥‥‥103, **208**
ファイト‥‥‥‥‥‥‥‥‥‥**209**, 216
🍂不安‥‥‥‥‥‥‥‥‥‥‥‥‥‥172
🍁ＶＩＰ‥‥‥‥‥‥‥‥‥‥‥‥‥299
🍂不意討ち‥‥‥‥‥‥‥‥‥‥‥‥54
🌿フィラー‥‥‥‥‥‥‥‥‥‥‥7, 118
ふー(っ)‥‥‥‥‥‥124, 187, 207, **209**, 210, 212, 226
ぶー(っ)‥‥‥‥‥‥‥‥206, 208, **210**, 212
🍂風光明媚‥‥‥‥‥‥‥‥‥‥‥‥303
ふーふー‥‥‥‥‥‥‥‥‥188, 210, **211**
ぶーぶー‥‥‥‥‥‥‥‥‥‥‥211, **212**
ふーむ‥‥‥‥‥‥‥‥‥46, **212**, 214, 215
ふーん‥‥‥‥‥‥‥‥‥46, **213**, 217, 220
🍁笛‥‥‥‥‥‥‥‥‥‥‥‥‥‥‥202
🍂無遠慮‥‥‥‥‥‥‥‥92, 104, 146, 281
🌿フォーマルな会話‥‥‥‥‥‥‥‥94

336

⇨あらたまった会話
🐍不快……35, 36, 38, 85〜87, 99, 100, 102, 104, 124, 211, 212, 246, 254, 257, 258, 274, 280, 300
👁深い息……………………………224, 226
🐍不可解………………………………104
🐍不可思議…………………………22, 207
🐍不可能………………………………142
　ふがふが…………………………198, **214**
🐍不機嫌………………………………208
🐍不気味……………………34, 204, 214
👁複合語…………………………137, 243
🐍複雑…………………………………47
👁副詞…………………………………171
🐍服従…………………………………94
👁副助詞………………………………254
🐍複数回………………………………242
🐚複数の物…………………………159, 160
🐚含み笑い……………………………214
🐍ふくれ面…………………………208, 250
🐚フクロウ類…………………………227
👁ブザー……………………………211, 267
🐍ふざけ……………………119, 155, 221
🐍不作法……………………103, 118, 119, 146
🐍不賛成………………………………115
🐚武士…………………………………310
🐍不思議………………………………22
🐍不自由……………………198, 214, 266
🐍不十分………………………………166
🐍不承知………………………………39
🐍不承不承…………………………17, 193
🐍不審……22, 31, 81, 82, 155, 180, 185, 187, 191, 192, 195, 243, 247, 261, 273, 282
🐍不審尋問……………………………70
🐍不正解………………………………211
🐚豚……………………………211, 212
🐍不確か………………………………155
🐚2人…………………………125, 181
🐚2人以上の人間……………………125
🐍不都合……………………………276, 299
　ふっと………………………………207
🐍沸騰…………………………………84
　ぶっぶっ……………………………208
　ぷっぷっ……………………………208
　ふっふっふっ………………………214
🐍物理的……………………105, 109, 123
🐍不定……………………………159, 160
🐍不適切………………………………67
　ふと…………………………………207
👁太い息………………………………229
🐍武道…………………………………137
🐍不必要………………………………214
🐍不服…………………………………300
　ふふふふ……………………………52, **214**
🐍不平………………………208, 212, 264
🐍侮蔑……12, 15, 19, 67, 100, 101, 126, 130, 133, 136, 143, 155, 157, 166, 171, 174, 203, 213, 217〜223, 227, 228, 233, 256, 257, 266, 290, 291, 310
🐍不本意………………………39, 192, 193
🐍不満………………………31, 208, 212, 250
　ふむ…………54, 57, 213, **215**〜217, 246, 288
　ふむふむ………………………58, **215**, 218
🐍不明…………………………………174
🐍不明瞭……………………42, 104, 246, 273
🐍不愉快……………………………36, 37, 99, 102
👁フランス語…………………………75
　フレーフレー…………………209, **216**
　ふん………54, 57, 214, 215, **217**, 218, 223, 246, 288
🐍憤慨……………………………105, 113, 245
🐍噴出…………………………………208
👁文頭……………………185, 187, 191, 192
🐍踏ん張り……………………………59
　ふんふん………………………58, 98, 216, **217**
🐍文脈…………………………………109

へ

へ(っ)…………19, 185, **218**〜220, 224
へい………………………………**218**〜222
🐍平伏……………………………185, 196
へいへい……………………………**219**, 222
🐍並列…………………………………254
へー(っ)………………204, 214, 218, **219**, 226
べー(っ)……………………………12, **220**, 249
へーい………………………188, 219, **221**
へーこら………………………………219, **221**

●索引

ベコ……………………………249
へっくしょん……………………193
ペット…………………………248
へっへっへっ……………………222
への字……………………46, 65
へへへへ………………67, 100, **222**
へらへら…………………67, **222**
べろべろ……………………223, 274
べろべろばあ……………187, **223**, 274
へん………………………217, **223**
変化……………………27, 114
弁解……………………………186
返事……8, 11, 12, 14, 30～33, 36, 38, 39,
　42, 45, 56, 57, 59, 64, 74, 78, 94,
　126, 127, 129, 133, 185～188, 190,
　192, 196, 213, 218～221, 254, 258,
　260, 288, 289, 296～298
変声期前の子供…………………93

ほ

ほ(っ)………185, 200, 207, 218, **223**, 226,
　229
ほい(っ)………………66, **224**, 226
ほいほい…………………193, **225**, 234
母音……………………288, 290, 305, 306
棒………………………………152
崩壊感…………………………141
放棄……………………………115
咆哮……………………………48
奉公人…………………………220
報告……………………………127
放出……………………254, 255, 264, 276
放心……………………………28
放任……………………………113
放屁……………………208, 211, 212
膨満……………………………44
ほうら…………………………130
吠え声…………………………281
ほー(っ)………187, 210, 220, 224, **226**,
　227, 230
頰……………………………105, 208, 212
ポーズ…………………………149
頰杖……………………………197
ほーほー……………………**226**, 230

ほーら………………131, **227**, 228, 231, 232
ほーらー………………………232
ほーれ………………131, **228**, 233
保護者………………………118, 181
母性本能………………………270
ほぞ……………………………173
細い口…………………………145
発作……………………………124
ほっと…………………………224
ほっとする……………………224
ほっほっ…………………224, **229**, 230
ほっほっほ……………………79
ほっほっほっ…………………229
ほほう……………………226, 227, **229**
ほほほ……………………………79
ほほほほ………………80, 229, **230**
褒め言葉………………………36
ほら(っ)………136, 228, **230**, 232～234
ほらー(っ)………………228, **231**, 233
ほらほら………………………231
保留……………………78, 237, 239
ほれ(っ)………137, 228, 231, **232**～234
ほれー(っ)………………228, 232, **233**
ほれほれ………………226, 231, **233**
本気……………………………49
本心r……………………………235
ほんと………………………49, 50, **234**
ほんとう……………………49, 50, **234**
本能的…………………………29

ま

ま(っ)…………………………**236**, 239
まあ………………21, 26, **237**, 240, 243
まーた…………………………242
まーたー………………………239, **240**
まあまあ………………………**239**
迷子……………………………256
マイナス心理……………………8
前置き……6, 15～18, 32, 121, 122, 133,
　149
巻き舌…………………………107
マクラ……32, 38, 61, 65, 121, 122, 133,
　297, 298
負け……………………………92

索引●

負け犬·····90
負け惜しみ·····152
負けるが勝ち·····310
負けん気·····152
摩擦·····117, 118, 124, 208, 289
摩擦音·····123
真面目·····295, 300
まずさ·····47
また·····239, **240**
またとない·····242
またにする·····242
またね·····242
まったく·····149, 150, **243**
マンガ·····6, 19, 20, 134, 158, 198, 204, 272, 288
満足·····151
満腹·····250
まんま·····53

み

短い音·····208
短い声·····3, 42, 56, 60, 69
見知らぬ相手·····310
水·····208
耳·····278
耳障り·····86, 87, 90, 93, 94, 99, 202
見る者·····58, 221, 271, 274, 277, 280
民謡·····60, 108, 157, 183, 266

む

む(っ)·····43, 54, 57, 215, 217, **245**, 247
無為·····199
無意識·····4, 7, 36, 43, 45, 54, 133, 207, 210, 246, 247, 254, 288, 289, 291, 296
無益·····142
無回答·····133
昔のアナウンサー·····13
昔の教師·····11
昔の警官·····70
昔の路線バスの車掌·····76
無関係·····293
虫·····84, 144

無邪気·····103
無条件·····94, 219
無条件の服従·····94
無責任·····26, 67, 293
無線の交信·····154
無造作·····131
むだ·····142
むっ·····42
むっと·····245
無頓着·····167
むにゃむにゃ(っ)·····105, **246**, 247
むにゅむにゅ·····246, **247**
無分別·····104
むむ(っ)·····246, **247**
無用·····30, 32
無理難題·····297
無力感·····171

め

め(っ)·····143, **247**
目·····187, 189, 197, 223, 248
明確·····44
鳴禽(類)·····303〜305, 307
名詞·····25, 49, 52, 76, 84, 94, 109, 137, 145, 159, 160, 185, 209, 211, 212, 223, 235, 266
明瞭·····289
命令·····8, 163, 219, 262, 264
迷惑·····257
目上·····16, 30, 64, 290, 296, 297, 299, 301
  ⇒上位者
めー(っ)·····143, **247**
目下·····11, 57, 70, 75, 76, 292, 293, 297, 299
メロディー·····305〜307

も

も·····250
猛獣·····48
もー(っ)·····**248**
目前·····109
目的·····207

339

●索引

- 目標·····250
- もし·····**250**, 252
- もしもーし·····252
- もしもし·····17, **251**
- 物·····99, 102
- 物扱い·····25, 109
- 物売り·····306
- 物事·····15, 25, 26, 35, 105, 108, 109, 129, 134, 135, 137, 138, 167, 168, 170, 174, 254
- 文句·····175, 212, 264, 300
- 問題·····21〜26, 273
- 問題視·····21

や

- や（っ）·····31, 36, 38, 62, 114, **253**, 256, 258, 260, 261, 265
- やー（っ）·····38, 61, 140, 153, **255**, 269
- やーい·····**256**, 257, 302, 307
- やい·····**256**〜258, 302, 307
- やいのやいの·····**257**, 258, 280
- やいやい·····**257**
- やかんの湯·····84
- やこら·····68
- やだ·····36, 40, 255, **258**, 260
- 厄介·····58, 212
- やっこらさ·····42, 59, 157, **259**, 265
- やっこらせ·····42, 59, 157, **259**, 265
- やったー·····199, **259**, 271
- やっだー·····36, 40, 255, 258, **260**
- ヤッホー·····205, 260
- やましさ·····126, 134
- 山並み·····261
- やや（っ）·····81, 255, **261**
- やや硬い文章語·····242
- ややくだけた表現·····25, 160, 249, 250
- やや古風な表現·····13, 26, 59, 66, 86, 107, 110, 130, 136, 194, 195, 199
- 揶揄·····18, 40, 169, 203, 242, 266, 268
- やれ·····137, **261**
- やれやれ·····82, 83, **262**
- やんや·····**263**

ゆ

- 湯·····211
- 優越感·····256, 257
- 遊戯·····143
- 誘導·····77
- 優劣·····157
- 愉悦·····52, 214
- 雪·····111
- 油断·····295

よ

- よ（っ）·····9, 12, 19, 21, 41, 42, 113, 114, 179, 255, 259, **263**, 269, 276
- 酔い·····274
- よいさ·····157, **265**, 270
- よいしょ·····157, **265**, 270
- よいしょする·····270
- よいよい·····**266**
- よう·····**41**, 77, **266**
- 用意·····267
- よういどん·····**266**
- 拗音·····287
- 要求·····143, 225, 257, 258, 310
- 謡曲·····38, 41, 256, 268
- ようし·····**267**, 270
- 幼児·····10, 28, 52, 118, 143, 199, 211, 231, 234, 248, 297
  ⇨子供
- 楊枝·····118, 119
- 幼児語·····52, 111, 119, 203, 211, 212, 281
- 幼稚·····143, 187
- 幼稚園児·····266
- 要注意·····301
- 要領·····53
- よー（っ）·····41, 74, 78, 256, 265, 266, **268**
- ヨーデル·····305
- よかった·····151
- 予感·····8
- 予期·····106, 130, 136, 137, 227, 228, 232, 268

340

抑制················7, 38, 52, 73, 205, 236〜240
　よくやった·······································151
　よし························268, **269**〜271
　よしよし···················266, 268, **270**
　よしよしする································270
ヨソ··310
予想外················27, 226, 227, 229, 256
予想外の(好ましくない)物事·······95
ヨタカ··227
余地··33
　よっしゃ······························260, **270**
　よっしゃー···································271
酔っぱらい··44
予定··113
呼びかけ······4, 6, 11, 15〜17, 41, 70, 71,
　74, 75, 77, 107〜110, 113, 115, 117,
　118, 137〜139, 143, 149, 155, 166,
　178, 180, 183, 191, 193, 209, 216,
　231〜234, 248, 251, 255〜257, 261,
　262, 264, 268, 302, 306, 307
呼び声·······································14, 188
余裕··230
　よよ··71, **271**
喜び······················51, 52, 60, 69, 71, 262
　⇨歓喜・喜悦・愉悦
弱い息··207
弱い犬···90
弱気··181
弱さ··68
弱々しい声······························68, 202

ら

来訪··206
落語··12
落胆···································7〜9, 144, 175
楽天的··108
　ららら······································**272**, 273
ランニング·······························209, 280
乱暴······19, 55, 61, 70, 74, 75, 77, 85, 92,
　121, 145, 152, 172, 181, 257, 292,
　310
　らんらんらん·······························**272**

り

リーダー·······························74, 199, 209, 216
理解·······················3, 133, 173, 178, 180
力士··203
力み··56, 57
理性的··310
理想··235
理由······································32, 155, 207
流行語··141
留保··156
量··57, 148
両腕··199
両手···································125, 187, 264
リラックス······6, 7, 54, 64, 224, 226, 288,
　289, 291, 295, 300

れ

礼儀語···························30, 32, 36, 298, 310
冷静········12, 22, 24, 87, 90, 95, 99, 122,
　133, 163, 172, 176, 180, 191, 244
冷淡··········126, 130, 220, 227, 228, 233
霊長類···29
レシーブ··266
劣悪··142
列挙··242
　れれれ·································24, 26, **273**
　れれれれ·····························24, 26, **273**
　れろれろ···························105, 223, **273**
　れろれろれろれろ·······················273
連続音··212
連続形················99, 118, 119, 277〜279
連続・反復形··············146, 201, 211, 212
連帯意識··310
連帯感···································171, 181, 310
憐憫··271

ろ

老人·······································11, 12, 198, 214
老若男女··143
狼狽··28
労力··58

●索引

- 老齢の男性……………………225
- 呂律………………………………274

わ

- わ(っ)………………4, 54, 265, **275**, 277
- わー(っ)…………9, 54, 55, **276**〜278
- わーい…………………………**277**, 280
- わーいわーい………………………277
- わーわー……………83, 277, **278**, 282
- わーん……………11, 55, **278**, 279, 282
- わーんわーん………………**279**, 282
- わいわい………85, 86, 257, 277, **279**
- 和歌………………………………309
- 若い女性………89, 91, 181, 258, 260
- 若い男性……………………77, 261
- 若い人…50, 56, 95, 99, 100, 102, 128〜130, 178, 242, 259, 296, 299
- 若者…………………………33, 277
- 別れ………19, 121, 122, 152, 242
- 話者の妻……………………………25
- 話題………………………145, 150
- わっしょいわっしょい………**280**, 281
- わっせわっせ………………66, **280**
- わっはっはっ………………………281
- わははは………19, 85, 92, 197, **281**
- 笑い………………51, 86, 97, 300
- 笑い顔………………………………187
- 笑い声…18, 34, 51, 52, 66, 67, 79, 85, 92, 96, 98〜101, 103, 104, 195, 196, 204, 214, 222, 229, 230, 276, 281
- 笑い上戸……………………………103
- 笑い始め……………………………52
- わるい………………………………142
- 悪い影響……………………126, 134
- ワワワ…………………………………28
- ワンコ………………………………249
- わんわん……………249, 278, 279, **281**

ん

- ん…………10, 11, 54, 57, **282**, 290, 291

著者略歴
●
浅田秀子　*Hideko Asada*

辞書編集者・日本語研究者・日本語教師・メゾソプラノ歌手。昭和28年東京都に生まれる。東北大学文学部国語学専攻卒業。博士（文学）。出版社勤務を経て、現在、日本語コスモス代表、日本大学非常勤講師。元・中国河北大学外文系日語科教師。主な著書に『現代形容詞用法辞典』『現代副詞用法辞典』『現代擬音語擬態語用法辞典』（いずれも飛田良文氏と共著、東京堂出版）、『敬語の原理及び発展の研究』（東京堂出版）、『敬語マニュアル』（南雲堂）、『「敬語」論―ウタから敬語へ』（勉誠出版）、『シューベルト「冬の旅―冥界のヘルメス」解釈と演奏法』（ブイツーソリューション）などがある。日本文藝家協会・日本語学会・待遇コミュニケーション学会・ＦＳＳ（フランツ・シューベルト・ソサエティ）・ＪＤＬ（日本ドイツリート協会）・日本野鳥の会、各会員。

現代感動詞用法辞典

2017年1月20日　初版印刷	2017年1月30日　初版発行

著　者	浅田秀子
発行者	大橋信夫

発行所
株式会社東京堂出版
東京都千代田区神田神保町1-17　〒101-0051
電話03-3233-3741　振替00130-7-270

印刷製本　亜細亜印刷株式会社

ISBN978-4-490-10888-0 C0581　ⒸHideko Asada 2017
Printed in Japan